제 2 판

guidance & counseling

생활지도와 상담

• • •

신효정 · 송미경 · 오인수
이은경 · 이상민 · 천성문

박영story

제2판 머리말

생활지도와 상담은 교사들이 학교현장에서 학생들을 이해하기 위한 기초적인 지식을 담고 있는 교과서로, 교사가 되고자 하는 대학생들에게 교직으로 반드시 선택하여 공부하기를 추천하고 싶은 과목입니다.

주변에서 실제로 초, 중, 고등학교에 있는 교사들이 상담을 공부해 보고 싶은 이유 중 하나가 '자신이 맡고 있는 학생을 이해하기 힘들어서' 혹은 '자신이 맡고 있는 학생을 정말 돕고 싶은데 도울 수 있는 방법을 몰라서'라는 이야기를 많이 듣고 있습니다. 특히 현대에는 학업 및 진로뿐만 아니라 학교폭력, 인터넷 및 스마트폰 중독, 자살 자해행동 등 다양한 학생들의 심리 정서적 문제들이 심각해지고 있어 교사들도 기본적인 학생들의 문제에 대한 이해와 대화기법, 의뢰와 관련한 개입 등을 숙지할 필요가 있습니다. 생활지도와 상담은 많은 현장에 있는 교사들이나 예비교사들이 학교현장에 나가게 될 때, 학생들의 다양한 발달적 문제들을 이해하고, 도움이 필요한 학생에게 도움을 제공할 수 있는 기본적인 지식을 배울 수 있는 내용을 담고 있습니다. 따라서 생활지도와 상담 책은 이미 현장에서 경험이 많은 교사에게는 더욱 풍부한 학생의 이해와 함께, 문제가 발생한 학생에 대한 대처를 도울 수 있으며, 학교선생님이 되기 전인 예비교사들에게는 조금 더 깊이 학생에 대한 이해 및 학교현장에서 학생들의 발달적인 문제를 이해하고 개입할 수 있도록 도울 수 있습니다.

이 책은 아동, 청소년, 교사, 학부모를 포함하여 학교환경을 구성하는 사람과 학교조직에 관심이 많은 집필진들이 모여, 각자의 학교상담 분야별로 현장에서 활동하고 연구해온 전문적인 경험들로 나누어 집필하게 되었습니다. 이 책은 총 2부 14개의 장으로 구성되어 있습니다(괄호 안은 각 장의 저자명임). 1부는 생활지도와 학교상담의 이론과 방법으로 1장 생활지도와 학교상담의 발달과 이해(이상민), 2장 학교상담이론(오인수), 3장 상담이론(정신분석_천성문, 인간중심_송미경, 행동주의_이은경, 합리적 정서행동_신효정, 게슈탈트_신효정, 해결중심_오인수), 4장 개인상담과 지도(이은경), 5장 집단상담과 지도(천성문), 6장 학교 장면에서의 학생평가(송미경)를, 2부는 학생 발달과제와 적용으로 7장 학업발달과 상담(이상민), 8장 진로발달과 상담(이은경), 9장 정서발달과 상담(송미경), 10장 인터넷 · 스마트폰 중독과 상담(신효정), 11장 청소년 학교폭력(오인수), 12장 자살 · 자해와 상담(천성문), 13장 청소년 정신건강과 상담(천성문), 14장 상담 의뢰(신효정)로 학교에서 생활지도와 상담을 적용할 수 있는 실제적인 내용들을 담았습니다. 특히 제2판으로 개정하게 되면서 학교에서 자살 자해행동에 대한 이해와 대처를 위해 위기상담의 내용을 추가적으로 보완하였고, 인터넷 중독상담의 내용도 스마트폰 사용과 관련된 내용을 추가하였습니다. 상담 의뢰는 학교현장을 중심으로 개발되어 운영되고 있는 상담 프로그램과 연계자원을 추가하여 학교현장의 자원이해를 높일 수 있도록 수정 보완 하였습니다.

책을 출간하는 데 있어 함께 뜻을 모으고 관심을 가지고 집필을 하고자 노력해주신 모든 집필진 교수님들께 감사를 드립니다. 또한 좋은 교재 발간을 위해 적극적으로 애써주신 박영스토리의 이선경 차장님과 배근하 선생님께 감사합니다.

교사가 되기 위한 꿈을 품고 학생을 이해하고 학생을 진정한 인간으로 양육하고자 하는 모든 교사들과 함께 이 책으로 공부하고 싶습니다. 이 책이 앞으로 더 나은 생활지도와 상담의 기초적인 교과서로 발전해 나가며, 학교현장에서 교사들이 학생을 이해하고, 심리적 어려움을 겪는 학생들에게 예방적인 개입을 하는 데 유용한 지식을 제공할 수 있는 교과서가 되기를 기대합니다. 감사합니다.

Contents

차 례

PART 02 학생 발달과제와 적용

Guidance & Counseling

생활지도와
학교상담의
이론과 방법

생활지도와 학교상담의 발달과 이해

Contents

우리나라의 생활지도와 학교상담은 1950년대 초 미국교육사절단으로부터 정신위생이론이 소개된 이후 시작되었다. 그 후 눈부신 경제발전과 함께 우리나라 학생들의 심리·정신적 문제에 대한 관심은 급증하였다. 이러한 관심과 함께 학생들의 심리·정신적 문제를 해결하기 위해서 적지 않은 예산과 노력을 기울였음에도 불구하고 여전히 학교폭력 문제 등에 대한 해결의 기미가 보이지 않자, 2005년에 상담업무만을 전담으로 하는 전문상담교사가 지역교육청에 배치되었으며, 뒤이어 2007년에는 단위 학교에도 전문상담교사가 배치되었다. 전일제 전문상담교사 제도의 도입은 청소년 문제를 예방차원에서 대응할 수 있다는 의의가 있기에 획기적인 사건이었다. 그 후, 2011년도엔 진로와 진학업무를 담당하는 진로진학상담교사가 모든 중고등학교에 배치되었다. 본 장에서는 생활지도와 학교상담이 왜 필요한지에 대해서 기술한 후, 우리나라의 생활지도와 학교상담이 어떻게 발전하여 현재의 모습에 이르렀는지 살펴볼 것이다. 나아가 미국에서부터 유래되어 온 생활지도와 학교상담의 개념이 우리나라에서는 어떻게 개념화되었는지 살펴본 후, 생활지도와 학교상담 역할을 수행해야 하는 교사들의 태도 및 자세 그리고 그들에게 요구되는 역량에 대해서 살펴볼 것이다. 마지막으로 생활지도와 학교상담 장면에서 당면하는 윤리적 문제들과 그에 대한 대처방안에 대해서 알아볼 것이다.

Ⅰ 생활지도와 학교상담의 필요성

1 학교폭력 문제의 심각성

우리나라 아동, 청소년 문제의 심각성은 이미 다수의 통계수치(한국청소년상담원, 2007)에서 보고된 바 있다. 다양한 아동, 청소년 문제 중 가장 빈번히 대두되는 것은 학교폭력 문제이다. 「학교폭력예방 및 대책에 관한 법률」에 따르면, "학교폭력"이란 학교 내외에서 학생을 대상으로 발생한 상해, 폭행, 감금, 협박, 약취·유인, 명예훼손·모욕, 공갈, 강요·강제적인 심부름 및 성폭력, 따돌림, 사이버 따돌림, 정보통신망을 이용한 음란·폭력 정보 등에 의하여 신체·정신 또는 재산상의 피해를 수반하는 행위를 말한다. 최근에는 학교폭력의 저연령화 현상으로 인해 초등학교도 학교폭력이 빈번하게 발생하고 있다. 학교폭력 실태 조사 통계치 역시 학교폭력 가해자와 피해자의 연령이 점차 낮아지고 있다고 밝히고 있다. 2011년 12월 대구 중학생 자살사건은 가히 충격적이었다. 가해자들은 글러브 등으로 폭행을 일삼으면서, 물고문을 하는가 하면, 전깃줄을 목에 감은 뒤 바닥에 떨어진 과자 부스러기를 먹도록 강요하는 등 피해자를 괴롭혔다. 대구 중학생 자살사건 이후 정부는 학교폭력 예방의 일환으로 상담업무만을 전담하는 전문상담교사와 전문상담사를 확대 고용하였으며, 학교폭력 관련 과목을 교직 필수 소양과목으로 선정하는 등 다양한 학교폭력 관련 정책을 시행하고 있다.

2 학업 및 진학 스트레스

우리나라에서 학력이 주는 의미는 학벌 이상이다. 한국 학생들이 좋은 대학교에 들어가기 위하여 지속적으로 치열하게 공부를 하는 상황을 모상현(2009)은 '학력의 사회적 효용성'이라는 단어를 사용하여 해석한다. 우리나라에서는 고학력을 곧 사회적 성공에 대한 효용성으로 지각하는 경향이 있으므로 고학력에 대한 높은 효용성 지각이 청소년의 학업스트레스를 증가시키는 요인이 될 수 있다는 견해이다. 한국 학생들은 어린 나이부터 국제 중학교, 외국어 고등학교, 과학 고등학교, 자율형 사립고 등의 특수 목적 고등학교에 가기 위해 치열한 경쟁 속에서 공부하고 있다. 이러한 사회적 분위기에서 한국 학생들이 느끼는 학업스트레스가 얼마나 심각한 수준인지 보고하는 연구 결과를 쉽게 찾아볼 수 있다. 한국 어린이-청소년 행복지수의 구축과 국제비교연구조사(2010)에서 한국 청소년과 경제협력개발기구(OECD)국가 청소년들의 주관적 행복지수를 비교했는데 한국 학생들은 물질적 행복, 보건과 안전, 교육 및 가족과 친구 관계 및 건강 관련 행위 등에서 중간 이상의 행복을 위한 좋은 조건임에도 불구하고 주관적 행복지수는 다른 OECD 국가들보다 현저히 낮은 수치를 보여주었다. 또한, 통계청의 조사에 의하면 15세부터 19세 사이에 있는 청소년 중 절반 이상인 53.4%가 성적 및 진학문제로 자살 충동을 느꼈음을 보고하였다. 과도한 학업스트레스에 부적응적 대처를 하는 경우 학생은 학업소진 현상을 경험하여 고통받을 수 있으며 인터넷에 중독되어 현실을 도피하거나 비행 행동이나 자퇴 등의 반항적 행동을 하거나 더욱 심각한 경우는 자살 행동으로 이어나가기도 한다. 일례로 2012년도 대학수학능력 시험 당일에는 수능 성적 부담감에 시달리던 대전의 한 재수생이 스스로 목숨을 끊은 바 있다. 현 상황에서 우리나라 초, 중, 고등학생들이 학업스트레스에 어떤 방식으로 대처하고 있는지에 대한 심리평가는 중요하며, 스트레스와 학업스트레스를 완충해주는 생활지도와 학교상담 개입방법을 발견하는 것은 학생들의 건강한 발달과 학업적 성장을 위하여 필수적이다.

③ 인터넷·스마트폰 게임중독

현대 사회는 인터넷과 스마트폰을 생각하지 않고는 설명되지 않는 사회이다. 인간이 생활하는 가정, 학교, 직장, 여가 생활의 공간 등 어디에서든지 우리는 쉽게 인터넷을 접할 수 있고 국민의 대다수가 스마트폰을 사용할 수 있게 되었다. 이러한 인터넷과 스마트폰 사용은 학생들에게도 예외가 아니다. 인터넷과 스마트폰은 이미 우리 청소년의 생활공간 속에 깊게 자리 잡고 있다. 인터넷과 스마트폰은 현대인에게 매일매일 새로운 지식을 접할 수 있게 해 주고 시간과 공간을 뛰어넘어 세계 모든 곳의 접촉이 가능하게 만들어 주었다. 하지만 이렇듯 인터넷과 스마트폰을 통해 다양하고 편리한 생활을 누릴 수 있게 된 이면에, 정보사회의 역기능도 하나의 사회적 문제로 대두되기 시작하였다. 한국청소년상담복지개발원(2013)에서 발표한 통계를 보면, 인터넷과 스마트폰 사용 청소년은 만 11세에 급증해 14세에 최고조를 보이고 있다. 게임 중독 치료대상 청소년은 중학생(43.3%) > 고등학생(28.3%) > 고졸(10.3%) 순으로 나타났으며 인터넷과 스마트폰 게임중독의 위험성이 가장 높은 대상으로는 중학생이, 발생이 급증하는 시기는 초등학생 때로 나타났다. 남학생이 여학생보다 인터넷과 스마트폰 게임중독의 정도가 더 심한 것으로 나타난다. 이는 남자와 여자의 활동 특성에 차이가 있기 때문에 남자가 여자에 비해 게임에 더 노출되어 있기 때문이다. 이에 반해 여학생들은 카카오톡 등의 SNS와 웹툰 보기 같은 활동에 더욱 활발하게 노출되어 있는 것으로 나타난다. 인터넷 게임중독의 예방 또는 해결을 위한 많은 시도들이 이루어졌으나, 인터넷 중독률은 크게 개선되지 않고 있으며 청소년의 인터넷 중독률은 오히려 상승하고 스마트폰이 보급되면서 게임에 중독되는 학생 수 역시 급증하고 있는 실정이다. 따라서 이제는 중독증상을 보이는 일부의 학생에 대한 기존의 전통적인 치료 관점에서 전환하여 전체 학생을 대상으로 생활지도와 학교상담 개입방법이 요구되고 있다.

4 체벌금지 및 훈육방법의 변화

우리나라는 전통적으로 회초리로 학생들에 대한 훈육을 해왔으며, 유교적 전통에 따라 교사의 학생에 대한 체벌을 허용적인 입장을 취해왔다. 학부모들은 교사의 학생체벌에 대해 사랑의 매라고 생각했고, 학생의 올바른 태도와 인격형성에 긍정적 영향을 미칠 것으로 생각해 왔다. 이러한 인식은 행동주의 심리학 연구결과 등의 영향을 받아 변화되었으며, 엄격한 훈육 중심의 체벌의 효과에 대한 의구심으로 발전하였고, 체벌의 부작용에 대해서 공론화되기 시작하였다. 이에 따라 1990년대 말에 최초로 학생인권 문제가 제기되었으며, 유엔아동권리 위원회에서 1996, 2003년 두 차례에 걸쳐 우리나라에 학생체벌금지를 권고하게 되자, 학부모들의 체벌에 대한 인식 또한 변화하게 되었다. 2010년 서울시 교육청이 학교에 체벌전면금지를 선포하고, 전국적으로 이러한 정책이 확산되었다. 전통적인 훈육방식인 체벌이 금지되면서 학생 학업태도의 불량, 교사들의 학생지도 방관, 교사들의 권위 하락, 교사에 대한 학생의 폭력 등의 문제가 빈번히 발생하면서 새로운 훈육방법이 요구되었다. 특히 폭력에 대한 우호적 태도 및 공격성 강화, 그리고 비행행동 등 체벌의 부작용이라고 할 수 있는 증상이 모든 학생에게 일반적으로 나타나기보다는 가정적 문제 및 학교적응상에 문제를 겪고 있는 학생에게서 더욱 뚜렷이 나타난다는 점을 고려할 때, 소위 문제학생이라고 불리는 학생들에게는 체벌을 사용한 훈육은 바람직한 교육적 대응 방식이라고 볼 수 없게 되었다. 체벌에 대한 대안으로 문제를 일으키는 학생들과의 소통을 강조하는 생활지도와 학교상담적 개입이 제안되면서, 각급 학교에는 학교상담실(Wee Class)을 설치하고, 지역교육청에는 심리치료지원센터(Wee Center)를, 지역교육청 상담센터에서 해결이 되지 않으며 장기적인 치유가 필요한 학생을 위한 지역공립형 대안학교(Wee School)를 설립하였다. 우리나라의 학교상담의 브랜드라고 할 수 있는 WEE는 WE+EMOTION+EDUCATION의 약자로 2008년에 시작된 학교상담정책이다.

Ⅱ 생활지도와 학교상담의 역사

한국에서의 학교상담의 시작은 1950년대 미국교육 사절단이 활동하면서부터라고 보고하고 있다. 1952년부터 1962년까지 3차에 걸쳐 미국에서 온 사절단은 기존의 훈육과는 다른 상담과 생활지도라는 새로운 이론적 관점과 각종 심리검사에 대한 지원활동을 하였다. 이러한 노력의 일환으로 1957년 서울시 교육위원회 교육정책 요강에 "중학교, 고등학교에 카운슬러(counselor) 제도를 둔다."는 규정이 생기면서 1964년에 본격적으로 교도교사 자격제도가 시행되었다. 교도교사 제도는 학교 전체의 교도활동을 조직·조정하고 특히 전문적 자질을 가지고 임해야 하는 활동을 담당할 생활지도 담당 전문교사를 배치하는 제도로서, 교도교사는 상담조언·개인기록관리·정보제공의 세 가지 역할을 담당하였다.

각급 학교 단위의 교도교사 제도와는 별개로 교육청 단위의 상담제도 역시 1990년 시·도교육청 단위의 조례에 의해 신설되었다. 이에 15개 시·도교육청의 교육연구원에 교육상담부와 진로상담부가 생겨서 각종 상담에 필요한 연구와 프로그램을 제작하는 동시에 학생상담자원봉사자들을 양성하고 일선 학교에 배치하였다. 그러나 실제로 단위 학교의 상담활동을 감독하는 기관인 교육청의 중등장학과나 교육부의 중등장학실의 교육전문직인 장학관과 장학사들이 학교상담과 생활지도에 관한 전문가로 배치되는 것도 아니고 이들의 보직 역시 순환적이라, 단위 학교 상담실에 문제가 생겼을 경우, 상부기관의 지원을 거의 받지 못하는 실정이었다. 1990년 초, 교육청의 진로상담부 신설과 함께, 교도교사라는 명칭은 진로상담교사라는 이름으로 바뀌었다. 그 후, 1999년도에 학교상담과 생활지도를 담당하는 교사의 명칭에 다시 변화가 생겼다. 초·중등교육법 제 21조에 의거하여, 진로상담교사라는 명칭을 버리고 '전문상담교사'라는 명칭이 새로 만들어졌다. 전문상담교사는 종전의 교도교사나 진로상담교사 양성과정과는 다르게 각 대학의 교육대학원 혹은 대학원에서 1년 동안 18학점(9개 과목)을 이수하고 40시간의 실습을 포함한 연수를 실시하여 자격을 부여하였다. 2006년도 통계를 보면, 전국적으로 약 25,000명의 교사들이 이 자격증을 취득하였다. 전문상담교사 제도는 교육의 주체가 대학원이 되었다는 점, 이수 과목이 표준화되었다는 점, 그리고 종전의 연수 교육 시간을 증가시킨 9개 과목(18학점) 및 실습시간이 포함되었다는 점에서 기존의 학교상담제도와는 차이가 있었다. 그러나 이러한 새로운 전문상담교사양성 제도 역시 전문상담교사들의 역할에 대한 구체적인 규정이 마련되어 있지 않아서 자격증 취득 이후 지속적인 학교상담활동의 기회를 얻지 못한 채, 이 자격증이 교감승진을 위한 점수누적으로 이용되는 폐단이 나타나기도 하였다(이상민, 안성희, 2003).

이러한 문제점이 지적되면서, 2004년 초·중등교육법 개정 시, 전문상담교사 1급과 2급을 구분하고, 전문상담교사 배치 등에 대한 조문을 신설하였다. 같은 해 9월 개정한 초·중등교육법 시행령 제 40조 2항에 전문상담순회교사의 배치기준을 신설하였고, 교육부는 2009년까지 한 학교마다 한 명의 전문상담교사를 배치하는 것을 목표로, 2006~2007년 동안은 별도의 전문상담교사 양성과정을 통해 2,530명을 양성할 계획을 세웠다. 이러한 계획에 발맞추어, 2005년 말에 2급 자격기준에 별표의 2항, 즉 교사자격증 소지자는 전공과 관계없이 양성강습을 받아 자격취득을 할 수 있도록 하는 근거를 신설하여 1,500명 이상의 인원이 이 과정을 이수하였다. 2005년에 처음으로 기존의 교사들 중 전문상담교사가 되기를 희망하는 사람들을 선발하였다. 총 308명의 교사가 전문상담순회교사라는 타이틀로 지역교육청에 배치되었고, 각급 학교로 가서 순회상담을 진행하였다. 그 후 2007년에 처음으로 각급 학교에 전문상담교사를 본격적으로 선발하여 지역교육청 외에 학교 내의 상담실을 구축하고 전문상담교사들이 활동하기 시작하였다.

2007년도 학교상담망 구축을 정책연구가 시작되면서 학교 및 학교 내 대안교실로 친한친구교실이 시범운영 되었다. 이 시범운영의 성과를 바탕으로 2008년도 본격적으로 전국 31개 지역교육청과 504개 학교에 한국형 학교상담모형이라고 할 수 있는 WEE(WE+EMOTION+EDUCATION)사업이 시작되었다. 2008년엔 추가로 지역교육청에 48개의 Wee센터(지역교육청 상담센터)가 생겼으며, 1,000개 이상의 학교에 Wee클라스라는 이름의 학교상담실이 생겼다. 2009년도엔 지역교육청 상담센터에서 해결이 되지 않으며 장기적인 치유가 필요한 학생을 위한 지역공립형 대안학교(Wee스쿨)를 설립하였다. 2016년, 전국적으로 5,659개의 Wee클라스, 188개의 Wee센터, 그리고 8개의 Wee스쿨이 운영 중이다. 전문상담교사들이 임용되는 숫자에 비해 Wee클라스, Wee센터, Wee스쿨의 설립 숫자가 더 크게 급증함에 따라 전문상담교사 외에 교사의 타이틀이 아닌 전문상담사라는 명칭으로 지역교육청의 Wee센터와 학교의 Wee클라스에서 학교상담자를 고용하고 있는 현실이다.

이렇듯 전문상담교사 제도의 변화와 함께, 2010년 교육개혁점검회의를 통해 초·중등 진로교육 활성화 방안으로 진로진학상담교사 확충을 통한 입학사정관제 정착 지원 등이 논의되었다. 그 다음 해인 2011년 학교에서의 진로와 진학에 관한 상담을 전담하는 진로진학상담교사 제도가 법제화되고, 기존 교사 중 진로진학상담교사를 희망한 교사들을 대상으로 한 부전공 자격연수를 통해 진로진학상담교사가 양성, 배치되었다. 이러한 진로진학상담 제도의 배경은 2009년 개정 교육과정에 따른 진로 관련 과목 개설 및 대학입학사정관제의 올바른 운영 때문이다. 2010년 새롭게 제안된 입시정책인 입학사정관 제도가 자리 잡기 위해서는 중등학교 단계에서부터 다양한 입시전형에 따른 체계적인 진로지도가 필요하다는 판단 때문이었다. 2016년 거의 모든 중고등학교(5,383개)에 진로진학상담교사가 배치된 상태이다. 미국학교상담학회에서 학교상담 효과연구를 기초로 하여 1997년에 학교상담의 전국표준모델을 제정하였을 때, 학교상담자의 역할은 모든 학생 개개인의 성장과 발달단계를 고려하여 학업(academic), 진로(career), 그리고 개인적·사회적(personal/social) 성장을 도모하는 것이라고 하였다(ASCA, 1999). 우리나라의 경우, 학생들의 학업발달은 교과 교사가, 진로발달은 진로진학상담교사가, 그리고 개인적·사회적 발달은 전문상담교사와 전문상담사가 맡아서 상담해주는 양상이다.

Ⅲ 생활지도와 학교상담의 개념

현재 한국의 학교상담이 심리치료의 과정에 충실하지도 못하고, 그렇다고 학교상담 본연의 정체성도 확립하지 못한 채 표류하고 있다. 학교상담에 대한 실제적인 인식부족의 원인으로서 우리의 학교현장에서 시행되고 있는 학교상담이 보통의 교과목 지도로 통제하기 어려운 소위 문제학생이나 비행학생을 대상으로 하는 활동이라고 인식한다는 점이 꼽힌다. 학생들의 고민을 듣고 그들의 비밀을 보장해주는 개인상담자로서의 학교상담자는 문제학생들을 감싸고 도는 존재로 비추어질 뿐, 동료 교사들에게서 조차도 그들이 상담실에서 무엇을 하는지에 대해 인정을 받지 못하고 단지 궁금증만을 불러일으킬 뿐이었다.

일반 개인상담의 경우에도 우리 문화권에 맞게 상담자가 치료자로서의 역할뿐만이 아니라 교육자로서의 역할도 담당해야 상담효과를 낼 수 있다고 주장하고 있는 현실인데도, 생활지도와 학교상담과는 그 성질이 매우 상이한 미국의 개인상담과 심리치료의 모형이 학교현장에 그대로 적용되면서 우리나라 학교상담의 활성화가 방

표 1-1 심리치료 모델과 학교상담 모델의 비교

심리치료 모델	학교상담 모델
개인상담	학급중심 상담활동
귀납적	연역적
서비스	프로그램
과정중심	결과중심
주관적인 효과검증	객관적인 효과검증
내담자 주도	상담자 주도
위기, 치료, 교정	예방, 발달, 성장

해를 받고 있는 실정이다. 이렇듯 학교상담을 심리치료적 모형으로 운영하는 방침은 학교상담의 궁극적인 목적인 전체 학생의 발달과 성장이라는 측면을 간과하는 결과를 낳는다(이상민, 안성희, 2003).

　미국의 학교상담의 방향 역시 오랜 기간에 걸친 학교상담 효과연구를 바탕으로 개인상담이나 소규모 집단상담의 심리치료 서비스 모형을 지양하고 학급중심의 상담 활동 프로그램을 운영하는 추세로 나아가고 있는 실정이다. 개인심리치료 모델을 학교 현장에 적용하는 것에 있어서의 한계를 인정한 미국의 학교상담학자들(Wittmer, 2000) 역시 학교상담자가 개인상담을 하는 데 근무시간의 3분의 1 이상을 할애하는 경우 학교상담실 운영이 실패한 셈이라고 보고하고 있다.

　전통적인 심리치료모델과 학교상담모델을 비교한 [표 1-1]을 보면, 학교상담모델은 치료와 교정을 중심으로 하는 개인심리치료 모델과는 대조적으로, 학교의 전체학생들의 발달과 성장을 위해 학교상담자가 상담활동의 리더가 되어 객관적인 결과와 효과를 도출해 내는 연역적이며 체계적인 프로그램 중심의 모델을 기초로 하고 있음을 알 수 있다. [표 1-1]에서 제시된 교과과정중심 학교상담의 방향은 개인 및 집단상담기법에서 벗어난 능동적인 학급단위 상담활동으로서 학생의 문제에 초점(problem oriented)을 둔 기존의 개인상담, 심리치료적 접근과는 다르게 학생의 신체·심리적 건강에 초점(wellness oriented)을 맞춘 능동적인 접근이다. 현재 진로진학상담교사들이 진로와 직업 교과목을 중심으로 창의적 체험활동의 한 영역으로 진로발달을 촉진하는 프로그램을 계획, 시행하는 것이 더 바람직한 생활지도와 학교상담의 방향이라고 할 수 있다. 교과교사 역시 문제아 중심의 생활지도와 학교상담을 제공하기보다는 수업의 일환으로 교과목과 연계한 생활지도와 학교상담 프로그램을 운영해야 할 것이다. 그러므로 학교상담자들은 아동 및 청소년의 발달심리학, 프로그램 설계 및 교과과정, 상담연구법 등에 대한 기본지식을 가지고 있는 전문가여야만 하며, 상담실과 교무실에 앉아서 학생들이 상담을 받으러 오기를 기다리기보다는 적극적으로 학생들을 찾아가는 역할을 담당하여야 한다.

Ⅳ 생활지도와 학교상담을 담당하는 구성원의 자세와 역량 🌿

전문상담교사 제도와 진로진학상담교사 제도의 도입은 아동, 청소년 문제를 예방차원에서 대응할 수 있다는 의의가 있기에 획기적인 사건이라 할 수 있지만, 행정적 전문적인 지원체계가 미흡하여 전문상담교사와 진로진학상담교사들이 수행하는 상담 성과가 일선 학교와 교육청의 기대수준에 미치지 못하는 경우가 있어, 이들의 전문성 수준과 역량에 대한 의심 어린 시각이 제기되고 있으며 이에 따라 제도의 축소에 대한 염려도 제기되고 있는 실정이다. 따라서 제도의 도입이 오히려 학교상담의 발전에 역효과를 초래하지 않을까 하는 우려를 발생시키고 있다(Lee, Yu, & Suh, 2014). 그러나 우리나라의 생활지도와 학교상담은 전문상담교사들과 진로진학상담교사들만의 임무는 아니다. 전문상담교사들은 학생들의 심리적인 문제점을 상담해주고, 진로진학상담교사들은 향후 진로와 진학에 대한 결정 등을 조력해주는 임무를 담당하고 있다. 그러나 학교에서 발생하는 많은 생활지도 관련 이슈들, 예를 들어 학급에서의 다툼 등과 같은 일들은 담임교사들이 학급관리를 통해 해결해야 한다. 나아가 수업시간에서 발생하는 생활지도 이슈, 수업 중에 떠드는 행위 등의 경우는 교과교사들이 생활지도에 참여해야 한다. 따라서 이 장에서는 전문상담교사와 진로진학상담교사들을 포함하여 상담과 생활지도에 임하는 모든 교사들의 자세와 역량에 대해서 살펴보겠다.

1 생활지도 담당교사의 자세

생활지도와 학교상담에서 가장 중요한 것은 교사와 학생 간의 관계이다. 따라서 교사가 어떤 자세를 취하느냐는 매우 강력하게 학생들에게 영향을 미친다. 교사와 학생 간의 관계의 질(rapport)은 교사의 자세에 따라 크게 좌우된다. 학생들은 상담과 생활지도를 해주는 교사의 자세에 따라 자신의 문제를 해결하려는 적극적인 의지를 갖게 될 수도 있으며 이와 반대로 상처를 입고 자신의 문제를 악화시키는 결과를 가져올 수도 있다. 생활지도와 학교상담에 임하는 교사는 다음과 같은 몇 가지 자세를 갖춰야 한다.

첫째, 교사는 학생을 하나의 인간으로서 존중해야 하며, 현재 처해있는 환경과 상황 때문에 어려움을 겪고 있는 것으로 이해하고 받아들이는 마음이 있어야 한다. 즉, 이 어려움의 원인은 발견하지 못했다 하더라도 현재 경험하고 있는 어려움과 그 것으로 인해 일어나는 고통을 무조건적으로 수용해 주는 자세를 지녀야 한다. 둘째, 유능한 교사는 학생들 간의 차이에 대하여 너그럽게 대할 줄 알아야 한다. 특히 학생들 중 다문화 가정의 학생과 같이 사회적, 문화적인 배경이 많이 다른 경우, 그 학생의 생활방식과 인생관을 이해하는 것은 쉬운 일이 아니지만 교사는 이러한 학생일수록 더욱더 포용성 있게 이해할 수 있어야 한다. 셋째로, 생활지도와 학교상담을 담당하는 교사는 장기목표를 가지고 일할 수 있는 사람이어야 하며 어떤 즉각적인 결과를 바라서는 안 된다. 학생이 당면한 문제에 따라서는 그 결과를 빨리 볼 수도 있겠지만 생활지도와 학교상담에서는 우리가 기대하는 결과를 얻으려면 장기과정을 필요로 하는 경우가 많다. 따라서 학생 생활지도와 상담활동은 즉각적인 결과나 즉각적인 보상을 지연할 수 있는 끈기와 역량을 지녀야 한다. 넷째로, 생활지도와 상담을 할 때 학생이 주도권을 가지고 능동적으로 문제를 파악하고 스스로 변화를 촉진하도록 교사는 조력자의 자세를 취하는 것이 중요하다. 교사가 너무 적극적으로 내담자를 지도한다는 식의 개입은 오히려 학생이 너무 교사에게 의존하게 되는 결과를 초래할 수 있다. 즉, 생활지도와 상담을 담당하는 교사는 학생으로 하여금 자신의 행동을 바꿀 수 있도록 도와줄 수 있을 뿐이지 학생을 대신해서 학생이 당면한 문제를 직접 해결해 줄 수는 없는 것이다. 행동의 변화를 가져오는 사람은 학생 자신뿐임을 늘 인지하면서 조력자로의 자세와 태도를 취해야 한다. 마지막으로 상담과정에서 교사는 학생의 생각과 감정을 예민하게 감수하고 거기에 적절하게 대처하여야 하며, 학생과 깊은 정서관계를 맺어야 하고, 또한 학생이 자신의 감정을 자유롭게 표현할 수 있도록 허용해야 한다. 상담과정에서 학생이 이야기하는 어떤 말이라도 가능하면 무조건적으로 수용하며 너무 도덕적 잣대로 학생을 판단하는 태도를 취하지 않는 것이 중요하다. 이렇듯 교사는 학생을 진실로 이해하고 있다는 것을 표현함으로써 학생 자신이 상담시간이야말로 자신의 모든 감정과 태도를 표현할 수 있는 시간이라는 마음을 갖게 하여야 한다.

② 생활지도 담당교사의 역량

생활지도와 학교상담에서 학생에게 변화를 가져오게 하려면 교사 자신이 하나의 효과적인 도구가 된다는 것을 깊이 이해하고 더 나아가 교사가 상담자로서의 역할을 보다 효과적으로 수행할 수 있어야 한다. 이러한 역할을 수행하기 위해서는 우선 생활지도와 상담과정에서 교사는 자신의 내면에 대한 자각(self-awareness)과 자기성찰(introspection)을 할 수 있어야 한다. 즉, 자신의 내면의 심리기제, 인지과정, 정서조절과정 등에 대해서 관심과 흥미를 가질 필요가 있다. 이렇듯 마음속에서 일어나는 현상들이 자기자신 속에서 또는 다른 사람 속에서 어떻게 돌아가고 있는가 하는 것을 알아야 하며 거기에 흥미를 갖고 자각과 자기성찰의 역량을 길러서 학생에게 적절하게 반응할 수 있어야 한다. 둘째로 공감(empathy)하는 역량을 길러야 한다. 공감이란 교사가 자기자신의 반응을 중지하고 그 대신 학생의 배경과 학생의 성격이 교사 자신에게 주어졌다고 가상하면서 자기를 그 같은 학생의 입장에서 놓고 학생이 느끼는 것을 느끼려고 하고 경험하려고 하는 것이다. 공감에 의해서 교사는 학생의 인지와 정서과정 내면을 더듬어 들어가 학생들이 지금 그 순간에 느낀 것을 경험한 후에는 이 과정을 역전시켜서 바로 전에 잠깐 자기가 학생인 양 느끼려고 했을 동안 자기가 느꼈던 것이 무엇인가를 돌이켜 생각해 보는 것이다. 셋째로 상담자가 길러야 할 역량은 관찰력(observation)이다. 학생이 표출하는 모든 비언어적 행동적 표현 또는 인지와 사고과정의 순서, 표현하고 있는 감정과 정서 등은 물론이고 학생이 생략하면서 표현하는 문제들, 교사는 학생의 말을 경청하고, 면밀히 관찰하면서 동시에 교사 자신도 관찰하고 자신의 반응도 관찰하는 동시에 거시적으로 즉, 학생이 표현하는 말이나 행동의 줄거리는 어떤 것이고 그 전반적인 추세는 어떻게 돌아가고 있는지를 관찰해야 한다. 넷째로 생활지도를 담당하는 교사가 반드시 지녀야 할 상담역량은 환기적 경청(evocative listening)이다. 환기적 경청이란 상담을 담당하는 교사가 학생이 자기의 마음을 다 털어놓을 수 있게끔 잘 듣고 있어야 한다는 것이다. 학생이 어떤 심리적 갈등이나 정서적 어려움을 느끼고 있는 간에 또 지금 어떤 경험이나 행동이나 기억, 감정을 체험하고 있건 간에 그런 모든 것들이 다 학생의 마음속에 갇혀 있는 것이다. 그러한 내면의 경험을 알아내기 위해서는 말과 학생의 표현을 통하는 것 이외에는 접근할 수가 없다. 그러므로 교사는 학생으로 하여금 표현적 교통(expressive communication)을 할 수 있게끔 조장하고 격려하는 기술을 연마해야 한다. 이를 통해 학생은 자신의 정서적, 심리적 어려움이 무엇인지를 보다 쉽게 표현하게 되어 문제해결이 가능한 것이다. 마지막으로 때로는 상담과정에서 교사가 학생의 고통스러운 경험이나 기억을 촉발시킬 수 있어야 한다. 교사는 학생 스스로가 어떤 부당한 죄책감이나 곤란함을 느끼지 않게 하면서 학생의 고통스러운 경험을 자연스럽게 표현할 수 있는 분위기를 조성해야 한다. 학생이 갖고 있는 깊은 내적 갈등을 표현하고 고통스러워한다고 하더라도 그렇게 함으로써 때로는 그러한 고통스러운 과정이 학생의 밑바탕의 문제를 해결하게 할 수 있다. 내담자가 어려운 이야기를 끄집어내고 고통스러워한다고 이를 피한다면 그것은 상담의 올바른 과정이라고 보기가 힘들게 된다. 앞서 열거한 모든 역량들은 대부분 생활지도와 상담업무를 담당하는 교사들의 마음 속에서 소리 없이 진행되는 것이다.

Ⅴ 생활지도와 학교상담 윤리

학교에서 상담을 하다보면, 빈번히 윤리적인 딜레마 상황을 경험한다. 어려운 딜레마 상황에서 윤리적 결정을 내리기는 쉽지 않다. 이는 상담 장면에서 당면한 딜레마가 복합적인 경우가 대부분이기 때문이다. 현재까지 많은 연구자들이 윤리적 의사결정에 대한 모형을 제시해 왔다. 대표적인 모형으로 Cottone과 Claus(1995)가 발표한 상담과 심리치료 전문가들을 위한 6단계 윤리적 의사결정 모형과 Forester-Miller와 Davis(1996)가 발표한 상담실무가들을 위한 7단계 윤리적 의사결정 모형이 있다. 두 모형 모두 윤리적 문제의 딜레마 내용을 확인하는 과정, 윤리 규정을 참조하여 딜레마 상황에 적용하는 과정, 선택할 수 있는 해결책의 유추과정, 선택한 행동의 결과에 대한 평가 등 모형 간 공통적인 요소를 발견할 수 있다. 두 모형을 비교, 통합하면, 다음의 5단계의 모형으로 압축할 수 있다. 이 장에서는 이 5단계 모형을 제시하여 생활지도와 학교상담을 담당하는 교사들이 윤리적 딜레마 상황에서 어떻게 대처해야 하는지를 알려주고자 한다.

1) 1단계: 문제파악
- 특정 태도를 취하기 전에 행동유보를 하라.

- 충분한 시간을 가지고 분석, 진단하라.
- 다양한 관점에서 갈등되는 윤리가치를 파악하라.

1단계인 문제파악 단계는 생활지도와 상담담당 교사가 윤리적 문제에 직면한 단계이다. 윤리적 문제에 직면했을 때, 어떤 태도를 취하기 전에 잠시 행동을 유보해야 한다. 추후 행동을 결정하기 전에, 최대한 관련 정보를 모으는 노력이 필요하다. 이를 위해서는 충분한 시간을 가지고 분석하고 진단할 필요가 있다. 아무리 상황이 급박하다고 느낄지라도, 잠깐의 시간 동안 혼자만의 생각을 정리할 필요가 있다. 연구에 따르면, 실제로 상담 장면에서의 긴급 상황은 존재하나 윤리적인 긴급 상황은 거의 발생하지 않는다. 그러므로 문제 상황, 적용될 수 있는 적절한 윤리지침, 관련된 법 등에 대해 교사가 스스로 아는 것을 생각하기 위해 충분한 시간을 가져야 한다. 문제를 확인하고 진단할 땐, 전문 서적과 윤리 규정을 재확인하여야 한다. 특히 법적인 문제가 연관되어 있다면, 변호사와 상담하여야 한다. 이 단계에서는 문제를 다양한 관점에서 확인하려고 노력하고, 단순한 해결책을 찾는 것은 피하는 것이 좋다.

2) 2단계: 윤리규정 및 원칙 적용을 통해 원하는 결과 추출

- 관련된 윤리규정과 원칙을 적용하라.
- 위의 윤리규정과 윤리원칙을 통해 규정과 원칙 중 상충된 가치가 있다면 상대적 우선순위를 고려하여 적용하라.

2단계는 윤리규정집과 도덕적 잣대에 대한 내면과정에 귀를 기울이면서 관련된 윤리규정과 원칙을 적용하는 단계이다. 몇몇 윤리학자들은 때때로 상담자의 내면에서 느껴지는 감정이 판단의 중요한 요소가 된다고 주장하고 있다. 그러기에 너무 감정에 입각하기보다는 윤리규정과 윤리원칙들이 현재 당면한 윤리적 문제에 어떻게 적용되는지 곰곰이 생각해야 한다. 구체화하는 방법은 상충하는 원칙과 가치관 등을 서로 비교하고, 그 상황 속에서 그들의 우선순위에 따라 등급을 매겨야 한다. 로웬버그(Lowenburg)와 돌고프(Dolgov)와 같은 학자들은 윤리원칙의 우선순위를 다음과 같이 제시하고 있다.

❶ 생명보호의 원칙

❷ 평등과 불평등의 원칙

❸ 자율성과 자유의 원칙

❹ 최소한 해악의 원칙

❺ 삶의 질의 원칙

❻ 사생활보호와 비밀보장의 원칙

❼ 진실성과 정보개방의 원칙

3) 3단계: 가능한 대안 탐색 및 그에 대한 결과탐색

- 바라던 결과들을 얻었을 때 가능한 행동들에 대하여 생각해보라.
- 바라는 결과들을 한쪽 면에 목록을 적어보아라.
- 내담자, 영향을 미칠 수 있는 다른 사람 그리고 당신 자신에 대한 각각의 선택에 대한 결과를 생각해라.

3단계에서는 주어진 상황에 대한 가능한 대안을 탐색하고 그 대안의 결과에 대해서 추론해보는 단계이다. 윤리적 대처행동들에 대해 신중한 고려를 한 후에도 하나의 기대된 결과가 윤리적 딜레마 속에서 나타나지 않을 수 있다. 주어진 상황에서 나타날 수 있는 결과는 어떻게 대응하느냐에 따라 많은 결과들이 있을 수 있다. 어떤 것들은 필수적인 것으로 보이고 다른 것은 바람직한 것으로 보일 수 있다. 그러므로 바라는 결과를 얻을 수 있기 위해 필요한 가능한 행동들에 대하여 생각해보아야 한다. 구체적으로 바라는 결과들을 한쪽 면에 목록을 적는 것은 유용할 것이고, 다른 면에는 가능한 행동들을 적는 것은 그런 각각의 결과의 성취를 세분화할 것이다.

4) 4단계: 전문가의 자문

- 자문을 통해 만들어진 결정이 대체적으로 더 안전하다. 또한, 자문은 만약 당신의 결정이 법적인 문제가 있다면 법정에서 변호하는 데 중요한 요소로서 작용한다.

4단계에서는 수퍼비전과 자문을 통해 교사가 생각하고 있는 바람직한 대응행동에 대해서 수퍼바이저와 함께 논의해야 한다. 예를 들어, 교사가 미처 생각해보지 못했던 결과와 행동에 대해서 점검해줄 수 있는 수퍼바이저에게 자문을 구해야 할 것이다. 교사가 혼자서 내린 결정은 수퍼바이저의 자문을 통해 만들어진 결정에 비해 훨씬 빈약할 수 있다. 이 경우 도움이 될 만한 전략은 브레인스토밍이다. 브레인스토밍을 통해 수퍼바이저와 함께 바라는 결과들을 얻을 수 있는 가능한 행동들에 대해서 생각해보고 그에 대한 목록들을 적어보고 그 중 가장 바람직한 대응전략을 선택해야 할 것이다. 이와 같은 자문과정은 만약 교사의 결정이 추후에 법적인 문제가 있다면 법정에서 변호하는 데 중요한 요소로도 작용할 수 있다.

5) 5단계: 선택한 대안의 실행

- 최종적으로 선택된 하나의 행동 또는 여러 행동들이 도덕적 규칙의 등급과 일치하는지 확인하라.
- 결정에 대해 당신이 어떻게 느끼는지 주의를 기울여라.
- 신중한 심사숙고 후의 선택일지라도 성실한 상담자는 "내가 올바른 일을 하는지 아닌지 어떻게 알 수 있을까요?"라고 물어보아야 한다.

5단계는 선택한 대안에 대해서 신중하게 실행하는 단계이다. 일단 교사가 하나의 대응행동 또는 여러 대응행동을 선택했다면, 교사가 선택한 사항이 도덕적 규칙의 등급과 일치하는지 확인할 필요가 있다. 이러한 윤리적 직업인이 되는 것은 지식과 문제해결 기술과 전략, 그리고 철학적 규칙의 이해, 그리고 성숙, 판단, 지혜로 반응하게 하는 다양한 특징의 결합과 연관되어 있다. 그것은 일생의 의무로 요구되는 과제이며, 절대로 끝나지 않을 것이다. 심지어 상세하게 윤리적 기준을 깨달은 경험이 많은 생활지도와 학교상담을 담당하는 교사들도 그때그때마다 다르게 경험하는 윤리적 문제와 딜레마에 어려움을 겪는다.

2 학교상담 이론

Contents

　　이 장에서는 학교상담의 이론을 개괄적으로 소개하기 위하여 학교상담의 정의와 특징, 목표와 영역, 모형, 내용 및 전략 등과 같은 학교상담의 전반적 영역에 걸친 이론적 틀을 설명하였다. 학교상담 제도의 시작을 교도교사 제도의 시작으로 간주하면 학교상담의 역사가 짧은 것은 아니지만 교과를 담당하지 않은 전일제 전문상담교사 제도의 시작은 15여년의 비교적 짧은 역사를 지니고 있다. 또한 지난 15여년간 진행된 학교상담은 제도의 수정과 보완을 통해 지속적으로 변화를 거듭하였다. 이러한 변화 속에서 학교상담은 어느 정도 자리를 잡아가고 있지만 학교상담을 개념화하여 하나의 확고한 이론적 틀로 제시하기에는 아직 한국의 학교상담에 대한 전문가들의 합의가 충분히 이루어지지 못했다. 따라서 이 장에서는 학교상담이 활성화되어 있고 이론적 발달이 이루어진 미국의 학교상담 모형 등을 바탕으로 한국의 상황을 감안하여 학교상담의 이론적 틀을 제시하고자 하였다. 한국의 학교상담에 적합한 이론적 논의는 앞으로 지속적으로 전개되어야 할 것으로 생각하며 2장은 그러한 이론적 논의를 위한 출발점의 의미를 지니고 있다고 볼 수 있다.

1 상담과 학교상담

1) 상담의 개념 및 요소

상담(counseling)은 조언을 주거나 가르침을 준다는 'counsel'이란 단어에 기인한다. 또한 상담(相談)은 '서로(相) 이야기한다(談)'는 단어적 의미를 지니고 있다. 그래서 도움이 필요한 사람에게 조언이나 가르침을 주기 위하여 함께 이야기하는 상황에 '상담'이란 용어가 광범위하게 사용된다. 예를 들어, 진로상담, 심리상담, 학부모상담과 같이 교육적 상황뿐만 아니라 미용상담, 부동산상담, 투자상담과 같이 매우 다양한 맥락에서 상담이란 용어가 사용되고 있다. 이처럼 상담은 매우 다양한 맥락에서 사용되는데 다양한 상담의 공통점은 도움을 주는 사람(상담자)과 도움을 받는 사람(내담자)이 상담관계를 형성하고 있다는 점이다. 이러한 상담자와 내담자 및 상담관계는 상담의 세 가지 요소로 여겨진다.

상담자는 도움을 제공하는 측면에서 상담의 전문성을 지니고 있다. 상담자의 전문적 자질이란 상담의 이론을 충분히 이해하고 상담의 기술을 효과적으로 적용하되 윤리적인 지침을 준수하는 능력을 말한다. 학교의 경우 일반교사 혹은 상담교사가 이러한 상담자의 역할을 수행하게 된다. 일반적으로 담임교사는 생활지도 측면에

그림 2-1 상담의 구성요소: 상담자, 내담자, 상담관계

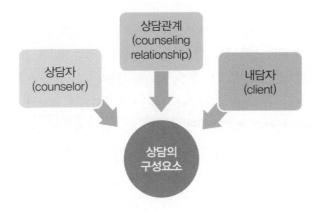

서 도움을 제공하고, 상담교사는 심리상담적 측면에서 도움을 제공하게 된다. 한편 내담자는 도움을 받는 사람으로 자신의 문제를 스스로 해결하는 것에 어려움을 겪는 사람이다. 일반적으로 내담자는 정서적으로 불안정하거나, 사고방식이 부정적이거나 행동이 부적절한 경우가 많다. 이처럼 내담자는 정서, 사고 및 행동적 측면에서 다양한 형태의 부적응적 특징을 보인다. 학교의 경우 내담자는 이러한 부적응을 경험하는 학생들이다. 예를 들어, 분노를 조절하지 못하거나(정서), 강박적인 사고성향이 강하거나(사고), 공격성이 높아 폭력을 행사하는(행동) 학생들의 경우 도움이 필요하다. 마지막으로 상담자와 내담자가 형성하는 상담관계는 상담자의 진정성과 공감적 이해 및 무조건적 긍정적 존중에 기초한 신뢰관계라고 할 수 있다. 다시 말해, 학생의 어려움을 진정으로 도와주려는 진실된 마음을 바탕으로 학생의 편에서 학생이 느끼는 어려움을 체휼하고 학생에 대해 편견없이 대할 때 학생의 변화를 이루어내는 상담관계를 형성할 수 있다.

2) 학교상담의 개념

학교상담이란 이상에서 설명한 상담이 학교에서 이뤄지는 경우로 일반교사 혹은 상담교사가 부적응을 경험하는 학생을 돕는 경우에 해당된다. 학생에게 제공하는 도움은 다양한 형태로 구분될 수 있다. 학생에게 제공될 수 있는 도움의 종류는 다음의 [그림 2-2]와 같이 학생에게 정보를 제공하거나 조언을 줌으로써 도움을 제공하는 생활지도(guidance), 학생의 정서, 사고 및 행동의 변화에 초점을 두는 상담(counseling) 및 정신건강에 문제를 보이는 경우 제공하는 심리치료(psychotherapy)로 구분할 수 있다.

학교상담은 주로 교육적 차원에서 이뤄지며 [그림 2-2]에서 실선으로 묶인 생활지도와 상담의 형태로 진행된다. 반면 치료적 목적의 일반상담은 점선으로 묶인 상담과 심리치료의 형태로 진행되는 경우가 많다. 생활지도는 상담이나 심리치료와 비교하여 지시적(directive) 성격이 강하다. 다시 말해, 문제를 겪고 있는 학생을 도울 때 보다 직접적인 방향을 지시하며(指) 이끌어내는(導) 성격이 강하다. 따라서 정보제공이나 조언과 같이 일방적인 도움의 흐름이 존재한다. 반면 상담은 학생을 문제 해결의 동반자로 인식하며 함께(相) 문제를 해결해 나가기 위하여 협력적 관계 속에서 이루어지는 대화(談)의 성격이 강하다. 반면 심리치료의 경우 일반교사보다는 상담

그림 2-2 생활지도, 상담, 심리치료의 비교

생활지도	상담	심리치료
指導	相談	治療
Guidance Directing Advice	Counseling Collaboration Conversation	Psychotherapy Curing Restoring
정보제공, 조언	정서, 사고, 행동의 변화	정신건강의 개선

교사에 의해서 이뤄지는데 학생의 문제가 심각하고 정신건강의 문제를 수반할 때 보다 장기적인 상담을 통해 심리치료가 이뤄지게 된다.

2 학교상담의 특징

흔히들 학교상담은 일반적인 치료적 상담이 학교라는 장면에서 이루어지는 것으로 오해하기도 한다. 물론 학교에서도 일부 치료적 상담이 가능하지만 학교상담은 치료적 상담과 비교하여 매우 독특한 특징을 지니고 있다. 오인수(2010)는 학교상담의 특징을 아래의 [그림 2-3]과 같이 5가지로 정리하여 제시하였다.

첫째, 학교상담은 부적응으로 문제를 보이는 학생뿐만 아니라 학교의 모든 학생을 상담의 대상에 포함시킨다. 학교는 공부를 못하는 학생들만 또는 잘하는 학생들만을 모아 가르치는 곳이 아니다. 학교는 다양한 학업성취도를 지닌 모든 학생들이 효과적으로 공부할 수 있도록 돕는 곳이다. 마찬가지로 학교상담은 다양한 적응정도를 보이는 모든 학생들이 효과적으로 성장할 수 있도록 상담서비스를 제공한다. 따라서 학교상담의 내담자는 넓게 보면 재학 중인 모든 학생이라고 볼 수 있다.

둘째, 학교상담은 문제가 발생하면 이를 효과적으로 개입 혹은 중재하지만 문제가 발생하기 이전에 예방할 수 있는 장점을 지니고 있다. 이러한 특징은 학교상담만

그림 2-3 학교 상담과 치료 상담의 비교(오인수, 2010)

이 지니고 있는 독특한 환경적 요인이다. Schmidt(2008)는 이러한 학교상담의 선제적(proactive) 접근의 중요성을 강조하였다. 왜냐하면 문제가 발생한 이후에 개입하는 반응적(reactive) 접근과 비교하여 보다 효과적으로 문제를 최소화시킬 수 있기 때문이다. 실제로 예방 프로그램의 효과성에 대한 메타분석의 결과에 따르면 문제가 발생하기 이전에 예방적 개입을 하는 것이 반응적 개입에 비해 보다 효과적인 것으로 확인되었다(Hahn et al., 2007; Mytton et al., 2006). 우리 속담에 '호미로 막을 것을 가래로 막는다'와 같은 표현처럼 학교상담은 문제 발생 이전에 미연에 예방할 수 있는 장점을 지닌다.

셋째, 학교상담은 학생의 문제를 진단하고 치료하기보다는 학생이 문제를 극복할 수 있도록 학생의 발달을 촉진하는 환경의 조성에 역점을 둔다. 치료적 관점은 의학적 모델(medical model)에 기초하여 전문적인 치료자(therapist)가 학생의 문제를 진단하고 이에 대한 처방으로 치료하는 관점을 지향한다. 이러한 관점은 현재 문제를 보이는 학생을 무언가 결핍된 존재로 간주한다. 그러나 발달적 모델(deve-lopmental model)에 기초한 학교상담은 현재 학생의 문제를 발달의 과정에서 나타나는 일시적 부적응으로 간주하고 학생이 스스로 해결해나갈 수 있도록 도우며 학생에게 영향을 미치는 환경의 조성을 통해 발달의 촉진을 지향한다. 따라서 상담자가 학생의 문제를 고쳐주는 역할보다는 학생 스스로 문제를 극복할 수 있도록 변화를 촉진하며 환경을 조성하는 역할이 강조된다.

넷째, 학교상담은 내담자가 호소하는 문제 영역뿐만 아니라 그 문제와 관련된 인접 영역과의 관련성을 고려하여 학생이 종합적인 발달을 할 수 있도록 촉진하는 것에 초점을 둔다. 반면 치료적 상담은 상대적으로 특정 문제 영역에 초점을 두고 문제를 개선하는 것에 초점을 두는 경향이 있다. 따라서 치료상담을 받는 내담자는 비교적 상담자의 세부 전문성에 따라 상담자를 선택하는 경향이 있다. 예를 들어, 난독증(dyslexia)으로 학업성취도가 낮은 학생의 경우 읽기장애 분야의 전문성을 지닌 치료상담을 받을 수도 있지만, 학교상담은 읽기장애와 관련된 학업불안, 부정적 자아개념, 친구관계의 어려움, 진로선택의 제한 등 보다 넓은 영역에 초점을 두며 학생의 전인적 성장을 추구하는 경향이 강하다. 학교상담은 학교가 추구하는 전인교육의 이념에 부응하여 학생의 문제 영역뿐만이 아닌 전인적 성장을 돕는 것에 초점을 둔다.

다섯째, 치료상담은 1:1 개인상담을 가장 많이 사용하며 상담자와 내담자의 치료관계에 초점을 두지만 상대적으로 학교상담은 내담자를 둘러싼 다양한 사람들(예: 담임교사, 학부모, 교과교사, 비교과교사, 학교관리자 등)과의 협력적 관계를 통해 학생을 돕는 측면이 강하다. 특히 학교의 체제적 특성상 담임교사의 역할이 매우 중요하기 때문에 상담교사는 학생을 돕기 위하여 담임교사에게 자문(consulting)을 실시하거나 협력(collaboration)을 통해 상담의 동반자인 교사와 함께 학생을 돕는 것이 효과적이다. 이처럼 학교상담은 학교라는 체제에서 이뤄지는 상담이기 때문에 학교체제의 다른 구성원과의 협력적 관계를 통해 상담을 실행할 때 그 효과성을 발휘할 수 있다.

Ⅱ 학교상담의 목표와 영역

1 학교상담의 목표

학교상담의 목표는 학교가 지향하는 목표의 성취를 상담이라는 방법을 통해 이루어내는 것이다. 치료적 상담을 학교 안으로 끌어들여 학교에서 문제 행동이나 심리를 경험하는 학생들에게 상담서비스를 제공함으로써 문제의 해결을 돕는 것은 학교상담의 협의의 목표라고 볼 수 있다. 학교상담은 학교의 기능인 학생의 전인적 성장과 발달을 촉진하기 위하여 현재 문제를 경험하는 학생에게는 상담적 개입을 제공하고(지시적 개입), 문제를 경험할 가능성이 높은 학생에게는 선별적으로 개입하여 문제를 미연에 예방하며(선택적 개입), 아직 문제를 경험하지 않은 학생에게는 문제를 예방할 뿐만 아니라 이들의 잠재적 가능성을 최대화시킬 수 있도록 모든 학생들에게 개입하는(보편적 개입) 종합적 학생지원 서비스이다. 다음의 [그림 2-4]는 예방이론에서 주장하는 세 가지 형태의 예방적 개입을 도식화한 것이다(Gordon, 1987).

이처럼 학교상담은 치료상담과 비교하여 예방적 성격이 강하며 문제가 발생한 후 개입하는 반응적(reactive) 접근보다는 문제가 발생하기 이전에 선조치하는 선제적(proactive) 접근의 성향이 강하다고 볼 수 있다.

그림 2-4 학교상담을 통한 예방적 개입의 종류

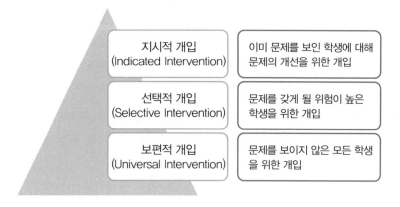

② 학교상담의 영역

학교상담은 학생의 전인적 성장을 돕기 위한 종합적 상담서비스이기 때문에 학교상담이 다루는 영역은 매우 포괄적이다. 학교는 1차적으로 학습의 공간이기 때문에 학업(academic) 영역을 우선적으로 다루게 된다. 또한 교육(敎育)의 기능이 학습을 통한 가르침(敎)뿐만 아니라 인간으로서의 성장(育)을 촉진하는 것이기 때문에 학습 이외에 개인(personal) 영역과 사회(social) 영역을 다루게 된다. 뿐만 아니라 학생이 자신의 흥미와 가치관 및 적성을 발견하여 자신의 진로를 탐색하도록 돕는 진로(career) 영역 역시 학교상담이 다루게 되는 영역이다. 다음의 [그림 2-5]는 학교상담의 영역을 도식화

한 것으로 미국학교상담자협회(American School Counselor Association, ASCA)는 개인 영역과 사회 영역의 상관성이 높은 점을 감안하여 이 두 영역을 하나의 영역으로 합하여 다음의 [그림 2-5]와 같이 총 3개의 영역을 제시하였다(ASCA, 2003).

그림 2-5 학교상담의 세 가지 영역

학업 영역에서는 학습에 필요한 지식과 기술뿐만 아니라 학습을 대하는 태도를 포함하여 학습의 효과를 높이기 위한 학업준비와 학습이 다른 영역과 어떠한 관련성이 있는지를 다루게 된다. 학습부진 학생, 학업적 효능감이 낮은 학생, 학습기술이 떨어지는 학생 등은 이 학업 영역에 초점을 두어 상담하게 된다. 개인·사회 영역에서는 개인의 심리적 발달과 대인관계 기술 및 의사결정 등에 초점을 둔다. 개인 영역과 사회 영역을 구분하기도 하지만 ASCA모형에서는 이 두 가지 영역을 합하여 제시하였다. 마지막으로 진로 영역은 개인의 흥미, 가치관, 적성의 계발을 돕고 이를 바탕으로 진로를 탐색하고 진로목표를 성취할 수 있도록 돕는 것에 초점을 둔다.

이러한 세 가지 영역은 독립적이라기보다는 서로 유기적으로 연결되어 있기 때문에 학생을 상담할 때에도 이 영역의 관련성을 고려하는 것이 중요하다. 앞선 절에서 학교상담의 특징이 문제 영역 뿐만 아니라 인접 영역을 동시에 고려하여 상담한다고 언급한 것처럼 학생이 드러낸 문제를 인식할 때 그 문제와 관련된 다른 영역과의 관련성을 염두에 두어야 한다.

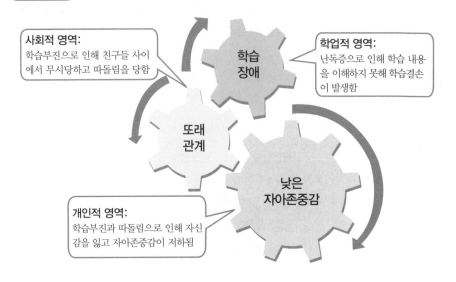

그림 2-6 학업, 개인 및 사회 영역의 상호 연관성

사회적 영역: 학습부진으로 인해 친구들 사이에서 무시당하고 따돌림을 당함

학업적 영역: 난독증으로 인해 학습 내용을 이해하지 못해 학습결손이 발생함

학습 장애

또래 관계

낮은 자아존중감

개인적 영역: 학습부진과 따돌림으로 인해 자신감을 잃고 자아존중감이 저하됨

[그림 2-6]에 제시된 바와 같이 학업 영역에서 학습 장애로 인하여 문제를 보인 학생의 경우 학습 문제로 인해 사회적 영역인 또래 관계에서 문제가 발생할 가능성이 높다. 공부를 못한다는 이유로 또래 사이에서 무시되거나 따돌림을 당할 수 있기 때문이다. 이러한 또래 관계의 문제는 개인 영역의 낮은 자아존중감의 문제를 야기할 수 있으며 더 나아가 이후 진로 영역의 진로탐색의 과정에서도 부정적인 영향을 미칠 수 있다. 따라서 학교상담에서는 학생의 문제를 바라볼 때, 보다 다양한 영역에서 문제의 상호관련성을 종합적으로 파악하는 것이 필요하다.

Ⅲ 학교상담의 모형

학교상담의 모형은 학교상담 전반의 개념적 틀로서 다양한 형태의 학교상담 서비스를 종합적으로 설명한다. 서두에서 언급한 바와 같이 학교상담이 한국에 비해 활성화된 미국의 경우 학교상담은 개별 서비스 중심인 치료적, 의료적 모형에서 학교의 모든 학생들에게 다양한 서비스를 종합적으로 제공하는 종합적, 발달적 모형으로 학교상담 모형을 발전시켰다(VanZandt & Hayslip, 2001). 이러한 종합학교상담모형(comprehensive school counseling model)은 Gysbers가 제안한 미주리 모형(Missouri Model)을 시작으로 다양한 주에서 개발되었고 1997년 미국학교상담자협회(ASCA)에서 국가모형을 제시함으로써 모형 발전과 확산의 계기를 마련하였다. 한국의 경우 아직 정형화된 모형은 존재하지 않고 미국의 모형을 일부 차용하여 사용하는데, 앞으로 한국의 특수성을 감안한 한국형 학교상담모형의 개발이 필요한 상황이다.

■1 종합학교상담모형

종합학교상담모형은 개별적 상담 서비스를 포함한 다양한 형태의 학교상담 서비스를 네 가지 서비스로 유목화하여 제시한다. 이 모형은 기존의 상담교사들이 치료적 관점에서 1:1로 학생들을 상담하던 방식을 뛰어넘어 다양한 형태의 종합적인 상담서비스를 제공하는 개념적 틀을 제공하였다. 이 네 가지 서비스는 아래의 [그림 2-7]과 같이 생활지도 교육과정(guidance curriculum), 개별학생계획(individual student planning), 반응적 서비스(responsive services) 및 체제지원(system support)이다(Gysbers & Henderson, 2007).

생활지도 교육과정은 예방적 성격이 강하다. 학년의 발달 수준에 맞게 교육 내용을 조직, 구성하여 학생들의 성장 및 발달을 돕는 내용으로 상담 수업을 실시하는 것이다. 예를 들어, 상담교사가 각 교실을 방문하여 사회성 기술을 향상 시키는 내

| 그림 2-7 | 미주리 모형의 학교상담 서비스 영역

용으로 수업을 진행하는 경우 생활지도 교육과정에 해당된다. 물론 일반교사가 교과 이외의 활동으로 학생에게 필요한 다양한 내용을 조직, 구성하여 교육과정의 형태로 제공할 수 있다. 반응적 서비스는 부적응 문제를 보이는 학생에게 상담교사가 개인 혹은 집단상담을 통해 도움을 제공하는 경우이다. 흔히 생각하는 상담이 바로 반응 적 서비스에 해당된다. 학생의 문제가 확인된 경우 그 문제를 해결하기 위한 반응으 로서 상담적 개입을 하는 경우이다. 예를 들어, 부모의 이혼으로 정서적 불안 증세 를 보이는 학생과 개인 상담을 하거나 전학을 온 학생들을 모아 집단으로 학교의 적 응을 돕는 상담을 하는 경우에 해당된다. 일반적인 형태는 상담실에서 개인상담 혹 은 집단상담의 형태로 전개된다. 개별학생계획은 학생 개개인이 자신의 능력을 최대 로 발휘할 수 있도록 상담교사가 돕는 활동을 말한다. 이 영역은 한국과 미국의 교 육체제가 다르기 때문에 한국에 직접 적용하는 점에서 한계를 지닌다. 예를 들어, 고등학교에서 선택과목을 이수할 때 상담교사가 학생의 적성과 능력을 고려하여 학 생에게 가장 적합한 수업을 수강할 수 있도록 돕는 경우에 해당된다. 미국의 경우 한 학교에서 제공하는 수업의 수준이 매우 다양하기 때문에 상담교사가 학생의 스케 줄을 관리하는 데 많은 시간을 할애하지만 한국의 경우에는 교과목에 대한 선택의 폭이 적기 때문에 개별학생계획 영역은 매우 제한적이라고 볼 수 있다. 한편 체제지 원은 위의 세 가지 영역의 활동을 보다 효과적으로 운영하기 위해서 실시하는 다양 한 지원 활동을 말한다. 이는 마치 나머지 세 영역이 보다 원활하게 운영될 수 있도 록 돕는 윤활유와 같은 역할을 한다. 예를 들어, 교사의 상담 연수, 상담 자료 개발, 예산 지원, 공문처리, 상담 시설 확충과 같은 활동들을 실시하는 경우에 해당된다. 체제지원은 이와 같이 다양한 행정적 서비스를 포함한다.

　　Gysbers와 Henderson(2007)은 이러한 네 가지 상담서비스의 경우 학교급에 따 라 차등적으로 시간을 배분해야 한다고 제언하였다. 다음의 [그림 2-8]과 같이 초등 학교에서는 생활지도 교육과정에 가장 많은 시간을 할애하여 예방에 초점을 두는 반 면, 고등학교에서는 개별학생계획에 가장 많은 시간을 할애하여 자신의 적성에 맞는 진로 선택에 초점을 두어야 한다고 보았다. 반응적 서비스의 비율은 학교급에 따라 큰 차이가 없지만 생활지도 교육과정의 경우 학교급이 올라갈수록 점점 줄어드는 것 을 확인할 수 있다. 이것은 초등학교의 경우에는 예방적 성격이 강한 생활지도 교육 과정을 집중적으로 실시하여 다양한 문제를 미리 예방하는 것의 필요성을 강조한 것

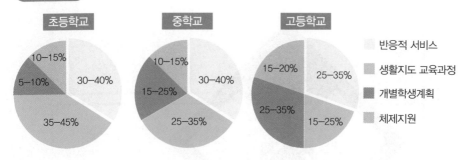

그림 2-8 학교급에 따른 상담교사의 시간 배분 비교

초등학교

10-15%
5-10%
30-40%
35-45%

중학교

10-15%
15-25%
30-40%
25-35%

고등학교

15-20% 25-35%
25-35% 15-25%

반응적 서비스
생활지도 교육과정
개별학생계획
체제지원

이라고 볼 수 있다.

2 ASCA 국가모형

미국학교상담자협회는 미주리 모델과 같이 그동안 개발된 다양한 종합학교상담 프로그램을 통합하여 표준화된 국가모형을 개발하였다(Campbell & Dahir, 1997). 2003년에 발표된 이 ASCA국가모형(National Model)은 이전까지 개발된 다양한 모형들을 통합하여 가장 종합적인 모형으로 인정받고 있다(ASCA, 2003). 이 국가모형은 앞서 살펴본 학교상담의 네 가지 서비스를 통합한 미주리 모형을 확장하여 다음의 [그림 2-9]와 같이 세 가지 수준 및 네 가지 체제의 형태로 기존 모델을 확장하여 제시하였다.

수준 1은 '기초(Foundation)' 영역으로 학교상담의 기본 신념과 철학을 명료화시키고 학교상담을 통해 실현하려는 임무진술(mission statement)을 구체적으로 제시하는 것을 포함한다. 이를 통해 학교상담이 지향하는 바를 명확하고 구체적으로 제시하는 역할을 한다. 예를 들어, 상담교사는 가정통신문을 통하여 학교상담 서비스를 소개할 때 상담교사의 철학과 역할 등을 제시하고 학업, 개인/사회 및 진로 영역에서 제공하는 상담 서비스를 구체적으로 제시하여 학교상담이 학교교육에 어떠한 점에서 기여하는지를 분명하게 제시할 수 있다. 기초영역은 학교상담이 추구하는 철학, 학교상담자의 기본 신념 등 학교상담에 관한 이론적 기반을 구성한다.

수준 2는 전달체제(delivery system)와 운영체제(management system)로 구성된다. 이 두 체제는 기초영역을 기반으로 동시에 실행된다. 전달체제는 실제로 상담 서비

그림 2-9 ASCA국가모형의 수준별 체제구성

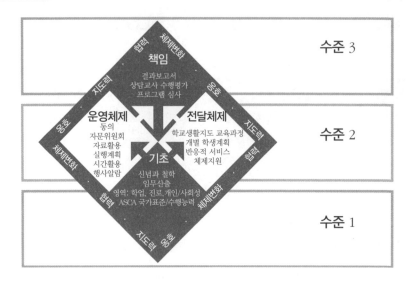

스를 학생에게 제공하는 것으로 미주리 모형에서 제시한 네 가지 서비스를 합쳐 놓은 것으로 이해하면 된다. 한편 운영체제는 전달체제를 통해 상담 서비스가 학생에게 효과적으로 전달되는 것을 촉진하는 관리체제의 성격을 지닌다. 예를 들어, 자문위원회를 구성하여 상담의 지원 체제를 강화하고 구체적인 실행계획을 세워 상담의 실행력을 높이며 시간활용에 대한 가이드라인을 제시하는 등 다양한 관리 활동을 포함한다. 수준 2에 제시된 내용은 수준 1과 3과 비교할 때 가시적인 상담 서비스 혹은 직접적인 상담 서비스라고 볼 수 있다.

수준 3은 책임(accountability) 영역으로 수준 2에서 실행된 상담 서비스의 효과성 등을 평가하여 학교상담의 책무성을 높이는 역할을 한다. 예를 들어, 상담프로그램을 실행한 후 프로그램의 결과보고서를 작성하거나, 상담교사의 상담능력을 평가하거나, 프로그램의 내용 타당도를 평가하는 등의 일련의 평가활동이 책임 영역에 포함된다. 수준 3에서 확인된 평가 결과는 다시 수준 1의 기초 영역의 수정에 활용할 수 있다. [그림 2-9]에 제시된 바와 같이 책임 영역에서 기초 영역으로 화살표가 나아가는 모습은 책임 영역을 통한 평가 결과의 활용 흐름을 보여준다.

Schmidt(2008)는 학교상담의 핵심적 내용을 3C—Counseling(상담), Consulting(자문), Coordinating(조정)—로 요약한 바 있다. 본 절에서는 Schmidt가 제시한 3C 이외에 ASCA국가모형에서 제시한 교실수업(classroom instruction)을 추가하여 4C로 학교상담의 핵심내용을 정리하여 설명하고자 한다. 이를 도식화하면 다음의 [그림 2-10]과 같다.

그림 2-10   학교상담의 4C: Counseling, Consulting, Coordinating, Classroom Instruction

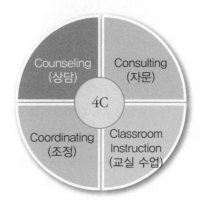

1 상담

학교에서 이뤄지는 상담은 크게 개인상담과 집단상담으로 구분되는데 학교라는 체제의 특성상 학교상담은 개인상담보다는 집단상담을 많이 시행한다. 집단상담은 같은 시간에 여러 학생들을 동시에 상담할 수 있기 때문에 효율적이며 집단원들의 다양성에 기초한 집단역동을 활용하면서 집단상담만이 지니는 변화촉진 요인을 활용할 수 있는 장점을 지니게 된다(강진령, 2009). 그러나 집단상담은 개인상담에 비해 비밀보장 준수의 한계점을 지니고 집중적인 개인적 관심을 보여주기 힘들며 경우에 따라서는 집단압력이 작용하여 역효과가 일어나는 경우도 있기 때문에 학생의 특성에 따라 선택적으로 시행하는 것이 필요하다.

상담은 이론적 접근에 따라 매우 다른 양상을 보인다. 분석적 접근, 행동적 접근,

인지적 접근, 정서적 접근 등 다양한 이론에 따라 학생의 문제에 대한 사례개념화가 다르게 이루어지기 때문이다. 또한 학교의 특성을 감안할 때 학교와 조화를 잘 이루는 이론들도 존재한다. 예를 들어, 정신분석적 접근은 비교적 장기상담으로 진행되는데 학교의 특성상 장기상담보다는 단기상담이 보다 효과적이기 때문에 학교에서 정신분석적 접근을 적용하는 것이 쉽지 않을 수 있다. Hess 등(2012)은 이처럼 학교 환경에 효과적인 접근으로 Adler의 개인심리적 접근, 인지-행동적 접근, 해결중심적 접근 및 현실치료적 접근을 꼽았다.

② 자 문

자문은 학교상담에서 매우 중요한 조력 서비스이다. 실제로 상담교사보다 일반교사가 보다 많은 학생들을 자주 만나기 때문에 상담교사는 담임교사에 대한 자문을 통해 학생을 간접적으로 돕는 것이 효과적인 경우가 많다. 또한 담임교사는 학생에 대한 1차적 상담자의 역할을 하기 때문에 담임교사를 통한 자문 서비스로 학생의 성장을 도울 수 있다. 자문은 담임교사의 상담적 역량을 강화시킴으로써 간접적으로 학생들을 돕는 활동이다. 자문은 상담교사가 아래의 [그림 2-11]과 같이 자문을 요청한 의뢰인(consultee: 담임교사)에게 정보를 제공하거나, 상황을 해결하기 위한 제안을 하거나, 담임교사의 지도 과정을 촉진함으로써 담임교사의 상담적 문제 해결력을 높여주는 것이 목적이다.

그림 2-11　　자문(consultation) 모형

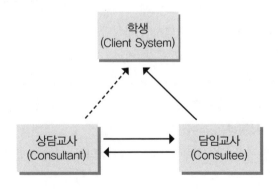

만일 이러한 자문을 통해 담임교사의 상담적 역량이 신장되었다면 담임교사는 이후 만나게 될 많은 학생들을 효과적으로 상담하거나 지도할 수 있을 것이다. 결국 상담교사는 담임교사의 역량을 신장시켜 궁극적으로 학생의 성장을 돕는 것이다. Dougherty(2009)는 상담교사가 자문가(consultant)로서 의뢰인(consultee)을 도울 때 다양한 역할을 수행한다고 보았다. 아래의 [표 2-1]은 자문가가 수행하는 다양한 역할을 정리한 것이다.

표 2-1   자문가의 다양한 역할(Dougherty, 2009의 내용을 수정, 보완함)

역 할	내 용	사 례
전문가 (Expert)	의뢰인의 문제 해결에 필요한 전문성을 바탕으로 의뢰인에게 지식, 조언 및 서비스를 제공하여 문제의 해결을 돕는다.	주의가 산만한 학생의 지도에 어려움을 겪는 담임교사에게 ADHD에 관한 정보를 제공
훈련자/교육자 (Trainer/Educator)	의뢰인의 역량을 신장시키기 위한 교육 프로그램이나 워크숍을 제공한다. 문제해결에 필요한 의뢰인의 지식, 기술 및 태도를 신장시키기 위해 의뢰인을 훈련하거나 교육한다.	학생상담주간을 앞둔 담임교사에게 학부모와의 효과적인 대화기술을 교육함
협력자 (Collaborator)	의뢰인을 문제해결의 동반자(partner)로 인식하고 협력적 관계를 형성하여 함께 문제해결에 나선다. 자문가와 의뢰인은 전문성의 영역이 다를 뿐 동등한 전문성을 지닌 것으로 가정되며 각자 자신의 전문성을 활용하여 협력적으로 문제를 해결한다.	학습부진학생을 위하여 담임교사는 교과 내용을 개별지도하고 상담교사는 학업적 자기효능감을 높이는 상담을 실시하며 서로 정보를 공유하면서 학생의 성취도를 높임
정보 수집가 (Fact Finder)	문제해결에 도움이 되는 정보를 수집하고, 분석하여 그 결과를 의뢰인에게 제공하여 의뢰인이 효과적으로 문제를 해결하도록 돕는다. 정보수집을 위하여 자료 검토, 인터뷰, 수업참관, 설문조사 등의 다양한 조사방법을 사용한다.	의뢰받은 학생의 주의산만함을 평가하기 위하여 교실을 방문하여 수업시 학생의 산만한 정도를 측정하고 이를 분석하여 교사에게 제공함
지지자 (Advocate)	의뢰인이 계획하는 바람직한 교육활동을 지지하고 옹호하며 교육활동이 성과를 거둘 수 있도록 다양한 지원활동을 실시함. 특히 취약계층이나 소수자 혹은 위험수준이 높은 학생들이 지닌 체제적 장벽(systemic barriers)을 낮추기 위한 행동을 포함한다.	다문화 가정 학생의 학습부진 문제를 해소하기 위하여 다문화 가정 학생을 위한 다양한 학습지원 서비스를 안내함

[표 2-1]에서 제시된 바와 같이 상담교사는 다양한 자문 역할을 통해 일반교사 혹은 학부모의 상담적 역량을 강화시킴으로써 학생을 간접적으로 도울 수 있다. 학교상담의 경우 내담 학생의 수가 매우 많고 실제로 학생은 일반 교사나 부모와 더 많은 시간을 보내기 때문에 치료상담과 비교하여 학교상담의 경우 자문의 중요성은 더욱 증가한다.

3 조 정

상담교사의 조정은 크게 교내 조정 활동과 교외 조정 활동으로 구분할 수 있다. 교내 조정 활동이란 학교에서 진행되는 다양한 상담활동을 효과적으로 진행하기 위하여 그 활동에 관여하는 여러 교육의 주체들 사이에서 의사소통을 촉진하는 것이다. 반면 교외 조정 활동은 학생을 교외의 상담 기관에 의뢰하였을 경우 상담의 효과성을 높이기 위하여 교사 및 학부모와 외부 상담자 사이에서 의사소통을 촉진시키는 것이다.

학교상담은 매우 다양하고 종합적인 성격을 지니기 때문에 상담교사의 교내 조정 활동은 매우 중요하다. 상담교사는 상담적 측면에서 학생의 성장과 발달을 돕지만 일반교사 역시 동일한 목적을 지닌 교육전문가이다. 따라서 다양한 상담활동을 효과적으로 수행하려면 일반교사와 협력적 관계를 유지하도록 돕는 조정의 기능은 결정적이다. 예를 들어, 상담교사가 학교폭력을 줄이기 위한 다양한 활동을 계획하는 경우 아래와 같이 교내의 다양한 교사와의 협력이 필수적이다.

- 학교폭력 예방을 위한 동영상 시청(방송부 담당 교사)
- 학교폭력 예방을 위한 글짓기 대회(국어과 담당 교사)
- 학교폭력 예방을 위한 포스터 그리기 대회(미술과 담당 교사)
- 학교폭력 안전 지킴이 발대식(생활지도 담당 교사)

이처럼 상담교사가 주관하는 행사에서 상담교사는 행사에 관여하는 여러 일반교사들에게 각자의 역할을 명확하게 제시하고 의사소통을 촉진하는 조정활동을 통해 학교폭력 예방을 위한 행사를 성공적으로 이끌 수 있다.

반면 교외 조정 활동의 예로는 상담교사가 내담학생을 교외 상담 기관으로 의뢰

그림 2-12　학교상담을 위한 연계 기관

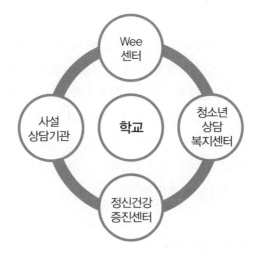

한 경우 교사, 학생 및 학부모와 교외 상담 전문가 사이에서 의사소통을 촉진하는 역할을 들 수 있다. 효과적인 교외 조정 활동을 위해 상담교사는 다양한 상담기관과 네트워크를 형성하여 학생의 상담요구에 부합하는 전문화된 상담기관에 내담자 학생을 연계하는 것이 필요하다. 단순히 학생을 의뢰하는 것에 그치는 것이 아니라 일단 의뢰한 후 지속적인 연계 활동을 통해 교외의 상담자와 교내의 교사 사이에서 의사소통을 촉진하여 학생의 변화를 촉진하는 것이 필요하다.

　　교내에서 상담하는 것보다 교외의 상담 기관에 의뢰하여 연계하는 것이 효과적이라고 판단되면 상담교사는 위의 [그림 2-12]와 같이 교외의 상담 연계 기관에 학생을 의뢰하고 조정활동을 강화하는 것이 필요하다. 교육부 산하 Wee 센터나, 여성가족부 산하 청소년상담복지센터, 보건복지부 산하 정신건강증진센터 혹은 사설 상담센터에 의뢰한 후 연계하여 조정활동을 실시할 수 있다. 이러한 연계를 효과적으로 하기 위해서 상담교사는 지역의 다양한 상담기관과 네트워크를 형성해야 한다. 연계할 수 있는 교외 상담기관의 특징을 파악한 후 학생의 특징에 따라 가장 효과적인 서비스를 제공할 수 있는 적합도가 높은 기관에 보낼 때 연계를 통한 상담의 효과를 최대화할 수 있다.

4 교실수업

상담교사의 교실수업은 문제를 미연에 방지하는 예방적, 선제적 성격이 강하다. 이상에서 살펴본 상담, 자문, 조정과 비교하여 미리 계획된 내용을 수업의 형태로 전달하기 때문에 지시적 성격이 강하다. 수업 내용의 경우 학생, 교사 및 학부모의 요구조사를 바탕으로 학생들에게 가장 필요한 주제를 선정해야 한다. 특히 교실수업은 담임교사와의 협력적 관계를 형성하지 않고는 효과적으로 진행하기 어렵다. 수업의 진행은 창의적 재량활동 시간을 활용할 수도 있고, 교과교사와의 팀티칭의 형식으로 진행할 수도 있으며, 방과후 수업의 형태로도 가능하다. 상담교사가 실시할 수 있는 교실수업 주제의 예시는 아래와 같다.

표 2-2 상담교사의 교실수업 예시

제 목	주 제	방 식	영 역
신나는 공부 방법 배우기	학습에 필요한 기술(학습동기, 읽기 전략, 노트필기, 시간관리 등)을 향상시키는 프로그램	방과후 특별활동 형식으로 실시	학습
자신있는 프리젠터 되기	비언어적 의사소통 기술을 활용한 효과적인 스피치 기술 향상 프로그램	국어시간을 활용하여 국어교사와 팀티칭의 형태로 진행	개인
방관자에서 방어자로 거듭나기	학교폭력을 목격했을 때 효과적으로 대응하는 방식에 대한 교육	학교폭력예방교육의 일환으로 실시	사회
자신의 꿈에 날개를 달자	진로탐색 활동과 진로준비 활동을 소개	창의적 체험활동의 하위 영역인 진로활동으로 실시	진로

흔히 상담은 상담실에서만 이루어진다고 생각하지만 학교상담은 치료상담과 달리 교실에서 진행되는 다양한 형태의 교육활동을 포함한다. 이러한 상담교사의 교실수업은 생활지도 교육과정의 일환으로 시행되는데 ASCA모형에서 제시된 바와 같이 초등학교의 경우 상담교사의 하루 업무 중에서 가장 많은 시간을 생활지도 교육과정에 할애한다는 사실은 교실수업의 중요성을 시사한다.

본 장에서는 학교상담에 관한 이론을 개괄하여 설명하였다. 모두에서 기술한 바와 같이 한국의 경우 아직 학교상담이 자리를 잡고 있는 중이기 때문에 한국의 상황에 맞는 확고한 학교상담이론을 제시하기에는 이르다고 볼 수 있다. 본 장은 학교상담이 안착되어 활성화된 미국의 ASCA모형을 기반으로 학교상담을 소개하고 있는데 앞으로 한국의 학교상담에 맞는 학교상담모형의 개발과 이론적 탐색이 보다 활발하게 전개되기를 기대한다.

CHAPTER

3 상담 이론

Contents

Ⅰ 정신분석 이론

　　정신분석상담에서는 인간의 모든 행동, 사고, 감정은 추동(drives)하는 에너지의 원천인 본능, 특히 무의식적 성적 본능(리비도: libido)에 의해 결정된다고 전제한다. 그리고 이러한 리비도(libido)와 직결되는 욕구인 원초아와 이로부터 분화된 자아, 초자아 간의 갈등과정에서 성격이 형성되며, 특히 아동 초기(0~6세)에 어떤 경험을 하는가에 따라 기본적인 성격이 형성되고 이렇게 형성된 성격구조는 성인기가 되어도 변하지 않는다고 가정한다. 이러한 정신분석상담의 가정에 의거하면 심리적 문제란 원초아, 자아, 초자아 간의 갈등을 조정할 수 있는 힘이 약해졌을 때 발생하는 것으로, 그 근원은 유아동기의 갈등이나 억압에 있다. 따라서 정신분석상담은 내담자의 호소문제 자체에 초점을 맞추기보다는 그런 문제가 발생하게 된 원인을 밝혀내 제거하는 데 중점을 두며, 특히 초기 아동기의 경험을 재구성하는 과정이 필수적이다. 어린 시절 경험했던 부적응적 반응을 갈등상황에서 무의식적으로 반복하여 현재의 부정적 행동패턴이 나타나는 것이므로 반복되는 갈등상황에서 벗어날 수 있도록 부정적 행동패턴의 발생 원인을 자각시켜 자기이해 수준을 높이고, 이를 통해 개인의 성격구조를 수정해 나가야 하는 것이다. 이 절에서는 정신분석상담의 토대가 되는 정신분석 이론의 기본 개념을 비롯해 정신분석상담의 원리와 기법에 대해 보다 구체적으로 살펴보겠다.

✿ Sigmund Freud의 생애

Sigmund Freud(1856-1939)는 1856년 5월 6일 오스트리아령(지금은 체코 공화국령)에 속하는 모라비아의 프라이버그에서 3남 5녀 중 장남으로 태어났다. Freud는 부모님의 절대적 지지를 받았으며, 그의 아버지는 매우 엄격하면서도 부드러운 성품을 지닌 분으로 Freud를 믿고 존중하였고, 어머니 또한 집안의 장남이자 똑똑한 Freud에게 높은 기대를 갖고 학교 공부를 적극 도왔다. 이런 부모님의 기대에 힘입어 초등학교 시절부터 학업 성적이 우수했던 Freud는 1873년 비엔나 대학에서 의학 공부를 시작했다. 1881년 의학대학 졸업 후, 사람의 마음을 탐구하는 일에 흥미를 느꼈던 Freud는 신경학 분야의 전공의가 되면서 의사로서의 경력을 쌓기 시작했다. 이 무렵 Freud는 히스테리 증상 환자의 최면치료에 대해 연구하던 Josef Breuer를 만나게 되는데, Breuer와의 만남은 Freud가 정신분석을 창안하는 직접적인 계기가 되었다. Breuer는 Freud에게 자신의 치료 방법과 결과들을 보내주었고, 환자들을 의뢰하기도 하였으며, 두 사람은 공동으로 히스테리의 병인을 연구하여 「히스테리 연구(Breuer J. & Freud S, 1895)」를 출판하였다.

1886년 Freud는 Martha Bernays와 결혼을 했고 신경과 의사로 개인 진료실을 개업했다. 내과 환자를 비롯해 다양한 신경증 환자를 보았고, 그 중 히스테리 환자들에게 관심을 보였으며, 그들을 치료하는 과정에서 상처받은 과거의 기억이 마음의 무의식에 숨어 있는 것을 알게 되었고 마음이 의식과 무의식으로 나누어지는 것이 신경증 환자에게만 국한된 것이 아니고 모든 인간에게서 일어나는 현상이라는 확신을 갖게 되었다.

그 후 Freud는 물리학, 화학, 철학을 비롯해 다양한 학문 영역의 지식을 쌓기 시작했으며, Ludwing Borne의 영향을 받아 자유연상과 같은 정신분석 기법을 발전시켰고, 자신의 어린 시절에 대해 분석하기 시작하면서 어렸을 때 아버지에게 적대감과 어머니에게 성적 감정을 느꼈다는 사실도 발견하게 되었다. Freud는 자기분석의 경험과 환자를 치료하는 과정에서 발견한 사실들을 통합하여 자신의 이론을 형성, 발전시켜 나갔다.

Freud는 아주 부지런한 학자였다. 하루에 18시간을 연구하는가 하면 24권의 전집을 집필하기도 했다. 그러던 그가 1923년 암 진단을 받게 되었고 사망까지 33번에 걸쳐 턱과 입천장 부위에 수술을 받았다. 투병 중에도 계속 글을 쓰고 환자를 돌보기 위해 정신이 흐려진다는 이유로 진통제를 맞지 않던 Freud는 결국 1939년 9월 23일 83세로 생을 마감하게 된다.

1 주요개념

여기서는 정신분석의 기본적인 인간관을 비롯해 성격구조, 의식의 수준, 불안, 자아방어기제, 심리성적 발단단계 등의 핵심 개념들을 살펴보고자 한다.

1) 인간관

Freud는 인간을 생물학적 존재이자 결정론적 존재로 보았다. 생물학적 존재로서 인간은 모든 행동, 사고, 감정이 무의식적 본능, 즉 성적 추동(libido)과 공격적 추동(thanatos)을 충족시키려는 욕망에 의해 동기화된다고 하였다. 결정론적 존재로서 인간은 과거 생의 초기 6년 동안의 심리성적인 사건들의 경험에 의해서 성격구조가 결정되며, 이러한 개인의 성격구조는 성인기가 되어서도 변하지 않고 계속 축적된다.

Freud는 현재는 과거의 축적물이기 때문에 현재를 바꾸기 위해서는 과거를 변화시켜야 한다고 보았으며, 이를 위해 초기 아동기 때 억압했던 무의식적 갈등을 떠오르는 대로 자유롭게 이야기하게 하는 자유연상(free association)과 꿈의 분석을 통해 무의식을 의식화시킴으로써 무의식의 지배에서 벗어나서 보다 자유로운 삶을 살 수 있다고 하였다.

2) 성격구조

Freud는 인간의 성격구조를 원초아(id), 자아(ego), 초자아(superego)의 세 가지 체계로 구분하였다. 원초아는 생물학적 구성요소, 자아는 심리적 구성요소, 초자아는 사회적 구성요소이다.

❶ 원초아

원초아는 출생할 때부터 존재하며 쾌락의 원리에 따라 본능적 욕구를 충족시키기 위한 무의식적 성격체계로 맹목적이고 요구적인 특징이 있다. 유아가 배고픔, 목마름, 배설과 같은 생리적 욕구를 충족하기 위해 주위의 여건이나 타인의 입장을 고려하지 않은 채 울음을 터트려 즉각적으로 자신의 욕구를 충족하려는 행동을 예로 들 수 있다.

쾌락을 얻기 위한 두 가지 전략으로 반사행동과 일차과정을 들 수 있다. 반사행동은 눈에 먼지가 들어갔을 때 반사적으로 눈을 깜박거리는 것처럼 생물학적 성질을 가진 긴장을 줄이려는 자동적 과정이고, 일차적 과정은 소망 충족의 기능을 하는 것으로 Freud는 꿈이 이러한 기능을 한다고 하였다. 그러나 실제적으로 소망충족은 이루어지지 않으며, 그로 인해 좌절을 경험하게 되는데, 이럴 경우 소망을 충족하는 실제적인 방법을 찾고 불편감을 감소시킬 수 있게 하는 것은 원초아가 아니라 바로 자아이다.

❷ 자 아

자아는 현실의 원리에 의해 지배되며, 논리적이고 본능적인 욕구 충족을 지연시키거나 억제시킨다. 자아는 유아의 본능적인 충동이나 욕구와 유아를 둘러싼 주변 세계 사이를 중재하며 조절하는 기능을 한다. 예를 들면, 수업시간에 배가 고파진 아동이 자신의 욕구를 충족하기 위해 바로 음식을 먹지 않고 수업시간이 끝나기를 기다리거나 점심시간을 이용해서 배고픔을 채우는 행동을 들 수 있다.

자아는 현실을 고려하여 자신의 생각이나 욕구를 충족하기 위해 계획을 세우는 기능을 하며, 원초아를 통제하고 초자아의 제약을 인식하여 둘 사이를 중재하며, 자신의 욕구를 조절한다.

❸ 초자아

초자아는 도덕의 원리에 따르며, 원초아와 자아가 개인적인 차원이라면 초자아는 부모, 나아가 사회의 기준을 내면화한 것이다. 초자아는 일종의 엄격한 양심으로, 수용될 수 없는 원초아의 본능적인 충동을 차단하고 자아가 보다 도덕적으로 작용하도록 압력을 가하는 역할을 하며, 초자아를 따르지 않을 경우에 수치심, 죄책감, 불안을 경험하게 된다. 예를 들면, 배가 고픈 아동이 길에 떨어진 돈을 주웠을 경우, 자신의 배고픔을 채우기보다는 돈을 잃어버린 사람의 입장이나 잃어버린 돈은 주인을 찾아줘야 한다는 도덕적 규범에 따라 근처 파출소에 주은 돈을 갖다 주는 것이다.

3) 의식의 수준

Freud는 의식의 수준을 의식, 전의식, 무의식으로 구분하였다. 의식은 우리가 늘 자각할 수 있는 부분으로 현재 인지되는 영역이다. 예를 들면, 차가운 것에 대한 자각이나 핸드폰이나 신발 등에 대한 자각을 들 수 있다. Freud는 우리가 자각하고 있는 의식은 빙산의 일각에 불과하며, 우리가 자각하지 못하는 부분이 훨씬 더 많음을 강조하였다.

전의식은 의식과 무의식을 연결하는 다리로서 의식화 될 가능성이 있는 것들의 저장고이다. 지금 당장은 자각하지 못하지만 조금만 주의를 기울이면 기억되는 영역이다. 예를 들면, '어제 영화 뭐 봤니?'라는 질문을 받았을 때, 질문을 받기 전에는 어제 본 영화에 대해 별 생각을 하지 않고 있다가 질문을 받자마자 어제 본 영화에 대한 내용이 떠오르는 경우이다.

무의식은 전혀 의식되지는 않지만 인간 행동을 결정하는 데 커다란 영향을 미치며 억압된 개인의 욕구나 동기를 포함하고 있다. 정신분석 이론은 성격의 무의식적 측면을 강조하고, 이 무의식을 의식으로 끌어올리는 것이 치료 목표 중의 하나이다.

그림 3-1 성격의 삼원구조 모델

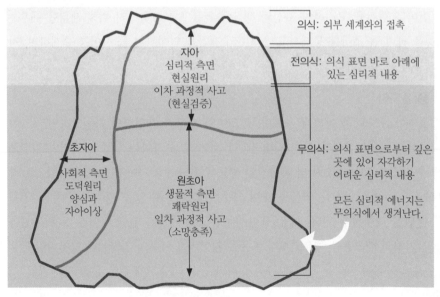

출처: 권석만(2012), 현대 심리치료와 상담 이론, 학지사.

4) 심리성적 발달단계

심리성적 단계(psychosexual stages)는 유아기에서부터 시작되는 Freud의 발달단계로 성격발달의 기초가 되며, 생물학적 욕구와 쾌락원리를 바탕으로 한다. 각 단계마다 적절한 욕구가 충족되지 않거나 과도하게 충족될 경우, 심리적 문제가 발생하거나 고착현상이 일어나게 된다. Freud는 성격은 성인기에도 어느 정도 변화 가능하지만 기본적인 구조와 기능은 생후 초기 6년간의 심리성적 발달과정에 의해 좌우된다고 하였다. 여기서는 성격발달의 기초가 되는 구강기, 항문기, 남근기, 잠재기, 성기기의 심리성적 발단단계에 대해 보다 구체적으로 살펴보고자 한다.

❶ 구강기

생후 18개월까지의 기간으로 먹는 것과 빠는 것으로 욕구를 충족한다. 이 단계에서는 엄마에게 의존할 수밖에 없는 단계로 엄마와의 관계가 매우 중요하다. 엄마가 젖을 준다는 것은 사랑과 인정을 뜻하는 것이고 그렇지 않을 경우, 유아는 거부당한다고 느끼게 되면서 불안을 경험하게 된다. 아동이 구강기 단계에서 엄마에게 지나치게 의존하게 되면 이 단계에 고착되면서 성인이 되어서도 의존적인 성격을 나타내는 반면 거부당한 느낌을 받을 경우 불안감을 경험하게 된다. 구강기에 만족되지 않으면 타인에 대한 불신과 타인의 사랑을 수용할 수 없게 되거나 관계형성에 어려움을 겪게 된다.

❷ 항문기

18개월에서 3세까지의 기간으로 인격형성에 매우 중요한 시기이다. 이 시기에는 배설을 통해 긴장이 해소되는 쾌감을 맛보게 된다. 이 시기에는 불수의적(不隨意的)으로 일어나던 배설작용을 배변훈련을 통해 조절하게 되는데, 너무 엄한 배변훈련은 지나치게 꼼꼼한 성격이나 구두쇠적인 행동 성향을 갖게 하고, 반면에 배설 행위에 대한 지나치게 허용적인 태도는 무절제한 생활 및 도박, 낭비 등의 습성을 갖게 한다.

❸ 남근기

3세부터 5, 6세에 해당하는 시기로 성기를 만지거나 자극을 줌으로써 쾌감을 얻을 수 있다. 이 시기에 유아는 이성 부모에게 무의식적인 성적 욕구를 느끼게 되는데, 남아는 어머니에 대해 성적인 욕구를 느끼게 되면서 아버지에게 적개심을 갖게 되는 오이디푸스 콤플렉스(oedipus complex)를 경험하게 되고 여아는 이와 반대되는 엘렉트라 콤플렉스(electra complex)를 경험하게 된다. 결국 동성인 부모와의 동일시를 통해 이성에 대한 성적인 느낌을 승화하게 되고, 이런 경험은 성인기 이성 또는 동성과의 관계에 영향을 미치게 된다. 이 시기에 점차 증가하는 아동의 성적 관심에 대한 부모의 반응이 아동의 성에 대한 태도 및 행동에 영향을 미치게 된다.

❹ 잠재기

6세에서 12세에 해당되는 시기로 유아는 성적 욕구의 충족보다는 학교, 친구, 취미생활 등에 관심을 갖고 에너지를 투자한다. 이 단계를 성공적으로 보낸 아동은 자신에게 힘이 있다는 자신감을 갖지만 그렇지 못한 아동은 낮은 자존감을 갖게 된다.

❺ 성기기

12세 전후의 초기 청소년기에 시작해서 일생 동안 지속된다. 성기기에는 이전의 단계와는 달리 다른 성적인 대상에게 관심이 쏠리게 된다. 자기 정체성을 확고히 하고 다른 사람을 돌보는 이타적인 태도를 발전시키며, 이성관계를 형성하게 된다.

5) 불안

Freud는 불안(anxiety)을 원초아, 자아, 초자아 간의 마찰 및 갈등으로 인해 발생한다고 보았다. 불안에는 현실적 불안(reality anxiety), 신경증적 불안(neurotic anxiety), 도덕적 불안(moral anxiety)의 세 종류가 있다. 현실적 불안은 실제 외부에서 받는 위험에 대한 두려움으로 자신을 지키고자 하는 정상적인 반응으로 불안의 정도는 실제 위험에 비례한다. 예를 들면, 가파른 절벽에서 밑으로 떨어질 것 같은 불안감을 느끼는 경우를 들 수 있다. 신경증적 불안은 불안을 느껴야 할 이유가 없음에도 불구하고 본능이 통제되지 않아 나쁜 일이 발생하게 될 것이라는 막연한 느낌으로 인해 불안감을 느끼는 것을 말한다. 예를 들면, 아무런 근거 없이 누군가가 항상 나를 지켜보고 있고 또 언젠가는 나를 해칠 거라며 불안해하는 경우를 들 수 있다. 도덕적 불안은 자기 양심에 대한 두려움으로, 자신의 도덕적 기준이나 규칙에 위배되는 일을 할 경우에 느끼는 죄책감으로 자아가 불안을 통제할 수 없을 때 발생하는 자아방어 행동이다. 예를 들면, 지나가는 여자를 보면서 성적 충동을 느끼는 자신을 수치스러워하는 경우나 지하철에서 노인에게 자리를 양보하지 않았을 때 느끼는 죄책감을 예로 들 수 있다.

6) 자아방어기제

자아방어기제(ego-defense mechanism)는 개인이 이성적이고 직접적으로 불안을 통제할 수 없을 때 자아를 보호하기 위해서 무의식적으로 사용하는 대처방법이다. 그러므로 자아방어기제는 병적인 것이 아니고 정상적인 것이지만 방어기제가 현실을 부인하거나 회피, 방어하는 수단으로 고착될 경우, 개인의 삶을 파괴하는 부정적 결과를 낳을 수 있다. 어떤 시점에서 어떤 방어기제를 사용하는가는 개인의 발달수준과 불안의 정도에 따라 다르게 나타나며, 심리성적 발달 단계에 어떤 경험을 하는지에 따라 방어기제의 작동 시기 및 종류가 결정된다. 대표적인 방어기제들은 다음과 같다.

❶ 억 압

억압(repression)은 중요한 방어기제 중 하나로 의식하기에는 너무나 힘든 기억을 무의식 속으로 밀어 넣어버리는 것을 말한다. 억압은 다른 방어기제나 신경증적 장애의 기초가 되며, 모든 억압은 불안을 없애는 것에 목적이 있다. 예를 들면, 너무나 고통스럽고 견디기 힘든 과거의 기억(성폭력이나 가정폭력 등)을 전혀 기억하지 못하는 경우다. 억압과 혼동되기 쉬운 방어기제로 억제가 있다. 그러나 억압은 본인이 기억하지 못하는 무의식 수준에서 일어나는 데 반해 억제는 기억을 하고 있으면서 의식적으로 기억하지 않으려고 노력하는 것이다. 예를 들면, 어릴 때 부모로부터 받은 학대를 기억하고는 있지만 그에 대한 분노감을 숨긴 채 부모와 관련된 이야기를 의식적으로 회피하는 경우를 들 수 있다.

❷ 부 인

억압과 유사한 특성을 가진 부인(denial)은 견디기 힘든 상황에서 현실을 왜곡하는 것으로서 억압이 무의식의 영역이라면 부인은 전의식이나 의식에서 일어난다. 예를 들면, 사랑하는 사람의 죽음을 인정하려 들지 않고 부인하는 것이나 말기 암을 선고 받고도 이를 인정하지 않으려는 환자, 누구나 알고 있는 알코올의 심각성을 인정하지 않고 지속적으로 음주를 하는 사람의 경우를 들 수 있다.

❸ 반동형성

실제로 느끼는 충동과는 극단적으로 반대되는 행동을 하는 것을 반동형성(reaction formation)이라 한다. '미운 놈에게 떡 하나 더 준다'는 우리 속담처럼 어떤 본능이 정반대의 본능에 의해 의식세계로 떠오르지 못하게 되는 현상을 말한다. 예를 들면, 자신에게 폭력을 행사하는 남편에게 과도한 헌신과 복종적인 행동을 취함으로써 남편에 대한 미움으로 인해 가정이 파괴되는 위협적인 상황을 피하려고 하는 것이나 좋아하는 사람에게 오히려 더 차갑게 굴거나 짓궂게 구는 경우를 들 수 있다.

❹ 투 사

자신이 수용할 수 없는 감정이나 생각, 느낌 등을 외부 세계나 타인의 탓으로 돌리는 것을 투사(projection)라고 한다. '잘 되면 제 탓 못 되면 조상 탓'이라는 속담처럼 자신의 잘못을 수용하지 않고 남의 탓으로 돌리는 것이다. 예를 들면, '나는 그를 미워합니다'라는 식으로 말하지 않고 '그가 나를 미워합니다'라는 식으로 말하는 경우나 자신의 부주의로 칼에 손을 베인 사람이 칼을 잘못 만들어서 그렇다고 칼을 만든 사람에게 잘못을 돌리는 경우를 들 수 있다.

❺ 전 치

원래의 대상에게 감정을 풀지 못하고 상대적으로 위험이 덜한 상대에게 감정을 푸는 것을 전치(displacement)라 한다. 우리 속담에 '종로에서 뺨 맞고 한강에서 눈 흘긴다'는 속담이 전치에 해당된다. 예를 들면, 직장상사에게 받은 스트레스를 집에 돌아와 아이들에게 푸는 경우나 남편에게 화난 부인이 아이들에게 소리 지르는 것, 아이가 부모에게 혼나고 지나가는 강아지를 발로 차는 경우이다.

❻ 승 화

승화(sublimation)는 전치가 사회적으로 수용될 수 있는 유익한 활동으로 수정되는 것을 의미한다. 예를 들면, 공격성이 강한 사람이 권투나 태권도 같은 운동을 함으로써 공격성을 표현하기도 하고 잘 할 경우 대회에 참여해 상을 받는 경우나 성적 욕구를 멋진 예술작품으로 표현해 내는 경우를 들 수 있다.

❼ 합리화

합리화(rationalization)는 받아들이기 힘든 현실을 회피하기 위해 그럴듯한 구실을 만드는 것이다. 예를 들면, 시험에 떨어진 경우, '나는 최선을 다하지 못했어'라고 변명함으로써 자신의 실패와 자존심이 상하는 것에 대한 불안으로부터 자신을 보호하는 것이나 지원한 대학에 떨어진 경우 '나는 원래 그 대학에 가고 싶지 않았어' 또는 '내 적성에 맞지 않았어'라고 자신을 확신시키는 경우를 들 수 있다.

❽ 퇴 행

퇴행(regression)이란 심각한 스트레스 상황이나 위험에 처했을 때 이전의 발달단계로 되돌아가는 것을 의미한다. 예를 들면, 동생을 본 아동이 동생처럼 젖병에 우유를 넣어 먹으려고 하거나 바지에 오줌을 싸는 행동을 하는 경우이다. 또한 학교생활이 두려운 아이의 경우에 울어버리거나 부모 뒤에 숨거나 혹은 손가락 빨기 등과 같이 유아기 행동을 하는 경우이다.

❾ 동일시

자신에게 중요한 인물들의 태도나 행동을 똑같이 따라하면서 닮으려는 것을 말한다. 동일시(identification)는 자신보다 더 강한 사람에게서 받은 공포를 제거하는 데 이용된다. 예를 들면, 남자아이는 오이디푸스 콤플렉스 시기 동안 거세공포에서 벗어나기 위해 보통 아버지를 동일시하게 되고, 여자아이의 경우는 엘렉트라 콤플렉스에 의해 어머니와 자신을 동일시한다. 또한 유명 연예인과 자신을 동일시함으로써 자신이 그 연예인처럼 인기가 많다고 믿어버리는 경우인데 이런 경우에는 동일시가 자신의 열등감에 대한 방어적 반응으로 사용되기도 한다.

❿ 주지화

정서적인 감정에 초점을 맞추기보다는 추상적인 사고 과정을 통해 간접적으로 처리되는 것을 주지화(intellectualization)라고 한다. 예를 들면, 어린 시절 부모로부터 심각한 폭력에 시달린 경험에 대해서 이야기하면서 남의 일인 것처럼 무덤덤하게 그때의 상황을 자세히 묘사하는 사람의 경우나 배우자가 헤어지자고 하는 심각한 상황에서 자신의 힘든 감정을 다루기보다는 오히려 미래에 대한 계획을 세우는 데 몰두하는 경우를 들 수 있다.

② 상담과정과 기법

내담자가 호소하는 문제는 어린 시절에 억압된 감정이나 무의식적 갈등이 내재되어 있다가 현실에서 이와 비슷한 상황에 맞닥뜨리게 되면서 다시 되살아난 문제이다. 이런 갈등 상황이 발생하면 자아는 허용되지 않는 본능적 욕구가 나타나는 것을 막기 위해 무의식적으로 방어기제를 사용한다. 그러나 자아가 방어하기에 버거운 문제의 경우, 내담자는 나름 살아남기 위해 방어기제의 과도한 사용으로 인해 부적응적인 반응을 보이게 되는데, 이것이 바로 이상 심리적 증상이자 내담자의 호소문제이다. 따라서 정신분석상담에서는 증상을 내담자가 가지고 있는 무의식적 갈등에 대처하기 위해서 내담자가 찾아낸 최선의 해결책으로 본다.

여기서는 일상생활의 어려움을 호소하면서 상담실을 찾는 내담자의 문제적 증상을 해결해 나가는 정신분석상담의 과정과 상담과정에서 쓰이는 주된 기법에 대해 살펴보고자 한다.

1) 상담과정

❶ 정신분석상담의 목표

정신분석상담의 목표는 크게 두 가지로 나눌 수 있다. 첫 번째는 무의식을 의식화하는 것이다. 즉, 정신분석상담에서는 무의식의 세계에 자리 잡은 과거의 억압된 갈등을 탐색하여 자기를 깊이 있게 이해하고 아동기 경험을 재구성함으로써 겉으로 드러난 문제만이 아니라 원인으로 작용하는 무의식적 갈등을 해소하도록 돕는다. 두 번째는 자아를 강하게 하여 본능적 충동에 따르지 않고 현실에 맞게 행동하게 하는 것이다. 즉, 자아의 기능을 재구조화 하여 자아가 성격의 중심에 자리잡게 하고 원초아, 초자아 사이에서 현실의 욕구를 조정하도록 하는 것이다.

❷ 상담자의 역할

상담자는 우선적으로 내담자가 마음 속에 떠오르는 생각, 감정, 느낌 등을 아무런 판단 없이 자유롭게 표현하도록 격려한다. 그와 더불어 상담자는 내담자가 표현하는 자유연상과 꿈의 의미를 추론하고, 특히 상담자를 대하는 내담자의 태도 및 상담자에 대한 감정에 초점을 맞추어 내담자의 표현 속에 불일치는 없는지 검토한다. 상담 초기에는 경청에 주력하다가 필요 시, 내담자의 준비도를 고려해 해석을 해 주고, 내담자가 상담 중에 어떤 형태의 저항을 보이는지 면밀히 검토해야 한다.

내담자는 상담 과정에서 '전이(transference)'라고 하여 과거 자신에게 중요한 사람에게 느꼈던 감정을 무의식적으로 상담자에게 투사하게 된다. 정신분석상담에서 상담자는 내담자에게 전이가 일어나도록 만들고 또한 해석을 통하여 이 전이를 좌절시킴으로써 내담자가 무의식적 갈등과 문제의 의미를 통찰하도록 조력한다.

내담자의 저항을 적절하게 다루는 것 또한 상담자의 중요한 역할이다. 상담자는 내담자가 자유연상을 통하여 저항이나 갈등 상황을 자유롭게 표현하도록 격려하고 해석을 통하여 현재 내담자가 호소하는 어려움 또한 과거 부모나 자신에게 중요한 사람과의 관계 속에서 느꼈던 부정적 감정 또는 행동 패턴을 되풀이 하고 있음을 이해할 수 있도록 해야 한다.

❸ 상담자와 내담자의 관계

정신분석상담에서는 내담자의 건강한 성격 부분과 손을 잡고 협력하여 상담을 이끌어 나가는 것을 '치료동맹(therapeutic alliance)'이라고 한다. 이 과정에서 내담자가 과거의 중요한 인물에게서 느꼈던 감정을 상담자에게 투사하는 전이(transference) 감정도 해결해 나가게 되고, 반대로 상담자가 내담자와의 관계 속에서 갈등을 느껴 내담자를 좋아하거나 싫어하게 되는 상담자의 역전이(counter-transference) 또한 내담자 및 상담자 자기이해를 위한 기회로 삼아야 한다.

상담에서 상담자와 내담자의 관계는 매우 중요하다. 특히 정신분석상담의 경우, 상담자가 내담자의 전이 감정을 어떻게 불러일으키는지, 또 어떻게 다루는지가 상담의 핵심적인 과정이므로 그 어떤 상담 접근보다 상담자와 내담자의 관계가 치료 효과에 큰 영향을 미치게 된다.

❹ 상담 과정

정신분석상담의 과정은 크게 4단계로 나누어진다(정방자, 2001). 상담자와 내담자가 상담관계를 형성하는 초기 단계와 내담자가 상담자에게 전이 감정을 느껴, 이를 표현하는 전이 단계, 전이에 대한 분석을 통해 내담자의 자기이해 수준을 높이는 통찰 단계, 끝으로 통찰한 것을 일상생활에서 계속 유지하기 위해 노력하는 훈습 단계로 나눌 수 있다.

가. 초기 단계

먼저 내담자와 상담자 간의 신뢰관계(rapport)가 형성되고, 이를 바탕으로 자유연상, 꿈의 분석을 통해서 내담자의 심리적 문제에 접근하게 된다. 이를 통해 내담자의 심리적 문제의 윤곽이 드러나면 상담자는 내담자와 치료동맹을 맺게 된다. 치료동맹을 통해서 내담자는 상담자에게 한 인간으로서 온전히 수용 받고 존중받는 경험을 하게 되고, 이를 통해 상담자에 대한 의존 욕구가 증가하게 된다. 치료동맹은 내담자의 전이 감정을 불러일으키는 데 중요한 역할을 한다.

나. 전이 단계

전이 단계에서 내담자는 어릴 때 자신에게 중요했던 사람에게 느꼈던 감정을 상담자에게 투사하면서 억압되었던 유아기적 욕구를 상담자에게 충족하려 한다. 이 때 상담자는 중립적인 태도를 취하면서 해석 및 참여적 관찰자(participant observer) 역할을 통해 내담자의 전이 욕구를 좌절시킨다.

다. 통찰 단계

전이 욕구가 좌절된 내담자는 상담자에게 욕구 좌절로 인한 분노, 적개심 등의 감정을 표현하게 된다. 이러한 감정 표현을 통해 내담자는 카타르시스(catharsis)를 경험하기도 하고 의존 욕구나 사랑 욕구와 같이 무의식 속에 억압되었던 자신의 감정과 만나게 된다. 더불어 그동안 자신이 경험했던 부정적 감정들이 의존 욕구나 사랑 욕구 등의 좌절로 인해 발생된 것임을 통찰하게 된다.

라. 훈습 단계

내담자가 심리적 문제의 원인을 통찰하였다고 해서 바로 문제가 해결되는 것은 아니다. 내담자가 통찰한 것을 일상생활에 적용하여 실질적으로 내담자의 변화를 도모하는 단계가 훈습 단계인데, 상담자는 내담자가 상담을 통해 통찰한 것을 현실에 적용할 수 있도록 적절한 강화 및 지지를 해 주어야 한다. 상담자는 훈습 단계를 거친 후, 내담자의 행동변화가 어느 정도 안정적으로 일어날 때 종결을 준비해야 한다.

2) 상담기법

❶ 자유연상

자유연상(free association)은 정신분석적 상담의 핵심적인 기법으로 내담자에게 아무리 사소하고 비논리적이고 부적절한 것이라도 판단하거나 통제하지 말고 무엇이든지 가능한 한 많이 말하라고 독려하는 것이다. 상담자는 이를 통해 내담자의 마음 속에 억압된 자료를 수집하게 되고 이를 해석함으로써 내담자의 통찰을 돕게 된다. 자유연상 과정에서 막힘이 일어났다면 그것 또한 내담자의 또 다른 억압을 나타내고 있는 것을 의미한다고 볼 수 있으며, 상담자는 이러한 내담자의 행동에 대해 해석하고 내담자가 준비된 상태라면 이 해석을 공유하게 된다.

❷ 해 석

정신분석 상담에서의 가장 기본적인 기법은 내담자의 통찰을 촉진하기 위한 해석(interpretation)이다. 자유연상, 꿈, 전이 등이 내담자의 통찰을 촉진하는 자료가 되려면 그 속에 감추어져 있는 무의식적 의미를 철저히 탐색하고 이해하는 과정이 필요하다. 해석이란 내담자가 제시한 자유연상, 꿈, 전이 등의 자료에 담긴 상징적이며 무의식적인 의미를 설명하고 내담자가 현재 겪고 있는 갈등과 어떤 관계가 있는지 명료화하는 과정을 뜻한다. 이런 과정을 통해 과거의 부정적인 경험이 현재 생활에 어떤 영향을 미쳤는지에 대한 통찰이 이루어지게 되고 내담자는 보다 긍정적인 방향으로 새로운 선택을 하게 되는 것이다.

해석은 내담자가 해석을 받아들일 준비가 되어 있을 때 해야 의미가 있다. 즉, 내담자가 아직 깨닫지는 못했지만 자신의 것으로 인정하고 받아들일 수 있는 준비가 되었을 때, 표면적인 것부터 시작하며, 저항이 있는 경우 저항을 먼저 다루어 줄 필요가 있다.

❸ 꿈의 분석

꿈의 분석(dream analysis)은 무의식적 자료를 드러내어 내담자의 문제를 통찰하도록 하는 중요한 수단이다. Freud는 꿈을 '무의식으로 가는 왕도'라고 하였는데, 이는 꿈에는 사람들의 무의식적 소망과 욕구, 두려움이 표현되어 있기 때문이라고 하였으며, 자아가 수용할 수 없는 욕구나 기억 등이 상징적인 형태인 꿈을 통해서 표출된다고 하였다.

꿈은 꿈을 꾼 사람이 지각하는 현재 내용과 그 꿈의 숨겨진 상징적 의미, 무의식적 동기, 두려움 등을 나타내는 잠재 내용으로 구분할 수 있다. 보통 잠재 내용은 성적, 공격적 충동과 같이 위협적이고 고통스러운 것들이기 때문에 수용하기 쉬운 현재 내용으로 나타난다. 상담자의 과제는 꿈의 현재 내용을 바탕으로 잠재 내용의 의미를 밝혀내는 것으로 이 과정을 꿈 작업(dream work)이라고 한다. 이를 통해 억압되었던 무의식적 욕구들을 자각하게 되고 이를 치료과정에서 풀어냄으로써 현재 겪고 있는 문제에 대한 새로운 통찰을 얻게 된다.

❹ 전이의 해석과 분석

상담 장면에서 전이란 내담자가 과거 자신에게 중요했던 사람에게 느꼈던 감정을 상담자에게 투사하는 것이며, 전이가 나타나는 시점은 상담과정 중 내담자가 현실을 왜곡하는 시점이다. 상담자를 통해 내담자는 그동안 자신의 무의식 속에 잠재되어 있던 욕망, 감정, 느낌을 표현하는 기회를 갖게 되고, 상담자는 이를 적절히 해석함으로써 내담자로 하여금 자신에 대한 이해를 돕고 통찰을 불러일으켜 보다 긍정적인 방향으로의 성격 변화를 도모하게 된다. 정신분석상담에서는 바로 이 전이 감정을 탐색하고 해석하는 과정을 치료과정의 핵심으로 본다.

전이의 분석은 정신분석상담의 중심 기법으로 초기 무의식적 자료에 근거하여 전이를 분석하는 것이다. 예를 들면, 남자 상담자에게 상담 받는 여자 내담자가 상담 받는 날 유독 자신의 외모에 신경을 쓰고, 자신이 상담 받기 전 시간에 상담을 받는 여자 내담자를 견제하는가 하면 서로 마주치게 되면 눈에 띄게 불쾌한 감정을 표현하는 모습을 보였다. 이 내담자의 경우, 아동기에 아버지에게 이성의 감정을 느껴 아버지를 차지하고 싶은 마음이 컸으나 아버지 곁에는 늘 어머니가 있었기에 그럴수 없었고, 그로 인해 어머니를 미워했고 또한 경쟁상대로 생각했다. 그러나 현실적으로 아버지를 차지할 수 없음을 알게 되었고 그로 인해 혼자 실연의 상처를 감당해야만했던 경험이 있다. 이럴 경우 상담자는 상담 과정에서 상담자에게는 아버지 모습을, 다른 여자 내담자에게는 어머니 모습을 투사하고 있는 내담자의 역동을 다루게 된다.

❺ 역전이

역전이(counter-transference)는 상담자가 자신의 과거에 중요한 인물에 대한 감정을 내담자에게 투사하는 것을 말한다. 예를 들면, 배우자의 불륜으로 인해 이혼을 한 상담자가 불륜을 저지른 내담자를 상담할 때 회의적이고 비판적인 태도를 취하며, 내담자에 대한 분노의 감정을 강렬히 느끼게 된다면, 이는 자신의 전 배우자에 대한 감정을 내담자에게 투사하고 있는 것으로 볼 수 있다. 특정 내담자와 상담하는 것이 고통스럽거나 회피하고 싶어진다거나 상담 과정에서 강렬한 어떤 감정을 경험하게 된다면, 상담자는 역전이가 일어난 것은 아닌지 심사숙고해야 하며, 이럴 경우 그냥 지나치지 말고 개인분석이나 수퍼비젼을 받음으로써 자신에 대한 이해 및 상담 방향에 대한 도움을 받아야 한다. 개인분석이나 수퍼비젼을 받았음에도 불구하고 자신의 감정을 통제할 수 없어 상담에 어려움을 겪게 된다면 상담자는 내담자를 다른 상담자에게 의뢰하는 방법도 고려해 보아야 한다.

❻ 저항의 해석과 분석

저항(reistance)은 상담의 진행을 방해하는 내담자의 무의식적 행동과 감정, 태도 생각 등을 말한다. 정신분석상담에서의 증상이 내담자가 나름 선택한 최선의 해결책이라면, 저항은 그 해결책을 고수하고자 하는 내담자의 역동적 반응이라고 할 수 있다. 내담자는 변화를 위해 상담을 받으러 왔지만, 한편으로는 현 상태를 유지하고자 하는 강한 욕구를 가지고 있다. 이는 억압했던 충동이나 감정을 자각하게 될 경우에 감당해야 할 견디기 힘든 고통과 불안을 방어하기 위한 내담자의 무의식적 방어로 볼 수 있다. 저항은 상담 시간에 지각하기, 상담 약속 잊어버리기 및 미루기, 상담료 지불을 연기 및 거부하기, 기억 및 자유연상 거부하기 등의 다양한 형태로 나타난다. 이럴 경우 상담자는 내담자의 저항을 해석하고 분석함으로써 내담자가 저항의 이유를 자각할 수 있도록 도움으로써 무의식적으로 피하고자 하는 내담자의 억압된 갈등의 의미를 파악하여 내담자의 통찰을 도와야 한다. 그러나 내담자의 모든 저항이 다 제거되거나 해결되어야만 하는 것은 아니다. 저항은 불안을 방어하기 위한 안전장치이자 안정된 생활을 방해하는 걸림돌로서, 상담자는 내담자의 저항을 제거해야 할 걸림돌로 한정하기보다는 내담자를 지금 이 자리에 있게 한 원동력으로 인정하고 내담자의 저항을 존중하는 태도로 임해야 한다.

치료를 계속 미룸으로써 상담에 저항적이었던 내담자의 경우를 예를 들어 보면, 내담자는 17세 남학생으로 강박적이고 회피적인 성향을 보이는데, 미루고 회피하는 것이 바로 이 내담자의 문제였다. 상담자는 내담자의 계속적인 상담 미루기(저항)의 근본적인 원인을 탐색함으로써 내담자의 자기이해 및 통찰을 돕고자 하였다. 1회기 때 내담자는 늦잠을 자서 어머니가 깨워줬으나 일어나기 싫어서 미루다가 상담에 늦게 도착했다. 상담자는 언제부터 미루고 싶어졌나를 다루었고 내담자는 중·고등학교 때도 집에 들어와 복습을 하다가 모르는 문제가 나오면 어떻게 하나 불안해서 복습을 못했으며, 수학이 특히 그랬고 나중에는 결국 다 까먹고 수학 책을 찢어 버렸던 경험을 떠올리게 되었다. 이로 인해 내담자는 자신이 다 알고 넘어가야 된다는 생각이 많았고 제대로 하지 못할 것 같으면 아예 안 하는 게 낫다는 생각이 컸음을 인식하게 되었다. 나아가 자신의 이런 생각(제대로 하지 못할 것 같으면, 아예 안 하는 게 낫다는 생각)으로 인해 상담에 조금이라도 늦어지면 상담을 미루는 행동을 반복하고 있으며, 이는 현재 자신의 삶 곳곳에서 두드러지게 나타나는 행동패턴임을 자각하게 되었다.

❼ 훈 습

훈습(working through)은 내담자가 상담과정에서 얻은 통찰을 일상생활에 적용함으로써 실질적인 변화가 일어나는 것이다. 상담과정에서 내담자가 자신의 심리적 문제에 대한 통찰을 얻었다 할지라도 그것을 통해 실질적인 변화가 이루어지지 않는다면 치료가 제대로 되었다고 볼 수 없다. 그러므로 상담에서 얻은 통찰을 일상생활에 적용함으로써 갈등이 발생했을 때 과거보다 효과적인 방법으로 대처하거나 근본적으로 갈등을 해결해야 한다. 상담자는 내담자가 통찰을 바탕으로 현실에서 새로운 방법으로 갈등을 해결하려고 노력할 때 적극적인 지지와 격려를 해 주어야 하며, 이를 통해 내담자는 통찰을 통해 얻은 새로운 갈등 해결 방법을 적용할 힘을 얻게 된다.

③ 정신분석 이론의 평가

장기간의 치료 기간을 요하는 정신분석의 비효율성에 대한 비판으로 등장한 치료적 접근이 행동주의 치료이고 정신분석의 생물학적, 결정론적 인간관에 반론을 제기한 대표적인 상담이론이 Carl Rogers의 인간중심이론이다. 그러나 이러한 이론들 또한 정신분석의 원리와 개념들을 바탕으로 발전된 이론들로서 정신분석의 영향에서 자유로울 수는 없다.

여기서는 상담 및 심리치료 분야의 초석인 정신분석 이론의 공헌점 및 한계와 비판점에 대해서 살펴보고자 한다.

정신분석 이론의 가장 큰 공헌 중 하나는 무의식 영역을 다루었다는 점과 아동기 경험의 중요성, 특히 부모와의 관계 경험이 중요하다는 것을 강조하였다는 것이다. 이로 인해 대부분의 사람들은 무의식이 우리의 행동에 큰 영향을 미치며, 성격발달에서 유아기 부모의 양육태도의 중요성을 인지하게 되었다. 더불어 다양한 성격이론을 개발하는 데 기초를 제공하였으며, 내담자가 자신의 이해 및 통찰을 통해 갈등을 해결할 수 있는 효과적인 상담기술을 개발하였다. 무엇보다 현대상담 및 심리치료 이론의 모태가 되는 이론으로서 인간 이해를 위한 많은 개념들을 정립하였다는 데 그 의의가 있다.

정신분석의 가장 주요한 한계점은 보통 3~5년 정도의 장기간의 치료로 인해 시간과 비용이 많이 든다는 것이다. 이는 정신분석상담의 주된 접근 방법이 현재 드러난 내담자의 증상을 제거하기보다는 과거의 억압된 갈등(초기 아동기 경험)을 깊이 있게 탐색함으로써 자기 이해를 통한 성격 재구조화의 과정을 거치기 때문이다.

또 다른 한계점으로는 정신분석이 많은 내담자에게 도움을 주는 것으로 여겨지며, 여타 다른 상담 및 심리치료 이론의 모태가 된다고 할지라도 이를 뒷받침할 과학적인 연구가 부족하다는 것이다. 그러므로 정신분석상담법을 적용한 실제 사례에 대한 실증적 연구가 다각도로 수행되어야 하며, 특히 다른 치료접근법과의 비교연구가 필요하다.

그리고 Freud의 정신분석 이론은 여성주의 입장에서 남성 우월의식을 바탕으로 한 남성중심 이론이라는 비판을 받고 있다. 심리성적 발달단계에 관한 이론에 의하면 남근 유무에 따라 아동은 자아형성 과정에서 남아는 자긍심을 갖게 되고 여아는 열등감을 갖게 된다고 하였는데, 이는 남근선망에 의한 극단적인 남성우월주의를 나타내고 있는 것이다. 또한 아동의 발달지체나 발달장애의 발생원인의 대부분이 어머니에게 있다고 보았으며, 아동의 양육과 관련해서 아버지의 역할 및 책임에 대해서는 다루지 않은 반면 어머니의 잘못된 양육태도만을 비판하였다.

4 현대 정신분석

전통적인 정신분석이 인간의 심리성적 발달을 강조하고 인간의 기본욕구의 충족과 내적 갈등에 초점을 맞추었다면, 신정신분석 학파인 Erickson의 자아심리학(ego psychology)은 성격발달에 있어 사회적·문화적 영향을 고려하여 일생에 걸친 심리사회적 발달을 강조하였다.

신정신분석의 또 다른 흐름인 대상관계이론(object relations theory)은 아동이 어렸을 때 자신에게 중요한 사람(엄마 또는 주양육자)과의 내면화된 관계 경험이 성격구조의 형성 및 발달에 영향을 미친다는 것에 초점을 둔 이론으로 인간의 기본적인 욕구가 타인과 정서적 관계를 맺는 것이라고 전제하고 있다. 또한 Kohut의 자기심리학(self psychology)은 자기애를 강조하는데, Freud가 자기애를 자기에게 몰입함으로써 타인을 사랑하거나 관계 맺는 능력이 없는 것으로 본 반면, Kohut는 자기애를 타인에 대한 사랑에 앞서 자신을 사랑하는 것으로서 발달을 촉진시키는 중요한 역할을 한다고 보았다.

Carl Rogers에 의해 창시된 인간중심상담은 인본주의 심리학에 그 뿌리를 두고 있다. 인간을 본질적으로 신뢰할 수 있고, 스스로 자신의 문제를 해결할 수 있는 충분한 능력을 가진 자로 인식하는 긍정적인 인간관을 제시하면서 기존의 상담이론과는 다른 견해를 제시했다. 이러한 인간중심상담의 가정에 의거하면, 인간은 태어날 때부터 자기잠재력을 실현하려는 경향성과 가능성을 가지고 있기 때문에 상담자의 역할은 내담자가 가진 자기실현경향성을 탐색하고 계발할 수 있도록 최적의 분위기나 환경을 제공하는 데 있다. 따라서 인간중심상담은 상담자의 태도와 인간적 특성, 내담자와 상담자의 관계의 질이 치료결과의 중요결정요인이 된다.

이 장에서는 인간중심상담의 토대가 되는 이론의 기본 개념을 비롯해 인간중심상담의 원리와 기법에 대해 보다 구체적으로 살펴보겠다.

✿ Carl Rogers의 생애

Carl Rogers(1902~1987)는 친밀하고 따뜻하면서도 종교적 규범을 엄격히 따르는 가족 분위기 속에서 유년기를 보냈다고 그의 자서전에서 밝히고 있다. 내성적이었고 책읽기를 좋아했던 Rogers는 대학에서 농학, 사학, 종교학, 임상심리학으로 전공을 바꾸어가며 공부하였다. 특히 사람들이 변화하고 성장하도록 돕는 데 개인적으로 관심이 많아 교육과 사회복지, 상담, 심리치료, 집단치료, 평화, 대인관계 등의 여러 분야에 학문적인 영향력을 미쳤고 기존의 상담 및 심리치료방식에 대해 불만을 느끼고 있었던 Rogers는 자신만의 상담접근방법을 개발하였다.

1942년 발간한 「카운슬링의 이론과 실제(Counseling and psychology)」에서 '허용적이고 자유로운 분위기 속에서 내담자는 스스로 자신을 실현할 수 있다'고 밝히며 이를 '비지시적 상담'이라 불렀다. 이후, 1951년에 「내담자중심치료(Client-centered therapy)」를 출판하면서 '비지시적 상담'을 '내담자중심 상담'이라고 변경하였다. 이는 부정적이고 소극적 명칭인 비지시적 상담 대신 내담자 자신 안의 성장 유발적 요인들을 강조하기 위함이었다. Rogers는 1970년대 이후 자신의 상담이론을 심리치료나 교육학에만 머물게 하지 않고 '인간중심이론(Person-Centered Therapy)'이라 명명하고 이를 인간 삶의 전 영역에서의 인간관계에 적용하였다(김형태, 홍종관, 2013).

또한, Rogers는 상담회기 축어록을 분석하는 심층 분석 연구를 처음으로 실시하였고, 양적 방법을 사용해 심리치료의 중요한 연구를 행한 최초의 임상가였으며 경험연구에 근거한 포괄적 성격이론과 심리치료 이론을 만든 최초의 인물이기도 하다. 또한 병리를 강조하지 않고 개인의 장점과 강점을 강조한 심리치료학의 발전에 공헌했다(조현춘, 조현재, 문지혜, 이근배, 홍영근 역, 2013).

특히, 생애 마지막 15년 동안 정책입안자, 지도자, 갈등집단을 훈련시킴으로써 세계 평화에 인간중심접근을 적용하기도 하였는데, 80대의 나이에도 불구하고 소비에트연방과 남아프리카와 같은 곳에서의 워크숍과 의사소통 집단을 이끌었으며 죽는 순간까지 많은 집필을 계속하였다. 그가 매우 힘썼던 분야는 인종 간 긴장 완화와 세계 평화였는데 이러한 업적에 힘입어 노벨 평화상 후보자로 지목되기도 하였다(노안영, 강영신, 2002; 조현춘 외 역, 2013).

1 주요개념

인간중심상담의 기본적인 인간관을 비롯해 유기체와 자아, 자기실현경향성, 가치의 조건화, 충분히 기능하는 인간 등과 같은 핵심 개념을 살펴보면 다음과 같다.

1) 인간관

Rogers의 초기 저술에서부터 일관성 있게 지속된 주제는 '내담자의 성장을 촉진하는 존경과 신뢰의 분위기만 갖추어지면 내담자가 건설적인 방향으로 발전할 수 있는 능력이 있다'는 믿음이다. 이는 사람들은 기본적으로 선하고 성장하고자 하는 본성을 가지고 있다는 가정에 기반한다. 그는 인간은 신뢰할 수 있고 자원이 많으며 자기이해와 자기지도적 능력을 가지고 있고, 건설적인 변화를 일으킬 수 있으며, 효율적이고 생산적인 삶도 영위할 수 있음을 확신하였다(조현춘 외 역, 2013). Rogers에 의하면 인간은 스스로의 실현경향성을 실현하기 위하여 자기를 조절하고 스스로 인생의 목표와 행동 방향을 결정하는 능력을 가진 긍정적인 존재이다(김창대, 권경인, 황매향, 이상민, 최한나, 서영석, 이윤주, 손은령, 김용태, 김봉환, 김인규, 김동민, 임은미, 2011). 따라서, 내담자는 자신이 지니고 있는 가능성을 실현시키고, 자신을 신뢰하며 자신의 중심을 향하여 점차 변화한다. 즉, Rogers는 인간을 합목적적이고 건설적이며 현실적인 존재인 동시에 아주 신뢰할만한 선한 존재로 본다(김계현, 김동일, 김봉환, 김창대, 김혜숙, 남상인, 천성문, 2009).

2) 유기체와 자기

성격의 중요한 구성개념은 유기체와 자기이다. 유기체는 개인의 사상, 행동 및 신체적 존재 모두를 포함하는 전체로서의 한 개인을 지칭한다. 이러한 유기체의 주관적 경험의 세계를 현상적 장이라고 하며 이것이 개인의 실제 세계이다. 자기는 이러한 현상적 장에서 분화하여 발달한 것으로 자신에게 속한 것 혹은 자기의 일부와 자신이 지각하는 다른 모든 대상들 사이를 구별할 수 있게 된다(김계현 외, 2009).

Rogers는 유기체의 경험을 중시하였고, '과정으로서의 자기'를 강조하였는데 이는 자기는 상황이 변함에 따라 끊임없이 형성되는 과정에 있다는 것이다. 그러나 이러한 변화 속에서도 자기는 통합되고 조직화된 특성을 가진 자기개념을 유지한다(노안영, 강영신, 2002).

3) 자기실현경향성

Rogers는 모든 인간은 본성적으로 자기를 보전, 유지하고 향상시켜서 마침내 자기를 실현하고자 하는 성향, 즉 자기실현경향성을 가진다고 보았다(김형태, 홍종관, 2013). Rogers는 '유기체는 실현하고, 유지하며, 경험된 유기체를 증진시키려고 분류하는 기본적인 경향성과 노력을 가지고 있다'고 말했다(김영혜, 박기환, 서경현, 신희천, 정남운 역, 2014). 즉, 인간은 정신분석에서 말하는 무의식적 동기나 행동주의에서 말하는 환경적 요인 등 통제할 수 없는 어떤 힘에 의해 조종당하는 존재가 아니라 스스로 성장하는 방향으로 나아가려는 경향성을 타고났다(김창대 외, 2011).

Rogers는 '실현화경향성'이 모든 살아있는 것이 가지고 있는 원동력이라고 믿었다. 식물들이 건강하고 튼튼하게 자라기 위해서는 비옥한 토지, 적당한 물, 햇빛이 필요한 것처럼 사람들도 그들을 전인적이고 통합된 방향으로 발전할 수 있는 알맞은 상태가 필요하며, 이러한 필요조건을 제공하는 것은 상담자의 역할이라고 보았다(김영혜 외 역, 2014).

4) 가치의 조건화

Rogers가 '경험은 나에게 최고의 권위이다'라고 말한 것처럼 우리 각자는 경험을 통해 가치를 형성하는 것이 중요하다. 그런데 연약한 존재로서 아동은 그에게 가장 영향력 있는 부모의 양육태도에 따라 가치의 조건화를 형성한다(노안영, 강영신, 2002). 가치의 조건화란 현재의 자기 모습이나 자기가 원하는 미래를 위해 노력하면서 자신에게 의미 있는 가치를 추구하기보다 타인의 기대에 따라 행동함으로써 칭찬과 인정을 받는 것을 가치로 받아들이게 되는 상황을 말한다.

예를 들어, 아동이 부모가 원하는 것을 할 때만 착한 아이가 되어 긍정적 자기존중을 받게 되고, 부모가 원하지 않는 것을 하면 나쁜 아이가 된다면 아동은 나쁜 아이가 되지 않기 위해 자기가 경험하는 사실을 왜곡하고 부정하게 될 것이다. 즉, 아동들의 자기개념은 그들의 삶에서 중요한 사람들과의 상호작용과 그 사람들에게 받는 메시지를 통해서 형성되기 때문에 만일 아동들이 조건적 가치를 경험하고 판단적이거나 비판적인 메시지, 즉 아동들이 타인의 욕구를 충족시키는 방식으로 생각하고 느끼고 행동할 때만 가치 있고 사랑스럽다는 메시지를 경험하게 된다면 아동들의 자아상과 성장은 손상될 것이다.

5) 충분히 기능하는 인간

Rogers(1961)는 충분히 기능하는 인간을 "인간이 경험한 것뿐만 아니라 자각한 것으로도 그 자신이 되는 상태에 이르는, 완전히 기능하는 인간 유기체"라고 기술하였다. 이러한 사람들은 진실하며, 일관되고, 솔직한 반응을 한다. Rogers의 충분히 기능하는 인간의 개념은 정서적 건강에 대한 그의 사상이 반영되었다. 다음의 성격 차원들이 충분히 기능하는 인간의 특성이다(김영혜 외 역, 2014).

- 경험에 대한 개방성
- 의미와 목적을 가진 삶
- 자신에 대한 신뢰감과 일치성
- 무조건적인 긍정적 자기존중과 타인존중
- 평가의 내적 통제
- 그 순간에 온전하게 인식하는 것

• 창조적으로 사는 것

2 상담과정과 기법

Rogers의 인간중심상담이론의 발달은 상담자로서의 경험과 동료들과의 상호작용 및 상담과정에 대해 그가 수행했던 연구의 결과로 이루어진 것이었다. 그는 사람들이 자신의 경험과 성장을 좀 더 알아차리게 되어 일치되고 자기수용적인 인간이되도록 도와주는 것을 상담목표로 삼아야 한다고 믿었다(천성문, 김진숙, 김창대, 신성만, 유형근, 이동귀, 이동훈, 이영순, 한기백 역, 2013). 인간중심상담은 '내담자가 자신을치료하고, 자기성장을 만들고, 적극적인 자기 상담자가 되어야 한다는 가정'에 근거한다(Bohart & Watson, 2011; 조현춘 외 역 재인용, 2013).

1) 상담과정

❶ 상담목표

인간중심상담의 목표는 여러 전통적인 상담적 접근과 다르다. Rogers는 상담의목표가 문제를 해결하는 것이라고 보지 않는다. 그보다는 내담자의 성장과정을 도와현재 직면하는 문제와 앞으로의 문제에 더 잘 대처할 수 있도록 하는 것이다. 즉, 내담자의 현재 문제가 아니라 내담자 존재 자체에 관심이 있다.

인간중심상담의 목표는 내담자가 '충분히 기능하는 인간'이 되도록 돕는 분위기를만들어주는 것이다. Rogers(1961)는 경험에의 개방, 자신에 대한 신뢰, 내적 평가, 지속적인 성장에 대한 의지 등을 갖게 되면서 점차 실현화된 사람이 된다고 하였다. 즉, 인간중심상담의 목표는 내담자에게 수용의 분위기와 무조건적인 존중을 제공하고 그들이 살아오면서 받았던 부정적인 메시지를 중화시켜 그들이 온전한 자유를 가질 수있게 하고, 스스로 선택하게 하며, 그들의 잠재성을 깨달을 수 있게 하는 것이다(김영혜 외 역, 2014).

❷ 상담자의 역할

인간중심상담에서 상담자는 내담자에게 '어떤 것을 하도록 만들기 위해' 고안된기법을 사용하는 것보다 상담자 자신의 존재방식과 태도를 중요하게 생각해야한다.

왜냐하면, 상담자의 지식과 이론, 상담자가 사용하는 기법보다는 상담자의 태도가 내담자의 성격 변화를 촉진시킨다고 보기 때문이다. 근본적으로 상담자가 자기 자신을 변화의 도구로 사용하며 인간 대 인간으로 내담자를 만날 때 상담자의 역할은 '역할 없이 존재하는 것'이다. 성장을 위한 치료적 풍토를 만들어 내는 것은 내담자의 내적 자원에 대한 상담자의 태도와 신뢰이기 때문이다. 인간중심상담에서 상담자의 역할은 내담자 가까이에 있고 내담자의 현재 경험에 관심을 갖는 것이다. 상담자의 진실한 보살핌, 존중, 수용, 이해의 태도를 통해 내담자는 방어나 경직된 지각을 풀고 더 잘 기능하게 된다(조현춘 외 역, 2013). 즉, 상담자는 특수 문제의 해결이나 특수한 행동변화를 상담의 목적으로 설정하기보다는 한 개인을 전체적이고 계속적인 성장의 방향으로 향하게 하는 데 그 목적을 두어야 한다(김계현 외, 2009).

❸ 내담자의 경험

상담이 진행됨에 따라 내담자는 자신이 이해받으며 수용된다고 느끼면서 방어하지 않게 되고 자신의 경험에 더 개방적이 된다. 내담자는 위협을 받지 않으므로 안전하게 느끼며 상처를 덜 받으므로 현실적이 되고, 자신을 있는 그대로 받아들이고 좀 더 융통성 있고 창조적으로 행동하게 된다. 또한 다른 사람의 기대에 덜 매달리게 되므로 자신에게 좀 더 진실된 방식으로 행동하기 시작한다. 즉, 자신의 신념과 감정을 더욱 폭넓게 탐색할 수 있게 되는 것이다. 이러한 변화를 경험한 내담자들은 다른 사람에게서 답을 구하지 않고 자신의 삶을 스스로의 힘으로 이끌어 나갈 수 있게 된다. 그들은 지금 이 순간의 경험에 더 개방적이고, 과거의 구속을 덜 받으며 덜 결정적이고 결정하는 데 좀 더 자유롭고 점차 자신의 삶을 스스로 조정할 수 있다고 믿는 방향으로 변화해 갈 것이다(조현춘 외 역, 2013). 이는 자기를 재조직하는 경험이며 이러한 과정은 본연의 자기 자신이 되어가는 과정이다(김창대 외, 2011).

❹ 상담자와 내담자의 관계

Rogers(1961)는 치료적 성격변화의 필요충분조건에 대한 가정을 관계의 질에 두면서 긍정적인 성격변화는 이러한 관계 속에서만 가능하다고 하였다(조현춘 외 역, 2013). 상담과정이란, 상담자가 제공하는 관계의 틀 안에서 내담자는 자신에게 성장하고 변화하는 능력이 있다는 사실을 발견하게 되는 것이다.

또한, Rogers의 관점에서 상담자와 내담자와의 관계는 평등하다는 특징이 있다.

인간중심상담은 상담자와 내담자가 인간성을 드러내고 성장 경험에 참여하는 존재 방식과 공동여행으로 특징지을 수 있다. 즉, 상담자와 내담자는 상담과정을 통해서 서로가 성장하는 긴 여정을 공유하는 가운데 협력자가 되며, 서로를 평등하고 능력 있는 존재로 여기게 된다. 친밀한 상담자와 내담자 관계는 두 사람 모두의 삶에 도움을 줄 수 있다(김영혜 외 역, 2014)

2) 내담자 변화를 위한 조건

인간중심상담에서 Rogers는 상담기법보다는 내담자의 변화를 촉진시킬 수 있는 상담자의 태도를 중요시하였다. 지금부터 살펴볼 공감적 이해, 무조건적 긍정적 존중, 진실성이 인간중심상담의 중심이 되는 내담자 변화를 위한 조건이자, 상담자의 기본이 되는 태도이다.

❶ 공감적 이해

공감한다는 것은 자신의 관점과 가치관에 영향을 받지 않고 다른 사람의 세계로 들어가는 것이다(Rogers, 1975), 그렇게 하려면 공감하는 사람이 다른 사람의 지각세계에서 길을 잃지 않도록 그 대상과 충분히 분리되어야 한다(천성문 외 역, 2013). 공감적 이해는 상담자가 '그 감정에 빠져서 자신을 잃지 않으면서' 내담자의 감정이 자신의 감정인 것처럼 정확하게 이해하는 것을 뜻한다. 상담자는 정서적 수준과 인지적 수준 모두에서 내담자를 이해해야만 한다(조현춘 외 역, 2013). 상담자의 중요 과제 중 하나는 치료회기 동안 순간순간의 상호작용에서 드러나는 내담자의 경험과 감정을 민감하고 정확하게 이해하는 것이다.

공감은 "나는 너의 감정이 어떤지 정확히 알아"라는 말로 절대로 표현될 수 없고 대신 공감적 표현은 "마치 ~인 것처럼"인 상태의 정중한 거리를 유지한다. 공감은 동정이 아니다. 동정은 사람에게 비참한 느낌을 줄 수 있고 동정을 보이는 사람과 받는 사람 사이에 거리가 존재하는 의사소통인 반면에, 공감은 함께 공유하는 경험을 통해서 사람들을 가까워지게 할 수 있다. 공감은 보통 깊은 수준의 대화를 통해서 마음의 문을 열 수 있는 힘을 부여한다. 반면에 동정은 사람들로 하여금 자신을 상처받은 희생자로서 바라보도록 하고 제한적인 대화를 이끈다. 진정한 공감이란 내담자의 단어에 가깝게 따라감으로써 감정에 대한 진정한 반응과, 비판단적이고 무조건적인 긍정적 존중의 지속적인 표현을 내담자에게 전달하는 것이다(김영혜 외 역, 2014).

❷ 무조건적 긍정적 존중

상담자가 내담자에게 전달해야 하는 두 번째 태도는 무조건적 긍정적 존중인데, 이는 내담자를 존중하며 조건을 달지 않고 따뜻하게 수용하는 태도를 말한다. 이것은 '나는 … 할 때만 당신을 존중하겠다'라는 태도가 아니라 '나는 당신을 있는 그대로 존중하겠다'라는 태도이다. 수용은 내담자가 자신만의 신념과 감정을 가질 권리를 승인하는 것이지 모든 행동을 받아준다는 뜻은 아니다. 모든 외현적 행동을 승인하거나 수용할 필요는 없다(조현춘 외 역, 2013). 수용은 내담자에게 동의하는 것이 아니라 한 분리된 개체로 내담자를 배려한다는 뜻이다. 내담자를 수용하지만 동의하지 않음으로써 상담자는 조종당하지 않을 것이다(천성문 외 역, 2013).

수용적이고 무조건적 긍정적 존중을 보이는 의사소통은 사람들에게 그들이 가치 있고 자신의 감정이나 생각을 신뢰할 수 있도록 믿게 한다. 또한, 무조건적 긍정적 존중은 상담자가 내담자를 모든 것을 적절히 처리하고 생각할 수 있는 현명한 존재로 바라본다는 것을 의미하는 것이 아니라, 그들이 현재 할 수 있는 한 최선을 다하는 존재로 바라본다는 것이다. 상담자들은 비록 내담자의 선택에 대해서 걱정을 표현할지라도 내담자에 대한 수용과 확신에 있어서는 일관성을 유지해야 한다. 인간중심상담은 상담자가 내담자를 존중하고 가치 있게 여길수록 내담자는 더욱 더 긍정적인 변화를 일으킬 것이라고 본다(김영혜 외 역, 2014).

❸ 진실성

상담자의 진실성이란, 상담자의 내적 경험과 외적 표현이 일치하며 솔직하다는 뜻이다(조현춘 외 역, 2013). 상담관계에서 상담자는 진정으로 자기 자신이어야 하며 거짓된 모습을 보여서는 안된다. 진실성은 자신의 신체에 대한 알아차림, 다른 사람들과의 의사소통에 대한 알아차림, 자발성, 다른 사람들과의 관계에 대한 개방적 자세를 포함(Cornelius-White, 2007)하여 내담자에게 공감적이며 무조건적인 긍정적 존중을 제공할 수 있는 능력을 말한다(천성문 외 역, 2013).

진솔해야 한다고 해서 상담자가 모든 감정을 충동적으로 표현하라는 의미가 아니다. 상담자는 자기 드러내기가 적절해야 하고, 적절한 시기에 해야 하며, 건설적 치료 의도를 담고 있어야 한다(조현춘 외 역, 2013). 진실하고 일관성 있으며 내담자의 경험과 함께하는 능력을 최대화하기 위해서 상담자들은 반드시 지금-여기에 존재해야 하며, 그들의 환경과 조화를 이루고 상호작용하는 것을 인식하고 있어야 한다. 그러므로 상담과정에서 상담자에게는 민감성, 개방성, 자기자각이 요구되어진다(김영혜 외 역, 2014).

③ 인간중심 이론의 평가

　1940년대 Rogers의 인간중심상담은 치료적 초점을 기법 강조와 상담자에 대한 의존으로부터 상담자와 내담자 간의 '상담 관계의 힘'으로 돌리면서 심리상담과 치료 분야에 엄청난 영향을 미쳤다. 첫째, 인간중심상담은 '상담 관계'를 상담의 초점으로 삼았다. 기법보다는 상담자에게 요구되는 내담자에 대한 진실성, 무조건적 긍정적 존중, 공감적 이해를 강조했는데, 이는 누구나 이해할 수 있는 효과적인 상담방법으로서 고도의 훈련된 전문가들의 독점물이었던 상담을 모든 사람이 이해하고 활용할 수 있는 방향으로 발전시키는 데 많은 공헌을 하였다. 둘째, 인간중심상담은 상담연구의 과학화를 촉진시켰다. Rogers는 상담의 효과성을 처음으로 측정하였고 상담 영역에 조사연구 분야를 도입하였다. 또한, 처음으로 상담회기의 완벽한 스크립트를 녹음하고 출판하였다. 상담회기를 비판적으로 검토하고 상담자와 내담자 간의 대화를 연구하는 것과 같은 Rogers의 노력은 상담체계를 보다 쉽게 이해할 수 있게 하고 상담연구를 과학적으로 접근하도록 하였다(김영혜 외 역, 2014). 셋째, 인간중심상담은 후속 이론의 개발을 위한 기초가 되었다. 인간중심상담은 개인의 가치와 존엄성, 인간본성에 대한 긍정적인 관점을 가지고 있으며, 인간의 자기실현 경향성을 지지한다. 이러한 이론의 강조점은 다른 상담적 접근에 쉽게 통합될 수 있다.

　인간중심상담은 많은 기여에도 불구하고 다음과 같은 비판을 받기도 하였다(조현춘 외 역, 2013). 첫째, 상담자의 전문성과 역할에 대한 비판이다. 인간중심상담에서는 상담자의 전문성이 상담자의 지식이나 기법, 수행능력에서 나오는 것이 아니라 내담자가 성장할 수 있는 관계를 제공하는 능력이라고 보았다. 상담자들은 진실성, 무조건적 긍정적 존중, 공감적 이해 등 기본적인 태도를 중시하고, 기법이나 매뉴얼화 된 워크북에 의존하는 것이 아니라 상담자 자신을 사용한다. 공식적인 훈련도 없이 상담자의 인격적 특성과 태도에 의존하는 것, 경청과 보살핌, 공감만으로 충분한가에 대한 비판인 것이다. 상담은 그 이상을 필요로 한다고 보는 입장이다. 특히, 정신건강 분야에서 증거기반적 치료의 설명을 요구하는 사람들은 검증된 기법이나 방략이 거의 없다는 것을 큰 제한점으로 보고 있다. 둘째, 인간 본성의 관점에 대한 비판이다. 인간중심상담에서 인간이 성장지향적이라는 것과 일정한 심리적 조건만 갖춘다면 타고난 잠재력을 성취하는 방향으로 자연스럽게 나아갈 것이라고 강조하는 것이 너무 단순하고 비현실적이며 낙관적이라는 입장이다. 셋째, 일부 연구자들은 인간중심상담연구에서 관찰되는 방법론적 오류에 대해 비판을 제기했다. 예를 들어, 치료에 참여할 의사가 없는 피험자를 통제 집단으로 사용한 것, 치료받지 않은 통제집단을 사용하지 않은 것, 믿음 효과를 설명하지 못한 것, 치료효과 평가에서 자기보고에 의존하고 부적절한 통계방법을 사용한 것 등이다.

Ⅲ 행동주의 이론

행동주의상담은 인간의 무의식과 갈등과 같은 객관적 관찰이 어려운 내면적 현상보다 측정 가능한 행동에 초점을 둔다(Corey, 2012). 행동주의상담은 실험심리학과 학습이론에 근거하여 측정가능한 개인의 문제행동을 상담의 주요 대상으로 한 체계적 접근법을 제시한다. 행동주의상담은 1050년대 B. F. Skinner에 의해 상담이론으로 발전하였다. 그는 Wolpe의 체계적 둔감법, Pavlov의 조건형성 원리, Hull의 자극-반응 학습이론 등을 적용한 성공적인 단기 상담사례를 소개하였고, 조건형성의 원리를 상담에 적용하여 행동주의상담의 토대를 마련하였다.

행동주의상담은 인간의 모든 행동이 환경과의 상호작용 속에서 학습되는 것으로 가정한다. 인간의 행동의 학습은 자연현상처럼 일정한 법칙성을 가지고 있으며, 환경적 통제의 영향을 받는다는 의미에서 인간은 수동적인 중립적 존재일 수 있다. 인간의 특성은 관찰될 수 있는 구체적인 행동을 통해 분석할 수 있으며, 개인의 성격은 다양한 상황에서 반복적으로 나타내는 독특한 행동패턴으로 이해할 수 있다. 부적응문제 역시 관찰가능한 문제행동으로 이해되며, 인간의 대부분 행동은 환경과의 상호작용 속에서 후천적 경험을 통해 학습된 것이다.

행동주의상담에서 인간은 좋지도 나쁘지도 않은 상태로 태어났기 때문에 학습의 과정이 인간의 행동을 결정한다고 가정한다. 인간과 환경은 서로 상호작용을 통해 영향을 주고 받는다. 초기 행동주의상담은 인간이 유전과 환경에 의해 결정된다는 결정론적 입장이었으나 최근에는 인간의 능동적인 면도 강조된다(김계현 등, 2000).

최근에는 인간의 자유의지적 선택을 강조하면서 인간이 환경에 의해 영향을 받기도 하지만 환경에 영향을 줄 수도 있다는 면을 강조하면서 인본주의적 인간관으로 변화되어 가고 있다고 볼 수 있다(임은미 등, 2013).

🌿 행동주의 상담이론 학자들의 생애

행동주의 상담이론의 학자들로는 '파블로프의 개' 실험으로 알려진 러시아의 생리학자 Ivan Petrovich Pavlov(1849~1936), '스키너박스'로 유명한 B. F. Skinner(1904~1990), 사회학습이론으로 알려진 캐나다의 심리학자 Albert Bandura(1925~) 등을 꼽을 수 있다.

Ivan Pavlov는 러시아의 작은 농촌마을에서 태어났으며, 상트페테르부르크 대학에서 화학과 생리학을 공부한 후 같은 대학 의학아카데미에서 의사 자격증을 취득하였다. 그는 소화의 생리학에 대해 관심을 가졌으며, 침샘에 대해서 연구를 하던 중 사육사의 발소리에 침을 흘리는 개를 보게 된 후 '고전적 조건형성의 실험'으로 알려진 실험을 시작하게 되었다. 그의 실험은 조건반사에 대한 연구를 시작하는 계기가 되어 주로 상트페테르부르크 교외의 코르투시에 있는 파블로프 생리학 연구소를 중심으로 30년간 연구를 계속하였으며, 전 세계의 이목을 집중시켰다. Pavlov는 1904년 러시아인으로는 최초로 의학과 생리학분야에서 노벨상을 수상하였고, 지속적인 동물실험을 통해 생리학 및 심리학을 통한 신경기능과 동물의 행동에 대한 기초를 세운 것으로 알려져 있다.

B. F. Skinner는 펜실베니아의 스케하나에서 변호사인 아버지와 쾌활하고 아름다운 어머니 밑에서 출생하였다. 그는 성장과정에서 썰매, 마차, 그네 등 물건 만드는 것을 즐겼다고 알려져 있으며, 대학에서 영문학을 전공하였다. 대학졸업 후 작가가 되려고 하였으나 심리학에 흥미를 느끼고 하버드대학에 입학하여 심리학을 공부하기 시작하였다. 1931년 박사학위를 받은 후 하버드대학에서 5년동안 연구를 계속하였으며 1948년 하버드대학의 교수가 되었다. 그는 심리학의 연구주제가 '관찰할 수 있는 행동'이어야 함을 주장하였고, 인간의 행동조절은 환경에 대한 자극보다 행동의 결과에 대한 규칙이 중요한 것이라고 강조하였다. 그는 실험실에서 나온 결과를 인간의 문제해결과 관련시키는 것에 관심을 가졌다. 1948년 「월덴 투(Walden II)」라고 하는 유토피아적 소설을 통해 행동주의의 원리에 기초한 이상적 사회를 묘사한 소설을 발표하였다. Skinner의 연구는 아동발달과 교육, 심리적 장애 등의 영역에 많은 영향을 미쳤다.

사회학습이론의 초기 학자로 알려진 Bandura는 캐나다의 알버타주의 조그만 시골마을에서 출생하고 성장하였다. 캐나다의 British Columbia대학을 졸업한 후 미국

Iowa 대학에서 대학원을 마치고 박사학위를 취득하였다. 그는 초기에 임상심리학에 흥미를 가지고 심리치료과정과 아동의 공격성의 발달과정에 관심을 가졌다. 유명한 '보보인형'의 실험은 아동이 사회적 상황을 통해 공격성을 학습할 수 있음을 증명하여 관찰학습의 중요성에 대해서 확신하는 계기가 되었다. 그는 모델링, 관찰학습, 자기조절, 자기효능감 등에 대해서 연구하였다. 1953년부터 Stanford대학에서 심리학과 교수로 근무하였으며 1974년 미국심리학회 회장으로 선출되었다. 2002년 설문조사 결과 Freud, Skinner, Piaget와 함께 네 번째로 유명한 심리학자로 뽑혔으며, 지금까지도 현존하는 영향력있는 심리학자로 알려져 있다.

1 주요개념

1) 고전적 조건형성

Pavlov는 반응을 유발하지 않던 중립자극들이 무조건 자극과 반복적으로 연합되어 제시되면 중립자극도 무조건자극이 일으켰던 동일한 반응을 일으키게 되어 조건자극이 된다고 가정하는 고전적 조건형성이론을 실험을 통하여 제시하였다. 즉, 음식과 같은 무조건자극에 의해 침이나오는 행동을 중립자극인 종소리와 연합하여 침을 흘리게 하여 조건자극과 조건반응을 학습하게 한 것이다. 그는 침이 나오는 반응은 학습의 결과라고 제시하였다.

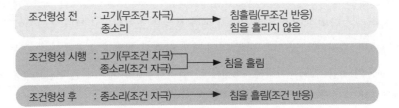

그림 3-2 고전적 조건형성이 일어나는 과정

출처: 권석만(2012), 현대 심리치료와 상담 이론, 학지사.

2) 조작적 조건형성

조작적 조건화는 잘 알려진 대로 Thorndike와 Skinner에 의해 행해진 실험결과를 일컫는 개념이다. 조작적 조건형성에서는 인간의 행동은 보상이나 벌과 같은 강화의 원리에 의해 학습되고 반복된다고 가정하였다(천성문 등, 2015). Thorndike는 상자 안에 있는 고양이가 누름판을 누르는 시행착오 횟수와 상자 밖에 있는 음식을 먹는 과정을 관찰하여 '효과의 법칙(law of effect)'를 주장하였다. Skinner는 실험상자 안에 배고픈 쥐를 넣고 쥐가 지렛대를 누를 때마다 먹이가 나오게 하여 지렛대를 누르는 행동을 증가시켰다. 그는 이와 같은 방법으로 새로운 행동을 학습시킬 수 있는 강화원리를 주장하였고, 실험을 통해 그 증거를 제시하였다.

3) 사회학습이론

사회학습이론을 제시한 Bandura는 인간이 행동을 학습하기 위해서는 반드시 연습이나 강화가 필요하기보다는 다양하고 복잡한 사회환경 속에서도 가능하다고 주장하였다. 그는 다른 사람의 행동을 관찰하고 모방하여 새로운 행동을 학습할 수 있다고 가정하였다. 사회학습이론에서는 타인의 행동관찰 뿐만 아니라 행동의 결과를 관찰하는 것도 학습이 가능하다고 보았으며, 학습은 행동변화 없이도 일어날 수 있다고 설명하였다. 또한 행동의 결과는 학습에서 일정한 역할을 하며, 사람들은 자신의 행동과 환경에 대해 상당한 통제력을 가지고 있다고 가정하여 학습에서 인지적 역할을 가정하였다.

② 상담과정과 기법

1) 상담목표

행동주의상담의 목표는 바람직하지 못한 행동을 소거시키고 보다 효과적인 바람직한 행동을 학습시키는 것이다. 이를 위해 잘못 학습된 행동의 소거와 바람직하고 효과적인 행동의 학습에 도움이 되는 조건을 찾아내거나 조성하여야 한다(김계현 등, 2000). 상담목표는 구체적인 내담자의 관심영역을 반영하고 방향을 결정한다. 그리고 구체적인 상담목표를 제시하고 이와 관련된 행동적 개입을 선택하고 활용하도록 돕는다. 행동주의상담의 목표는 분명하고 구체적이며, 이해가능하며 현실성이 있어야 한다.

행동주의상담에서는 상담자가 능동적이고 지시적인 경향이 있으며, 내담자에게 보다 효과적인 행동을 가르치고, 조언하며, 구체적 행동시연의 모델이 되기도 한다. 내담자 역시 새로운 행동의 학습과정에 능동적으로 참여하여야 한다. 내담자의 적극적 학습 참여를 위해 상담목표를 내담자와 합의하는 것이 중요하며, 상담목표의 합의를 통해 내담자의 상담동기를 강화하여 유지하는 것이 필요하다. 이러한 면에서 행동주의상담에서 상담관계는 협력적 관계를 형성하면서도 신뢰로운 관계를 구축하기 위해 노력하여야 한다.

2) 상담과정

행동주의상담의 과정은 학습의 과정을 따른다. 새로운 학습을 위해 변화해야 할 문제행동을 객관적으로 이해하고 평가하며, 부적응 행동을 수정하고 새로운 행동습득을 목적으로 한다. 일반적으로 행동주의상담의 진행과정은 다음과 같다(천성문 등, 2015).

- 내담자 문제 탐색: 상담자는 내담자가 호소하는 부적응 문제나 문제행동을 탐색한다.
- 문제행동의 평가와 분석: 가장 먼저 상담이 필요한 문제행동이 정해지면 그 문제행동의 빈도와 지속기간에 초점을 맞추어 전면적인 평가가 이루어진다. 이때 자기보고에 의한 면접, 행동관찰, 설문지를 활용할 수 있다. 문제행동에 대한 행동분석을 통해 내담자 문제를 정확하게 이해한다.
- 목표설정: 내담자와 함께 구체적인 상담목표를 설정한다.
- 상담계획의 수립 및 실행: 이때 내담자의 적극적인 참여가 필수적이다.
- 상담효과의 평가: 상담이 지속되는 동안 문제행동의 개선정도를 평가한다.
- 재발방지 계획 수립: 목표행동의 성취여부 평가가 긍정적일 때 재발방지 계획을 수립하며 상담종결을 준비한다.

3) 상담기법

행동주의상담의 기법은 구체적이며 다양하다. 상담기법은 문제행동의 특성과 상담목표에 따라 체계적이고 적절하게 선택하고 사용하여야 한다.

❶ 이완훈련(Progressive Muscle Relaxation)

이완훈련은 고전적 조건형성에 근거한 기법으로 편안한 상태의 근육이 이완된 상태를 공포나 불안을 느끼지 않는 상태와 연합하는 것이다. 이완훈련은 오른손부터 시작하여 왼손, 양쪽 팔, 머리, 어깨, 턱, 혀, 이마, 배, 양 다리 순으로 신체의 각 부분에 힘을 주었다가(긴장상태) 이완시키는 것을 반복한다.

❷ 체계적 둔감법(Systematic Desensitization)

체계적 둔감법은 이완훈련을 통해 이완된 상태와 불안을 유발시키는 상황들을 생각하도록 하여 불안과 병존할 수 없는 이완을 연합시키는 기법이다. 이러한 연합을 통해 부정적 반응(불안, 공포)을 새로운 반응(신체적 이완)으로 억제하는 상호억제의 원리를 사용한다. 사람이나 특정사건, 대상에 대한 불안이나 공포의 감소에 효과적이다.

❸ 혐오법(Aversion Therapy)

부적응적 행동을 제거하기 위해 바람직하지 못한 자극에 혐오자극을 제시하여 연합하는 것이다. 혐오자극으로는 전기쇼크, 구토제와 같은 약물, 혐오스러운 시각물, 타임아웃, 벌 등이 있다.

❹ 행동조성(Behavior Shaping)

행동조성 혹은 조형이라 불리는 이 기법은 조작적 조건형성의 원리를 적용한다. 행동조성을 위해 바람직한 행동을 여러 하위 단계로 나누고 세분화된 목표행동에 접근할 때마다 적절한 보상을 주어 점진적으로 특정행동을 학습시킨다. 행동조성에는 강화, 소거, 일반화, 차별화의 조작적 조건형성의 원리가 모두 활용된다.

❺ 토큰경제(Token Economy)

바람직한 행동을 실천했을 때 토큰이나 교환권을 강화물로 활용하는 것으로 일상생활에서도 많이 활용된다. 토큰경제는 조작적 조건형성의 원리를 적용하여 강화하고자 하는 목표행동을 구체적으로 설정하고 목표행동을 실천했을 때 명확하게 대가(강화물)를 지불해야 한다. 이때의 강화물은 명확한 것이어야 하며, 내담자에게는 실질적이고 의미있는 것이어야 한다.

❻ 모델링(Modeling)

모델링은 내담자가 다른 사람의 행동을 관찰하고 이를 활용하는 것이다. 상담과정에서는 상담자가 직접 시범을 보이기도 하며, 비디오, 책, 영화 등의 매체를 활용할 수도 있다. 모델링은 자기주장훈련, 사회성기술 향상훈련, 의사소통훈련에서 함께 활용할 수 있다.

❸ 행동주의 이론의 평가

행동주의상담은 무의식과 갈등에 초점을 둔 정신분석이 유행할 때 구체적인 행동의 중요성을 강조하여 상담의 새로운 방향을 제시하였다. 또한 구체적인 행동에 초점을 맞추고 과학적이고 체계적인 원리를 제안하여 과학적 접근을 강조하였다. 또한 개인에게 맞는 구체적인 상담기술을 적용하여 외현적인 내담자의 행동을 바꾸는 다양한 상담기법을 가지고 있다. 행동주의상담은 실험연구를 토대로 한 과학적 연구와 상담결과에 대한 명확한 평가가 가지는 중요성을 지적하며, 상담의 구체적 효과에 대한 가이드라인을 제시하고 있다. 무엇보다도 행동주의상담은 누구의 행동변화나 무슨 행동변화에 대한 강요보다는 효율적인 학습을 위한 환경적 조건 조성을 강조하여 윤리적으로 중립적이라는 평가를 받고 있다.

행동주의상담은 문제해결이나 상황의 처치만을 지나치게 강조하여 상담과정에서 감정과 정서의 역할을 중요하게 여기지 않는다는 비판이 있다. 또한 현재 문제에 대한 초점으로 자칫 잘못하면 사소한 것을 중요하게 여길 수 있는 오류가 있다는 지적도 있다. 행동주의상담에서는 내담자 문제의 근원에 대한 통찰보다는 문제행동의 제거에 관심을 두므로 근원적 문제해결에는 한계가 있다. 무엇보다도 실험실 연구를 기반으로 하는 행동주의상담은 실험실 밖의 인간에게는 적절하지 않을 수 있다는 한계가 있다.

Ⅳ 합리적 정서행동 이론

Albert Ellis의 합리적 정서행동 치료(Rational Emotive Behavior Therapy: REBT) 이론은 인간의 신념이 정서와 행동에 크게 영향을 미친다는 점을 강조한다. Ellis는 인간은 어떤 외부 자극에 단순히 반응하는 것이 아니라 신념체계를 거쳐서 나타난다고 보았다. 따라서 우리가 경험하게 되는 정서와 행동은 우리가 경험한 어떤 사실 그 자체에 의해서라기보다도 그 사실에 대하여 우리가 어떻게 생각하고 해석하느냐에 따라 달라진다고 보고 있다.

Ellis는 인간의 부적응에 대해 인간의 문제는 어떤 사건이 아니라 그 사건에 대한 생각 때문에 발생한다고 가정하면서 치료적 개입을 ABCDEF 모델로 설명하였다. 선행사건(A_Activating event)에 대한 신념(B_Beliefs)이 결과적(C_Consequences)으로 감정과 행동을 유발한다는 ABC이론으로 인지적 중요성을 강조하면서 인간의 부적응 행동의 명료한 개념체계를 제시하였다. 결국 인간의 부적응적인 행동은 비합리적 신념 때문이며, 비합리적 신념을 합리적 신념으로 변화시키는 것이 Ellis의 합리적 정서행동 이론의 핵심적인 상담기법이다. 상담적 개입은 비합리적 신념의 논박(D_Disputing)을 통해서 효율적인(E_Effective philosophy) 합리적 정서와 행동(F_feelings and behaviors)으로 변화되게 된다. Ellis의 합리적 정서행동 이론은 대표적인 인지행동치료 이론으로 부적응적인 인간의 비합리적 신념체계에 대한 철학적 논박을 통해서 인간이 더 유연하고 합리적인 삶의 주인이 되도록 변화를 제안한다.

❦ Albert Ellis의 생애

Ellis는 1913년 Pittsburgh에서 태어나, 4세 때 뉴욕으로 이사하여 93세까지 일생의 대부분을 뉴욕에서 보냈다. Ellis는 독립적인 어머니, 사업가로 자주 집을 비웠던 아버지, 그리고 남동생과 여동생이 있었으며, 세 형제 중 맏이였다. 어린 시절 자주 병치레를 했고, 신장염으로 아홉 번이나 병원에 입원해야 했으며, 부모님은 Ellis가 12세 때 이혼하였다. 아프고 힘든 어린 시절을 보내는 동안 부모님의 따뜻한 돌봄이 없었지만, Ellis는 이러한 어려움을 극복하기 위해서 자신의 환경적인 상황에 비참해하지 않기로 결심했고, 자신의 능력과 가치에 대해 강한 긍정적인 생각을 가졌다. Ellis는 아동 시절의 어려운 역경이 자신의 지적이고 합리적인 기질이 잘 발현되도록 도왔다고 말한다. 이런 환경들이 자신의 선천적인 능력들이 발휘될 수 있도록 하였고, 자신은 문제해결자로 역량을 갖게 되었다고 보았다. Ellis는 모든 개인은 합리적 사고를 위한 역량을 가지고 태어나는 존재라고 하였으며, 생각하는 방식이 역경을 극복하게 해 준다고 설명한다(김영혜 외 역, 2014).

어린시절 부끄러움 많고 내성적이었던 Ellis는 남 앞에 서는 것을 회피하였고, 좋아하는 여성에게 데이트 신청해본 적이 한 번도 없었다. 20대 초반 Ellis는 여성에게 다가가는 공포를 극복하기 위해 뉴욕 브롱크스 식물원에 가서 한 달 동안 100명의 여성에게 다가가 말을 걸고 데이트 신청을 하는 노력을 하였다. 결국 데이트를 하는 데 성공하지 못했지만, 거절의 공포에서 벗어날 수 있었고, 이는 두려운 상황에 반복적으로 자신을 노출시켜 파괴적인 정서와 행동을 변화시킬 수 있다는 깨달음을 주어 REBT 치료기법을 발전시키는 데 영향을 주었다.

Ellis는 New York 주립대학교에서 대학 생활을 했고, Columbia대학교에서 대학원 과정을 했으며, 1947년 박사학위를 받았다. 박사학위 취득 후 New Jersey 정신위생 클리닉에서 근무하면서 고전적 정신분석을 시행하였다. 그러나 정신분석이 피상적이고 비합리적이며 효과도 적다는 생각을 하게 되었다. 정신분석의 수동적인 방법으로는 자기파괴적인 비합리적 신념을 변화시키는 데 한계가 있다는 것을 깨닫고, 인간주의(humanism)치료와 행동주의(behaviorism)치료 등을 혼합하여 1955년에 합리적 치료(Rational Therapy)를 시작으로 몇 번의 치료 이름을 수정해 가면서 합리적 정서행동 치료(Rational Emotive Behavior Thrapy: REBT)를 발전시켰다(윤순임 외, 1995).

Ellis는 대학교수로 활동하면서 자신의 Albert Ellis 연구소(Albert Ellis Institute)에서 개인, 집단상담 및 심리치료자들을 교육하는 일을 하였다. 그는 매우 활동적이어서 아흔이 넘은 나이까지 매일 일을 하였고, 1962년 REBT의 이론과 실제를 보여주는 책으로 대표되는 「심리치료에서의 이성과 정서(Reason and emotion in psychotherapy)」를 출간하였다. Ellis는 매년 여러 편의 논문과 저술들을 통해 REBT의 새로운 경향을 연구하며 800편에 가까운 논문과 80여 권의 책을 저술하였다(김영혜 외 역, 2014).

1 주요개념

1) 철학적 배경

Ellis의 REBT이론은 아들러, 실존주의와 같은 심리학 뿐만 아니라 다양한 철학적 사상에도 기반을 두고 있다. 특히 초기 REBT에 영향을 준 것은 고대 스토아학파 철학자인 에픽테토스(Epictetus)의 저서에서 "인간은 일 자체 때문에 혼란스러워 하는 것이 아니라, 그 일을 바라보는 관점 때문에 혼란스러워진다"라는 사상이 이론의 기초가 되었다. 특히 사고와 신념과 같은 인지적 요인이 인간의 부적응을 초래하는 주된 원인이 된다는 기틀을 마련하였다.

인본주의 철학에서는 인간은 총체적이며, 목표지향적 존재이고, 살아있는 것 자체로 중요한 존재라고 본다. 인간은 존재한다는 이유만으로 훌륭한 존재로 인식될 수 있다. Ellis는 이러한 인본주의 사상을 받아들여 인간은 모두 각자 자신의 행위나 수행 등에 대해서 평가하고 비판할 수 있어야 하지만 자신의 존재 자체나 본질적인 부분은 평가나 비판의 대상이 되어서는 안 된다고 보았다. 이러한 측면에서 Ellis는 인간은 가능한 무조건적 자기수용을 할 수 있어야 한다고 했다. 또한 논리적 실증주의와 포스트모더니즘의 철학을 받아들여, 인간은 과학자처럼 사실적인 근거에 바탕을 둔 신념을 가져야 한다고 보며, 인간에게 절대적인 당위성을 부과하는 신념을 거부하고, 사람들은 유연하고 적응적인 방식으로 생각하고 행동해야 함을 강조하였다. Ellis는 REBT에서 합리적이라는 용어를 사용해서 사람들이 자신의 가치와 목표를 달성하기 위하여 사용하는 유연하고, 효율적이며, 논리적으로 타당한 인지뿐만 아니라 효율적이며 자기개선적인 인지를 강조했다.

소크라테스의 문답법이나 Tomas Kuhn의 패러다임에 대한 철학적 사상은 사람들이 기존의 비합리적 신념을 변화시키기 위한 인지적 논박의 모델로 치료과정에 적용되었다. 심리학적으로는 인간의 주관적인 인식을 중요시하는 현상학적 측면과 삶에서 자유와 선택 책임을 중요시하는 실존주의의 영향, 아들러의 사회적 관심, 삶의 목적과 의미의 중요성, 적극적이고 지시적인 치료기법들이 Ellis의 치료이론에 영향을 주었다. Karen Horney의 '우리는 삶에서 ~을 해야 한다'라는 자기 파괴적인 신경증 개념은 비합리적 신념을 중요시하는 기반을 마련하게 하였다(권석만, 2012).

2) 인간 본성에 대한 관점

REBT에서 인간은 합리적이고 논리적인 측면과 비합리적이고 비논리적인 측면을 모두 가진 존재라는 가정에 기초한다. 인간의 심리적 부적응은 비합리적인 사고의 결과로 볼 수 있는데, Ellis는 이러한 인간의 비합리적인 사고 경향은 사회적인 요인으로써 환경에 의한 것이기도 하지만 더 강력한 요인은 생물학적 요인에 의한 것이라고 했다. 그는 인간은 자기 자신을 상처 입히려고 하고 불필요하게 자신을 괴롭히는 강력한 생물학적 경향성을 타고 나며, 자신과 타인들을 몰아세우고 탓하는 방식으로 자기 파괴적인 행동을 하게 한다고 설명한다.

인간의 성격에 영향을 끼치는 또 다른 것은 사회적 요인인데, 가족, 학교, 사회집단에서 대인관계는 자기 자신과 타인에 대한 기대를 형성하게 한다. 부모, 선생님, 친구로부터 평가나 비난을 받으면, 자신을 못나고 가치 없는 존재로 여기게 되거나 여러 가지 부정적 방식으로 자신을 지각하게 된다. 이와 같은 사회적 요인은 개인에게 절대적 가치를 가지도록 영향을 미칠 수 있다.

Ellis는 인간은 선천적으로 성장과 자기실현의 경향성을 가지고 있지만 잘못 학습된 생각이나 자기 패배적 신념으로 인하여 때로는 성장이 정체된다고 보았다. 그러므로 적응적인 삶을 살기 위해서 합리적 사고의 중요성을 강조하며 REBT를 통해 자신의 잘못된 신념체제에 도전하고 과거와는 다른 신념, 생각, 가치로 대체함으로써 과거와는 다른 방식으로 행동할 수 있도록 할 것을 제안했다. 인간은 자신의 사고, 정서와 행동의 과정을 바꿀 수 있는 능력, 즉 인간은 자신이 늘 사용하던 행동유형과는 다른 형태를 선택할 수 있으며, 그리하여 여생을 편안한 마음으로 살아갈 수 있도록 스스로를 훈련할 수 있는 존재로 보았다.

3) 비합리적 신념

Ellis는 인간의 심리적 부적응의 주요한 원인을 비합리적 신념이라고 하면서 비합리적 신념의 범주를 크게 세 가지로 구분하였다. 비합리적 신념은 자기, 타인, 세상에 대한 당위적 사고의 세가지 범주로 '~해야 한다. 당연히 그래야 한다, 반드시 ~하지 않으면 안된다'와 같은 당위적인 요구로 표현된다.

- 자신에 대한 당위적 요구: 나는 항상 완벽해야 한다. 나는 항상 성공하며 항상 사랑받아야 한다. 그렇지 않으면 나는 쓸모없는 존재이다.
- 타인에 대한 당위적 요구: 다른 사람들은 항상 나에게 친절하며 공정해야 한다. 진정한 친구는 항상 내 편을 들어야 한다. 그렇지 않으면 나는 참을 수 없으며 끔찍한 일이다. 그들은 나쁜 사람들이며 나를 그렇게 대한 것에 대한 대가로 처벌 받아야 마땅하다.
- 세상에 대한 당위적 요구: 삶은 내가 원하는 방향으로 이루어져야 하며 너무 어렵거나 좌절감을 주어서는 절대 안 된다. 그렇지 않으면 삶은 끔찍하고 나는 그것을 견딜 수 없다.

비합리적 신념은 전형적으로 자기 자신, 다른 사람, 그리고 환경에 대해서 절대적이다. 이러한 비합리적 신념은 '반드시 ~를 해야 한다', '반드시 ~이어야 한다', '절대로 해서는 안 된다'라는 식의 절대적인 명령이나 요구로 표현된다. 비합리적인 신념은 부적절한 정서를 유발하는데, 자기가 좋아하거나 원하는 일이 이루어지지 못할 때 느끼는 불안, 모욕감, 우울감, 절망감, 적대감, 무가치감 등과 같은 감정을 말한다. 또한 이 정서는 자기패배적인 생각, 즉 '나는 ~때문에 쓸모가 없는 사람이다', '~은 끔찍하고 두려운 일이다', '~을 참고 견딜 수가 없다' 등과 같은 비합리적인 사고와 관련된다. 이러한 부적절한 정서는 바람직하지 못한 상황을 바꾸는 데에 전혀 도움이 되지 않으며 오히려 더욱 상황을 악화시키며 목적달성에 방해가 된다.

비합리적 신념은 파국화, 좌절에 대한 낮은 인내력, 자신과 타인에 대한 질책, 잘못된 근거를 가진 주장, 긍정적인 것 무시 등과 같은 유형의 비합리적 사고를 통해서 부정적 감정과 관련된다. 이러한 유형은 '이것은 있을 수 없는 일이다', '매우 끔찍한 일이다', '도저히 참을 수 없는 일이다', '나 또는 상대는 몹쓸 인간이며 한심한 인간이다'라는 비합리적 사고로 나타난다. 결국 비합리적 사고는 부정적 감정과 행동으로 이어지게 되므로 REBT에서 이러한 비합리적 사고를 변화시키는 것이 치료의 중요한 부분이다.

4) ABCDEF 모델

Ellis의 성격이론의 핵심이 되는 ABC모델은 인간이 비합리적인 신념으로 인해서 부적응적인 정서와 행동에 고착되는 것을 잘 설명해 주고 있다. 더불어 ABCDEF 모델은 상담의 과정에서 보여주는 중요한 치료절차와 결과를 포함한다.

❶ 선행사건(Activating Event)

개인에게 정서적 혼란을 야기하는 어떤 구체적인 사건을 말한다. 예를 들어, 여러 사람이 보는데 창피를 당했다든지, 시험에 떨어졌다든지와 같이 인간의 정서를 유발하는 어떤 사건을 의미한다.

❷ 신념(Beliefs)

어떤 사건과 같은 환경적 자극에 대해서 개인이 갖게 되는 태도나 사고방식을 가리킨다. 신념은 합리적 신념(Rational beliefs, rB)과 비합리적 신념(Irrational beliefs, iB)이 있다.

❸ 결과(Consequence)

선행사건에 접했을 때 비합리적인 사고방식을 가지고 그 사건을 해석한 결과를 말한다. 비합리적인 사고방식을 지닌 사람들은 대개의 경우에 우울, 불안, 분노, 수치심, 죄책감 등과 같은 감정을 느끼게 된다.

❹ 논박(Dispute)

자신이 가지고 있는 비합리적 신념이나 사고가 합리적인 것인지를 검토하는 과정이다. 상담자는 이러한 논박의 과정을 통해 내담자가 가지고 있는 신념의 합리성을 평가하고, 비합리적인 신념은 합리적인 신념으로 변화시키도록 촉진하게 된다.

❺ 효과(Effect)와 새로운 정서 및 행동(new feelings and behaviors)

내담자가 가진 비합리적인 신념을 철저하게 논박함으로써 내담자의 신념은 합리적인 신념으로 대치되고 자신의 삶을 적응적인 것으로 변화시키는 효과적인 새로운 철학을 형성하게 된다. 더불어 내담자는 이성적으로 생각하게 되는 인지적 변화와 긍정적이고 정서, 효과적인 행동을 나타내는 적응적 삶을 살아가게 된다.

앞서 ABCDEF를 좀 더 구체적으로 도식화하자면 다음과 같다.

그림 3-3 ABCDEF의 모형

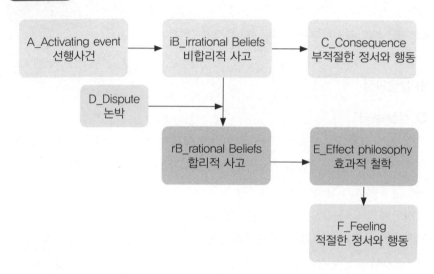

② 상담과정과 기법

1) 상담목표

상담목표는 내담자가 보이는 문제행동을 제거하기보다는 문제행동에 가려진 핵심적인 자기패배적 신념과 행동들을 줄여서 현실적이고 합리적인 가치관을 갖고 살게 하는 데에 있다. 그리하여 삶에 대한 철학적 변화를 통해 새로운 감정과 행동을 습득하고 자신이 원하는 삶을 효율적으로 살아가도록 돕는 것이 목표이다.

2) 상담자와 내담자의 관계

REBT는 적극적이고 지시적인 형태의 치료이므로 상담자는 다정한 교사의 역할을 한다. 인간은 누구나 실수할 수 있으며 선하거나 악한 존재가 아니므로 상담자는 내담자를 무조건적으로 수용하는 입장을 취한다. REBT는 Rogers가 말하는 공감적 이해, 진실성, 무조건적인 존중과 같은 입장을 갖는다. 하지만 REBT는 치료자가 내담자에게 지나친 따뜻함을 표현하지 않도록 절제한다는 점에서 Rogers의 입장과는 차이가 있다. REBT의 기본적인 인간에 대한 관점은 인간은 인정을 받고자 하는 욕구와 욕구 좌절 인내도가 낮으므로 상담자가 내담자에게 강한 지지를 표현해 준다면 내담자의 인정받고자 하는 욕구를 강화시켜 주게 되거나 그들의 낮은 욕구 좌절 인내를 강화해 줄 수 있기 때문이다. 상담자는 내담자가 더 합리적으로 생각하고 긍정적 변화를 이루도록 설득, 칭찬, 과장, 교육의 방법을 사용하여 전문적인 관계를 유지하고 활발하고 진솔한 지도적 태도를 가져야 한다.

3) 상담과정

❶ 상담 초기

상담 초기 단계에서 중요한 것은 첫 회기에 상담자가 내담자와 편안하고 신뢰로운 관계를 맺어 안정적 상담관계를 수립하는 것이다. 내담자가 호소하는 심리적 문제들을 구체적으로 탐색하며 내담자가 상담에서 무엇을 기대하는지를 알아본다. REBT상담에 익숙하지 않은 내담자들에게 상담자가 REBT에 대한 이론을 설명하고 상담의 목적에 대해서 설명하여 내담자가 상담에서 역할을 담당하도록 촉구한다. Ellis가 제시한 ABC모델에 근거하여 내담자의 현재 문제를 촉발하는 선행사건과 신념을 탐색하고 그 결과 나타난 정서와 행동문제들을 이해할 수 있도록 한다.

❷ 상담 중기

REBT에서는 내담자의 과거사나 문제 배경에 대한 정보 수집보다는 내담자의 주요 호소문제인 심리적인 부적응과 자기 파괴적 행동을 찾아내는 작업을 하며, 이러한 작업은 ABC모델을 적용한다.

내담자가 부적절한 정서와 행동에 대한 이야기부터 시작하면 이를 유발하게 된 촉발사건에 대하여 질문을 한다. 내담자가 촉발사건부터 시작하면 촉발사건으로 인하여 야기되는 부적절한 정서와 행동이 무엇인지 알아본다. 이때 주요 문제점으로 부각되는 여러 가지 부적절한 정서와 행동 중에서 내담자에게 가장 심각한 자기파괴적 정서에 먼저 초점을 맞추어서 내담자와 공동의 상담목표가 설정되어야 한다. 현재 가장 중요한 문제가 되는 것과 관련하여 비합리적인 신념을 찾아내고 논박해 나간다. 논박을 통해서 지적 통찰(intellectual insight)과 정서적 통찰(emotional insight)을 내담자가 획득하도록 상담자는 인지적, 정서적, 행동적 기법을 다양하게 사용한다. 상담 중기에서 회기마다 적절한 과제를 부여할 수 있으며, 회기를 시작할 때마다 매번 지난주의 과제를 확인하여 성공적인 수행을 한 경우 보상을 제공한다.

❸ 상담 종결기

상담자는 내담자가 자신의 비합리적 신념을 얼마나 잘 논박할 수 있는지에 초점을 맞추고 격려해야 한다. 그래서 종결에 가까워 올수록 내담자가 스스로 자신의 비합리적 신념을 논박하며, 자신의 삶에 적용할 준비가 되도록 훈습시켜야 한다. 그리하여 상담이 종결 된 후에도 삶을 살아가면서 또 다른 심리적 문제를 만났을 때 상담에서 훈습했던 논박의 기법을 사용하여 적절한 대처를 하여 효과적인 삶을 살아갈 수 있도록 한다.

4) 상담기법

REBT상담자들은 내담자의 생각, 감정 및 행동을 바꾸도록 조력하기 위하여 여러 가지 기법을 사용한다. 그러나 어느 한 기법이 다른 기법보다 더 효율적이라고 보기는 어렵기 때문에 내담자 특성에 맞추어 적절하게 사용하는 것이 좋다. 주요기법을 소개하면 다음과 같다.

❶ 인지적 기법

상담자는 ABCDE의 분석을 통하여 내담자에게 당위적이고 요구적인 신념체계(musts, shoulds, oughts)를 알게 하여 완전주의를 포기하고 보다 합리적인 사고방식을 갖도록 돕는다.

• 비합리적 신념을 논박한다.
• 합리적인 자기 진술 카드를 사용하도록 한다.
  "내가 이번 시험에서 낮은 점수를 받은 것은 절망적인 것만은 아니다. 앞으로 더 좋은 점수를 받을 수 있도록 노력하면 되는 것이다."와 같은 자기 진술 카드의 문구를 내담자가 기회 있을 때마다 읽어보게 한다.

• 내담자에게 숙제를 부과한다.

REBT에 관한 카세트 테이프나 상담한 녹음 테이프를 집에서 다시 한 번 들어보라고 권한다. 또는 내담자들에게 자신이 문제라고 생각하는 것들을 목록을 만들고 그 중에서 '절대적으로 ~해야 한다'고 여기는 신념을 찾아 논박하게 한다. 능력은 있지만 실패할까 두려워 남 앞에 서기를 주저하는 사람에게 "나는 실패할 것이다, 나는 어리석은 사람으로 비칠 것이다, 아무도 나를 좋아하지 않을 것이다."라는 부정적 자기진술을 "내가 아무리 어리석게 행동을 해도 어리석은 사람이 되는 것은 아니다. 나는 할 수 있다. 나는 최선을 다할 것이다. 사람들이 좋아하면 다행이나 그러나 사람들이 모두 다 나를 좋아할 수는 없다. 그렇다고 해서 인생이 끝나는 것은 아니다."와 같은 긍정적인 진술로 바꾸게 한다.

• 언어의 변화를 사용한다.

내담자가 "저는 ~를 할 수 없어요.(I can't~)"라고 호소하면 상담자는 "당신은 ~를 하지 않은 것이지요.(You haven't yet…)라고 표현을 정정해 준다. 무력감이나 자기비하적인 언어 유형을 쓰는 내담자는 새롭게 자기진술을 하는 법을 배우게 되고 사고도 달라지게 된다.

• 유추의 기법(referenting)을 사용한다.

미루는 습관이 있는 사람은 그러한 행동이 자신의 어떤 행동특성 때문에 나타나는지 유추해보도록 한다. 이러한 기법은 내담자에게 자신의 특성을 이해하고 유해한 습관을 깨닫도록 돕는다.

❷ 정서적 기법

정서적 기법은 주로 내담자가 자신을 솔직하게 나타내도록 하고, 정서적으로 자신을 개방하며 수용할 수 있도록 도와주려는 데 중점을 둔다.

• 유머를 사용한다.

유머는 비합리적 신념에서 오는 내담자의 불안을 감소시키기 위하여 사용된다.

• 내담자에게 상담자의 자기개방을 사용한다

치료자의 자기개방이 적절하게 사용되며, 이는 내담자에게 강한 정서적 영향을 미칠 수 있다. Ellis는 이 기법을 내담자들에게 합리적 철학을 모델로 삼을 수 있도록 사용한다. 그는 그가 경험했던 정서적 문제(대중 앞에서의 연설하는 공포, 여성에게 접근하기 어려운 수치심)에 대해서 언급하고 이 문제를 극복하기 위해서 자신이 REBT의 원리와 철학을 어떻게 활용했는지를 설명한다. 상담자도 내담자와 비슷한 문제로 고통당한 경험이 있었으며, REBT를 사용하여 극복했던 점을 솔직하게 이야기한다.

• 열정적인 합리적 자기진술문을 사용한다.
열정적인 합리적 자기진술문은 자기 스스로 언어화 함을 통해 자신의 비합리적 신념에 대한 힘있는 논박이 될 수 있다. 또한 우리가 '정서'라고 언급한 것은 최소한 부분적으로는 상당히 열정적인 자기 언어로부터 파생하기 때문에 강한 변화를 촉구할 수 있다.

• 합리적 정서적 심상법을 사용한다.
합리적 정서적 심상법은 내담자가 문제 상황에서 느낄 수 있는 적절하고 건강한 정서를 찾을 수 있도록 돕는 것이다. 치료라는 내담자에게 눈을 감고 강렬한 부정적 감정을 갖게 한 문제를 떠올리게 하고 고통스러운 감정을 구체화 시킨다. 그리고 내담자에게 고통스러운 감정을 합리적이고 건강한 부정적 정서로 바꾸도록 요청한다. 치료자는 고통스러운 감정이 어떻게 건강한 감정으로 바뀌게 되었는지, 합리적 정서변화를 위해 어떤 생각을 변화시켰는지 어떤 자기언어와 대처방법을 사용했는지 탐색한다. 이 기법은 내담자가 건강한 감정과 건강하지 못한 감정을 구별하게 하고, 적응적 생각을 통해 건강한 정서를 가지게 한다.

❸ 행동적 기법
행동적 기법은 내담자에게 직접 어떤 행동을 하게 하여 내담자의 신념체제를 변화시키고, 역기능적인 증상에서 벗어나 보다 효율적이고 생산적인 행동을 할 수 있도록 돕는다.

• 다양한 인지 정서 행동적 숙제를 내준다.
• 역할연습·합리적 역할바꾸기를 한다.

상담자와 함께 자신이 새롭게 획득한 합리적 철학과 일치되는 새로운 행동을 연습해보게 한다. 또는 상담자는 내담자의 비합리적 신념을 모델로 해서 고집스럽게 우기고 주장해보고, 내담자는 상담자 입장에서 이성의 소리, 합리적 생각을 이야기해보게 하는 것이다. 이 전략은 내담자의 합리적 철학에 대한 확신을 강화시킬 수 있다.

- 여론조사기법을 사용한다.

  내담자가 지니고 있는 비합리적 생각에 대해 타인들의 의견을 조사해오게 한다. 이성친구를 사귀어 오다가 거절당했을 때 그것이 과연 완전한 실패자임을 입증하는지 주변 사람들에게 물어보고 결과를 보고하도록 한다.

- 상과 벌을 사용한다.

  Ellis는 내담자들이 숙제를 수행하도록 하기 위해서 개인적으로 의미있는 벌과 강화제를 찾아내어 사용할 것을 제안한다. 내담자들은 숙제를 다 마친 뒤에는 그 대가로 자신이 좋아하는 것이나 활동에 참여하도록 한다. 그러나 만약 숙제를 못하면 스스로에게 불유쾌한 벌을 주도록 한다.

- 수치심 공격하기 연습을 한다.

  이 행동적 기법에서는 내담자들에게 일부러 미련하고 이상스러운(자신이나 타인에게 해로워서는 안됨) 행동을 공공의 장소에서 행해보도록 권유한다. 수치심 공격하기 연습을 하는 동안 내담자들은 자신의 우습고 바보 같은 행동에도 덜 불안함을 느끼게 됨을 경험하게 된다. 이 연습의 목적은 내담자가 타인들이 인정하지 않는 사항에 대해서 너무 심각하게 받아들이지 않도록 하기 위해서 자기 자신들의 수치스러운 모습으로 행동했을 때도 자기 자신을 받아들일 수 있도록 돕기 위해서이다.

❸ 합리적 정서행동 이론의 평가

이 접근은 많은 사람들로부터 지지를 받을 만큼 상담의 효과가 크다는 점에서 상담이론에 크게 기여하고 있다. 첫째로 REBT의 공헌점은 인간의 심리적 부적응을 인지적 부분에 초점을 두고 있다는 점이다. 특히 비합리적인 신념체제와 비합리적 사고를 Ellis가 체계화하여 이론적으로 제시하였다는 점에서 의의가 있다. 둘째로 REBT에서는 상담과정을 통하여 얻은 통찰을 실천할 것을 강조하여, 행동적 측면을 치료과정의 부분으로 적용한 것이다. 셋째로 상담과정 중 과제를 통해서 치료자의 직접적인 개입이 없이도 내담자 스스로가 능동적으로 변화하는 방법을 제시하고 있다. 즉, 녹음 테이프 듣기, 행동지향적인 과제를 이행하기, 자기조력적인 책 읽기, 강연에 참석하기, 워크숍 등의 보조적 접근법을 활용할 수도 있다.

한편, REBT의 제한점은 첫째, REBT가 모든 내담자에게 효과가 있는 것은 아니라는 것이다. 즉, 복잡한 심리적 장애가 있거나 자신의 비합리적 신념에 대하여 논리적 분석을 할 수 없는 지적 수준이 낮은 내담자, 현실검증력이 없는 내담자에게는 그 효과를 기대하기가 어렵다. 둘째, 이 접근이 너무 지시적이고 교수적이어서 상담자의 가치나 철학이 내담자에게 강요될 수 있다는 점이다. 셋째, 내담자의 정서적 혹은 관계적 측면을 가볍게 여기는 경향이 있다. REBT는 내담자의 비합리적 신념을 중요시 다루며 과거의 경험이나 내면을 깊이 이해하려는 시도는 하지 않는다. 따라서 논박 이외의 상담자-내담자 관계 등의 고려를 통해 표면적 상담이론이 되지 않도록 해야 한다.

V 게슈탈트 이론

게슈탈트는 독일의 Fritz Perls가 창시한 심리상담 이론이다. 게슈탈트는 '형태' 또는 '전체적 모양'이라는 의미를 지닌 독일어로 인간이 환경의 여러 부분을 어떤 관계성을 지닌 통합된 전체로 인식하는 것을 말한다. 게슈탈트 이론의 창시자인 Perls는 전체는 부분의 합 그 이상의 의미를 지닌다고 하여 한 개인을 총체적인 인간으로 보았다. 즉, 게슈탈트 상담에서는 신체와 감각, 감정, 욕구, 사고 그리고 행동 등 서로 분리된 현상이 아닌 하나의 의미있는 전체로 본다. 특히 Perls는 인간은 자기 내부와 주변에서 일어나고 있는 것을 지금-여기(here & now)에서 충분히 알아차린다면, 유기체적인 자기조절능력이 활성화 되어 삶의 문제에 잘 대처할 수 있다고 보았다. 그러기 위해서는 자신과 다른 개체 사이의 적절한 경계를 갖는 것이 중요하다. 개인이 적절한 경계를 가지지 못하면 환경과 접촉이 왜곡되거나 자기 경험과 알아차림이 제한되서 심리적 부적응이 발생하게 된다. 따라서 개인의 성장과 통합을 증진시키는 자기 자신과 타인 그리고 환경에 대한 알아차림이 일어나도록 돕는 것이 상담 목표이다. Perls는 알아차림을 촉진하는 창의적인 실험과 연습을 통해서 현재 시점에서 새로운 경험을 하도록 다양한 기법들을 제시한다. 건강한 사람이 되면 유연한 경계를 가지게 되며 유기체적 욕구에 대한 자각이 증진되어 진정한 자기와 접촉하게 되고 생명력 있는 창조적인 삶을 살아가게 된다.

❧ Fritz Perls의 생애

게슈탈트 상담은 독일의 정신과 의사 Fritz Perls에 의해 창안되었다. Perls는 유태인 부모 밑에서 세 자녀 중 막내로 베를린에서 태어나서 그곳에서 성장하였다. 초등시절에는 우수한 학생이었으나 점차 성장하면서 7학년 때는 두 번이나 낙제하였고, 학교에서 문제를 일으켜 퇴학을 당하기도 했다. 이후 공부를 계속하여 의대에 진학하였고, 23세에는 제 1차 세계대전에 군의관으로 자원하여 복무했다. Perls는 1920년인 28세에 의학박사 학위를 받고, 1925년부터 Freud, Wilhelm Reich, Karen Horney 등에게 7년간 정신분석 수련과 분석을 받았다. 1926년 뇌손상 병사들을 위한 연구소에서 신경 정신의학자 Kurt Goldstein을 만나서, 전체로서 통합된 유기체 이론을 접하고 매우 깊은 감명을 받았다(천성문 외, 2014).

1930년에 Laura와 결혼하였고, 1934년에는 히틀러의 탄압을 피해 남아프리카로 갔다. 하지만 이때까지 그는 정신분석에 깊게 관여하고 있었으며, 1936년 세계 정신분석학회에 참석하여 '구강적 저항'이라는 이론을 발표하였다. 그러나 그의 이론은 Freud로부터 받아들여지지 않았고 정신분석으로부터 멀어지기 시작했다. 그 후 Perls는 골드슈타인(Goldstein)의 유기체 이론과 스마트(Smart) 생태학 이론을 토대로 개체와 환경을 하나의 전체적인 통합체로 보는 새로운 시각을 확립하기 시작했다. 1942년에는 Freud의 공격 본능 이론을 비판하는 새로운 이론을 개발하여 「자아, 배고픔, 공격(Ego, Hunger and Aggression)」이라는 책으로 펴냈다. 이 책의 저술과 더불어 그는 Freud와 완전히 결별하였다. 그는 1946년에는 가족과 함께 미국으로 이주하여 뉴욕에 정착하였다. 아내인 Laura와 뉴욕에 게슈탈트 치료연구소를 개설하였으며 미국 각지에서 워크숍과 세미나를 개최하였다. 그리고 1951년에는 Hefferline과 Goodman과 함께 「게슈탈트 치료(Gestalt Therapy)」라는 책을 펴냈다.

1960년대에 들어서면서부터는 정신분석이 점차 퇴조하기 시작했으며, 때를 맞추어 유럽으로부터 실존주의 정신의학 사조가 들어오기 시작했다. 게슈탈트 상담 또한 많은 관심을 끌면서 제 3세력 운동이라고 불리는 인본주의 심리학의 흐름을 주도하게 되었다.

1 주요개념

1) 인간관

게슈탈트 상담은 Goldstein의 유기체 심리학, Willhelm Reich의 신체이론, Lewin의 장 이론, Wertheimer의 게슈탈트 심리학에 크게 영향을 받았다. 그래서 인간을 신체와 감각, 욕구 감정, 사고 그리고 행동 등이 서로 유기적인 관계에 있는 하나의 의미 있는 전체로 이해했다. 특히, Perls는 Willhelm Reich가 감각운동이나 신체활동은 심리작용과 밀접한 관련이 있다고 한 것을 받아들여 신체언어의 중요성을 강조하였다. 또한 인간과 환경을 따로 떼어서 그 자체만을 연구하거나 추상화해서는 안 되며, 인간을 환경과의 상호작용 속에서 이해해야 한다고 했다. 게슈탈트의 다양한 기법은 기초는 Moreno의 싸이코드라마 기법, Reinhard의 연극과 예술철학 등에 의한 영향을 받았다. 또한 Heidegger와 Martin Buber, Paul Tillich 등의 실존철학에서 인간의 자유와 선택, 책임있는 존재로서의 의미 등 광범위한 영향을 받으면서 탄생한 상담기법이다. 게슈탈트 상담은 이렇게 많은 상담기법들과 사상들의 영향을 받아 생겨났고, 다양한 사상들을 독자적인 관점에서 통합함으로써 하나의 새로운 정체성을 확립하였다. 게슈탈트 상담은 다음의 인간에 대한 관점들을 이론에 도입하였다.

- 개체는 장을 능동적으로 조직하여 의미 있는 전체로 지각하는 경향을 지니고 있다. 따라서 신체, 정서, 사고, 감각, 지각의 기능이 서로 관련되어 이루어진 것이며, 전체로서의 인간으로 이해되어야 한다.
- 개체는 환경과 분리되어 이해될 수 없으며, 인간의 행동은 인간이 처한 상황의 전체 맥락을 통해서 이해되어야 한다.
- 개체는 자신의 현재욕구를 바탕으로 전경과 배경으로 구조화하여 게슈탈트를 형성하고 지각한다.
- 개체는 현재에 살며, 삶을 스스로 선택할 수 있으며, 감각, 사고, 감정 등 자각을 통해 선택한 것에 대한 책임을 질 능력이 있다.

2) 게슈탈트

게슈탈트(Gestalt)란 개념은 '전체', '형상', '형태', '모습' 등의 뜻을 지닌 독일어로,

인간의 의식에 하나의 통합된 전체로서 전경으로 떠올라 인식된 것이 게슈탈트이다. 개체가 자신의 욕구나 감정을 하나의 의미 있는 전체로 조직화 하여 지각하는 것을 '게슈탈트'라고 한다. 게슈탈트 심리학자들에 의하면 개체는 대상을 지각할 때 그것들을 산만한 부분의 집합이 아니라 하나의 의미 있는 전체, 즉 '게슈탈트'로 만들어 지각한다고 말한다. 개체는 게슈탈트를 형성하려고 인위적으로 노력할 필요가 없다. 그것은 매 순간 그 상황에서 자신에게 가장 필요한 것을 자연적으로 알아서 자각하고 해결해 나가기 때문이다. 그리고 여러 개의 욕구가 동시에 존재할 경우에도 유기체는 자기조정 능력이 있어 매 순간 자신에게 가장 필요한 욕구의 순서로 게슈탈트를 형성한다. 인간이 게슈탈트를 형성하는 이유는 자신의 욕구나 감정을 환경과 접촉하여 해소하기 위해서이다. 만일 개체가 게슈탈트 형성에 실패하면 심리적, 신체적 장애를 겪게 된다. 따라서 건강한 삶을 위해서는 분명하고 강한 게슈탈트를 형성하는 능력이 중요하다(김정규, 1997).

3) 전경과 배경

인간은 어떤 대상을 지각할 때 관심 있는 부분은 지각의 중심부분으로 떠올리고, 관심 밖의 부분은 배경으로 물러나는 것을 알 수 있다. 이처럼 어느 한 순간에 관심의 초점이 도는 부분을 전경이라 하고, 관심 밖으로 물러나는 부분을 배경이라고 한다.

게슈탈트를 형성한다는 말은 개체가 어느 한 순간에 가장 중요한 욕구나 감정을 지각하여 전경으로 떠올린다는 말이다. 건강한 개체는 매 순간 자신에게 중요한 게슈탈트를 선명하고 강하게 형성하여 전경으로 떠올릴 수 있는 데 반해, 그렇지 못한 개체는 전경을 배경으로부터 명확히 구분하지 못하고 자신이 진정으로 하고 싶은 일이 무엇인지 잘 모른다. 건강한 개체는 자연스러운 전경과 배경의 교체가 일어나는데 개체가 전경으로 떠올렸던 게슈탈트를 해소하고 나면 그것은 전경에서 배경으로 물러난다. 그러면 다시 새로운 게슈탈트가 형성되어 전경으로 떠오르고, 해소되고 나면 다시 배경으로 물러나는 과정을 되풀이 한다. 이러한 유기체의 순환과정을 '게슈탈트의 형성과 해소' 혹은 '전경과 배경의 교체'라고 부른다. 건강한 개체에 있어서는 자연스럽게 전경과 배경의 교체가 일어난다(윤순임 외, 1995).

4) 미해결 과제

전경과 배경의 교체는 유기체 욕구와 환경적 상황의 여건에 따라 자연스럽게 이루어진다. 그러나 개체가 게슈탈트를 형성하였지만 이를 해결하지 못하게 되면, 그것은 배경으로 사라지지 않고 배경에 남아 있으면서 계속 전경으로 떠오르려고 노력한다. 이렇게 완결되지 않은 혹은 해소되지 않은 게슈탈트를 '미해결 과제(unfinished business)'라고 말한다. 이러한 미해결 과제는 계속 전경으로 떠오르려 하기 때문에, 다른 게슈탈트가 선명하게 형성되는 것을 방해한다. 결국 미해결 과제는 전경과 배경의 자연스런 교체를 방해하기 때문에 개체의 심리적 부적응을 유발하게 된다.

미해결 과제가 쌓이는 이유는 개체가 자연스런 유기체의 활동을 접촉-경계혼란으로 방해받기 때문이다. 그런데 미해결 과제를 해결하게 되면 새로운 게슈탈트를 선명하게 형성할 수 있다. 따라서 게슈탈트 상담의 중요한 목표는 미해결 과제를 완결 짓는 일이다.

5) 알아차림-접촉 주기

전경과 배경의 교체에서 알아차림과 접촉이 매우 중요하다. 왜냐하면 개체는 알아차림과 접촉을 통해 전경과 배경을 교체하기 때문이다. 이때 알아차림은 게슈탈트 형성과 관련이 있으며, 접촉은 게슈탈트의 해소와 관련이 있다.

'알아차림(awareness)'이란 개체가 자신의 유기체 욕구나 감정을 지각하여 게슈탈트로 형성하여 전경으로 떠올리는 행위를 말한다. 알아차림은 생리, 감각, 감정, 인지, 지각, 행동 등의 모든 영역에서 일어날 수 있으며, 누구에게나 자연적으로 갖추어져 있는 능력이다. 그러나 접촉-경계 혼란이 생기면 개체는 자신의 알아차림을 인위적으로 '차단(interrupt)'하고 게슈탈트 형성을 하지 못하게 된다.

다음으로 '접촉(contact)'은 전경으로 떠오른 게슈탈트를 해소하기 위해 환경과 상호작용하는 행위를 뜻한다. 즉, 에너지를 동원하여 실제로 환경과 만나는 행동이 접촉이다. 게슈탈트가 형성되어 전경으로 떠올라도 이를 환경과의 접촉을 통해 완결 짓지 못하면 배경으로 교체되지 않는다. 따라서 접촉은 알아차림과 함께 서로 보완적으로 작용하여 '게슈탈트 형성-해소'의 순환과정을 도와주어 유기체가 성장하도록 돕는다. 접촉은 순수하게 자신을 개방하고 유기체적 체험이 가능하도록 자연에 맡기는 진정한 경험이다.

게슈탈트의 형성과 해소의 과정, 즉 '알아차림–접촉 주기'는 여섯 단계로 설명된다(Zinker, 1977).

알아차림–접촉 주기(김정규, 1995)

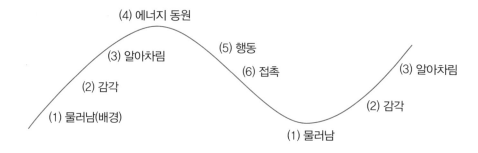

먼저 (1) 배경에서 (2) 어떤 유기체 욕구나 감정이 신체감각의 형태로 나타나고 (3) 이를 개체가 알아차려 게슈탈트로 형성하여 전경으로 떠올리고 (4) 이를 해소하기 위해 에너지(흥분)를 동원하여 (5) 행동으로 옮기고 (6) 마침내 환경과의 접촉을 통해 게슈탈트를 해소한다. 그러면 그 게슈탈트는 배경으로 물러나 사라지고 개체는 휴식을 취한다. 그런데 잠시 후 다시 새로운 욕구나 감정이 배경으로부터 떠오르고, 이를 알아차려 게슈탈트를 형성하고 해소하는 새로운 '알아차림–접촉 주기'가 되풀이 된다. 건강한 유기체는 이렇게 환경과의 교류를 통하여 알아차림–접촉 주기를 자연스럽게 반복하면서 성장해 간다(김정규, 1995).

6) 접촉–경계 혼란

개체는 게슈탈트의 형성과 해소과정을 거치면서 알아차림과 접촉이 환경과의 적극적인 상호작용을 통해서 나타난다. 건강한 개체는 접촉–경계에서 환경과 교류하면서 자신에게 필요한 것들은 받아들이지만, 접촉–경계에 문제가 생기면 이러한 환경과의 유기적인 교류접촉이 차단된다. 그러면 사람들 간의 관계가 모호해지거나 무너지는 등 심리적, 생리적 혼란이 생긴다. 이것이 접촉–경계 혼란이다.

접촉–경계 혼란은 개체와 환경 간의 경계가 너무 단단하거나 불분명해질 때 혹은 경계가 상실될 때 생긴다. 만일 경계가 너무 단단하면 환경으로부터 자양분을 받아들이지 못하게 되고, 또 경계가 불분명하거나 경계가 상실되면 개체의 정체감이 없어져 버린다. 접촉-경계 혼란은 내사, 투사, 반전, 융합, 편향과 같은 여러가지 심리적 현상들에 의해 발생한다. 어떠한 경우이든 접촉-경계 혼란은 개체와 환경의 유기적인 접촉을 방해하고, 따라서 개체는 미해결 과제를 쌓게 되어 마침내 환경에 창조적으로 적응하는 데 실패한다(권석만, 2012).

2 성격변화 단계

Perls(1969)는 심리치료를 통한 성격변화의 단계를 다섯 개의 심리층 개념으로 설명하였다. 각 층을 제거하면 점차 더 강력한 환경과의 접촉이 일어나며 이는 성격이 변화하고 성숙되어 가는 변화과정을 나타낸다.

❶ '피상층(cliche or phony layer)'

피상층은 사람들이 서로 형식적인 규범에 따라 진정성이 없이 피상적으로 만나는 단계이다. 서로 잘 모르는 사람끼리 만났을 때 행해지는 의식과 같이 각자 별 의미 없는 말들을 의례적으로 교환하게 된다. 이 단계에서는 사람들 간의 관계가 매우 표면적인 수준에 머물게 된다.

❷ '공포층(phobic)' 혹은 '연기층(role playing layer)'

공포층은 내담자가 고유한 자신의 모습으로 살아가지 않고, 부모나 주위 환경의 기대에 맞추어 행동하며 살아가는 단계이다. 내담자는 환경에 적응하기 위해 자신의 욕구를 억압하고 주위에서 바라는 역할행동을 연기하면서, 자신이 하는 행동이 연기라는 것을 망각하고 진정한 자신인 줄로 착각하고 산다.

❸ '교착층 혹은 막다른 골목(impasse)'

교착층 단계에 오면 내담자는 지금까지 환경으로부터 도움을 받기 위해 역할연기를 해왔으나 역할연기의 무의미성을 깨닫고 역할연기는 포기하게 된다. 이제껏 해왔던 역할연기를 그만두고 자립하려고 시도하지만 동시에 심한 공포를 체험한다. 이때 치료자는 내담자가 이러한 상태를 피하지 않고 직면하여 견뎌내도록 격려해주어야 한다.

❹ '내파층(implosive layer)'

내파층 단계에 오면 내담자는 이제까지 자신이 억압하고 차단해왔던 욕구나 감정을 알아차리게 된다. 내담자는 오랫동안 차단되어 왔고, 상당한 파괴력이 있는 유기체 에너지를 외부로 발산하면 타인과의 관계가 악화될 것이라는 두려움을 느끼기 때문에 이를 자신의 내부로 향하게 한다. 이때 신체근육이 긴장되고 온몸이 경직되는 현상이 나타나기도 한다.

❺ '폭발층(explosive layer)'

폭발층 단계에 오면 내담자는 자신의 감정이나 욕구를 억압하거나 차단하지 않고 밖으로 표출 할 수 있게 되고, 자신의 욕구와 감정을 분명하게 알아차려 환경과의 접촉이 이루어진다. 내담자들은 이제까지 회피해 왔던 진정한 자신의 감정과 접촉하게 되며, 자기 자신의 잠재적인 에너지와 만나는 체험을 한다.

③ 상담과정과 기법

1) 상담목표

Perls는 상담의 목표를 내담자들이 자기 자신에 대한 알아차림을 증진시켜 지금-여기에 살도록 도우며 성장하도록 돕는 것이라고 하였다. 내담자가 자신이 할 수 있다고 스스로 생각하는 것보다 훨씬 많은 것을 할 수 있다는 것을 알아차리도록 도와야 한다. 성숙과 성장이라는 것은 사람들의 전체감, 통합감과 균형감을 향상시키는 것을 말한다. 즉, 사람들이 단순히 문제를 해결하거나 적응을 증진시키는 것뿐만 아니라 내담자들이 더 큰 충족감과 전체감을 느끼도록 돕는 것이다.

2) 상담자와 내담자의 관계

상담자는 내담자의 존재와 그의 삶의 이야기에 대해 진지한 흥미와 관심을 보일 수 있어야 한다. 상담자가 진솔하고 내담자를 이해하고 있음을 보여주는 것은 심리상담의 중요한 부분이다. 상담자의 공감은 내담자에게 지지를 주며 상담에 대한 동기를 부여하여 변화를 불러온다. 상담자가 진심으로 내담자를 사랑하고 그의 존재를 있는 그대로 받아들인다면, 그는 내담자 스스로 가고 싶어 하는 길을 가도록 허용해줄 수 있다. 내담자의 존재를 허용하는 마음을 가지는 것은 상담자 자신의 욕심과 기대를 포기하는 데서부터 시작한다. 즉, 상담자가 내담자에 대한 소유욕을 포기하는 것이다. 상담자는 내담자를 위해 무언가 해주기에 앞서, 먼저 철저하게 자신의 마음가짐을 점검해 보아야만 한다. 즉, "나는 진정으로 내담자의 존재를 허용할 수 있는가? 내담자로 하여금 그의 길을 가도록 허락해줄 수 있는가?"하고 자문해 보아야 한다. 상담자는 항상 내담자로 하여금 스스로 문제를 발견하고, 탐색과 실험을 통하여 그것을 스스로 해결해 나가도록 도와주어야 한다. 상담자는 내담자가 원하는 바를 수용하고 그것을 따라가는 태도가 필요하다(윤순임 외, 1995).

3) 상담기법

게슈탈트 상담에서는 내담자의 알아차림과 접촉을 증진시켜 주기 위해 자주 사용되는 몇 가지 기법들은 '지금-여기'에 초점을 맞추고 있다.

❶ 욕구와 감정 알아차림

내담자가 자신의 욕구와 감정을 자각함으로써 게슈탈트 형성을 원활히 할 수 있고 또한 환경과의 생생한 접촉이 가능해지기 때문에, 게슈탈트 상담에서는 내담자에게 자신의 욕구와 감정을 알아차리도록 도와주는 것을 매우 중요시한다. 특히 지금여기에서 일어나는 욕구와 감정을 알아차리는 것이 중요하다.

❷ 신체 알아차림

우리의 몸과 마음은 서로 불가분의 관계에 있다. 따라서 내담자가 자신의 신체감각에 대해 알아차리도록 함으로써, 자신의 감정이나 욕구 혹은 무의식적인 생각을 알아차리도록 도울 수 있다. 이때 특히 에너지가 집중되어 있는 신체부분에 대해 알아차리도록 함으로써 내담자의 감정 상태를 더욱 명확히 알 수 있다. 에너지가 신체의 어느 한 부분에 집중되어 있다는 것은 대개 억압된 감정들과 관련이 있다. 이러한 에너지의 집중은 흔히 근육의 긴장으로 나타나거나 심하면 통증으로 체험되기도 하는데, 내담자는 이를 알아차리도록 함으로써 소외된 자신의 부분들을 접촉하고 통합할 수 있다.

❸ 환경 알아차림

내담자가 주위사물과 환경에 대해 알아차리도록 해주어 환경과의 접촉을 증진시킬 수 있다. 내담자들은 흔히 미해결 과제로 인해 자기 자신에게 몰입해 있기 때문에, 주위 환경에서 일어나는 사건들이나 상황을 잘 못 알아차린다. 환경 알아차림은 내담자들의 현실에 대한 지각력을 높여주며 환경과 접촉에 새로운 관심과 흥미를 갖게 할 수 있다.

❹ 언어 알아차림

내담자가 사용하는 언어에서 행동에는 욕구와 감정이 담겨 있으므로, 상담자는 내담자에게 자신의 욕구와 감정에 대해 책임의식을 높여 줄 수 있다. '우리', '당신', '그것' 등의 표현보다는 '나는'이라고 바꾸어 말하도록 하며, "…하여야 할 것이다.", "…해서는 안 될 것이다." 등, 객관적인 어투로 말하는 경우에 "나는 …하고 싶다.", "나는 …하기 싫다." 등으로 바꾸어 말하게 하여 내담자가 자신의 욕구나 감정에 대한 책임의식을 갖게 한다.

❺ 과장하기

내담자가 어떤 상황에서 자신의 감정을 체험하지만 그 감정을 명확히 자각하지 못하고 있을 때, 치료자는 내담자의 행동인 언어를 과장하여 표현하게 함으로써 내담자의 감정 자각을 도와줄 수 있다. 예를 들어, 내담자가 한 말을 반복하게 하거나 혹은 큰소리로 말하게 함으로써 혹은 작은 목소리를 더욱 작은 소리로 표현하도록 요구함으로써 내담자의 감정 자각을 도와줄 수 있다.

❻ 반대로 하기

평소 행동과 반대되는 행동을 해보도록 요구함으로써 내담자가 억압하고 통제해 온 자신의 다른 측면을 접촉하고 통합할 수 있도록 도와줄 수 있다. 예를 들어, 공격성을 억압하고 순종적인 모습만 보이는 내담자에게는 공격적인 행동을 해 보도록 요구하고, 매우 협조적이고 고분고분한 사람에게는 심술궂고 비협조적인 행동을 한번 해보라고 하고, 냉정하고 차가운 사람에게는 따뜻한 행동을 연기해보라고 할 수도 있다(Zinker, 1977). 즉, 평소에는 억압하고 차단해왔던 자신의 측면들을 다시 사용해 봄으로써, 그 부분들을 다시 활성화시킬 수 있다. 이 기법은 내담자가 회피하고 있는 행동과 감정을 만나도록 해줌으로써 스스로 차단하고 있는 자신의 성장 에너지를 접촉하게 해주는 방법이다.

❼ 빈의자 기법

이는 게슈탈트 상담에서 가장 많이 쓰이는 기법 가운데 하나로 현재 상담 장면
에는 없지만 내담자에게 중요한 사람이 내담자의 맞은 편 빈의자에 앉아 있다고 상
상하고, 하고 싶은 말과 행동을 하게 하는 방법이다. 이는 내담자가 중요한 사람과
직접 대화를 나누는 형식을 취함으로써, 자신과 그 사람과의 관계를 직접 탐색해볼
수 있으며 또한 어떤 행동적 상호작용을 통해 문제해결까지도 가능하다(Perls, 1969;
Zinker, 1977). 또한 내담자는 중요한 사람에 대한 자신의 감정을 명료화시킬 수 있고,
또 새로운 행동을 시도해 볼 수도 있다. 역할을 바꾸어가며 대화를 해봄으로써 상대
편의 시각과 감정을 이해하고 공감해 볼 수도 있다.

❽ 꿈작업(dream work)

게슈탈트 상담에서는 꿈을 내담자의 욕구나 충동 혹은 감정이 외부로 투사된 것
으로 본다. 즉, 꿈에 나타나는 인물이나 사람들은 모두 내담자의 소외된 자기 부분
들이 투사되어 상징적으로 나타난 것이라고 본다. 그래서 꿈을 다루는 방법은 내담
자에게 투사된 것들을 동일시하게 함으로써 이제까지 억압하고 회피해왔던 자신의
욕구와 충동, 감정들을 다시 접촉하고 통합하도록 해주는 것이다. 상담자는 꿈을 해석
하기보다 꿈에서 본 것을 '지금-여기'에서 일어나고 있는 것처럼 연기해 보게 한다.

❾ 실 험

실험은 게슈탈트 상담의 핵심적인 기법이며 가장 많이 사용되는 형태이다. 실험
이란 상담자가 내담자의 문제를 명료화해주고, 알아차림을 증진시켜주는 동시에 또
한 상담 작업을 원활하게 하기 위해 내담자에게 특정한 장면을 연출하거나 시행해보
도록 제안하는 것을 뜻한다(Polster, 1974). 따라서 이는 특정한 기법이라기보다는 상
담자가 상담 작업을 해나가는 과정에서 창조적인 아이디어를 생각해냄으로써, 상담
을 촉진시켜주는 독특한 과정이라고 말할 수 있다. 상담자는 실험을 할 때 내담자에
게 최대한의 자유스런 분위기를 제공해주어, 내담자가 마음껏 새로운 행동을 실험
해보고 선택할 수 있도록 해주어야 한다. 예를 들면, 결벽증이 있는 내담자에게 상
담자의 책상 위에 놓여있는 쓰레기를 휴지통에 담아보도록 요구하는 것이 있을 수
있다. 실험은 내담자에게 실제 장면을 제공해주고 구체적인 행동을 하게 해 봄으로
써 문제해결을 가능하게 해준다.

4 게슈탈트 이론의 평가

게슈탈트 상담은 상담 및 심리치료에 많은 공헌을 했다. 첫째, 게슈탈트는 장이론, 즉시성과 전체성의 개념과 함께 마음-신체의 통합을 중시하는 것이 중요하며, 지금-여기에서 알아차림을 강조하고 개인과 환경의 접촉을 증진하는 생동감 있는 치료방법을 제시하였다. 또한 빈의자, 비언어적 메시지에 대한 강조, 꿈 작업 등 많은 상담 전략들이 내담자 상담 효과에 긍정적인 결과를 보였다. 둘째, 게슈탈트는 다양한 심리장애의 상담에서 인지상담, 자기지시적 상담 등 다른 상담들과 등등한 효과 혹은 더 나은 효과를 나타냈다. 특히 게슈탈트는 저항적이지 않고, 지나치게 사회화 되어 있으며, 내재화 되어 있는 내담자들에게 효과적이고, 강한 정서적 반응을 끌어내고 다루므로 감정을 억압하고 복잡한 생각이 많은 사람들, 막연한 불안증상, 우유부단한 사람들 등의 내담자에게는 도움이 된다. 셋째, 게슈탈트는 내담자의 성장을 실현하도록 돕는 구체적 방법들을 제공하고, 내담자를 존중하며, 내담자와 상담자의 진정한 관계를 강조하여 내담자가 삶에서 자기성장 자기실현을 하도록 한다.

게슈탈트의 한계점은 첫째, 변화를 위한 강력한 촉진제가 될 수 있지만 적용이 어려운 경우도 있는데 특히 심각한 인지적 장애가 있거나 행동화, 비행, 폭발성 장애와 같은 충동조절장애가 있는 사람 혹은 사회병질적 증상이나 정신병적 증상을 지닌 사람에게는 적용의 한계가 있다. 둘째, 신체감각에 지나치게 초점을 둘 뿐 인지에게 별로 관심을 두지 않는다는 것, 정서의 중요한 결정인자이자 감정조절을 위한 수단으로 보이는 인지를 무시하고 정서를 지나치게 강조할 위험이 있다. 셋째, 지금-여기, 현재를 강조하는 입장에서 과거의 중요한 사건을 무시할 뿐 아니라 과잉 단순화할 위험이 있다. 넷째, 게슈탈트 상담은 강한 정서적 반응을 끌어낼 수도 있으므로 행동화 하는 경향이 있는 내담자에게는 행동화 경향을 강화시키며 오히려 해가 될 수도 있으므로 실제로 사용하기에 적절한지 전문적 판단이 필요하다.

ⅤⅠ 해결중심 이론

해결중심상담은 문제의 원인을 분석하기보다는 해결에 초점을 둔 긍정적 접근으로서 비교적 단기상담을 지향하기 때문에 학교상담자에게 선호되는 접근이다. 해결중심 이론의 기저에는 낙관주의가 놓여있다. 이러한 긍정성에 기초한 해결중심 접근은 문제에 찌들어 있는(problem-stricken) 상태의 내담자에게 희망을 심어주고 자신감을 북돋아 준다. 문제가 이미 해결된 상태를 시각화시키며 해결된 상태에 이르기 위한 구체적인 행동 목표를 설정함으로써 내담자에게 변화의 동기를 부여한다. 해결중심상담은 구체적이고 정확한 언어의 사용으로 빠른 문제 해결에 도움을 주어 상담의 목표를 단기간에 성취하도록 촉진한다. 이러한 과정에서 내담자는 자신이 인식하지 못했던 강점과 장점 및 자원을 재인식함으로써 문제해결을 위한 역량을 신장하게 된다. 특히 기적질문이나 척도질문과 같은 구조화된 기법을 비교적 쉽게 적용할 수 있는 장점이 있어 학교상담자에게 선호되는 접근이다.

🌱 Steve de Shazer와 김인수의 생애

해결중심상담 이론은 다른 이론들과 비교하여 비교적 다양한 학자들이 이론의 발전에 기여하였다. 이 절에서는 해결중심의 창시자로 여겨지는 Steve de Shazer와 그의 아내이자 이론을 더욱 발전시킨 김인수에 대해 주로 소개하고자 한다. 이 이론은 위의 두 사람 이외에도 Bill O'Hanlon과 Michele Weiner-Davis 그리고 Milwaukee에 있는 단기가족치료센터(Brief Family Therapy Center in Milwaukee)의 다른 동료들에 의해 발전되었다.

Steve de Shazer는 1940년 미국 밀워키에서 출생하였고, 미술사와 건축 및 철학을 공부하다가 이후 사회학과 심리치료에 대해 연구하기 시작했다. 위스콘신 대학교에서 사회사업학 석사학위를 받은 후 정신건강연구소의 단기치료센터에서 연구를 하였다. 그는 단기치료의 개념을 발전시켜 학술지 「가족과정(Family Process)」에 '단기치료: 두 사람의 조합(Brief therapy: Two's company)'이라는 제목으로 그의 생각을 발표하였다. 그리고 1978년에 그는 아내이자 해결중심 접근의 공동 창안자인 김인수를 비롯한 동료들과 함께 미국 위스콘신 주의 밀워키에 단기가족치료센터(Brief Family Therapy Center: BFTC)를 설립하였다. 단기가족치료라는 이름으로 시작한 그들의 연구는 1982년부터는 공식적으로 해결중심 단기상담이라고 불리게 되었다. 그는 또한 해결중심 단기치료에 관한 많은 책들을 저술하였는데, 「단기치료의 해결 열쇠(Keys to Solution in Brief Therapy, 1985)」, 「단서: 단기치료의 해결 모색(Clues: Investigating Solution in Brief Therapy, 1988)」, 「상담의 차별화(Putting Difference to Work, 1991)」, 「언어의 독창적인 마술(Words Were Originally Magic, 1994)」 등 그가 저술한 많은 책들은 해결중심 단기 상담의 이론 형성에 크게 기여하였다.

해결중심 접근의 공동 창안자인 김인수는 1934년 한국에서 태어났다. 이화여자대학교에서 약학을 전공한 후 1957년 미국으로 유학을 떠났고, 1969년 위스콘신 대학교에서 사회사업학 석사학위를 받았다. 그 후 시카고 가족연구소와 메닝거 재단, 그리고 정신건강연구소의 단기치료센터에서 훈련을 받았다. 1978년에는 드세이저와 함께 밀워키 단기가족치료센터(Brief Family Therapy Center: BFTC)를 설립한 이후 2007년 그녀가 사망할 때까지 단기가족치료센터의 책임자를 역임하였다. 그녀는 해결중심 단기 상담의 임상과 교육 및 훈련에 크게 기여하였으며 그녀가 남긴 저서로는 「가족에 근거한 서비스: 해결중심 가족치료(Family Based Services: A Solution-Focused Approach, 1993)」, 「알코올 중독자와 심리상담: 해결중심치료(Working With the Problem Drinker: A Solution-Focused Approach(Berg & Miller, 1992))」, 「해결을 위한 면담(Interwiewing for Solution(De Jong & Berg, 2008))」 등이 있다.

Steve de Shazer와 김인수는 1980년 중반 이후, 미국은 물론 유럽(스칸디나비아, 벨기에, 스페인, 독일, 오스트리아, 체코, 프랑스, 스위스)과 아시아(한국, 일본, 중국 등) 그리고 뉴질랜드에서 많은 초청강연과 워크숍, 훈련과정들을 지도해 나갔으며 두 사람은 세상을 떠날 때까지 한 팀이 되어 전 세계를 누비며 많은 초청강연과 워크숍을 진행하였다.

1 주요개념

1) 인간관

해결중심상담 이론은 인간을 긍정적 존재로 간주하며 근본적으로 자신의 문제를 해결할 수 있는 능력이 있다는 믿음에 기초하고 있다. 또한 인간은 자신을 둘러싼 환경과의 상호작용을 통해 성장하고 발달한다는 사회구성주의적 관점을 취하고 있다. 다시 말해, 인간은 유전적 특질에 의해 결정된 존재가 아니며, 동시에 환경에 의해 지배되는 존재가 아니라 환경과 상호작용하며 자신의 잠재력을 실현시키는 존재로 인간을 바라본다. 따라서 해결중심 상담에서는 내담자를 문제를 가진 존재로 간주하기보다는 강점과 자원을 충분히 활용하지 못한 존재로 간주한다. 정문자 등(2008)은 해결중심 상담의 긍정적 관점을 체계화시킨 사람으로 Saleebey(2002)를 소개하며 그가 주장했던 긍정성의 핵심개념들이 해결중심 상담이 바라보는 인간의 긍정성을 잘 설명하고 있다고 보았다.

표 3-1 긍정적 관점의 핵심 개념

핵심개념	특 징
임파워먼트	개인, 집단, 가족, 지역사회가 내부 또는 외부에 있는 자원과 도구를 발견하고 확장하도록 돕는 과정을 말한다.
소속감	사람은 지역사회에서 책임과 가치가 있는 구성원이 되고자 하는 욕구를 가지고 있고, 집단이나 조직의 구성원으로 소속되어 권리, 책임, 확신, 안전함 속에서 행복을 추구한다는 의미를 내포하고 있다.
리질리언스	엄청난 시련을 견디어 낼 수 있는 능력을 의미한다. 위기와 도전에 대해 시련, 자기 정당화 등으로 반응하면서 성장해가는 적극적인 과정이다.
치유	사람은 어려움에 당면했을 때 무엇을 해야 하는지를 판단할 수 있는 지혜를 갖고 있으며, 이런 지혜는 인간 유기체가 스스로 치유할 수 있는 능력이 있다는 것을 의미한다.
대화와 협동적 관계	사람은 일상생활에서 대화를 통해 상대방의 입장과 생각을 더 잘 이해하게 되며 관계를 회복하거나 문제를 해결하게 된다. 상담자와 내담자의 협동적 관계는 내담자의 자율적인 참여와 독립적인 결정 그리고 문제해결 능력을 촉진시킬 뿐만 아니라 성취감을 증대시켜 변화를 좀 더 지속시킨다.
불신의 종식	불신의 종식은 내담자를 믿고자 하는 강점관점의 의지를 나타내는 개념이다. 상담자는 내담자 이야기의 진실성 여부에 초점을 두기보다 내담자의 내적인 힘이 될 수 있는 강점과 자원을 신뢰하는 것에 가치를 두어 내담자가 가지고 있는 강점과 자원을 탐색하고 활용하는 것에 초점을 둔다.

2) 해결중심상담의 기본 원리

해결중심상담의 기본 철학은 다음에 제시한 세 가지의 원칙으로 요약될 수 있다(de Shazer, 1985).

- 어떤 것이 효과적이면, 그것을 바꾸지 않는다.
- 일단 효과가 있는 것을 알면, 그것을 더 많이 한다.
- 효과가 없다면 같은 방법이 아닌 다른 방법을 사용한다.

해결중심상담은 이러한 큰 원칙 안에서 다음과 같은 핵심적인 가정을 제시한다. Legum(2005)은 임상기반의 해결중심 치료를 학교기반 상담에 적용할 수 있도록 핵심적인 가정들을 다음과 같이 수정하여 제시하였다.

- 학교기반 전문가는 학생들을 능숙하고, 긍정적으로 변화할 수 있는 존재로 간주해야 한다.
- 모든 문제에는 예외가 있다. 즉, 문제가 일어나지 않았을 때의 상황이 존재한다. 학생들은 문제가 없었던 예외적 상황에 초점을 맞추어야 한다.
- 학생들은 스스로 자기 미래의 목표와 비전을 구성해야 한다. 목표는 긍정적으로 진술되어야 하며, 부정적인 단어('할 수 없는'과 같은)들을 포함하지 않아야 하고, 학생이 무엇을 변화시키려고 하는지를 포함해야 한다. 이러한 목표는 다른 사람들과 상관없이 학생 스스로가 통제할 수 있는 것이어야 한다.
- 긍정적인 변화는(첫 번째 회기와 두 번째 회기 사이에서) 즉각적으로 기대된다.
- 작은 변화는 큰 성공으로 여겨진다. 결국, 작은 변화가 큰 변화를 이끌어낸다.
- 과거 및 문제의 원인에 초점을 둘 필요가 없다.
- "왜" 문제가 일어났는지에 초점을 둘 필요가 없다. 오히려 초점을 학생들에게 효과적이었던 것과 그러한 효과를 증가시키는 것에 두어야 한다.

이러한 가정에 기초하여 여러 학자들은 해결중심상담이 다음과 같은 원리들을 중요시한다는 점을 강조한다(정문자 외, 2008; Berg & Miller, 1992).

- 병리적인 것보다는 건강한 것에 초점을 둔다.
- 내담자의 강점, 자원, 건강한 특성을 발견하여 상담에 활용한다.
- 탈 이론적이며 내담자의 견해를 존중한다.
- 일차적으로 단순하고 간단한 방법을 사용한다.
- 변화는 항상 일어나며 불가피한 것이다.
- 현재에 초점을 맞추며 미래 지향적이다.
- 내담자와의 자율적인 협력관계를 중요시한다.

3) 내담자 유형

해결중심상담에서는 세 가지 유형의 내담자가 있다고 가정하며 각 유형은 서로 다른 태도와 변화의지를 갖고 있기 때문에 유형별로 차별화된 상담전략을 사용할 것이 제안된다. 각 유형의 특징과 그에 따른 효과적인 상담전략을 정리하면 다음과 같다.

표 3-2 내담자 유형별 특징과 효과적인 상담전략

내담자 유형	특 징	상담전략
방문형	• 자발적 상담이 아닌 주변인의 요구에 의해 상담을 시작하여 상담의 동기가 낮음. • 자신이 문제가 있다고 인식하지 않으며 문제를 해결하려는 의지도 부족함.	• 내담자의 말을 경청하고 방어적 태도 이면에 있는 마음에 공감해야 함. • 내담자가 원하는 것이 무엇인지와 최선의 길이 무엇인지를 질문하면서 관계를 형성해야 함.
불평형	• 다른 사람 때문에 문제가 발생했다고 주장하며 그들이 변해야 한다고 생각함. • 이들은 상담자가 자신의 불평을 들어주는 것만으로도 만족함을 보이는 경향이 있음.	• 상담자는 내담자가 문제해결의 주체임을 인식하도록 도와야 함. • 내담자의 어려움을 이해해주고 그동안 노력해 온 것을 인정해 줘야 함. • 예외 상황을 발견하는 과제 등으로 내담자가 원하는 결과를 얻도록 도와야 함.
고객형	• 자신이 문제를 지녔다는 것을 알고 문제해결을 위해 행동을 변화시킬 준비가 된 경우로 상담의 동기가 높음.	• 내담자가 갖고 있는 해결능력을 찾음. • 예외상황을 확인하도록 도우며 그 예외가 계속해서 일어나도록 지지하고 강화해야 함.

특히 학교상담은 일반적인 치료상담과 비교하여 방문형, 불평형 내담자의 비율이 높은 특징을 보인다. 많은 경우 교사에 의해 상담이 의뢰되거나 문제 행동에 대한 조치의 일환으로 상담이 실시되는 경우가 많기 때문이다. 따라서 상담자는 이들의 심리 이면에 있는 불평과 원망을 적극적으로 경청하는 노력이 매우 중요하다.

② 상담과정과 기법

1) 상담목표

해결중심상담의 목표는 내담자가 지닌 강점, 장점 및 자원을 충분히 활용하여 현재 직면한 문제를 해결하는 것이다. 상담의 목표를 설정하고 문제를 해결하는 과정에서 상담자와 내담자의 협력적 관계는 매우 중요하다. Walter와 Peller(1992)가 제시한 목표를 설정하는 과정에서 주의해야 할 점을 일부 소개하면 다음과 같다.

• 내담자에게 중요한 것을 목표로 설정한다. 목표 설정의 과정에서 상담자가 주

도하기보다는 협력적 관계에 기초하여 내담자가 목표를 직접 설정하도록 돕는다.

- 쉽게 성취할 수 있는 것을 목표로 설정한다. 성취하기 어려운 목표를 설정하면 실패를 통해 자신감이 저하될 수 있기 때문에 작은 성취라도 성공적인 경험을 통해 자신감을 향상시키도록 노력한다.
- 구체적이고 명확하며 행동적인 것을 목표로 삼는다. 목표가 구체적이고 명확해야 이를 실천할 동기가 높아지고 행동적인 형태로 진술되어야 이후에 성취의 여부를 평가하기 쉽다.
- 문제를 없애는 것보다는 긍정적인 행동에 관심을 둔다. 문제의 원인을 파악하여 제거하지 않고 문제가 해결된 상황에서의 긍정적인 행동에 초점을 두는 경우에 보다 빠르게 변화가 일어난다고 본다.
- 목표를 설정할 때는 성취하기를 희망하는 최종의 결과보다는 처음의 작은 시작에 초점을 맞춘다. 처음부터 큰 변화를 이뤄내는 것은 상대적으로 어렵기 때문에 일단 작은 변화를 이룰 수 있도록 돕는다.
- 내담자의 생활에서 현실적이고 성취 가능한 것을 목표로 한다. 목표가 지나치게 이론적이거나 현실과 동떨어지면 성취동기가 떨어지기 때문에 내담자가 생활 속에서 쉽게 실천할 수 있는 목표를 설정한다.
- 변화를 위한 노력은 아주 힘든 일임을 잘 인식시킴으로써 실패하더라도 상담자는 내담자의 노력을 성공으로 볼 수 있게 한다. 성패의 결과에 가치를 두기보다는 노력과 과정에 보다 많은 가치를 둔다.

2) 상담과정

Hess 등(2012)은 해결중심상담의 과정을 6단계로 정리하여 제시하였다.

❶ 신뢰관계 형성하기

해결중심상담은 정확하고 의도적인 언어의 사용, 구조화된 개입의 특징을 지닌다. 하지만 이러한 수준의 의도성은 강한 신뢰가 형성되지 않으면 그 효과를 발휘하기가 어렵다. 따라서 내담자와 신뢰관계를 형성하기 위해서는 먼저 존중(respect), 무조건적인 긍정적 관심(unconditional positive regard) 및 공감적 이해(empathic understanding)를 통해 이들과 신뢰관계를 형성하기 위해 노력하는 것이 필요하다. 상담자는 내담자가 자신의 고민을 충분히 표현하고 설명할 수 있도록 상담환경을 제공하고자 최선을 다해야 한다.

❷ 문제를 기술하기

해결중심상담자들은 문제에 초점을 두지 않지만 내담자의 고민이나 삶의 문제에 대한 이해를 완전히 배제하는 것은 아니다. 해결중심적 접근은 문제 자체에 대해 초점을 두지 않고 해결책에 초점을 두기 때문에 문제를 설명하기 위한 첫 질문부터 차별적으로 접근해야 한다. 그러한 질문의 예로는 "상담을 요청하였을 때, 어떤 일이 일어나기를 기대했나요?" 혹은 "상담을 통해 어떤 점이 변화되기를 원했나요?" 등이 있다. 내담자의 주된 고민과 문제를 기술할 때, 내담자가 어떻게 고민을 경험했고 이를 어떻게 설명하는지에 대해 잘 살펴보는 것도 중요하다.

❸ 예외 확인하기

예외를 확인하는 것은 문제 해결 기술과 깊은 관련이 있다. 예외를 발견함으로써 내담자는 자신이 직면한 문제 상황에 매몰되지 않고, 이러한 문제 상황이 계속되지 않을 것이라는 점을 인식하기 시작한다. 예를 들면, 학교에서 해결중심상담을 실천하는 상담자는 "저번 주 수업 중에 네가 잘했다고 느낀 시간에 대해 말해줄래?" 또는 "저번 주에 학교 오는 것이 두렵지 않았거나 심하지 않았던 것에 대해 말해줄래?"라고 물어 볼 수 있다. 그리고 그러한 질문 이후에 "그런 예외 상황이 어떻게 일어날 수 있었니?"라고 물으면서 학생에게 자신감을 심어줄 수 있다.

❹ 목표를 명료하게 시각화하기

해결중심상담자는 상담 목표에 대해 질문할 때 모호하지 않고 정확한 언어로 질문한다. 또한 이 과정을 통해 해결책에 대해 보다 명확하고 구체적인 심상을 갖도록 돕는다. 학교 상담의 경우 "네가 다시 학교 가는 것을 즐거워한다면, 지금과는 무엇을 다르게 하고 있을까? 그리고 누가 제일 먼저 이러한 변화를 알아차릴까? 네가 문제를 극복하기 시작했다는 것을 보여주는 첫 번째 신호들이 있다면 어떤 것들일까?"라는 질문을 통해 내담자는 상담의 목표에 대해 생각해 볼 수 있게 될 것이다. 이러한 질문들을 통해 내담자는 핵심적인 목표를 찾게 되고, 부정적인 면보다 긍정적인 면에 집중할 수 있게 된다. 이러한 질문을 통해 목표를 명료하게 설정한다면 보다 구체적이고 해결가능하며 측정가능하고 구체적인 실행 계획들을 세울 수 있게 된다.

❺ 쉬는 시간

해결중심상담 기법은 상담의 후반부에 상담자가 의도적으로 상담을 잠시 멈추고 생각하기 위해 잠깐 쉬는 시간을 갖는다. 이러한 쉬는 시간을 통해 상담자는 상담 회기의 여러 측면들을 통합할 수 있는 여유를 갖게 된다. 또한 내담자가 어려움을 극복하고 원하는 결과를 성취하는 데 도움을 줄 수 있는 예외 상황과 강점들을 고려해 볼 수 있는 시간으로 사용될 수 있다. 이 시간을 통해 상담자는 내담자에게 문제해결을 위한 과제를 부여할 수도 있다. 이 시간은 상담자뿐만 아니라 내담자에게도 자신을 반추해 볼 수 있는 기회를 제공한다. 전형적으로 해결중심상담 기법에서는 쉬는 시간에 '칭찬(compliments)'이라고 부르는 강점에 대한 평가와 개입을 실시하게 된다.

❻ 피드백주기

피드백은 주로 내담자를 칭찬하는 것으로 내담자의 강점에 주목하여 실시한다. 내담자의 강점은 그들이 원하는 결과를 성취하는 데 도움을 줄 수 있다. 또한 칭찬은 내담자의 자원을 강조하고, 내담자에게 용기를 북돋아 주며, 현재의 어려움을 극복할 수 있도록 도와준다. 학교에서 해결중심상담을 실천하는 상담자가 할 수 있는 칭찬들은 다음과 같은 내용을 포함할 수 있다. "이렇게 어려운 시기에 문제를 해결하기 위해 노력하는 모습이 대견하구나. 힘든 상황에서도 나를 찾아와 문제를 해결하려는 너의 용기를 칭찬해주고 싶구나."

❼ 과제부여하기

해결중심 접근은 상담을 마무리할 때 일반적으로 과제를 부여한다. 과제를 부여할 때 다음과 같이 제시할 수 있다. "일주일 동안 일어나는 일들을 주의 깊게 살펴보렴. 언제 그런 일들이 잘 해결되는지 말이야. 다음 주에 만나서는 그것에 대해 얘기해 보자." 과제를 부여할 때에도 성공에 초점을 맞추어야 한다. 이러한 과제는 학생 내담자가 효과적인 것과 잠재적인 해결책에 보다 초점을 맞추는 것을 촉진한다.

한편 Sklare(1997)는 상담자가 보다 쉽게 상담의 과정을 한눈에 익힐 수 있도록 다음과 같이 해결중심상담의 로드맵을 제시하였다. 내담자를 만나 가장 먼저 상담을 통해 얻고자 하는 것을 파악하여 목표를 세운다. 이때 내담자가 부정적인 용어를 사용할 경우 상담자는 긍정적인 언어로 표현을 대체하여 내담자가 긍정 정서를 갖도록 돕는다. 이를 통해 긍정적인 목표가 세워지면 기적질문을 통해 문제가 해결된 상황을 떠올리며 보다 구체적인 목표를 탐색하도록 돕는다. 이 과정에서 관계질문이나 예외탐색 등의 기법을 사용할 수 있다. 이후에 척도질문을 통해 목표의 성취를 위한 구체적인 행동 목록을 만들도록 돕는다. 마지막으로 칭찬과 더불어 메시지를 쓰고 과제를 부여하며 상담을 마무리 한다.

표 3-3 해결중심상담의 로드맵

〈해결에 이르는 로드맵〉
상담과정에 대해 개략적으로 설명한다.

목표 세우기(Goal Setting)
"선생님과의 상담을 통해 무엇을 해결하고 싶니?"

부정적인 목표	긍정적인 목표
뭔가 부족한 표현들 (Absence of something) "~하기 싫어요" "다른 아이들이 ~을 그만했으면 좋겠어요" "그럼, 대신 무엇을 하고 싶니?"	뭔가 있는 표현들 (Presence of something) 목표를 보다 구체적이고 행동중심적인 용어로 세분화하기

↓

기적질문(Miracle Questions)
"자, 오늘밤에 기적이 일어났어. 내일 아침에 일어났는데 네 모든 문제가 해결 된거야.
이 기적이 일어난 것을 무엇을 보고 알 수 있을까?"
"어떻게 다르게 행동하고 있을까?"
"누가 이 기적을 가장 먼저 알아볼까?"
"어떤 기적을 알아차릴까?"
"다른 사람이 그 기적을 알았을 때 그 사람들이 어떻게 반응할까?"
"너는 그 사람들에게 어떻게 반응할래?
이 기적이 일어나면 그밖에 어떤 점이 또 다를까?" (3회 혹은 4회)

관계질문(Relationship Questions)
"이 기적이 일어난 후에 (선생님이, 친구가, 부모님이, 형제/자매 등) 뭐라고 말할까?"
"네가 그렇게 변한 것을 그 사람들이 발견했을 때 그 사람들은 어떻게 행동할까?"
"그리고 그 사람들이 네게 그렇게 다르게 대하는 것을 알았을 때,
너는 그 사람들에게 어떻게 다르게 반응하겠니?"

↓

↓

예외탐색(Exceptions)

"이런 기적 중에 몇 가지 일어난 일이 있었으면 얘기해줄래? 아주 사소한 것이라도."

"기적이 아니더라도, 문제가 덜 심각했던 경우가 있었으면 말해줄래?"

(흥을 돋우다 : Cheerleading)

↓

척도질문(Scaling)

"자 여기 1부터 10까지 있는데, '1'은 모든 상황이 제일 나쁜 것이고,
'10'은 바로 기적이 일어난 경우라고 해보자. 너는 지금 어디 있니?"

(칭찬해주며)

"지금과 다음 단계는 어떤 차이가 있을까?"

"한 단계를 올리려면 무엇을 해야 할까?"

"그 밖에 내가 물어볼 것이나 알아야 될 내용이 있니?"

↓

메시지(Message) 쓰기

칭찬(적어도 3개)+연결고리+과제

3) 상담기법

해결중심상담의 대표적인 기법으로는 기적(miracle)질문과 척도(scaling)질문이 있다. 그 밖에도 예외(exception)질문, 대처질문, 관계질문 및 '그 밖에(what else)' 질문 등이 있다.

❶ 기적질문

기적질문은 문제와 떨어져 해결책을 상상하게 하는 기법으로, 기적질문을 통해 상담자는 학생이 바꾸고 싶어하는 것을 스스로 설명하게 하여 문제에 대한 집착으로부터 벗어나도록 돕는다. 이 기적질문은 내담자의 변화가능성에 대해 제한 없이 자유롭게 생각하도록 도와주며 '문제중심'에서 '해결중심'으로 전환하게 만드는 효과가 있다. 기적질문은 아래와 같은 예시를 실감나게 읽음으로써 사용할 수 있다.

"자 이번에는 선생님이 조금 이상한 질문을 한 가지 할게. 상상력을 한 번 발휘해 봐. 우리가 이렇게 이야기를 한 후에 집으로 돌아가서 밤이 되면 잠을 자겠지? 만약 네가 밤에 잠든 사이에 기적이 일어났다고 생각해봐. 그 기적은 네가 여기에 오도록 만든 그 문제가 해결된거야. 상담받으러 온 너의 모든 문제가 해결된거지. 단지 너는 자고 있기 때문에 그 사실을 모를 뿐이야. 자, 그러면 아침에 깨어난 후에 이런 기적이 일어나서, 문제가 완전히 해결된 것을 무엇을 보

고 알 수 있을까? ”

기적질문을 사용할 때 주의할 점을 정리하면 다음과 같다.

• 잔잔한 목소리로 마치 동화구연하듯 실감나게 얘기한다.
• “무엇을 보고 알 수 있을까?” 등 미래형 어미를 사용한다.
• “완전히 해결된 거야.”와 같이 해결된 상황을 강조한다.
• 내담자가 다시 문제 상황으로 되돌아가려고 하면 해결된 상황으로 관심을 돌려 놓는다.
• 내담자가 기적질문에 대해 거부감을 느낀다면 ‘기적이 일어나면’ 대신에 ‘문제가 해결되거나’ 또는 ‘문제가 덜 심각하면’이란 말로 바꿀 수 있다.

기적질문은 내담자의 발달 단계에 따라 다양하게 변용할 수 있다. 예를 들어, 어린 학생의 경우에는 기적질문의 내용과 답을 손인형(puppet)을 사용하면 내담자가 보다 쉽게 대답을 한다. 경우에 따라서는 기적질문에 대한 상황을 그림을 그리게 하고 그림에 대해 얘기하며 문제 해결상황에 대해 탐색할 수도 있다. 특히 저학년 학생의 경우에는 ‘기적’이라는 말을 이해하지 못하는 경우도 있는데 이때는 ‘마술지팡이’, ‘금가루’와 같은 낱말로 대신하여 질문을 변형할 수 있다. 또한 기적상황에 대한 마인드맵(Mindmapping)을 사용하여 탐색할 수도 있다.

❷ 척도질문

척도질문은 자신의 관찰, 인상, 그리고 예측에 관한 것들을 1에서 10점까지의 수치로 측정하도록 하는 것으로 문제해결에 대한 태도를 보다 정확하게 알아볼 수 있으며, 이 질문으로 내담자의 변화과정을 격려하고 강화해주는 구체적인 정보를 얻을 수 있다. 아래에 제시된 예시와 같은 방법으로 척도질문을 사용할 수 있다.

“자, 여기에 1부터 10까지의 표가 보이지? 여기서 10은 문제가 다 해결된 상황을 말하는 것이고 1은 문제가 가장 심각한 때를 말하는 거야. 지금 너는 어디에 있는 것 같니?”

1	2	3	4	5	6	7	8	9	10

"그러면 지난번 5단계와 현재 8단계는 어떤 차이점이 있을까?"

"어떤 방법을 사용하면 다음 단계인 9단계까지 갈 수 있을까?

대부분의 내담자는 최초 척도 질문에 보통 '3'을 평정하는 경향이 있는데 이는 상담전 변화(pre-session change)를 의미한다. 상담자가 이러한 상담전 변화를 칭찬하면 내담자는 자신감을 얻는다. '3'까지 온 것에 대해 칭찬을 하며 어떻게 '3'까지 왔는지 '예외' 상황을 탐색하는 것도 효과적이다. 척도질문의 '10'은 기적질문에서 얘기한 기적상황으로 설명하면 내담자는 비교적 쉽게 이해한다. 척도질문을 할 때 '오늘', '약속한 날', 또는 '다음 주 언제'처럼 명확한 특정시간을 이용해 질문을 하는 것이 효과적이다.

❸ 예외질문

기적질문과 척도질문 이외에도 다양한 질문이 사용되는데 먼저 예외질문은 예외상황을 물어보는 질문이다. 예외(exception)란 내담자의 생활에서 일어난 과거의 경험으로서 문제가 발생할 것이라고 기대하였으나 문제가 발생하지 않은 상황을 말한다. 해결중심상담에서는 모든 문제 상황에는 예외상황이 있다고 가정하며 상담자는 문제 상황과 예외상황의 차이가 무엇인지 파악해야 하며 그것이 해결책을 구축하는 실마리가 된다고 본다. 아래와 같은 질문을 활용할 수 있다.

"지금까지 얘기했던 친구가 괴롭혔던 문제가 없었거나 혹은 적었던 경우가 있었을 텐데 그 경우를 얘기해 주겠니?"

❹ 대처질문

대처질문은 문제해결의 예외를 발견하지 못하고 문제해결의 어떠한 희망도 찾지 못하여 절망하고 있는 내담자에게 사용하는 질문이다. 내담자가 어떻게 문제가 더 심각한 상황 또는 최악의 상황이 되지 않도록 노력했는지 질문한다. 이러한 질문을 통해 내담자 자신이 가지고 있는 자원과 강점을 발견하도록 돕는다.

"그 어려운 상황 속에서 어떻게 견딜 수 있었니? 어떻게 해서 상황이 더 이상 나빠지지 않았니?"

❺ 관계질문

관계질문은 내담자가 문제해결의 상황을 자기중심적 생각에서 벗어나 중요한 타인의 시각에서 문제를 바라볼 수 있도록 돕는 질문이다. 문제에 너무 매몰되어 있으면 내담자는 문제가 해결 되었을 때 자신의 생활에서 무엇이 달라질 것인지에 대해서 전혀 예측하지 못하는 경우가 있다. 그러나 내담자가 자신을 자기 입장에서가 아닌 중요한 타인의 눈으로 보게 되면 이전에는 생각하지 못했던 새로운 해결의 가능성을 바라보는 특징을 활용한 질문이다. 아래의 예시와 같은 질문을 사용할 수 있다.

"너의 선생님이 여기 계시다고 생각해보자. 너의 어떤 점이 변화되면 선생님
께서 너의 학교 생활이 나아졌다고 말씀하시겠니?"

❻ '그 밖에' 질문

'그 밖에' 질문은 발견된 내담자의 장점과 자원, 해결능력, 성공적인 경험 등을 더욱 촉진시키고 유지시키기 위한 목적으로 사용된다. 이미 시작된 긍정적인 변화를 유지할 뿐 아니라 성장하고 발전하기 위해서 계속해서 성공적 해결책을 탐색하게 하며 예외적인 것을 더 많이 발견하도록 촉진시킨다. 이 질문은 다양하게 활용할 수 있는데 '그것 말고'(what else), '그 사람 말고'(who else) 등과 같이 성공적인 내담자의 경험을 지속적으로 탐색할 때 많이 사용된다.

"그 외에 또 무엇이 있니? 이전에 말한 것과 연결시켜서 또 다른 좋은 생각이
없을까?"

❸ 해결중심 이론의 평가

학교상담이 활성화된 미국의 경우 해결중심 접근은 학교상담자들에게 가장 인기 있는 접근 중의 하나이다. 학교의 독특한 체제적 특성에 단기상담의 특징이 매우 잘 부합되기 때문이다. 특히 학생의 긍정적 측면에 초점을 두어 장점, 강점 및 자원을 활용하려는 접근은 최근에 부각되고 있는 긍정심리학과 맥을 같이하고 있다. 또한 구조화된 과정 속에서 기적질문과 척도질문 등 다양한 질문들은 학교상황에서 쉽게 적용가능한 장점을 지니고 있다. 해결중심 접근의 효과성에 대해서도 임상환경 및 학교환경에서 다양하게 평가되었는데 Hess 등(2012)은 해결중심 접근의 효과성

을 검증한 여러 선행연구를 검토한 결과 해결중심 접근이 학생들의 변화에 긍정적인 변화를 만들어낸다고 결론지었다.

해결중심 접근의 제한점도 지적되는데 먼저, 모든 내담자가 단기간의 상담을 통해 효과를 보기 어렵다는 점이다. 문제가 오랜 기간 축적되어 심각한 경우 장기 상담이 필요한 경우가 많다. 또한 내담자 문제의 심층적 원인을 간과한 채 해결에만 초점을 두기 때문에 효과성에 한계가 있다는 지적도 있다. 그리고 상담의 효과는 충분한 신뢰관계에 기초하고 있는데 신뢰관계에 할애하는 시간이 상대적으로 적어 관계형성에 더 많은 시간을 할애해야 한다는 지적도 있다(Ivey, D'Andrea, & Ivey, 2012).

4 개인상담과 지도

Contents

학교는 학생들이 상급학교 진학을 위해 필요한 지식을 습득하고 배우는 공간이면서도 앞으로 살면서 필요한 사회성, 정서, 진로 등 다양한 영역의 발달과제를 연습하고 경험하는 곳이기도 하다. 발달적으로 초등학교부터 중·고등학교를 거치는 동안 청소년은 자신이 어떤 사람인지, 어떻게 살기를 원하는지에 대해 알아가면서 자아정체감을 형성하고, 이와 함께 자신과 타인의 모습을 이해하게 된다. 학생들은 등교하는 순간부터 하교할 때까지 자신의 정체감 문제, 학업 문제, 사회성 문제, 진로문제, 대인관계 문제, 정서 문제 등 크고 작은 문제들을 끊임없이 경험하고 성장하게 된다. 현대사회에서 학교는 지식 전달과 함께 사회의 변화에 주도적으로 대처할 수 있는 개인의 적응력을 길러내는 중요한 역할을 함께 담당하게 되었고, 이 과정에서 상담활동은 매우 중요하게 부각되었다.

최근 과학기술이 발전하고 정보화사회가 되면서 현대사회는 매우 빠른 속도로 변화하고 있다. 사회의 급속한 변화는 가치관의 변화 뿐만 아니라 개인의 적응에도 영향을 미치고 있다. 학교 내에서도 개인의 학업성취나 진로발달, 사회성발달과 같은 개인의 적응문제 외에도 학교폭력, 학업중단, 자살, 인터넷 중독, 스마트폰 중독과 같이 사회적 이슈가 되는 문제에 대한 우려가 많아지고 있다. 개인의 적응에 일차적 안정감을 제공하는 가정의 기능이 약화되고, 사회의 분위기가 경쟁적으로 변화되어 학교에서도 성적이나 결과위주로 평가하는 경향이 높아지게 되었다. 산업사회로의 발전은 물질적 풍요로움을 제공하였으나 개인이 느끼는 안정감은 오히려 위협받으면서 심리적인 고통을 받는 사람들은 증가하는 모순된 결과가 나타나게 되었다. 따라서 학교에서도 상담을 담당하는 교사 뿐만 아니라 일반교사들에게도 예방과 교육적 차원에서 개인상담이 필요하게 되었다. 심리적으로 어려움을 겪는 학생들이 신뢰로운 상담관계 안에서 자신의 고민을 이야기하고 이에 대한 도움을 구할 수 있는 개인상담활동은 학생의 적응과 삶의 만족도를 높이는 데 도움이 된다.

학교에서는 일대일의 개인상담 뿐만 아니라 여러 명의 학생들을 동시에 상담하는 집단상담이 함께 이루어지고 있다. 개인상담은 학교 내에서 많은 시간을 함께 할수 있는 교사들이 무엇보다도 학생의 문제를 조기에 발견하고 예방하며 적절한 의뢰를 통하여 개입할 수 있는 유용한 활동이라 할 수 있다. 이 장에서는 개인상담의 의미, 원리와 과정, 그리고 개인상담에서 필요한 기본기술에 대해서 살펴보고자 한다.

I 개인상담의 의미

1 개인상담의 정의

상담이란 도움을 필요로 하는 사람(내담자)이, 전문적 훈련을 받은 사람(상담자)과의 대면관계에서 생활과제의 해결과 사고·행동 및 감정 측면의 인간적 성장을 위해 노력하는 학습과정(이장호, 2005)이다. 상담은 상담자, 내담자, 그리고 상담관계로 이루어진 조력활동이며, 삶에서 일어나는 여러 가지 문제에 보다 효율적으로 대처하도록 하여 자신의 일상생활을 잘 해나갈 수 있도록 돕는다. 상담에 대한 정의는 학자들이 접근하는 인간관에 따라 다양하지만 여러 학자들은 상담이 전문적으로 교육과 훈련을 받은 상담자에 의해 이루어지는 전문적 과정이라는 점을 강조한다. 또한 상담자와 내담자의 관계를 기초로 내담자의 문제해결, 새로운 행동이나 태도의 변화를 통한 내담자의 성장과 발전을 위해 조력한다. 상담의 방식은 몇가지 유형으로 분류할 수 있다. 이 중에서도 개인상담이란 주로 한 명의 상담자와 한 명의 내담자가 마주앉아 대면하거나 혹은 매체를 통해 자신에 대한 이해, 타인에 대한 이해, 그리고 행동변화와 성장을 가져오게 하는 상호작용 과정이라 할 수 있다.

학교에서 이루어지는 개인상담은 일반적으로 상담자와 내담자가 일대일로 마주하며 한 명의 상담자와 여러 명의 내담자들이 함께 하는 집단상담과 구별된다(김계현, 김동일, 김봉환, 김창대, 김혜숙, 남상인, 천성문, 2000). 개인상담에서 교사 혹은 전문가와 학생이 상담을 목적으로 만나 일대일의 신뢰관계를 형성함으로써 학생의 자기통찰을 통해 특정한 문제를 해결하도록 조력하는 과정을 의미한다(강진령, 연문희, 2013). 이때 상담자는 내담자를 무조건적으로 존중하고 한 인간으로 수용하며, 상담자 자신의 생각과 감정에 솔직한 진솔성을 통하여 내담자와의 촉진적 관계를 맺는 것이 필요하다.

그리고 학교 내에서의 개인상담은 학생들의 특정 영역의 문제를 포괄한 관련영역을 도와 전인적 성장을 돕는다. 학생들이 보이는 부적응적 문제는 매우 복잡하게 여러 영역에 걸쳐 얽혀 있어 개인상담에서는 학업, 진로, 개인·사회성 발달 등 포괄적 영역의 성장을 위해 조력하게 된다. 그리고 학교 내에서 개인상담은 전문적 훈련을 받은 전문상담교사 뿐만 담임교사나 교과목교사에 의해서도 이루어질 수 있다. 학교 안에서의 상담이 개인이 겪고 있는 문제의 해결 뿐만 아니라 예방이나 교육적 목적으로 이루어지기도 하기 때문이다. 이때 개인상담은 문제의 원인을 밝히고 해결하는 장기적 접근법보다는 해결책에 중심을 맞춘 단기상담으로 진행된다. 일반적으로 치료적 접근의 개인상담은 10회기 내외의 상담회기로 구성된다. 그러나 현실적으로 학교현장에서 개인상담을 10회기 이상으로 진행하기는 현실적인 어려움이 있어 장기상담의 실시는 어려움이 있다(오인수, 이동궁, 김영조, 김은향, 송선원, 고정자, 이은경, 이정희, 이보경, 황애현, 장현일, 2005).

2 개인상담의 목표

개인상담의 목표는 상담의 방향을 제시할 뿐만 아니라 상담의 효과를 평가하는 기초로서 필요하다(이제창, 2005). 개인상담은 주로 내담자의 감정과 행동, 사고를 이해하여 내담자가 겪고 있는 일상생활에서의 문제를 해결하도록 하면서 인간적 성장을 이루게 하는 데 목적을 둔다. 개인상담은 한두번의 일회적 만남보다는 여러번의 누적된 만남을 통해 상담을 진행하며, 이러한 상담과정을 통해 내담자의 문제해결력을 증진하고 행복한 삶을 살 수 있도록 돕는다. 개인상담의 목표는 자신의 잠재력을 최대한으로 발휘할 수 있도록 일상생활에서 겪게 되는 다양한 삶의 문제를 해결하고 변화하도록 돕는 데 있다. 그러나 내담자의 연령과 관련되는 발달적 상황, 현재 겪고 있는 문제의 유형, 상담자의 이론적 관점에 따라 개인상담의 목표는 달라질 수 있다.

Pietrofesa, Hoffman과 Splete(1984)는 상담의 목표를 다음과 같이 정리하고 있다. 첫째, 내담자가 상담자와 함께 자신을 탐색하도록 자기노출을 하도록 하는 것이다. 상담이란 자신을 이해하는 과정으로 이루어지므로 자신에 대해서 탐색할 수 있는 준비를 갖추는 것이 기초가 된다. 둘째, 내담자가 자신을 이해하도록 돕는 일이다. 자신을 이해하는 과정을 통해 현재 겪고 있는 문제의 원인을 파악하게 되고 여기서 나타나는 자기파괴적 태도, 잘못된 행동에 대해서 알게 되고 변화할 수 있는 준비를 하게 된다. 셋째는 내담자가 새로운 행동을 시도하게 되는 변화이다. 상담의 궁극적 결과는 내담자가 자신이 겪고 있는 일상생활의 문제를 해결하고 새로운 방식을 학습하여 변화를 이루도록 돕는 성장과정이다.

George와 Cristiani(1995)는 상담의 목표를 다음과 같이 제시하고 있다. 첫째, 행동변화의 촉진을 목표로 한다. 즉, 구체적인 행동의 변화를 통해 내담자의 삶의 만족도와 행복감을 높이는 것을 의미한다. 둘째, 삶에서 부딪치게 되는 다양한 문제들을 대처할 수 있는 대처기술을 증진시키는 것이다. 인간은 성장하면서 새로운 문제를 접하게 되는데, 상담을 통하여 새로운 환경과 요구에 대해서 적절히 대처할 수 있는 기술을 학습하고 훈련하여 내담자의 적응을 돕는다. 셋째, 상담은 내담자의 의사결정능력을 증진시키는 것을 목표로 한다. 우리는 살면서 무엇인가를 선택하고 결정해야 하는 과정을 반복적으로 경험하게 되는데, 상담은 내담자로 하여금 자신의 선택과 결정에 영향을 미칠 수 있는 정서와 태도, 성격 등을 이해하도록 돕는다. 넷째, 대인관계를 개선하는 것이다. 인간은 사회적 관계 속에서 살고 있으므로 대인관계에서 필요한 사회적 기술을 익히는 것이 중요하다. 상담을 통해 대인관계에서 필요한 다양한 기술을 익혀 안정적인 사회적 관계를 경험하도록 돕는다. 다섯째, 상담은 내담자의 잠재력을 촉진하는 과정이다. 상담의 자기탐색과정을 통해 자신을 이해하고 잠재력을 발견하게 된다. 상담은 내담자로 하여금 자신에 대한 잘못된 이해를 바로잡고, 새로운 조망을 통해 자신을 새롭게 발견하고 잠재력을 촉진하도록 돕는다.

이 외에 학교상담에서 이루어지는 개인상담은 청소년을 대상으로 하므로 청소년상담에서 제시하는 몇가지 목표를 중요하게 다루는 것이 필요하다. 첫째, 개인상담을 통하여 청소년기의 발달과업을 건강하게 수행하도록 조력하여야 한다. 둘째, 청소년들이 일상생활에서 부딪치게 되는 문제들을 해결하도록 돕는다. 셋째, 청소년의 내재된 가능성을 찾아 실현하도록 도와야 한다. 마지막으로 청소년기의 문제행동을 예방하고 개입하는 데 목표가 있다. 가족문제, 대인관계의 어려움, 우울이나 불안 등의 개인의 심리정서적 문제, 학교폭력과 사이버폭력, 인터넷중독, 자살 등 반드시 개인상담이 필요한 학생들에게는 전문적 상담이 필요하다. 교사와의 개인상담을 통해 이들이 겪는 어려움을 탐색하여 적절한 도움을 받도록 지시하거나 다른 전문가나 전문기관에 의뢰하는 것도 개인상담을 통해 이루어질 수 있다(한국청소년상담원, 2004).

3 개인상담에서 필요한 능력

개인상담은 일반적으로 대화를 하는 것과는 달리 뚜렷한 목표를 가진 상담자, 내담자, 그리고 상담관계로 이루어진 전문적 활동이다. 개인상담의 효과는 각각의 중요성을 가진 세 요인이 어떻게 작용하느냐에 달려있지만, 이 중에서도 상담자 요인은 개인상담의 성패를 좌우하는 가장 핵심적인 기능을 담당한다(이재창, 2005). 이를 위해 상담자는 인간적 자질과 함께 개인상담에서 필요한 지식과 훈련을 통해 전문적 자질을 갖추어야 한다.

1) 전문적 자질

개인상담에서 상담자는 상담목표를 충실히 달성하기 위해 이에 필요한 전문적 지식과 경험을 미리 갖추는 것이 바람직하다(이장호, 정남운, 조성호, 2007). 상담에서 필요한 전문적 지식은 상담이론에 대한 정확한 이해를 통해 학생들이 경험하는 부적응 혹은 일상적 문제들이 어떠한 과정을 통해 발생하게 되는지를 이해할 수 있음을 의미한다. 또한 상담이론에 대한 이해는 개인의 변화를 촉진할 수 있는 구체적 방법을 제시할 수 있음을 의미한다. 개인상담에서 상담방향을 제시하게 되는 상담이론에서는 내담자가 호소하는 문제들이 발생하게 된 과정 뿐만 아니라 이러한 문제를 해결하는 데 필요한 구체적인 상담기법, 상담개입의 전략과 과정을 제시하고 있다. 상담에서의 전문적 자질은 반드시 상담실습과 훈련을 통해 증진될 수 있다. 유능한 상담자가 되기 위해서는 상담에 대한 전문적 지식을 쌓을 뿐만 아니라 폭넓고 다양한 실습과정을 거쳐야 한다. 상담은 인간을 다루는 섬세한 활동으로, 훈련되지 않은 상담자의 미흡한 접근은 오히려 내담자에게 상처를 줄 수 있는 위험한 일이기 때문이다. 따라서 인간을 돕는 전문적 활동으로 개인상담을 활용하기 위해서는 개인상담 실습과 훈련을 거쳐 전문적 자질을 향상시키는 것이 필요하다.

　학교상담의 대상이 청소년임을 고려할 때 개인상담시 청소년상담과 관련된 전문적 자질이 함께 필요하다. 학교상담에서는 청소년과 관련된 지식이 반드시 필요하다. 첫째, 청소년과 관련된 지식은 신체발달, 개인·사회성 발달, 인지발달 등의 발달심리학적 지식을 포함하며, 이때 개인의 발달적 개인차가 어떻게 영향을 미치고 있는지에 대해서 파악할 수 있어야 한다. 둘째, 청소년을 둘러싼 환경에 대한 지식을 갖추어야 한다. 청소년을 둘러싼 환경은 학교 뿐만 아니라 가정과 사회를 포함한다. 특히 청소년 유해환경, 직업세계 뿐만 아니라 청소년문화에 대한 지식은 개인상담에서 필수적이다. 청소년문화는 고정되어 있기보다는 사회환경 변화에 민감하게 변화하므로 상담자는 이러한 정보에 민감하고, 시대적 변화에 대한 관심을 갖는 전문성이 필요하다. 셋째, 청소년을 다루는 개인상담자는 청소년문제에 대한 지식이 필요하다. 우선적으로는 청소년문제의 유형과 종류에 대해서 알고 있어야 한다. 청소년기 이상행동을 진단하기 위해서 활용되는 미국 정신의학회의 정신장애진단편람인 DSM-5(Diagnostic and Statistical Manual 5) 뿐만 아니라 진로문제, 학습문제, 친구관계 등의 청소년고민과 흡연, 가출, 음주, 비행 등 청소년 문제행동에 대한 전문적 지식이 필요하다. 넷째, 상담과 관련된 실무지식이 필요하다. 상담관련 실무지식에는 상담의 기록관리, 예약과 접수, 회기 보고 등 행정에 필요한 절차뿐만 아니라 청소년이나 학교와 관련된 법 지식, 그리고 비밀보장과 예외조항, 이중관계 등과 같은 개인상담자에게 필요한 윤리강령에 대한 지식을 포함한다. 그리고 학교를 포함하여 학교행정적 측면, 학교 내에서 이루어지고 있는 다양한 심리교육과 복지프로그램, 내담자의 의뢰나 도움이 필요한 조직, 지역사회 기관에 대한 지식을 갖추어 상담시 활용할 수 있는 능력을 갖추는 것이 필요하다(한국청소년상담원, 2004).

2) 인간적 자질

학교에서 이루어지는 개인상담에서 상담자는 치료자 뿐만 아니라 교사, 자문자, 가까운 성인으로서의 모델 등 다양한 역할을 수행하게 되므로 인간적 자질은 매우 중요한 의미를 지닌다. 이미 1960년대 인간중심이론을 제시한 Rogers(1961)는 상담의 효과는 상담자의 이론적 접근이나 기법보다는 내담자를 대하는 상담자의 태도임을 강조하였다. 인간중심이론에서는 상담관계에서 상담자가 내담자와의 관계에서 가식이 없는 진솔성, 내담자에 대한 무조건적 긍정적 존중, 그리고 내담자 문제에 대한 공감적 태도가 필수적인 요소임을 제시한다. Combs(1962)는 상담자 자신이 내담자의 긍정적 성장의 촉진자가 되므로 효과적인 상담을 위해 상담자 자신이 도구로서 활용되어야 한다고 하여 상담자의 인간적 자질이 중요함을 강조하였다. Corey와 Corey(2010)는 유능한 상담자는 인간에 대한 긍정적 믿음, 건강한 자아개념, 자신의 개입에 대한 효능감, 문화적 차이에 대한 존중, 인간에 대한 경청과 존중, 일치성 등을 갖추고 있다고 설명하였다.

구본용 등(2010)은 학생과의 개인상담에서 교사에게 학생에 대한 무조건적 믿음과 신뢰, 교사 자신의 '청소년 자아'를 활성화시킬 수 있는 자질, 그리고 학생들과 쉽게 공감적인 관계를 발전시켜 나갈 수 있는 자질이 필요하다고 지적하였다. 첫째, 학생에 대한 무조건적 믿음과 신뢰는 학생에 대한 믿음을 기반으로 한다. 학생에 대한 믿음은 문제행동을 보이는 학생이라도 주변 사람들에게 존중받기를 원하는 기본적 욕구를 가지고 있으며 그럴 가능성이 있음을 믿는 것이다. 그리고 이러한 믿음은 학생들의 이야기에 편견없이 귀기울일 수 있는 신뢰로운 관계의 토대를 마련하게 된다. 청소년들은 때로 현실성없는 괴변이나 자신만이 알고 있는 왜곡된 이야기들을 하는 경우가 있는데, 이 경우 상담자의 무조건적 믿음을 기초로 한 경청은 상담관계를 튼튼하게 하는 데 도움이 된다. 두 번째, 청소년과의 상담관계에서는 자신의 '청소년 자아'를 활성화시키는 것이 중요하다. 교사자신이 청소년시절 위험을 감수하고 도전해보려는 용기, 새로운 행동에 대한 실험, 유쾌하게 즐기고 창조적인 유희성, 보다 자유로움을 추구하는 개인의 특성들을 자신의 내부에서 발견하고 이를 상담관계에서 활성화하는 것이 필요하다. 셋째, 상담과정에서 청소년과의 관계를 발전시킬 수 있는 공감과 정서적 개방이 필요하다. 개인상담은 성인들이 전하는 교육적 지식보다는 인간적 성장을 위한 촉진적 분위기와 이와 관련된 다양한 경험을 제공한다. 개인상담을 효과적으로 수행하기 위해서는 개방적이고 모험적이며, 온정적인 인간적 자질이 필요하다.

학교상담에서 교사와 상담자의 역할은 중복되면서도 다른 특징을 가지므로 다음과 같은 특성이 언급되기도 한다. 강진령과 연문희(2009)는 다음과 같은 기본 자세를 언급하였다.

- 심리적으로 방황하는 학생들을 돕기 위해 교사 자신에 대한 이해가 필요하다.
- 교사는 학생 개개인의 존엄성을 믿고 수호하는 신념이 있는 사람이어야 한다.
- 학생들은 저마다 자신의 문제를 해결할 수 있는 능력을 소유하고 있는 존재이다.
- 문제 그 자체보다는 학생 자신에게 관심을 가지는 인간중심적 자세가 필요하다.
- 학생에 대한 경청과 공감적 이해가 필요하다.
- 교사가 인생경험이나 지식이 내담자보다 많을지라도 학생들을 한 인간으로 신뢰하고 존중하는 자세를 가져야 한다.
- 상담은 모든 문제를 해결할 수 있는 만능의 방법이 아니므로 상담자와 내담자가 성실하게 노력해서 얻는 긍정적 결과임을 기억한다.

4 개인상담에서의 상담윤리

내담자의 고민사항을 일대일의 대면관계에서 다루는 개인상담에서는 상담자의 윤리적 측면이 더욱 중요해진다. 전문적 상담자로 훈련받는 과정에서 상담자들은 상담자의 윤리강령과 이와 관련된 윤리문제, 윤리적 의사결정을 훈련받을 수 있지만 학교상담에서 개인상담을 진행할 수 있는 교사와 교직원, 행정가들은 윤리적 문제에 있어서 준비되어 있지 않은 경우들이 많다. 특히 교사가 수업중이나 진로 및 생활지도를 제공할 때는 윤리적 측면이 명확하게 부각되지 않을 수도 있으나 개인상담에서 학생과 학부모가 민감하고 사적인 정보를 공개하게 되면 윤리적 문제에 직면하게 된다. 예를 들면, 학생이 교사와의 개인상담 회기 중에 같은 학교 교사의 폭력행위, 혹은 가족의 폭력이나 범죄행위로 인한 걱정을 호소하였을 때 교사는 어떠한 후속조치를 취해야 할 것인가? 혹은 학교의 행정가로부터 학생과의 개인상담 기록을 모두 제출하라는 지시를 들었을 때 어느 정도의 기록을 제출해야 하는 것인가? 교사 회의 시간에 학생이 처해 있는 가정의 붕괴위험을 어디까지 보고하고 이에 대한 대책을 논의할 것인가? 등이다.

Hornby, Hall과 Hall(2003)은 교사이면서 학교상담자였던 저자들의 경험에 비추어 학교상담에서 이루어지는 개인상담에서 특히 윤리적 이슈가 중요함을 지적하였다. 이들은 학생들은 초기 면접에서는 진로문제나 학습문제 등 자신과 직접적 관련이 있는 문제들을 이야기하면서 교사와의 관계를 떠보지만 어느 정도 신뢰가 형성되면 자신을 괴롭히는 더 민감한 주제들을 이야기하게 되는데, 이러한 이슈들은 주로 교실에서 느끼는 좌절감이나 학교규칙과 관련된 내용들이어서 다른 교사나 학생 혹은 학교규칙과도 관련되는 내용일 가능성이 있다는 것이다. 학교상담의 개인상담에서 당면하게 되는 윤리적 문제는 교사의 역할과도 관련된 주제일 가능성이 높다.

1) 이중 관계

개인상담에서 윤리적 측면은 이중 관계로 인한 부정적 결과를 최소화하기 위해 상담자로서의 역할을 명확히 하는 것이다. 이중 관계는 내담자인 한 사람의 학생과 성적인 관계 뿐만 아니라 유의미한 다른 관계를 맺을 때 발생한다. 대인관계에서 정서적 측면을 중시하는 한국에서 학교상담시 이러한 이중 관계의 문제가 빈번하게 발생할 수 있는 소지가 많다(강진령, 연문희, 2009). 학교에서 이루어지는 개인상담시 교사의 역할에서 상담기술을 활용할 것인지 혹은 전문적인 상담자의 역할을 할 것인지에 대해 명확하게 하는 것이 필요하다. 학생들은 교사인 상담자도 가르치고 평가하며, 올바르게 행동하도록 요구할 것이라고 기대하곤 한다. 이 경우 상담자이면서도 교사로서 역할을 하게 될 때 학생들은 당황할 수도 있다. 학생의 입장에서는 교사에게 자신의 가정상황이나 위기, 고민거리를 이야기하는 것이 자신을 평가하는데 해로운 결과를 가져오는 것은 아닐지 걱정할 수 있기 때문이다. 상담자 역시 학생의 어려운 사정을 알게 되거나 위험한 행동을 하고 있음을 알게 될 때 학교규칙을 그대로 적용하여 생활지도를 해야할지, 개인상담을 통하여 개인이 처한 어려움을 먼저 잘 들어줄 것인지 갈등하게 된다.

> 🌿 **이중 관계와 관련된 상담자 윤리강령**(한국상담심리학회, 2009)
>
> • 이중 관계
>
> ⑴ 상담심리사는 객관성과 전문적인 판단에 영향을 미칠 수 있는 이중 관계는 피해야한다. 가까운 친구나 친인척 등을 내담자로 받아들이면 이중 관계가 되어 전문적 상담의 성과를 기대할 수 없으므로, 다른 전문가에게 의뢰하여 도움을 준다.
>
> ⑵ 상담심리사는 상담 할 때에 내담자와 상담 이외의 다른 관계가 있다면, 특히 자신이 내담자의 상사이거나 지도교수 혹은 평가를 해야 하는 입장에 놓인 경우라면 그 내담자를 다른 전문가에게 의뢰한다. 그러나 다른 대안이 불가능하고, 내담자의 상황을 판단해 볼 때 상담관계 형성이 가능하다고 여겨지면 상담관계를 유지할 수도 있다.
>
> ⑶ 상담심리사는 특별한 경우를 제외하고는, 내담자와 상담실 밖에서 사적인 관계를 유지하지 않도록 한다.
>
> ⑷ 상담심리사는 내담자와의 관계에서 상담료 이외의 어떠한 금전적, 물질적 거래관계도 맺어서는 안 된다.

특히 초등학교의 경우 담임교사를 통해 이루어지는 상담은 상담자라는 한가지 역할만을 수행하는 것이 아니라 여러 교과목을 가르치고 평가하는 역할과 훈육하는 역할을 동시에 수행하게 되어 상담자로서의 역할수행에 어려움이 있다고 지적하였다(김혜숙, 공윤정, 2007). 학교상담에서 이중관계와 관련된 갈등은 미묘하게 발생할 수 있으며, 예기치 않게 발생한다(강진령, 유형근, 2003). 따라서 학교상담에서 개인상담시 상담자는 자신의 역할을 명확하게 하는 것이 필요하며, 자신이 맡은 상담활동의 목표가 무엇인지에 대해 보다 분명하게 규정하는 것이 좋다(김선경, 2011). 또한 이중 관계로 인한 부정적 결과를 최소화하기 위해서는 내담자에게 상담에 대한 정확한 정보를 제공하고 동의를 구하며, 이중 관계로 인한 위험성에 대해서 협의를 하는 것이 필요하다. 그리고 이중 관계의 부정적 결과가 위험한 결과를 초래할 것으로 판단되는 경우 사례에 대한 자문과 수퍼비전을 통해 도움을 구해야 할 것이다.

2) 비밀보장

전문적 상담에서 내담자의 비밀보장은 상담자에게 매우 중요한 윤리규정에 해당한다. 비밀보장의 책임은 내담자의 양해나 승인없이는 상담 중에 알게 된 내용을 공개하지 않음을 의미한다(이장호 등, 2007). 이를 위해 학교에서 개인상담 진행시 상담의 상황을 공식적으로 만드는 것이 필요하다. 일반적으로 개인상담은 개인의 사생활이 보장되고 상담이야기가 타인에게 새어나가지 않는 비밀이 보장되는 장소와 시간을 명료화하는 것이 좋다. 상담에서의 비밀보장이 보장될 때 내담자들은 자신의 사생활과 관련된 민감하고 일상적인 이야기를 나눌 수 있으며, 신뢰로운 상담관계를 형성할 수 있기 때문이다. 학교에서는 개인상담의 상담자가 교무실이나 연구실에서 학생의 개인적인 주제를 논할 수도 있을 것이라고 학생들이 불안해하거나 걱정할 수 있으므로 개인상담시 상담의 장소와 시간을 공식화하는 것이 좋다. 그리고 상담자의 전문성 발달을 위해 상담내용을 녹음하는 경우 반드시 내담자의 동의를 받고 사례와 관련된 기록들은 정해진 공간에 보관하는 것도 상담자의 비밀보장과 관련된다.

　내담자가 어릴수록 비밀보장의 윤리적 문제는 중요한 의미를 지닌다. 발달적으로 아직 성인이 되지 못한 초기 청소년기의 학생들은 학부모의 협조가 필수적이어서 내담자의 상황이나 문제에 대해서 정보를 공개해야 하는 경우들이 많기 때문이다. 때로는 내담자인 학생과 상담시간에 주고 받은 내용에 대해서 학부모상담이나 부모교육시 의도치 않게 발설하여 상담관계에 부정적 결과를 초래하기도 한다. 비밀보장을 위한 상담자 지침은 상황에 맞추어 적합하게 적용되어야 하는데 이 경우 가능한 내담자와 정보공개에 대해서 의논하고, 내담자의 동의를 구하거나 통제하도록 하는 것을 권고한다(Horby 등, 2003). 개인상담시 상담자는 내담자에게 상담의 과정과 목표를 설명하고 비밀보장과 관련된 설명을 제공하고 동의를 받는 것이 반드시 필요하다.

　그러나 내담자가 아직 청소년인 학생이므로 비밀보장의 의무를 지키지 않아도 되는 예외적인 상황을 반드시 기억해야만 한다. 비밀보장의 예외적 상황은 다음과 같다.

- 내담자가 자신이나 타인을 해치려고 할 때
- 내담자가 범죄를 저지르려는 의도를 드러냈을 때
- 학생이 학대받고 있다고 의심될 때
- 법원에서 상담자에게 기록을 요구할 때

• 비밀보장의 한계

⑴ 상담자는 상담 시작 전이나 상담 과정 중 내담자에게 비밀보장의 한계를 수시로 알리고 비밀보장이 불이행되는 상황에 대해 주지시킨다.

⑵ 상담자는 아래와 같은 내담자 개인 및 사회에 임박한 위험이 있다고 판단될 때 매우 조심스러운 고려 후에, 내담자에 관한 정보를 적정한 전문가 혹은 사회 당국에 제공할 수 있다.

① 내담자의 생명이나 사회의 안전을 위협하는 경우

② 내담자가 감염성이 있는 치명적인 질병이 있다는 확실한 정보를 가졌을 경우

③ 내담자가 심각한 학대를 당하고 있을 경우

④ 법적으로 정보의 공개가 요구되는 경우

⑶ 상담자는 만약 내담자에 대한 상담이 여러 전문가로 구성된 집단에 의한 지속적인 관찰을 포함하고 있다면, 그러한 집단의 존재와 구성을 내담자에게 알릴 의무가 있다.

⑷ 상담자는 내담자의 사적인 정보의 공개가 요구될 때 오직 기본적인 정보만을 공개한다. 더 많은 사항을 공개하기 위해서는 사적인 정보의 공개에 앞서 내담자에게 알리고 동의를 얻어야 한다.

3) 상담자의 전문성

상담자가 고려해야 할 윤리적 측면은 상담자의 전문성과 관련된다. 상담자는 자신의 전문성 성장을 위해 끊임없이 노력하여야 한다. 상담의 전문성이란 한두 번의 학습으로 성취되는 결과가 아니라 지속적인 실습과 교육, 훈련을 통해 익혀지는 통합적인 활동이기 때문이다. 상담의 전문성 촉진을 위해 활용할 수 있는 좋은 방안은 수퍼비전을 받는 것이다. 수퍼비전은 상담의 초심자가 상담전문가에게 내담자 이해, 접근 방법, 대안적 반응 등을 지도받는 과정으로 실습지도 혹은 사례지도라고도 한다(이장호 등, 2007). 또한 수퍼비전은 상담자가 윤리적 이슈와 실천기준을 준수했는지에 대해 평가하는 객관적 시각을 제공하며, 전문성 개발의 근원이 된다(Hornby 등, 2003).

학교상담에서 개인상담은 학생 개인의 심리적 문제를 심층적으로 다룰 때 활용

하는 경우가 많아 상담의 전문성이 더욱 요구된다고 볼 수 있다. 학교폭력, 인터넷 중독, 자살, 비행문제와 같이 심각한 문제와 같은 위기의 상황에서는 특히 상담자가 느낄 수 있는 부담이 높아 개인상담시 불안을 느낄 수도 있기 때문이다. 계속 다양한 형태와 문제로 변화되고 점차 심각해지고 저연령화되는 학생들의 정신건강이나 적응문제를 효과적으로 개입하기 위해서는 새로운 영역에 대한 교육과 훈련이 반드시 필요하다. 그리고 상담개입에 대한 효과성을 검토하고 지도할 수 있는 상담사례 수퍼비전을 통해 상담자는 상담자 자신을 보호하고 소진을 예방할 수 있으며, 내담자의 복지를 위한 최선의 상담을 위해 전문적 도움을 받을 수도 있다. 이와 함께 상담자가 상담회기기록, 심리검사자료, 녹음이나 녹화자료, 기타 관련자료를 규정에 따라 보관하고 기록하는 것도 필요하다. 상담의 진행과정을 점검하거나 효과를 평가할 때 상담기록들이 그 근거가 될 수 있다. 또한 다른 전문가에게 의뢰할 때 내담자에 대한 정보제공에서 활용할 수 있으며, 혹은 드물지만 법적인 문제가 생기는 경우 내담자의 정보제공 뿐만 아니라 상담자를 보호하는 자료로도 활용될 수 있다.

Ⅱ 개인상담의 원리와 과정

1 개인상담의 원리

개인상담의 이론적 접근은 다양하지만 공통적으로 강조하고 있는 것은 상담자와 내담자의 신뢰로운 관계를 기반으로 한다는 점이다. 상담은 상담자와 내담자가 서로의 신뢰로운 상호관계가 형성되어 내담자가 자신의 고민과 어려움을 자연스럽게 이야기할 때 효과적으로 진행될 수 있다. 상담자의 따뜻하고 허용적인 태도는 내담자로 하여금 자신을 둘러싸고 있는 경계를 낮추게 하여 부당한 압력에 의해 피동적인 자신의 이야기가 아닌 자발적으로 자신의 이야기를 자유롭게 하도록 돕는다. 개인상담에서 가장 중요한 원리는 일차적으로 내담자와의 신뢰로운 관계를 맺는 것이며, 그 결과 신뢰로운 관계를 토대로 내담자가 자발적인 자기개방과 변화에의 도전의지를 가지고 새로운 삶의 국면에 도전하고 성장하게 하는가와 관련된다.

1) 상담관계 형성

개인상담은 일반적으로 친구나 아는 사람과 만나서 나누는 대화와는 다른 특징이 있다. 우선적으로, 상담은 전문적으로 훈련받은 상담자와 만나는 공식적인 만남이다. 우연히 혹은 아무 때나 만나는 친교의 만남이 아닌 서로 약속되고 정해진 시간 내에서 상담실이라는 공식적 공간에서 이루어지는 문제해결과 성장이라는 목적을 지닌 만남을 의미한다. 상담이라는 공식적인 만남이 효과적으로 이루어지기 위해서는 일차적으로 신뢰로운 상담관계가 형성되어야 한다. 특히 성인인 상담자와 청소년인 내담자의 관계에서는 문제해결을 성급하게 시도하기보다는 내담자가 상담자를 신뢰하고 안정감을 느낄 수 있는 상담관계 형성이 우선적 과제가 된다.

상담관계 형성에서 가장 많이 언급되는 것은 Rogers(1961)가 제안한 상담자의 태도이다. 그는 상담을 효과적으로 진행하기 위해 상담자에게 꼭 필요한 특성으로 진실성과 무조건적 긍정적 존중, 공감적 이해를 제안하였다.

첫째, 진실성은 상담자가 자신에 대한 충분한 이해를 바탕으로 자신을 솔직하게 인정하는 것을 의미한다(천성문, 이영순, 박명숙, 이동훈, 함경애, 2015). 상담자는 한 인간으로서 자신과 완전하게 접촉할 수 있으며, 가면을 쓰거나 과장하지 않고, 진실한 인간이 되는 것을 의미한다. 상담자는 모든 문제를 초월한 신적인 존재가 아니며, 자신의 삶의 문제에 도전하며 살아가는 용기있는 한 인간임을 의미한다. 이러한 상담자의 태도를 통해 내담자는 자신이 존중받고 있음을 알게 되며, 상담자의 진실성을 토대로 상담관계가 더욱 촉진될 수 있다.

둘째, 상담관계 형성에서 필요한 것은 상담자의 공감적 이해이다. 공감적 이해는 상담자가 내담자의 입장에서 내담자의 내면세계를 이해하는 것을 의미한다. 즉, 내담자의 경험을 정확하게 이해하고, 느끼며, 상담자가 이해한 바를 내담자에게 전달하여 느낄 수 있을 때 온전한 공감적 이해가 이루어졌음을 알 수 있다. 공감적 이해는 상담자와의 신뢰로운 관계 속에서 내담자가 표현한 경험 뿐만 아니라 표현하지 못한 경험까지도 안전하게 느끼고 재경험할 수 있도록 돕는다. 그리고 이러한 과정에서 내담자가 혼자가 아님을 경험하게 되고, 자신의 경험에 대한 새로운 해석과 체득, 그리고 성장이 이루어진다. 상담자는 정확한 공감적 이해를 위해 자신이 가지고 있는 편견과 틀을 내려놓아야 하며, 새로운 감정에 대한 개방성과 함께 다양한 정서에 대한 민감성을 갖추는 것이 필요하다.

셋째, 상담관계 형성에서 필요한 것은 무조건적 긍정적 존중이다. 상담과정에서 상담자는 내담자의 행동이나 감정, 사고를 무조건적이며 긍정적으로 존중하여야 한다. 무조건적 긍정적 존중은 내담자의 이야기를 판단하지 않고 있는 그대로 수용하고 한 인간으로 온전하게 받아들이는 것을 의미한다. 무조건적 긍정적 존중은 내담자와의 상담시간을 정확하게 지키며, 내담자를 위해 정해진 상담시간을 확보하는 것, 내담자의 사적인 상담내용에 대해서 비밀을 지키는 것, 내담자의 특정 생각이나 행동을 비판하지 않고 있는 그대로의 표현을 경청하는 것 등으로 나타난다.

2) 내담자 문제 이해

개인상담에서 상담의 거리를 제공하는 주인공은 내담자이다. 간혹 상담자가 개인상담의 전 과정을 구조화된 집단상담프로그램처럼 구성하기도 하고, 내담자의 준비나 동의없이 상담이 진행되는 사례를 볼 수 있는데, 이 경우 상담의 기본 원리에 충실한 개인상담이라 정의내리기는 어렵다. 상담의 기본 가정은 상담자가 내담자에 대한 정확한 이해를 바탕으로 상담의 적절한 목표를 설정하고 이에 적합한 방향으로 상담을 진행하는 것이다. 도움을 청하는 내담자에 대한 이해는 상담의 방향을 결정하는 중요한 출발점이 된다. 내담자를 이해하기 위해서 상담자는 내담자가 현재 상담에서 도움을 청하고 있는 현재문제가 무엇인지를 파악하고, 왜 지금 내담자가 상담자와 대면하고 있는가에 대해서 파악하고 고민해야 한다. 상담은 인간의 심리에 대한 이해를 기본으로 삶의 다양한 문제를 해결할 수 있는 좋은 방법이기는 하나 누구나에게 적합하거나 혹은 만능의 방법은 아니기 때문이다. 따라서 개인상담에서 현재 도움을 청하는 내담자의 욕구와 어려움을 겪고 있는 문제가 무엇인지를 정확하게 파악하는 것은 효과적 상담을 위해 필수적인 일이다.

내담자를 정확하게 이해하기 위해서는 첫째, 내담자에게 상담이 필요한 현재의 직접적인 이유나 동기를 파악하여야 한다. 내담자가 예전에 갖고 있었던 문제해결력은 어느 정도 수준인지, 기능의 정도, 현재 문제가 발생한 배경에 대해서 탐색하여야 한다. 필요하다면 내담자를 객관적으로 평가할 수 있는 심리검사를 실시하여 상담의 자료로 활용할 수도 있다. 심리검사 자료를 활용하고자 할 경우 표준화된 심리검사 실시와 채점, 해석과 관련된 전문적 훈련을 전제로 하며, 보다 전문성을 요하는 심리검사의 경우 전문기관에 의뢰하는 것이 좋다. 둘째, 내담자의 문제가 지금 발생하게 된 상황적 요인과 개인내적 요인에 대해서 탐색하여 전체적인 맥락에서 내담자의 문제를 가정해본다. 내담자에 대한 정확한 이해를 위해서는 내담자의 문제발생원인과 과정, 현재 결과에 대한 가설을 통합적으로 개념화하는 훈련이 지속적으로 필요하다. 셋째, 상담의 성과는 변화하고자 하는 내담자의 의지에서 비롯되는 것이므로 내담자가 가진 상담동기를 확고히 하는 일이 필요하다. 상담동기를 확고히 하기 위해서는 상담이 내담자에게 어떤 면에서 도움이 될 수 있으며, 상담을 통해 해결하고 싶은 문제가 있는지에 대해서 내담자와 논의하는 것이 필요하다.

특히 청소년은 자신의 내면을 자각하고 이해하는 능력이 아직 부족하며, 관심이 다양하여 상담회기를 진행하는 데 적극적이지 않다. 또한 자신의 문제를 해결하고자 하는 의지가 많지 않아 자신의 변화보다는 상담자와의 대화나 다른 보상을 위해 상담에 참여하기도 한다. 무엇보다도 청소년은 개인상담의 동기가 부족하여 침묵하거나 단답형이나 저항적인 답변을 하는 비협조적 태도를 보이는 경우가 많다. 그리고 학교선생님은 평가나 처벌을 하는 사람이라는 고정된 시각을 가진 경우 학교상담에서 이루어지는 개인상담에 대해서는 저항과 불안감을 가지게 되고 심한 경우 적대적 태도를 보이기도 한다. 그리고 인지능력과 언어표현이 부족한 청소년의 경우 자신의 내면을 지각하는 것이 어렵고, 감각적인 재미를 선호하는 청소년의 속성상 개인상담 과정이 매우 지루하게 느껴질 수도 있다. 따라서 학교에서 이루어지는 개인상담의 경우 일차적으로는 내담자와의 신뢰로운 관계를 형성하고 상담에서의 자발적인 자기개방을 할 수 있는 적절한 상담개입이 필요하다.

3) 내담자 동기유발

상담에서 변화를 시도하는 사람은 내담자이다. 상담자는 내담자가 변화를 시도할 수 있도록 자기이해를 촉진하고 용기를 북돋는 사람이다. 내담자의 변화를 시도하도록 하는 것은 개인상담이 치료적인 기능을 가질 때 가능해진다. 개인상담의 효과를 위해 상담자는 내담자가 가진 기대를 명료화하여야 한다. 상담자와의 상담회기는 일주일 중 고작 1-2회에 불과하다. 1-2회의 상담시간만으로 마술적 변화를 기대하기에는 역부족이라 할 수 있다. 그리고 상담자와 내담자의 상담관계는 고정적이기보다는 유동적으로 변화하므로 안정적 상담관계 형성을 위해 노력하는 것이 필요하다. 상담이 종결되기 전까지 상담자는 내담자로 하여금 상담과정에 자발적으로 참여할 수 있도록 상담동기를 촉진하고 이를 유지하기 위해 애써야 한다.

상담의 동기를 유발하기 위해서는 우선 상담이 무엇인가에 대해서 내담자에게 정확한 정보를 주고 개념화하는 작업이 필요하다. 상담자들은 상담과 관련된 전문도서를 읽은 경험이 있고, 상담자가 되기 위해 여러 상담과정에 참여하고 혹은 실습한 경험이 있다. 상담자들에게는 개인상담이 어떻게 진행되고, 무엇을 다룰 것인지에 대해서 정확한 개념틀이 있지만 내담자들에게는 모호한 개념이 있을 뿐이다. 특히 학교상담에서는 대부분 학생들이 교사와의 일대일 만남을 처벌이나 훈육의 내용으로 예상하기 때문에 개인상담 진행시 상담이 무엇인지에 대한 틀을 세우기 위해 내담자에게 안내를 하는 것이 필요하다.

상담에 대한 틀을 세울 때에는 첫째, 상담자와 내담자가 서로의 역할이 무엇인지, 기대하는 것은 무엇인지에 대한 이야기를 나누어야 한다. 이때 주의할 점은 학생인 내담자가 모르거나 위압적으로 느껴지는 전문적 용어의 사용을 가급적 피하고 학생들이 이해할 수 있는 간단한 설명과 언어를 사용하는 것이 좋다. 그리고 학교 내에서 개인상담 장면이 아닌 상황에서 어떻게 상담자를 불러야 할지, 상담자와의 개인적인 만남은 어떻게 할 것인지에 대해서도 설명을 하는 것이 필요하다. 둘째, 내담자의 상담동기 수준을 점검하고 문제를 확인하면서 상담의 속도를 조절하는 것이다. 때로 상담자는 내담자보다 더 많이 고민하고 앞서나가는 경우들이 많이 있다. 이 경우 내담자가 학생임을 고려할 때 성숙이나 준비도에 따라 이러한 속도가 버거울 수 있음을 유념하는 것이 좋다.

② 개인상담의 과정

상담은 통상적으로 한두 번의 면접보다는 여러 번의 면접이 진행되며, 상담에서의 면접을 상담회기라고 부른다. 상담의 회기는 내담자의 문제, 상담자의 이론적 배경, 상담이 이루어지는 기관이나 조직의 속성에 따라 달라진다. 학교상담에서의 개인상담은 대부분 학사일정에 맞추어 진행되는 경우가 많다. 한 회기의 상담은 대부분 50-60분의 시간 내에서 이루어지지만 내담자의 연령이 어릴수록 집중시간을 고려하여 30분-40분 정도의 상담이 이루어진다.

상담의 진행과정은 시간의 흐름에 따라 초기, 중기, 종결기로 나누어 진행된다.

여기서는 상담의 진행과정을 시간의 흐름에 따른 핵심기능을 중심으로 상담관계 형성하기, 문제평가하기, 문제다루기로 구분(구본용 등, 2010)하여 제시하고자 한다. 상담의 진행과정은 상담자와 내담자가 합의한 상담목표를 이루기 위해 상담과정에서 달성해야 할 핵심기능과 관련된다. 그러나 상담의 진행과정은 정해져 있는 순서대로 일정하게 진행되는 것은 아니다. 상담관계 형성이 일회기 혹은 추후 몇회기 동안 이루어질 수도 있고, 문제해결 역시 몇회기에 걸쳐 진행될 수도 있다. 즉, 상담과정에서 제시하는 세 가지의 기능들은 계열성을 가지고 진행되나 때로는 중복되거나 동시에 이루어지기도 한다.

1) 상담관계형성

모든 일들이 시작이 중요하듯 상담도 마찬가지로 어떻게 시작하느냐는 매우 중요한 주제이다. 학교상담에서는 학생 스스로 교사를 찾게 되어 시작되는 자발적 상담보다는 호출이나 의뢰되는 비자발적 상담이 많으므로 상담의 시작이 그리 쉬운 과정은 아닐 수 있다. 상담을 시작할 때 상담자는 상담의 목적을 분명히 설명해야 한다. 그리고 다음과 같은 사항을 염두에 두어야 한다(강진령, 연문희, 2007).

- 개방적인 태도를 취한다.
- 모든 중요한 정보를 나눈다.
- 구체적이고 분명하게 설명을 한다.
- 학생이 상담자(교사)의 설명을 이해했는지 점검한다.

학교에서 교사들은 다양한 기회를 통해 학생들과 관계를 형성하고 유지하게 된다. 상담자와 내담자 간의 신뢰로운 상담관계 형성을 위해서는 내담자의 입장에서 내담자의 이야기를 이해하고 정확하게 이해한 바를 의사소통하는 공감적 이해 능력, 내담자에 대한 비판이나 판단을 하지 않고 한 인간으로서 그대로 받아들이는 무조건적 긍정적 존중, 교사 자신이 학생을 정직하고 성실하게 대하는 진솔성 등이 필요하다.

그러나 청소년기의 학생과 적절한 상담관계를 형성하는 것이 쉬운 일은 아니다. 이 시기의 청소년은 부모나 성인들로부터 받는 통제와 영향으로부터 벗어나고자 하는 독립과 자율 욕구가 강하고, 어른들을 신뢰하지 않으려는 경향이 크기 때문이다. 학교상담에서 청소년기의 학생들과 상담관계를 형성하기 위해서 우선적으로 상담자는 학생들과 '어우러질 수(joining)' 있어야 한다(구본용 등, 2010). 상담자가 학생들과 잘 어우러질 수 있기 위해서는 내담자인 학생을 잘 이해할 필요가 있다. 내담자가 자신의 또래들과 의사소통하는 방식이나 성인과의 의사소통 방식을 잘 이해하고 적절히 활용하는 것이 필요하다. 그리고 내담자의 관점이나 견해를 판단하거나 교정하려고 하기보다는 공감적으로 수용하려는 노력이 필요하다. 상담자의 공감적 수용은 내담자의 관점이나 견해에 동일한 입장을 갖는 것이 아니다. 상담자가 내담자의 입장에서 느낄 수 있는 감정이나 생각을 공유하고 이에 대해 의사소통하는 것임을 구별해야 한다.

상담관계의 발전은 내담자와 상담목표, 상담기간, 상담방법에 대한 정확한 구조화를 통해 발전될 수 있다. 상담의 구조화는 상담을 전체적으로 안내하는 오리엔테이션과 같은 과정이다(천성문 등, 2015). 대부분의 학생들이 상담이 무엇인지를 잘 알지 못하므로 내담자가 상담에 대해 가지고 있는 생각, 상담에 대한 기대, 상담에서 다루는 내용, 기간이나 방법 등에 대해서 구체적으로 설명하고 의논하는 과정을 통해 내담자가 상담에 대해서 가지게 되는 불안을 낮출 수 있다. 상담에 대한 친절하고 구체적인 안내를 통해 내담자는 상담과정에 대해 관심을 갖게 되고 상담동기를 높일 수 있는 효과를 기대할 수 있다.

2) 문제평가하기

문제평가하기는 내담자가 당면하고 있는 고민과 어려움, 다양한 심리적 문제가 무엇인지를 파악하고 이와 관련된 내담자의 사고, 정서, 행동을 탐색하는 단계이다. 상담관계가 안정적인 단계로 발전하면서 내담자는 자신이 가지고 어려움에 대해서 상담자와 논의하게 된다. 내담자가 고민하고 있는 갈등, 좌절에 대한 경험, 가능성을 알고자 하는 성장 욕구, 부적절하고 파괴적인 행동 이면에 있는 고민 등이 상담자와 함께 토의되는 단계이다.

상담자가 내담자의 문제를 평가하는 세 가지 역할이 있다(구본용 등, 2010). 첫째, 내담자의 이야기를 주의깊게 경청하고 긍정적인 존중이 필요하다. 내담자 이야기에 주의깊게 귀 기울이고 경청한다는 것은 학생의 이야기에 대해서 적극적으로 들어주면서 옳고 그름의 판단보다는 그 이야기를 수용함을 의미한다. 상담자가 질문하고 판단하고 결정하려는 욕구를 잠깐 지연하면서 내담자의 이야기를 그대로 들어주는 것은 무엇보다도 상담자에 대한 신뢰를 형성하는 데 도움이 된다. 또한 내담자의 이야기를 주의깊게 경청해보면 내담자가 세상을 이해하고 경험하고 수용하는 독특한 방식을 이해할 수 있게 된다. 청소년인 내담자는 처음 상담자를 접하게 된 경우 이야기가 잘 정리되어 있지 않아 조리있게 전달하지 못하는 경우가 많다. 이 경우 내담자를 다그치거나 과도하게 많은 질문을 하기보다는 내담자의 마음을 주의깊게 들여다 보고, 작은 이야기라도 경청하는 것이 필요하다. 상담은 현실의 작은 사회를 의미하기도 하므로 현재 내담자의 모습에서 내담자에 대한 많은 단서를 포착할 수 있기 때문이다.

둘째, 내담자가 도움을 청하거나 필요한 이유를 잘 파악하고 현재 문제(어려움)가 무엇인지를 평가하는 단계이다. 내담자가 상담에서 기대하고 원하는 것에 대한 주제를 시작으로 내담자는 자신의 문제에 관해 논의하게 되고 깊이 있는 탐색을 하도록 도움을 받는다. 이때 상담자는 질문을 퍼붓기보다는 내담자로 하여금 충분히 자신을 표현할 수 있는 기회를 제공하는 것이 좋다. 질문을 하는 경우 내담자의 이야기를 잘 듣고 상담자가 그 이야기에서 알게 된 것을 다시 피드백해 주면서 상담을 이어나가는 기술이 필요하다. 내담자의 문제를 평가하기 위해서는 왜 지금 문제가 되는지, 문제가 되도록 촉발시킨 구체적인 사건이나 일을 경험했는지, 과거에 비슷한 문제가 있었다면 어떻게 해결하였는지에 대해서 탐색하여야 한다. 문제에 대한 이해와 함께 파악하여야 하는 것은 내담자가 가진 문제해결의 동기수준이다. 상담의 적절한 성과는 내담자가 보이는 상담에서의 변화동기와 관련되므로 상담의 초기에 내담자의 상담동기를 파악하는 것이 필요하다. 내담자의 문제를 이해하는 과정에서 상담자의 명료화, 재진술, 반영의 반응을 적절하게 활용할 수 있다.

셋째, 내담자의 현재 정서상태와 기능상태를 파악하여야 한다. 내담자의 문제를 겪고 있는 당사자는 내담자 자신이므로 내담자의 현재 상태를 파악하는 것은 매우 중요하다. 내담자의 현재 기분, 생각, 행동 등을 알게 되면 내담자가 호소하는 혹은 내담자로 하여금 변화시켜야 할 심리적 기제들을 파악할 수 있다. 내담자의 이런 특성을 이해하게 되면 적절한 상담목표와 개입전략을 세울 수 있는 중요한 열쇠가 된다. 이와 함께 내담자의 외모, 태도, 활동, 지적기능수준, 판단능력, 자기인식 등의 기능을 표준화된 심리평가 도구를 활용하여 파악할 수도 있다. 또한 청소년기의 발달특성에 대한 지식을 근거로 하여 가족환경, 또래 및 사회적 관계, 학교환경, 지역

사회환경 등 기본적인 정보 파악을 통해 내담자의 문제를 통합적으로 이해하는 것도 필요하다.

상담은 상담자와 내담자가 함께 성취해야 할 목표를 향한 공동의 작업이다. 이를 위하여 신뢰로운 관계형성과 문제이해를 통해 상담의 목표를 명확하게 하는 것이 좋다. 상담의 목표는 구체적으로 제시되어야 하며, 이와 함께 상담의 전략이나 기술을 내담자와 함께 논의하는 것도 바람직하다. 내담자 중에는 자신이 무엇을 원하는지 분명하게 알고 있지 않는 경우가 많지만 지속적인 상담자와의 협의를 통해 자신을 알아가는 과정이 필요하다.

3) 문제다루기

문제다루기는 상담의 성과를 내는 중요한 단계이다. 상담자는 내담자의 문제를 이해를 통하여 상담의 목표를 설정하고 이를 위해 내담자와 함께 노력하게 된다. 상담자는 내담자로 하여금 자신의 문제를 새로운 시각에서 탐색하고 조망하도록 돕게 되고, 지금까지의 문제해결 과정에서 깨닫지 못했던 새로운 사고, 정서, 행동을 고려하게 된다. 특히 청소년들은 자신이 알지 못했던 장점이나 강점을 새롭게 파악하게 되면서 새로운 문제해결의 방향을 탐색하고 구체적인 행동으로 옮기게 된다. 문제다루기는 전체 상담기간 중 가장 핵심적인 과정이면서 내담자의 실제적인 변화가 일어나는 단계라 할 수 있다.

상담자는 이때 상담의 진행과정을 점검하고 평가하는 것이 필요하다. 상담자는 내담자가 원하는 변화가 현실적으로 이루어질 수 있도록 자신이 알고 있는 상담이론적 접근을 토대로 개입하여 내담자의 변화를 유도할 수 있어야 한다. 상담자의 개입은 상담자가 알고 있는 상담의 이론적 측면과 지식을 내담자가 현실에서 적용할 수 있도록 적절한 시기와 방법을 통해 내담자로 하여금 학습하도록 도와야 한다. 이때 상담자는 내담자가 자신의 변화에 대한 확신을 가질 수 있도록 도와야 하며, 이러한 변화가 한번의 사고전환이나 체험의 수준을 넘어 지속될 수 있도록 지지하는 것이 필요하다.

문제다루기 단계는 상담자가 이론적 접근에 따라 유용한 전략과 기법을 활용하는 단계이다. 상담자는 내담자의 사고, 감정, 행동에서 적절한 개입전략을 고민하여야 하며, 내담자의 준비도에 따라 시기적으로 변화촉진을 유도하여야 한다. 모든 내담자에게 효과적인 상담기법은 없으므로 내담자의 준비도, 성향, 문제유형에 따라 유연하게 접근하는 것이 필요하다.

그리고 나서 내담자가 겪고 있던 어려움이 해결되어 상담을 종결해도 좋다는 판단이 들면 상담은 종결된다. 상담을 종결하기에 앞서서는 상담내용을 요약하는 것이 도움이 된다. 상담을 종결할 때에는 상담자가 파악한 내담자의 상황에 대해 구체적으로 설명해주는 한편, 앞으로 어떻게 할 것인가에 대한 방향도 함께 논의하는 것이 필요하다(강진령, 연문희, 2007). 그리고 지금 상담자와는 상담을 종결하나 다른 전문가의 도움이 필요하다고 판단되는 경우에는 지체없이 의뢰하여야 한다. 내담자에게 적절한 의뢰를 하기 위해서는 지역사회 내의 상담센터, 복지관, 병원 등에 대한 정보를 확보하는 것이 좋다. 상담이 종결된 후에는 상담을 통해 알게 된 새로운 대안을 실제로 적절히 활용하고 있는지를 점검하기 위해 한두 달 이내에 추수상담을 실시할 수 있다.

Ⅲ 개인상담의 기법

상담자는 내담자의 문제해결을 돕기 위해 자신의 상담지식과 경험을 상담기법을 통해 효과적으로 구현할 수 있다. 상담이론에서는 이론적 접근별로 구체적인 개입전략을 제시하고 있으며, 공통적으로는 상담자의 비언어적·언어적 기법을 활용하여 상담이 진행된다. 상담자의 기법은 상담의 전 과정에서 상담자의 치료적 판단에 의해 통합적으로 활용된다. 효과적인 상담에서는 내담자가 중심적 역할을, 그리고 상담자는 반응자 혹은 조력자로서 역할을 한다(구본용 등, 2010). 내담자가 중심이 된다는 것은 내담자가 상담의 내용과 방향을 결정하며, 상담자는 내담자가 주도하는 상담의 과정이 원활하게 진행되도록 조력하고 있음을 의미한다. 따라서 상담자는 내담자를 주의깊게 경청하면서 내담자로 하여금 자신과 자신이 겪고 있는 문제에 대해 정확하게 이해할 수 있도록 도울 수 있는 기법을 훈련을 통하여 적절한 때에 활용할 수 있는 전문성이 필요하다.

1 관심기울이기

관심기울이기는 내담자를 대하는 상담자의 비언어적 태도를 말한다(천성문 등,

2015). 상담자가 내담자를 향해 보이는 비언어적인 태도는 내담자로 하여금 자신의 이야기를 자유롭게 할 수 있도록 돕는다. 상담자의 관심기울이기를 통해 내담자는 자유롭고 개방된 분위기에서 자신의 이야기를 편안하게 할 수 있게 된다. 관심기울이기는 내담자에게 신체적 태도와 비언어적 태도를 통해 초점을 두는 것을 의미한다. 관심기울이기는 몇가지 신체자세들이 포함된다(Egan, 1994).

- 내담자와 정면으로 마주하기
- 시선접촉을 적절하게 유지하기
- 내담자를 향해 앞으로 기울여 앉기
- 다리를 꼬거나 팔짱을 끼지 않으면서 개방적인 자세를 취하기
- 편안한 자세를 취하기
- 시계를 자꾸 보거나 다리를 흔드는 등 불필요한 몸동작을 하지 않기
- 주의집중에 방해하지 않는 환경을 갖추기
- 내담자의 이야기가 잘 들리면서도 위협적이지 않은 적절한 거리를 유지하기

관심기울이기는 언어적 상호작용이 시작되지 않더라도 내담자에게 상담자가 자신의 이야기를 잘 듣고 있음을 전달하는 일차적 기능이 있다. 그리고 상담자 또한 관심기울이기를 통해 내담자가 대화할 때 취하는 행동방식을 파악할 수 있으며, 이때 파악된 내담자의 모습은 내담자를 이해하는 중요한 자료로 활용할 수 있다. 상담이 진행되는 과정에서도 상담자가 상담의 방향을 재설정하거나 혹은 내담자의 이야기를 따라가다 흐름을 놓치는 경우 관심기울이기를 통해 다시 내담자의 이야기에 집중할 수 있다.

② 경 청

경청이란 내담자의 말과 행동에 상담자가 선택적으로 주목하는 것을 의미한다(이장호 등, 2007). 경청은 내담자의 표정이나 몸짓에서 드러나는 비음성언어 뿐만 아니라 내담자가 말하는 사실이나 사건, 생각, 감정 등 언어로 전달되는 모든 것을 잘 듣는 것이다. 물론 내담자의 모든 말과 행동을 모두 경청할 수는 없다. 상담자는 상담의 흐름에 적합한 내담자의 말과 행동을 선택적으로 경청하게 되고, 적절한 선택적

경청은 내담자에게 잘 듣고 있음을 전달하게 되어 상담관계에 긍정적 영향을 미친다. 그러나 상담자가 내담자의 메시지에 대해서 판단하려고 하거나 다음 반응을 이어나가거나 질문거리를 찾기 위해 상담자 자신의 생각에 몰두하게 되는 경우, 성급하게 내담자 문제에 대해 답을 찾으려는 상담자 자신의 유혹, 상담기술을 연습하는 데 몰두하는 경우, 상담환경이 소음이나 타인들에 의해 방해받는 경우 상담자의 경청이 방해될 수 있다. 경청은 소극적 경청과 적극적 경청으로 나눌 수 있다.

1) 소극적 경청

소극적 경청은 내담자의 말에 상담자가 적극적인 언어반응을 하지 않으면서도 자신이 잘 듣고 있음을 전달하는 것이다. 소극적 경청은 내담자로 하여금 상담자와의 관계에서 자신의 관심, 감정, 생각을 편안하게 이야기할 수 있도록 돕는다. 소극적 경청에서는 내담자가 이야기를 할 때 방해하지 않으면서 함께 있다는 것을 알리는 방법이다. 구체적으로는 내담자가 이야기를 하는 동안 미소를 짓거나 고개를 끄덕거리는 것, 혹은 '으흠', '아', '그래요', '계속 하세요' 등의 최소한의 격려를 하는 단순한 음성반응을 이야기한다. 때로 침묵을 적절하게 활용하는 것도 내담자가 자신의 생각과 감정을 탐색하도록 격려하는 효과를 갖는다. 상담자가 경청하면서 침묵하는 동안 내담자는 자신의 생각을 명료화할 수 있다.

2) 적극적 경청

적극적 경청은 내담자가 이해하거나 느끼는 것을 보다 명확하게 자각하도록 도와주는 역할을 한다(강진령, 연문희, 2009). 적극적 경청은 내담자의 생각과 감정을 명료화하는 데 적극적으로 참여하는 것으로 내담자의 관심과 생각을 편안하게 탐색하고 명료화하기 위해 일종의 '소리판'을 제공하는 것이다(Hornby 등, 2003). 적극적 경청은 관심기울이기와 소극적 경청, 내담자의 이야기를 재진술하는 것, 감정과 의미의 반영 등이 모두 포함된다. 요약하자면 적극적 경청은 내담자의 이야기를 잘 들으면서도 신체적인 자세는 내담자를 향하고, 인지적으로는 내담자의 이야기에서 상담의 진행과 관련된 내용을 파악하고, 내담자가 느끼고 있는 정서적인 측면을 함께 느끼기 위해 자신의 정서적인 측면을 개방하고, 상담의 상호작용을 위해 상담자의 언어반응을 통해 내담자에게 자신이 이해한 바를 알리는 것이다. 적극적 경청은 상담의 전 과정에서 가장 기본적인 기술로 내담자의 이야기를 주목하여 듣고 있음을 알리는 중요한 기술이다. 적극적 경청은 상담관계 뿐만 아니라 대인관계에서도 매우 필요한 기술로 상호 간의 의사소통을 향상시킬 수 있다.

③ 명료화

명료화는 내담자의 말의 의미가 모호하거나 이해가 잘 되지 않을 때 내담자에게 명확하게 말해달라고 요청하는 반응이다. 내담자들은 자신들이 고민하는 문제에 몰입한 나머지 그 문제에 대한 진술내용에 신경쓰지 못하고 모호하거나 분명치 않게 전달하는 경우도 많다(강진령, 연문희, 2009). 명료화는 내담자로 하여금 보다 구체적으로 말하도록 돕고, 내담자가 말한 내용을 정확하게 들었는지 확인할 수 있다. 또한 모호하거나 혼란스러운 내용에 대해서 분명하게 확인할 수 있다. 그리고 명료화는 내담자 자신으로 하여금 이야기한 내용을 다시 생각해보거나 구체적 예시를 들때 활용할 수 있다. 그러나 명료화를 위해 내담자의 매 이야기마다 구체적인 설명을 요구하는 것은 오히려 상담관계형성에 부정적 영향을 미칠 수 있다. 명료화는 내담자에게도 불충분하게 이해되어 있던 내용을 상담자가 말로 정리해줄 때 내담자에게 상담자가 이해하고 있음을 전달할 수 있다(이장호 등, 2007).

> **✤ 명료화의 예**
>
> 내담자: 나보다 나이가 어린데, 자꾸 나한테 존댓말을 쓰니까 전 무서워요.
> 상담자: 이해가 잘 안되는데, 다시 한번 말해주면 좋겠어요.
> 내담자: 그러니까... 그냥 저한테 편하게 대해주면 좋겠는데...
> 상담자: 편하게 대해주는 것이 어떤 것인지 이야기해볼까?

④ 재진술

재진술은 내담자가 이야기하고 있는 사건, 인물, 사고, 감정에 대해서 상담자가 같은 의미의 말로 바꾸어 기술하는 반응이다. 재진술은 주로 내담자가 한 이야기를 함축적으로 되돌려줌으로써 내담자가 자신이 이야기한 말의 내용에 주의를 기울이도록 돕는 역할을 한다(강진령, 연문희, 2009). 재진술 반응에서는 내담자가 이야기한 것 중에서 덜 중요한 부분은 생략하며, 상담자의 새로운 생각을 덧붙이지 않는다. 효과적인 재진술은 내담자가 말한 핵심적인 메시지를 요약하는 것이며, 내담자가 이야기한 것을 반복하기보다는 내담자에게 친숙한 언어로 표현하는 것도 방법이다. 재진술은 상담자가 내담자의 이야기를 잘 듣고 있으며, 정확하게 이해했다는 것을 전달하는 좋은 반응이다. 그리고 한 주제에서 이야기가 머무르게 되어 깊이있게 자신의 생각과 문제를 탐색하게 되는 통로가 된다.

🌿 재진술의 예

> 내담자: 그러니까 저는 ○○가 싫어요. 자꾸 내가 하는 일에 뭐라고 하고, 지나갈 때는 툭툭 치고... 그러면서 저한테 매일 놀자고 해서 헷갈려요.
>
> 상담자: ○○가 너가 하는 일에 간섭하고 귀찮게 하면서도 같이 놀자고 하니까 도대체 왜 그러는지 너도 혼란스럽구나.

---

5 반영하기

반영하기는 내담자의 느낌이나 정서, 말, 행동을 거울처럼 비추어서 다른 동일한 의미의 말로 바꾸어 기술하는 반응이다(강진령, 연문희, 2009). 반영하기는 내담자가 언어적으로 혹은 비언어적으로 표현하고 있는 정서를 상담자가 이해하여 다시 내담자에게 돌려주는 것이다. 반영하기는 상담자의 정서적 감수성과 언어적 표현력이 모두 필요한 반응이다. 상담자는 자신의 감수성을 통해 내담자의 언어표현과 비언어적인 측면에서 내담자가 표현하고 있는 정서를 확인할 수 있어야 하며, 언어적 표현력을 통해 자신이 이해한 정서에 대해 동일한 수준과 의미로 대체하여 전달해야 하기 때문이다. 반영하기는 내담자가 표현하고 있는 감정을 확인하여 내담자에게 전달하고, 다시 내담자의 반응을 관찰하는 것을 포함한다. 상담자의 반영하기가 내담자가 표현하고 있는 정서의 종류와 수준을 정확하게 반영하고 있는지를 확인하여 명료화할 수 있는 효과를 동시에 갖는다. 반영하기는 상담자와 내담자 간의 촉진적 관계형성에서 꼭 필요한 반응이며 내담자가 자신의 감정을 보다 더 표현하고 경험하도록 격려한다.

🌿 반영하기의 예

내담자: 조별 작업을 같이하면서 이제 겨우 친해진 친구들과 헤어지고, 새로운 조를 짜
서 또 새롭게 아이들을 사귀어야 해서 기분이 나빠요.
상담자: 너는 친해진 아이들과 헤어지는 것도 슬프고, 다시 새로운 아이들을 사귀어야
하는 것이 걱정되서 부담이 되는구나.

요약

이 장에서는 개인상담의 기초적인 내용으로 개인상담의 정의와 목표, 개
인상담의 원리, 개인상담의 기법들을 살펴보았다. 개인상담은 개인의 일상생
활에서의 고민을 해결하여 건강한 삶을 살 수 있도록 조력하는 과정이다. 개
인상담을 효과적으로 진행하기 위해서는 상담자의 인간관과 삶에 대한 따뜻
함, 새로운 것에 대한 호기심과 도전에 대한 용기 등 인간적 자질과 함께 상
담이론에 대한 학습과 상담실습의 훈련을 통한 전문적 자질이 필요하다. 또
한 학교 내에서 이루어지는 개인상담은 일반적인 개인상담에 비해 비밀보장,
이중관계, 상담자의 전문성 등 엄격하게 상담자윤리를 적용하는 것이 필요하
다. 개인상담을 효과적으로 진행하기 위해서는 개인상담의 진행과정에 대한
올바른 이해가 필요하다. 개인상담은 내담자가 호소하는 문제유형이나 심각
도에 따라서 이론의 접근방식은 차별화될 수 있으나 한두 번의 면접이 아닌
과정적 흐름 속에서 상담이 진행되기 때문이다. 개인상담은 상담자와 내담자
의 언어적 의사소통을 기본으로 하며 관심기울이기, 경청하기, 재진술하기,
명료화하기, 반영하기 등 일상생활과는 다른 상담기법이 필요하다.

1970년대 우리나라에 집단상담이 소개된 이래, 최근에는 학교를 비롯한 상담센터, 산업체, 종교단체 등 다양한 현장에서 다양한 주제를 가지고 집단상담이 활용되고 있다. 집단상담은 교육·예방적인 효과와 치료적인 효과를 함께 가지고 있으므로, 적용범위는 앞으로도 더 넓어질 것으로 기대되는 가운데, 여러 형태로 집단상담이 실시되어지고 있다.

특히 청소년들의 경우 집단상담은 생활문제에 관한 올바른 이해뿐만 아니라, 자기와 타인을 보다 잘 이해하고 수용할 수 있는 발달경험을 가능케 해 준다. 어떤 청소년들에게는 자신을 있는 그대로 이해받을 수 있고, 동료집단에의 소속감을 느낄 수 있는 곳이 유일하게 집단상담일 수도 있다. 이러한 동료로부터의 수용과 소속감은 집단상담이 청소년들에게 제공하는 독특한 경험이며, 또한 청소년뿐만 아니라 소외감과 대인관계 갈등을 겪고 있는 성인들이 집단상담에서 느낄 수 있는 가장 큰 매력이라고 볼 수 있을 것이다.

그러나 간혹 집단상담에 대한 오해로, 집단상담을 개인상담의 보조수단으로 생각하여 개인상담의 이론과 기술만 습득하면 집단상담에서도 활용할 수 있다거나, 개인상담에 유능하면 집단상담도 저절로 유능하게 되는 것으로 생각하는 사람들이 있다. 또한 어떤 이들은 소수의 사람들이 작은 집단을 만들고 같이 둘러 앉아 대화를 나누는 것을 집단상담으로 여기고, 대화를 나누는 것을 통해 무엇인가 역동적이고 바람직한 결과가 나오게 되리라는 기대를 한다. 그러나 집단관계란 1대 1의 관계보다 훨씬 복잡한 것이어서 집단역동과 집단과정에 대한 바른 이해와 기술 없이는 상담집단을 효과적으로 지도하기가 전혀 불가능하다. 더욱이 함부로 이루어진 집단활동은 참여자들로 하여금 혼란을 느끼게 할 뿐 아니라 상담집단에 참여하지 않았던 것보다 더 나쁜 결과를 가져 올 수도 있다. 따라서 집단상담자는 집단상담에 대한 올바른 이해를 바탕으로 집단원들이 올바른 사회적 관계와 정서적 연대감을 발달시키고 통찰을 가질 수 있도록 도와야 한다.

이 장에서는 다양한 생활지도 장면에서의 활용을 돕기 위해, 집단상담에 대한 이해의 폭을 넓히고 구체적인 내용을 알아갈 수 있도록, 집단상담의 개괄적이고 기초적인 내용과 집단상담의 역동과 과정, 기법 그리고 구조화 프로그램에 대해 살펴보고자 한다.

Ⅰ 집단상담의 기초

집단상담은 기존의 일방적인 주입식 강의나 토의처럼 지식에 초점을 두는 전통적인 형태의 교육과는 전혀 다른 방식의 접근법이므로 처음 집단상담을 경험하는 이들은 낯설어 하고 거부감을 드러낼 수도 있다. 그러나 집단상담은 개인이 자기를 성찰하고 정리하는 데 도움을 주기 위한 것으로, 집단에 직접 참여함으로써 스스로 생각하고 느끼는 내용을 집단 참여자 간에 주고받는 과정을 통해 변화를 체험하며, 서로를 깊이 알아가는 '참만남의 시간'이라고 할 수 있다.

1 집단상담의 정의

집단상담에 대한 관심이 높아지고 이론이 발전해감에 따라 다양한 정의들이 제시되어 왔다. 집단상담의 과정은 너무도 복잡하기 때문에 하나의 정의로 이를 구성하고 있는 모든 역동적 상호작용을 모두 포괄할 수는 없을 것이다. 그럼에도 불구하고 다양한 정의들의 공통요소들을 정리해 보면 다음과 같다.

1) 집단상담의 대상

비교적 정상범위의 적응 수준에 속하는 사람들을 대상으로 한다. 그러므로 주로 취급되는 문제는 성격 구조의 변화나 심한 정서적인 문제가 아니고 개인의 정상적인 발달과업의 문제들, 또는 정상인의 태도와 행동의 변화이다. 따라서 주 강조점이 치료보다는 성장과 적응에 주어진다.

2) 집단상담자

훈련받은 전문가의 지도로 이루어진다. 집단상담의 상담자는 개인상담에 대한 성공적인 경험, 성격역동에 대한 광범위한 이해, 집단역동에 대한 올바른 이해, 타인과의 의사소통 및 인간관계형성 능력 등을 갖춘 사람이어야 한다.

3) 집단상담의 분위기

신뢰롭고 수용적이어야 한다. 무조건적 수용의 분위기에서 집단원들은 있는 그대로의 자기를 노출할 수 있고 자기를 발견하게 되며, 자신의 느낌과 신념과 행동을 용납하게 된다. 그리고 신뢰감의 발달없이는 상호 간의 털어놓음이 이루어지지 않을 것이다.

4) 집단상담의 과정

집단상담은 하나의 역동적인 대인관계의 과정이다. 집단상담에서 이루어지는 계속적인 상호관계를 통하여 개인은 학습하고 적응을 하게 되는 것이다. 집단원은 다른 사람들과의 의미있는 상호관계의 경험을 통하여 삶의 의미를 경험하게 된다고 할 수 있다.

이러한 내용을 바탕으로 집단상담을 정의해 보면 다음과 같다. "집단상담은 문제가 심각하지 않은 사람들이 모여 집단을 형성하고, 그들이 전문적인 상담자와 함께 서로를 신뢰하고 허용적인 분위기 속에서 자기 이해와 수용 및 개방을 촉진하는 상호작용을 함으로써 개인의 태도와 행동을 변화시키고, 문제를 해결하며, 나아가 잠재 능력의 개발을 꾀하는 활동이다."

2 집단상담의 목적과 목표

집단상담을 통해서 우리는 무엇을 얻을 수 있을까? 집단상담은 사람들이 자신을 이해하도록 도와주고, 대인관계에서 생기는 불편함, 이해받지 못하는 소외감, 오해와 갈등을 집단원과 함께 느끼고 해결할 수 있도록 해 준다. 또 집단상담은 지식이 아닌 실제적인 자기 체험을 통하여 심리적·정서적으로 안정되고 성숙한 인간이 될 수 있는 기회를 제공해 주며, 자신뿐만 아니라 주위에 있는 다른 사람의 문제 해결에도 도움을 주는 역할을 한다. 즉, 집단상담의 목적은 궁극적으로는 개인의 성장과 이를 통한 대인관계 능력의 향상 및 생활환경에 보다 잘 적응하는 것이라고 할 수 있다.

이러한 집단상담의 목적을 달성하기 위한 목표는 상황과 이론에 따라 다양하게 제시될 수 있는데, 여러 집단에서 일반적이고 공통적인 목표는 다음과 같다.

- 자신에 대한 자각을 증진시키고 그 결과로 선택과 결정의 폭을 넓힌다.
- 자신이 가진 가치관을 명료화하고 그것을 수정할지, 수정한다면 어떻게 할지를 결정한다.
- 자신의 대인관계 스타일, 특히 친밀한 관계를 방해하는 요소에 대한 자각을 증진한다.
- 자신과 타인을 신뢰하는 방법을 습득하고, 자신이 선택한 몇몇 사람에게 자신의 마음을 더 열고 진솔해진다.
- 상대에 대한 관심과 배려를 잃지 않으면서 자신의 생각과 감정, 원하는 것을 타인에게 표현하는 건강한 방법을 습득한다.
- 다른 사람의 욕구와 감정에 대해 관심을 가지고 공감하는 능력을 습득한다.
- 문제를 해결하는 더 나은 방법을 발견한다.
- 독립적이면서도 동시에 상호 협력할 수 있다.

집단 전체의 목표나 각 집단원의 의미 있는 목표가 설정되지 않으면 집단이 불필요하게 헤매는 경우가 발생할 수 있다. 왜 집단에 참여하며 자신의 목표를 성취하기 위해 집단을 어떻게 최대한 활용할 수 있는지에 대해 분명히 알지 못하면 집단에서 진정한 성숙이 일어나기 어렵다. 그러므로 집단상담자는 집단상담을 시작하고 진행하면서 집단원들과 의논하여 집단 전체의 목적을 설정하고, 집단상담 경험을 통해 달성하고자 하는 과정 목표 및 구체적인 개인 목표를 설정하는 것이 바람직하다.

③ 집단의 유형

집단상담을 이해하기 위해서는 먼저 다양한 집단작업에 대한 이해가 필요하다. 집단은 그 형태와 접근방식에 따라 여러 가지 유형으로 나눌 수 있는데, 크게 지도집단(guidance groups), 상담집단(counseling groups), 심리치료집단(psychotherapy groups)으로 나누어 볼 수 있다.

1) 지도집단

지도집단은 개인적 요구나 관심사에 대한 적절한 정보를 제공하려는 목적으로 실시된다. 주로 학교에서 이루어지며, 크기는 12~40명 정도다. 지도집단이 다른 집단과 다른 점은 비교적 구조적이며, 논의될 주제가 일반적으로 집단상담 지도자에 의해서 선정된다는 점 등이다. 또한 이 집단은 심리적 장애를 치료하는 것보다는 문제 예방에 주로 관심을 둔다는 차이가 있다. 지도집단의 지도자는 참여자들의 학습효과를 극대화하기 위해 교육자와 촉진자 역할을 동시에 수행한다. 이러한 역할을 원활하게 수행하기 위해 참여자들이 필요로 하는 정보를 준비하는 한편, 상호작용을 촉진시키는 두 가지 역할을 잘 이해하고 있어야 한다.

2) 상담집단

상담집단은 개인의 발달적 과제와 태도 및 행동의 변화가 주된 목적이다. 지도집단과는 대조적으로 주제나 문제보다는 사람에게 초점을 둔다. 집단에서 논의되는 내용은 정서적이고 개인적인 것이며, 지도집단에 비해 그 크기가 작고 덜 구조화되어 있다. 심각한 행동적인 장애를 치료하는 데에 중점을 두지 않으며, 보다 긍정적인 태도와 개선된 대인관계 기술을 갖도록 도우며, 행동 변화를 촉진하는 방식으로 집단과정을 이용한다. 아울러 집단에서 새롭게 습득된 기술과 배운 행동들을 실생활에 적용하도록 돕는다. 상담자의 주된 역할은 집단원들이 가정, 대인관계, 자기개념, 그리고 개인적·사회적·교육적 문제와 관련되어 있는 사적인 문제를 편안하게 나눌 수 있는 안전하고 신뢰감을 주는 분위기를 만들어 내는 것이다.

3) 심리치료집단

심리치료집단은 성격적·정서적 장애를 치료하는 것을 목적으로 한다. 즉, 임상적으로 훈련된 전문가가 정신적 장애를 일으킨 내담자의 보다 깊은 수준의 성격구조 교정을 위해 노력하게 된다. 내담자의 무의식적 동기에 더욱 관심을 가지며, 상담집단에 비하여 비교적 현재나 미래보다는 과거(즉, 부정적 행동의 원인)에 더 강조점을 둔다. 이 집단은 대개 정상적으로 기능할 수 없는 사람을 대상으로 하므로, 집중적이고 긴 시간을 요하게 된다. 지도자에게도 더 많은 훈련과 전문적인 기술이 요구되며 주로 의학적 환경과 관련된다.

상담집단은 교육적 목적이 강한 지도집단이나 치료적 목적이 강한 심리치료집단과는 차별성을 가진다. 상담집단과 심리치료집단은 유사점이 크지만, 심리치료집단은 근본적 변화를 추구하는 교정적 접근이고, 상담집단은 대체로 예방적·성장 촉진적 접근이라고 볼 수 있다. 그러나 이런 구별은 개념상의 분류에 그칠 수 있으며 대상의 수준이나, 상담 과정의 전문성 정도에 따라 상담집단과 심리치료집단은 연속선상에 있다고 볼 수 있다.

4 집단상담의 장점과 단점

집단상담은 개인상담과 구별되는 고유의 장점들을 가지고 있지만, 단점 또한 있으므로 이에 대해 충분한 이해와 올바른 기대를 가지고 집단상담에 임해야 한다.

1) 집단상담의 장점

첫째, 경제적인 면을 들 수 있다. 개인상담에 비하여 짧은 시간에 많은 사람의 성장을 도울 수 있으므로 시간과 노력을 크게 줄일 수 있다. 각 집단구성원은 경청하고, 타인을 수용하고, 지지할 뿐 아니라 직면시키고, 해석해 줌으로써 집단원 간에 상담자의 역할을 해 줄 수 있다.

둘째, 대체로 사람들은 개인상담보다는 집단상담을 더 편안하고 쉽게 받아들인다. 개인상담에서는 상담자를 권위자로 느끼게 되지만, 집단상담에서는 집단원들끼리 서로 동등함을 느낄 수 있다.

셋째, 지지적 분위기 속에서 새로운 행동을 실험해 볼 수 있다. 집단과정을 거치면서 집단원들은 친밀해지고 서로 배려하게 되며, 대인관계나 의사소통에서 어려움을 겪는 부분에 대해 이전과는 다른 행동을 연습해볼 수 있다. 또한 집단원들의 지지와 격려를 받으며, 집단 밖에서 적용하는 방법을 습득할 수 있다.

넷째, 집단상담에서는 쉽게 소속감과 동료의식을 발전시킬 수 있다. 집단원들 간에 서로의 관심사나 감정을 터놓고 이야기할 수 있기 때문에 다른 사람들도 보편적으로 문제들을 가지고 있다는 사실을 발견하게 됨으로써 자신만의 문제나 고통이 아님을 알고 자신이나 타인을 더 잘 이해할 수 있게 된다.

2) 집단상담의 단점

첫째, 집단상담은 개인의 행동을 변화시키는 만병통치약이 아니다. 집단상담은 인간행동 변화를 위한 다양한 접근법 중 하나이며, 실패할 수도, 부작용도 있음을 유념해야 한다.

둘째, 집단상담에서는 집단원 각각의 개인적인 문제를 깊게 다루기보다는 전체 집단의 공통의 관심사나 몇몇 집단원의 문제에 대한 논의가 이루어지기 때문에 개인상담에서처럼 특정 개인의 문제가 충분히 다루어지지 못할 가능성이 많다.

셋째, 집단 압력에 의해 마음의 상처를 받기도 한다. 예를 들어, 한 집단원이 마음의 준비가 되기 전에 다른 대부분의 집단원이 자기 노출을 하게 되면, '자기 마음속의 비밀을 털어놓아야 한다'는 집단 압력에 의해 심리적 갈등을 느끼면서 상처를 받을 수 있다.

넷째, 집단상담을 경험하는 동안 안정감을 일시적으로 상실하기도 한다. 집단상담에 참여하기 전에는 현실에 적응하며 살았으나, 집단상담 경험 후에는 지금까지의 생활 양식이나 가치관에 만족할 수 없어서 변화하려고 노력하게 된다. 그 과정에서 비록 일시적이긴 하지만 안정감을 상실할 수도 있다.

다섯째, 전문성이 떨어지는 집단상담 지도자는 집단원의 성장을 방해한다. 체계적인 훈련이나 경험이 부족한 집단상담 지도자가 집단상담을 하게 되면, 오히려 피해를 주는 경우가 있을 수 있다. 그러므로 집단상담은 집단과정에 관한 지식과 경험을 가지고 있을 뿐만 아니라, 개인상담 경험도 충분히 쌓은 상담자가 실시하여야 한다.

5 집단상담자의 자질과 특성

집단상담자의 인간적 자질은 그가 활용하는 이론이나 기술보다 상담의 효과에 더 큰 영향을 미친다. 실제로 집단원들을 상대하는 것은 집단에 대한 이론이나 기술이 아니라 그 이론이나 기술을 활용하는 집단상담자 자신이기 때문이다.

효과적인 집단상담자의 인간적 특성들을 구체적으로 살펴보자.

1) 집단원에 대한 선의와 관심

집단원들을 위한 진정한 관심과 선한 의도를 갖는 것이 효과적인 집단상담자의 필수적 자질이다. 집단원들이 비록 현재는 부족하게 보이지만 본질적으로는 문제를 해결할 수 있는 능력이 내재된 존재로 보아야 한다.

2) 자기수용

자신의 성격, 태도, 문제 등에 대한 인식과 이해를 의미한다. 집단상담자 스스로가 자신의 여러 특성 및 문제에 대해 자각하지 못하고 있다면, 다른 사람의 특성과 문제에 대한 자각을 촉진할 수 없다.

3) 개방성

집단상담자의 솔직하고 편안한 자기개방은 집단원들에게 모델이 된다. 생각이나 느낌 중 부정적이거나 노출이 어려운 것에 대해서, 그리고 자신의 실수나 약점에 대해서도 편안하게 자기개방을 함으로써 집단원들의 자기개방에 동기를 부여한다.

4) 용 기

생산적인 집단상담을 하려면 때로는 옳고 그름이 불확실한 일이라도 자신의 신념이나 육감에 따라 과감히 시도해보는 용기가 있어야 한다. 실수나 실패를 했을 때도 은폐하거나 왜곡하려 하지 않고 솔직히 인정하고 받아들일 수 있는 용기 또한 지녀야 한다.

5) 창의성

집단상담을 반복하다보면 판에 박힌 듯 생동감을 잃어버릴 수가 있다. 이처럼 진부해지는 자신을 미연에 방지하도록 새로운 방법이나 기술을 고안하기 위해 기존의 방법이나 기술에 의문을 제기하며 가능한 여러 가지 경험에 개방적이 되도록 힘써야 한다.

6) 유머감각

유머는 집단의 분위기를 여유롭고 부드럽게 하고 의사소통을 원활히 하며, 상호 간에 관심을 증대시키고 느낌·생각·행동을 바람직한 방향으로 변화시킬 수 있다. 그러나, 맞닥뜨림이 필요한 문제를 부인하거나 회피하는 수단으로 오용되지 않도록 주의해야 한다.

집단상담자의 인간적 태도는 집단 전체의 분위기와 집단원의 성장정도를 좌우할 만큼 큰 영향력을 가지고 있다. 집단상담에 참여한 많은 집단원은 부모의 미성숙한 양육 태도 때문에 상처를 받으며 성장하여 저마다 힘들고 고통스러운 문제를 가지고 있다. 이러한 집단원들에게 집단상담 지도자는 새로운 부모가 되어 준다고 할 수 있다. 즉, 옳고 그름을 가르쳐 주기도 하고, 위험한 일이 닥칠 때 보호받을 수 있다는 신뢰와 든든함을 줄 수 있다. 또한 부정적 감정들도 표현할 수 있도록 따뜻한 분위기를 만들어 주고, 어떤 감정이나 행동이라도 받아 주고 이해해 주며, 사랑과 정성으로 집단원의 성장을 돕는다.

집단상담자는 또한 집단원의 성장 잠재력을 믿고, 집단원이 성장해 나간다는 확신을 끝까지 잃지 않아야 한다. 자신과 집단원을 이해하고 서로의 성장을 돕도록 관계를 촉진시켜 나간다. 그러나 집단상담자는 완벽한 인간은 아니다. 인간에 대한 믿음을 가지고, 있는 그대로 인간을 존중하고 수용하며, 선하게 삶을 살아가려고 노력하는 사람이다. 이러한 노력을 바탕으로 형성된 성숙한 인간적 태도를 치료적 도구로 사용함으로써 집단원이 좀 더 행복한 삶을 영위해 나갈 수 있도록 돕는다. 이러한 과정을 통해 집단원 뿐 아니라 집단상담자도 더불어 성숙해 나가게 되는 것이다.

아무리 바람직한 인간적인 자질과 태도를 갖추었다고 할지라도 집단과정을 효율적으로 이끌어 갈 수 있는 전문적인 역량이 없다면 결코 훌륭한 집단상담자가 될 수 없다. 따라서 좋은 집단상담자가 되기 위해서는 체계적인 훈련과 지도 경험을 통해서 집단을 이끄는 데 필요한 전문적 기술을 습득하여 집단상담 장면에서 적절히 활용할 수 있어야 한다. 집단을 운영할 수 있으려면, ① 개인상담 경험, ② 집단상담 경험, ③ 집단 계획 및 조직 능력, ④ 상담 및 심리치료 이론에 관한 지식, 그리고 ⑤ 인간에 대한 폭넓은 식견 등의 능력이 요구된다.

6 집단상담의 구성

집단상담을 실제로 시작하기 위해서는 기본적으로 갖추어야 할 요소들이 있다. 우선은 집단이 어떤 목적을 가지고 구성되는지를 분명히 해야 하고, 그 목적에 따라 집단원을 선정하고, 장소, 집단의 크기, 집단 회기의 길이와 빈도 등을 결정해야 한다.

1) 집단원의 선정

집단원을 선정하기 위해 집단상담자는 먼저 집단원이 되기를 원하는 사람들을 한 명씩 면담하여 집단의 목표에 적합한지를 확인할 수 있다. 성별, 연령, 성격적으로 문제가 있는지 등을 고려해야 한다. 연령과 사회 성숙도는 동질적인 편이 좋은데, 성별은 아동의 경우에는 남녀를 따로 모집하는 것이 좋고, 청소년기 이상에서는 남녀가 섞인 집단이 더 바람직하다. 일반적으로 상황이 비슷한 사람들을 모아야 한다고 생각할 수도 있지만, 때로는 문제의 다양성이 집단 경험을 더 풍부하게 할 수도 있다.

2) 장 소

집단상담 장소는 집단원들에게 편안하고 사생활이 존중되는 느낌을 주면서 또한 일상의 상호작용과는 다른 특별한 공간으로 경험될 수 있도록 해야 한다. 집단원 전체가 들어가도 좁지 않을 정도로 적당히 넓어야 하고, 외부 소음이 차단되는 것이 이상적이며, 긴급한 경우를 제외하고는 전화나 다른 사람의 방해를 받지 않는 곳이어야 한다. 원형으로 앉는 것이 효과적이고, 테이블 사용은 장단점이 있는데 둥근 책상에 둘러앉으면 안정감을 느끼게 되지만 자유스러운 상호작용을 하는 데는 방해가 될 수도 있다.

3) 집단의 크기

일반적으로 성인의 경우 10명 내외가 가장 적절하다고 할 수 있는데, 상호작용 중심 집단의 경우는 7~8명이 이상적이다. 집단 크기가 너무 큰 경우 효과적인 상호 작용을 기대하기 어렵고, 성인의 경우 집단이 7명보다 적을 때 다양성이 결여될 수 있으며, 6명 정도는 작업은 가능하지만, 바람직하지는 않다. 청소년의 경우, 상담 및 치료 집단은 6명 정도가 적절하며 8명을 넘지 않는 것이 이상적이다. 아동의 경우에는, 4명이 가장 적절하며 6명보다 많을 경우 다수의 아동에게 초점을 두기가 어렵기 때문에 바람직하지 않다.

4) 집단 회기의 길이와 빈도

집단상담의 1회기 길이 역시 대상에 따라 달라지는데, 성인의 경우 1회기는 보통 1시간 30분~2시간이 선호된다. 이같은 집단상담의 길이는 집단 초기에는 모든 구성원의 참여를 가능하게 하고, 중반부터는 각 사람의 충분한 참여를 가능하게 한다. 청소년의 경우는 40~90분이 보편적이고, 아동의 경우는 집중시간이 짧으므로 길게는 40분, 짧게는 20분 내지 30분 정도가 적절하다. 정해진 시간은 지킬 필요가 있는데, 시간 통제가 없다면 내담자들이 정해진 시간을 넘기는 경향이 있으므로 상담자는 이런 가능성에 주의해야 한다. 상담 집단이 습관적으로 시간을 넘기는 것은 바람직하지 않다.

집단 빈도에 있어서 대다수의 집단은 일주일에 한 번 모이는 것이 보편적이다. 집중적인 형태로 24~48시간을 확보하여 이루어지는 마라톤 집단도 자주 볼 수 있으며, 또는 주별 과정과 집중 과정을 혼합하기도 한다.

＼Ⅱ＼ 집단상담의 역동과 과정

집단활동에는 내용과 과정이란 두 가지 측면이 있다. 내용은 지금 집단에서 무엇에 대해 토의가 이루어지고 있는가 하는 부분을 말하고, 과정은 집단이 지금 어떤 방식으로 의사소통을 하고 있는지, 누가 얼마나 많이, 누구에게 말을 하고 있느냐와 같은 부분들을 말한다. 개인상담과 달리 집단상담은 집단의 역동적 과정을 바탕으로 하여 이루어진다. 그러므로 집단상담자는 집단의 역동과 발달과정에 관한 통찰력을 지녀야할 뿐 아니라, 이를 생산적으로 활용할 수 있는 능력을 터득해야 한다.

집단과정에는 집단의 역동과 발달단계의 두 가지 측면이 포함된다. 모든 집단에는 그때 그때(매순간) 집단의 활동을 좌우하는 어떤 복합적인 힘이 작용한다. 이러한 복합적인 힘의 상호작용이라는 집단역동에 의하여 집단이 특정 방향으로 변화해 나가는 과정을 집단의 발달단계라 한다.

■1 집단상담의 역동

집단역동(group dynamics)이란 집단 내, 집단원들 사이, 그리고 집단상담자와 집단원들 사이에서 발생하는 지속적인 상호작용과 상호관계에서 발생되는 힘을 일컫는 말이다. 간략히 말하면 집단역동이란 집단에 작용하는 힘들을 말한다. 모든 집단은 의식하든 그렇지 못하든 복합적인 힘이 작용하게 마련이다. 다시 말해서, 두 사람 혹은 그 이상의 사람이 모여 활동할 때는 필연적으로 여러 가지 형태의 집단 역동이 생성된다. 집단상담은 집단의 역동적 과정을 바탕으로 하여 이루어지므로, 집단상담자는 집단에서 일어나고 있는 역동들을 재빨리 감지할 뿐 아니라 이들을 생산적인 방향으로 활용할 수 있어야 한다. 집단역동에 영향을 미치는 요인들은 다음과 같다.

1) 집단 응집력

집단원들이 '나' 혹은 '너'라는 의식에서 벗어나 '우리'라는 의식을 갖고 집단의 목표 달성을 위해 서로 지지하고 협조하는 분위기가 조성되어야 한다. 이러한 응집력이 높은 집단은 의사소통을 더 많이 하며, 상호작용의 내용이 긍정적이다. 집단원들이 서로를 돌보면서 교정적 피드백을 주고 받을 수 있는 분위기는 이러한 집단응집력에서 비롯된다.

2) 집단상담자 변인

집단상담자가 효과적으로 집단을 이끌기 위해 어떤 태도와 방식을 취하느냐가 집단역동에 영향을 미친다. 예를 들면, 집단지도력 역할에서 능동적 자세 혹은 수동적 자세, 자기에 대한 투명성 혹은 불투명성, 정서지향 또는 인지지향, 과정에 초점을 맞추거나 내용에 초점을 맞추는 것 등이다.

3) 집단원 변인

집단원들은 집단에 의해 받아들여지기를 원하고, 기대되는 것을 알고 싶어 하며, 소속감을 갖고 싶어 하고, 안전감을 느끼기를 원한다. 이러한 힘이 결여될 때, 집단원들은 부정적·적대적·소극적인 자세로 집단에 무관심해지는 경향이 있다. 이러한 부정적인 힘은 집단발달을 저해하는 역동을 일으키므로 주의를 요한다.

4) 집단의 배경

집단원의 성별, 연령, 학력, 결혼상태, 직업, 사회경제적 지위, 종교, 집단 경험 유무 등 집단원의 배경에 관한 다양한 요소들은 집단역동에 직간접적으로 영향을 미친다.

5) 목표 설정

집단상담자는 집단상담을 통해 집단원이 이루고자 하는 분명한 목표를 설정해서 이를 달성하도록 도와야 한다. 만약 집단원의 목표가 구체적이지 못하다면, 그의 목표를 명료화시키고 구체적으로 진술하도록 해야 한다.

6) 집단규범

집단상담자는 집단상담 초기에 집단원들이 기본적으로 지켜야 할 규칙을 제안하고 적절한 토의를 거쳐 집단규범을 형성하는 것이 필요하다. 예를 들면, 비밀 유지, 결석하지 않기, 적극적으로 참여하기, 다른 집단원을 공격하지 않기, 나-전달법으로 피드백하기 등을 집단규범으로 정할 수 있다.

② 집단상담의 과정과 발달단계

일반적으로 집단은 예측할 수 있는 방식으로만 발달하지 않는다. 실제 집단상담에서는 중복되는 부분이 많을 뿐 아니라, 이미 높은 수준의 단계까지 발달한 집단이 더 이상 발달하지 않거나 이전의 단계로 회귀하는 현상도 나타날 수 있다. 또한 집단에서 갈등 해소와 같은 특정한 목적이 성취되었다고 해서 새로운 갈등이 더 이상 발생하지 않는 것도 아니다.

집단상담자가 집단의 발달과정에 대한 전형적인 패턴을 안다면 집단을 전체적으로 조망할 수 있는 능력을 가지게 될 것이고, 집단 내에서 발생할 수 있는 문제들을 예측하거나 알아차리고 그에 대해 적절한 시기에 효과적으로 개입할 수 있을 것이다. 집단의 발달단계는 대체로 시작단계, 과도기단계, 작업단계, 종결단계, 추수단계의 다섯 단계로 구분할 수 있다.

1) 시작단계

집단상담이 출발하는 초기단계로서, 탐색이 이루어지는 단계다. 초기단계, 도입단계로 표현되기도 한다. '집단에 속할 것인가, 말 것인가?', '집단이 얼마나 안전하고 신뢰할 만한가?'의 두 가지 주제가 주로 부각된다. 침묵이 많을 수도 있고, 집단원들은 서로 간에 어색하게 느끼며 혼란스러워 한다. 혹은 문제와 연관 없는 주제에 대해 이야기하기도 한다.

이 단계에서 집단상담자는 집단 참여자로서의 모범을 보이고, 집단원들이 자신의 느낌을 솔직하게 표현하는 것을 지지하고 격려함으로써 집단원들이 상호작용을 시작할 수 있도록 도와주어야 한다. 또한 집단의 방향을 제시하고 적절한 집단규범을 발달시켜 집단이 생산적으로 유지·발전될 수 있도록 노력해야 한다. 그리고, 온정적, 긍정적, 수용적인 태도로 집단원의 불안을 해소하고, 허용적인 분위기를 조성하는 데 힘써야 한다.

2) 과도기단계

이 단계는 저항이 다루어지는 단계로 저항단계 혹은, 갈등단계라고도 한다. 혼란과 갈등이 일반적으로 발생한다. 주로 집단원의 불안감이나 방어적 태도가 두드러지며, 집단 내에서 힘과 통제력을 놓고 갈등이 일어나기도 한다. 집단상담자의 역할과 능력에 도전하는 행동이나 말이 표현되며, 집단원들의 저항이 다양한 형태로 표출된다.

집단상담자는 집단원들이 자신의 불안감을 표현하게 하고 갈등 자체를 건강한 것으로 인식하는 긍정적이고 개방적인 태도를 가지게 함으로써 그들의 힘으로 갈등을 건설적으로 해결할 수 있도록 도울 수 있다. 이를 위해 집단상담자는 집단원들이 집단상담자에게 보이는 도전과 저항에 대해 솔직하고도 개방적인 태도로 접근하는 모범을 보여야 한다. 이 단계의 성공 여부는 주로 집단상담자가 집단원들에게 얼마나 수용적이고 신뢰 있는 태도를 보이면서 상담기술을 어떻게 발휘하느냐에 달려 있다.

3) 작업단계

과도기단계의 갈등과 저항을 효과적으로 처리하면 작업단계로 들어가게 된다. 작업단계는 집단 발달과정에서 핵심적인 단계로서 응집성이 강하게 일어나고 친밀 감이 형성된다. 또한 문제 해결과 행동 변화 등 생산적인 작업이 이루어진다고 볼 수 있다. 작업단계는 명확한 구분을 가지고 나눌 수 있는 것이 아니며, 때에 따라서는 집단의 단계 곳곳에서 나타나기도 한다. 집단 내 의사소통이 개방적이며 집단원이 경험한 것을 정확히 표현한다. 집단원들 모두가 지도력을 가지고, 직접적으로 자유롭게 상호작용하며, 개인적 문제들을 집단에 내어놓는다. 또한 피드백을 자유롭게 주고받으며 변화하려는 자신의 시도가 지지받는다고 느끼면서 과감히 새로운 행동을 시도하기도 하고, 집단 밖에서 행동의 변화를 가져오려고 노력한다.

이 단계에서 집단상담자의 역할은 적절한 시기에 집단원이 보여 주는 행동의 의미를 해석해 주어 더 깊은 수준의 자기 탐색이 이루어지게 하는 것이다. 또한 사고, 감정, 행동의 바람직한 변화가 일어나도록 집단원을 돕고, 집단과정을 통해 깨닫거나 알게 된 것을 행동으로 옮기도록 격려하면서, 집단원들이 시도한 행동 결과의 성패보다는 시도에 초점을 두고, 끊임없이 격려해 주는 것이 필요하다.

4) 종결단계

종결단계는 지금까지 했던 작업을 다지고 마무리하는 단계이다. 집단의 마무리 단계에서 집단원들이 직면하는 주요 과제는 자신의 학습을 통합·정리하고, 학습한 것을 외부 환경으로 전환하는 것이다. 이 단계에서는 종결과 헤어짐에 대한 감정을 다루고, 지금까지 집단이 집단원 각자에게 주었던 영향을 평가하며, 설정한 목표가 있었다면 어느 정도 달성되었는지 확인한다. 집단원이 목표를 이루었을 경우 현실에서 계속 실천하고 적용할 수 있도록 격려해야 할 것이다. 서로에 대한 피드백과 해결되지 않은 주제를 마무리하고, 앞으로 개인의 성장을 위해 어떻게 살 것인가를 전망하는 활동이 전개될 수 있다.

5) 추수단계

추수단계는 집단상담이 끝나고 일정 시간이 지난 후에 필요에 따라 모일 수 있다. 집단상담의 효과를 재검토하고 집단의 효과가 지속되고 있는지 등을 돌아보는 단계로서, 집단상담에 대한 중요한 평가의 시간이기도 하다. 집단상담이 끝난 후로 어려움이 있었다면 이에 대해서도 얘기하며 서로를 격려하고 지지해 줄 수 있을 것이다. 전체 참석이 어렵다면 개인 면담을 하거나 설문지를 활용할 수 있다. 집단상담자의 주된 과업은 집단원들이 집단상담자나 다른 사람의 지지와 도움이 없이도 집단에서 습득한 새로운 신념과 행동을 스스로 강화해 나갈 수 있는 방법을 모색하는 것이다.

Ⅲ 집단상담의 기법

집단상담자가 그 역할을 효율적으로 수행하기 위해서는 다양한 집단상담의 기법이 필요하다. 집단상담에 대한 이론을 많이 알고 또 잘 해보겠다는 의욕만 가지고는 집단상담을 제대로 이끌 수 없다. 집단상담자는 집단지도를 위한 기본적인 기법 뿐만 아니라 집단의 각 발달단계와 상황에 적합한 집단상담의 기법을 배우고 익혀서 효과적으로 활용할 수 있도록 해야 할 것이다. 이를 위해서 다양한 집단경험이 필요할 뿐 아니라 전문가로부터 지도 감독을 받을 필요도 있다.

집단상담자가 알고 활용해야 할 다양한 기법들 가운데 대표적이고 중요한 기법들을 소개하면 다음과 같다.

1) 관심 기울이기

집단상담은 어떤 의미에서 의사소통의 과정이라고 할 수 있다. 다양한 연구에 의하면 의사소통에 있어서 언어적인 부분보다 비언어적 부분의 전달력이 더 크다는 결과가 일반적이다. 즉, 관심기울이기를 한다는 것은 집단원의 입으로 하는 말의 내용

뿐 아니라 비언어적인 부분에 대해서도 민감한 관심을 기울이는 것을 의미한다. 관심기울이기는 집단상담자가 집단원들의 메시지를 정확하게 이해할 수 있는 수단이될 뿐 아니라 그들을 존중한다는 점을 보여주기도 한다. 집단상담자의 관심기울이기 반응은 집단원의 발표와 집단에의 참여를 촉진할 수 있을 것이다.

관심기울이기의 요소로는 첫째, 말할 때 서로 간에 시선을 부드럽게 마주칠 것, 둘째, 수용적인 몸짓과 상냥한 얼굴 표정을 지을 것, 셋째, "아, 그래요?", "맞아요!" 같은 간단한 말이나 고개를 끄덕이는 것 같은 동작 등으로 즉각적인 반응을 보일 것 등을 꼽을 수 있다.

2) 공감적 반응하기

집단상담자가 집단원의 주관적 세계를 감지하고 이를 그에게 효과적으로 말해주는 기술이다. 집단상담자가 집단원의 말과 행동에 대하여 가치판단에 사로잡히거나 어떻게 반응해야 하는가에 대한 생각에 주의를 기울이는 경우, 효과적인 공감반응은 불가능하다. 흔히들 간단히 "공감한다.", 또는 "무슨 말인지 이해한다."는 식으로 말하는 것을 공감적 반응으로 오해하고 있으나, 이러한 반응은 비효과적이다. 공감적 반응은 집단원의 입장에서 그의 느낌 또는 내적 경험을 이해하고 이를 직접 말로 전달하는 것이어야 한다.

공감적 반응은 집단원으로 하여금 집단상담자와 집단에 대해서 수용적이고 신뢰로운 느낌을 갖도록 하는 효과를 발휘한다. 그러한 안도감과 편안한 느낌으로 인해서 집단원은 자기를 방어할 필요성을 덜 느끼게 되고 아울러 더 깊은 자기 탐색과 자기 노출을 할 수 있는 용기를 갖게 된다.

3) 피드백 주고받기

타인의 행동에 대한 자신의 반응을 상호 간에 솔직히 이야기해주는 과정을 피드백(feedback)이라고 한다. 집단상담의 중요한 목적 중 하나는 집단원으로 하여금 타인이 자기를 어떻게 보고 있으며, 또 어떻게 반응하고 있는지에 대해 학습할 기회를 제공해 주는 것이다. 이 방법을 잘 활용하게 되면, 집단원의 특정 행동 변화에 도움을 줄 수 있을 뿐만 아니라 피드백을 주고받는 방법에 대한 모델의 역할도 할 수 있다.

집단원1(하늘): 저는 제 성격이 정말 답답할 때가 있어요. 구름이는 매사에 빨리 빨리 잘 결정하는 것 같아서 정말 부러워요.

집단원2(구름): 저에 대해 좋게 얘기해 줘서 고마워요. 그런데 저는 제가 너무 성급해서 다른 사람과 부딪히는 것 때문에 고민이에요. 저는 오히려 하늘이의 차분한 이미지가 정말 예쁘게 보여요.

집단상담자: 하늘이와 구름이가 서로 다른 특성에 대해 좋은 느낌이 드나 보네요. 아무튼 두 사람이 서로의 강점을 드러내어 줌으로써 서로에게 힘을 북돋아 주려는 것 같아 기쁩니다.

4) 반영하기

반영이란 집단원이 전달하고자 하는 의사의 본질을 스스로 볼 수 있게 반사 혹은 반영해주는 기술을 말한다. 효과적인 반영은 그대로 되풀이하는 수준에 그쳐서는 안 되며, 집단원이 하는 말의 내용 뿐만 아니라 내용 뒤에 숨어있는 느낌을 함께 이해하고 있다는 사실을 알려주는 것이다. 반영하기의 목적은 두 가지이다. 첫째, 말하고 있는 집단원으로 하여금 지금 자신이 하고 있는 말을 좀 더 인식하게 돕기 위하여, 둘째, 집단원이 느끼고 있는 느낌을 집단상담자가 알고 있다는 사실을 그에게 의사소통 해주기 위해서이다.

집단원(시냇물): 음, 저는 지난 주에 집단에서 배운 의사소통 기술을 엄마한테 써 봤는데요. 엄마가 아주 좋아하시더라고요. 엄마가 그렇게 좋아할 줄은 몰랐어요.

집단상담자: 시냇물이 집단에서 터득한 기술을 가정에서 적용해 보고 예상보다 좋은 반응을 얻게 되어 기쁜가 봐요. 그리 큰 기대는 하지 않았던 모양인데…….

집단원(몽돌): 전 시냇물이 어떤 심정일지 알아요. 저도 한 때는…….

집단상담자: 시냇물의 경험에 대해 몽돌이 공감하는 부분이 있는 것 같은데, 시냇물에게 그 부분을 직접 얘기해 보겠어요?

5) 명료화하기

명료화는 어떤 중요한 문제의 밑바닥에 깔려있는 혼동되고 갈등적인 느낌을 가려내어 분명히 해주는 기술이다. 명료화를 위한 기법으로는 질문, 재진술, 다른 집단원들을 활용하여 명료화하게 하는 방법들이 있다. 만약 집단원이 문제 상황에 있기 때문에 생각이나 감정이 막연하거나 혼란스럽고 불완전하다면 나머지 집단원들은 그의 말을 제대로 이해하지 못할 뿐 아니라 자칫하다 보면 집단과정 전체에 대해 흥미를 잃게 될 수도 있다. 그러므로 집단상담자는 집단원의 말을 잘 경청하고 명료화를 해줄 수 있어야 한다. 명료화는 반드시 집단상담자만 할 수 있는 것이 아니다. 한 집단원이 다른 집단원의 말을 명료화하도록 유도함으로써 집단에의 기여도를 높이며 참여를 촉진할 수 있다.

> 집단원(유진): 어떨 때는 제가 점점 미쳐 가는 것이 아닌가 하는 생각이 들면서 갑자기 무서워질 때가 있어요. 물론 남자친구와 헤어진 것 때문에 잠시 혼란을 느끼는 것이겠지만요. 어젯밤에는 제 친구 지은이와 통화했는데, 지은이가 내가 너무 이기적이라면서 막 뭐라고 하는 거예요(울먹이기 시작한다).
> 집단상담자: 유진씨가 여러 가지 상황에 대해 이야기 했는데, 남자친구와 헤어진 것도 감당하기 힘든데, 친구의 비난까지 받게 되어 더욱 힘들다는 얘기인가요?

6) 질문하기

특정 집단원의 문제와 관련하여, 구체적인 정보를 필요로 하거나 문제를 보다 깊이 탐색하고, 각 정보들 간의 관련성을 알아보기 위하여 질문을 해야 하는 경우가 있다. 그러나 질문을 적절하게 사용하지 않으면 집단원이 오히려 스스로를 방어하게 되거나 대답을 하고 싶지 않도록 할 뿐 아니라 마음의 상처를 입는 경우도 있을 수 있다. 집단상담자는 적절한 방식으로 질문을 하는 방법을 익혀야 할 필요가 있는데, 집단원의 대답을 한정짓는 폐쇄적 질문보다는, 자유롭게 어떠한 대답이라도 할 수 있게 하는 개방적 질문이 적절하다. 또한 '왜'를 묻는 직접질문보다는 '궁금합니다', '알고 싶습니다'와 같은 형식의 간접질문이 유용하며, 이중질문이나 질문공세는 바람직하지 못하다.

> 집단원(승철): 아무도 나를 좋아하지 않고, 나는 아무에게서도 인정받지 못한다고 느껴져요.

집단상담자 반응1: 승철이가 인정을 받고 싶은 사람이 누구인지 궁금하구나.

집단상담자 반응2: 어떨 때 인정받는다고 느껴질 것 같니?

7) 해석하기

집단원이 표면적으로 표현하거나 인식한 내용을 뛰어넘어 집단상담자가 그에게 새로운 방식으로 자신의 문제를 바라볼 수 있도록 그의 행동, 사고, 감정에 대해서 새로운 의미를 부여하거나 새롭게 설명하는 것을 말한다. 즉, 해석은 서로 무관한 것 같은 집단원의 말이나 경험을 서로 의미있게 연결시키고 그의 행동 사고, 감정 속에서 숨겨진 패턴이나 문제를 지적함으로써 자신을 새롭게 이해할 수 있는 틀을 제시해주는 것이다.

집단원 스스로 해석할 수 있게끔 집단상담자가 추측이나 가정의 형식으로 진술하는 것이 바람직하다. 해석을 하는 목적은 첫째, 통찰을 촉진하고, 둘째, 집단원의 감정을 확인하고 경험하게 하며, 셋째, 자기통제력을 향상시킴으로써 내담자가 자신의 행위에 대한 책임을 지도록 하기 위해서이다.

집단원(사슴): 다른 사람은 외국어 시간에 다 잘 해나가는데 저는 입이 잘 열리지 않아요. 모든 사람이 저를 비웃을 거라는 생각이 들어요.

집단상담자: 친구들 앞에 나서서 뭘 한다는 게 사슴의 열등감을 자극하는 것은 아닐까? 내 생각엔 사슴이 사람들 앞에서 말하는 것과 관련해서 과거에 좋지 않은 경험을 한 것 같은데.

8) 행동을 제한하기

집단상담자는 집단원이 바람직하지 못한 행동을 할 때 그러한 행동을 하지 못하도록 제한해야 한다. 행동을 제한한다는 것은 집단원을 비난하거나 공격하는 것이 아니라 비생산적이고 집단 발전에 도움이 되지 않는 행동을 하지 못하도록 제한하는 것이다. 집단상담자가 특정 집단원의 행동을 제한한다는 것은 다른 집단원들로 하여금 같은 행동을 하는 것을 억제하는 효과도 줄 수 있다. 집단상담자가 제한해야 할 행동들은 첫째, 지나치게 질문만 계속하는 것, 둘째, 제 3자의 험담을 하는 것, 셋째, 집단 외부의 이야기를 길게 늘어놓는 것, 넷째, 다른 집단원의 사적인 비밀을 캐내려고 강요하는 것 등이다.

집단원(주희): (어린 시절 아버지의 주벽으로 가족들이 어려움을 겪었던 일에 대해 장
황하게 늘어놓는다.) 또 제가 중학교 때로 기억하는데요.

집단상담자: 잠깐만, 주희야! 어린 시절의 경험이 현재 너의 삶에 영향을
주고 있어서 지금 그 일에 대해 이야기하고 있는 것 같은데,
여기서 잠시 말을 멈추고, 다른 사람들이 주희 자신과 주희 가
족에 대해 궁금한 점을 물어보는 시간을 갖도록 하자. (다른 집
단원들을 둘러보며) 주희가 처했던 상황에 대해 주희가 가졌던
감정을 보다 깊게 탐색할 수 있게 도울 수 있는 질문을 생각해
보기 바랍니다. (집단원들이 생각하는 모습을 관찰하다가) 자, 내가
먼저 해 볼까? 다음, 아버지께서 술에 취해 집에 들어오실 때,
주희는 어떤 느낌이 들었을까?(잠시 멈추었다가) 아버지의 주벽
이 주희 자신 때문이라는 생각은 들지 않았는지.

9) 촉진하기

집단상담자는 집단이 보다 활성화되고 모든 집단원들이 적극적으로 집단과정에
참여함으로써 개인적 목표와 집단적 목적을 달성할 수 있도록 도와야 한다. 마치 배
의 선장처럼 배의 방향을 잡아주고, 항로를 이탈했을 때는 정상 항로로 복귀하도록
감독하고, 선원들이 지치거나 힘들어할 때는 격려하고 임무를 수행하도록 촉진하는
역할을 해야 한다. 집단과정을 촉진하기 위해 유의해야 할 측면들은 첫째, 집단원들
로 하여금 그들의 느낌을 솔직하게 말하도록 돕기, 둘째, 안전하고 수용적이며 신뢰
로운 분위기를 조성하는 데 힘쓰기, 셋째, 집단원이 개인적인 문제를 탐색하거나 새
로운 행동을 실험해보려고 할 때 격려와 지지해주기, 넷째, 초청 혹은 도전을 통하
여 가능한 많은 집단원들을 참여시키기, 다섯째, 집단상담자에게 의존하는 경향을
줄이기, 여섯째, 갈등이나 의견의 불일치를 공공연히 표현하도록 장려하고 의사소
통의 장벽을 극복하도록 돕기 등이다.

Ⅳ 구조화 프로그램

프로그램의 사전적인 의미는 진행계획, 순서, 진행 목록 등을 뜻한다. 프로그램

에는 공통적으로 목적이나 목표, 일련의 활동, 활동의 구성원리가 존재한다. 집단상담 영역에서 가장 보편적인 프로그램 중에 하나인 구조화 프로그램이란 특별한 목적을 위하여 어떤 구체적인 지시에 따라 집단에서 수행하는 일련의 활동들을 의미한다. 집단의 목적에 따라 구조화 활동을 개발하고 일련의 활동들을 적절한 전개원리에 따라 배치한 다양한 구조화 프로그램들이 지속적으로 개발·활용되고 있다.

1 구조화 프로그램의 의미

구조화 프로그램은 실제 생활지도 현장에서 매우 유용하다고 평가되어지며, 집단상담을 더욱 의미 있고 흥미진진하게 만드는 역할을 한다. 구조화 프로그램을 활용하는 것은 집단원들에게 효과적인 집단상담의 방식으로 도움을 줄 수 있고, 초심 집단상담자들에게는 집단의 필요 및 기술 수준, 나이 수준 그리고 집단원들의 요구에 적응하기 위해 중요하다.

상담 프로그램은 체계적이고 과학적인 방법으로 내담자 개인이나 집단, 조직이나 지역사회의 변화를 유도하기 위하여 마련된 것이다. 다른 영역에서와 마찬가지로 상담 프로그램의 종류는 그 실시 대상에 따른 목적이나 내용에 있어서 매우 다양하고 실시 기간도 단기적인 것에서부터 상당한 기간을 요구하는 것에 이르기까지 광범위하다.

구조화 프로그램은 집단상담 영역에서 폭넓게 활용되고 있고, 집단원이나 집단상담자 모두에게 효율적이고 유익한 측면이 확인되고 있다. 집단상담자는 이러한 도구로서 구조화 프로그램을 잘 활용할 필요가 있다.

2 구조화 프로그램의 실제

집단상담자는 항상 새로운 구조와 자극을 제시하고 창조성과 풍부한 상상력을 구사함으로써 훌륭한 성과를 거둘 수 있다. '집단치료'와 달리 집단상담은 무겁고 기계적이기만 해서는 안 되며, 활기찬 분위기를 가능한 한 형성해 주는 것이 바람직할 것이다.

청소년과 성인을 위한 구조화 프로그램에 활용될 수 있는 실제적인 활동들을 상담 단계별로 간단히 내용 및 취지를 소개하고자 한다.

1) 집단상담의 초기

집단을 처음 시작하는 초기에는 집단상담자와 집단원들이 서로를 알아가며 신뢰로운 관계를 만들어 갈 수 있도록 하는 활동들이 필요하다. 자기소개하기와 신뢰감 형성을 위한 기차 놀이 등을 예로 들 수 있다.

- 집단원들의 자기소개: 연령, 직위, 공식적 역할, 가족관계, 장래계획들을 말하지 않도록 하고, 대신 자신이 '어떤 사람'이며, 무엇을 좋아하고 싫어하며, 요즈음 무엇에 관심을 가지고 있는지 말하도록 하는 것이 바람직하다. 즉, 가능한 한 형식적이고 외형적인 소개를 피하면서 자기의 내면세계, 자아 개념, 관심사를 나타내도록 하는 것이다.

- 신뢰감 형성을 위한 기차 놀이: 집단원들이 앞사람의 뒷모습을 보며 원을 그리고 선다. 원을 좁혀서 충분히 밀착이 되면 의자에 앉듯이 그대로 앉도록 한다. 이 때 '넘어지지 않을까?'하는 의심이 생길 수 있지만, 믿음을 가지고 동시에 앉으면 뒷사람의 무릎 위에 앉게 되므로 넘어지지 않는다. 만약 넘어지면 한 두 사람이 의심을 하고 제대로 앉지 않아서이므로 호흡을 맞추는 것이 중요함을 알려주고 다시 시도한다. 앉은 채로 '기찻길 옆 오막살이' 노래를 부르며 걸어가게 할 수도 있다. 이 활동이 성공하려면 집단에 대한 신뢰감이 꼭 필요하다는 것을 알려주도록 한다.

2) 집단상담의 중반기

집단이 활발해지는 중반기에는 역할연습 및 역할 바꾸기 활동, 일방적 의사 전달, 내 생애 가장 중요한 세 사람 말하기 등의 활동으로 집단원 상호 간의 의사소통과 집단원 개개인의 자기이해를 더 촉진시킬 수 있다.

- 역할연습 및 역할 바꾸기: 역할연습은 상담의 초점이 되는 한 집단원을 주인공으로 하고, 그 사람과 깊은 관계가 있는 다른 사람의 역할을 다른 집단원이 맡도록 하여 하고 싶은 언행을 실험적으로 교환하도록 하는 것이다. 이 방법은 평소에 이해가 안 되었던 주위 인물의 마음과 태도를 이해하고 스스로 통제했던

정서를 표출할 수 있게 하는 장점이 있다. 역할바꾸기는 집단원들의 이름이 적힌 카드 중 자기 이름이 아닌 것을 뽑아서, 정해진 시간 동안 이름이 뽑힌 사람의 언행을 모방하게 한 후 다른 집단원들이 누구인지를 알아맞히게 한다. 이 방법은 자기가 다른 사람들에게 어떻게 보이는가를 알려주는 좋은 방법이다.

- 일방적 의사 전달: 어떤 집단원이 오랫동안 이야기의 초점이 되어 왔으나 실질적인 진전이 없을 경우에 쓸 수 있는 방법이다. 해당 참여자에게 일체 침묵을 지키게 하고 다른 모든 집단원이 돌아가면서 그 사람에 대한 각자의 의견을 말하도록 한다. 그런 다음에 그 사람으로 하여금 반응을 보이도록 한다. 말을 너무 하지 않고 반응이 없는 집단원에게 접근할 수 있는 활동이기도 하다.

- '내 생애에 가장 중요한 세 사람' 말하기: 집단원의 자기 이해를 촉진시키기 위해, 초등학교 시절에 '가장 중요했던 세 사람'이 누구였는지 말하도록 한다. 그리고 앞으로 3년 동안 혹은 10년 후에 누가 '가장 중요한 세 사람'이 될지를 추측해서 말하도록 할 수도 있다. 이 활동은 생활 단계를 나누어 자기에게 중요한 의미를 갖는 대인관계의 성격과 내용을 발견하는 데에 도움이 된다. 이러한 자기이해를 명료화하기 위하여 세 사람을 선택한 이유나 그들에게서 기억되는 추억 및 감정을 질문할 수 있다.

3) 집단상담의 종결기

집단의 종결을 준비하며 여지껏 집단에서 이룬 성과를 확인하는 집단상담의 종결기에 적절한 활동으로는 '발전된 것과 더 개선되었으면 하는 것' 말해 주기 활동과 가상적 재회의 모임 갖기 활동을 들 수 있다.

- '발전된 것과 더 개선되었으면 하는 것' 말해 주기: 다른 집단원의 가장 발전되었다고 생각되는 점(장점, 매력)과 더 개선되었으면 좋겠다고 생각되는 점(단점, 아쉬운 점)을 한두 가지씩 구체적으로 적어서, 돌아가며 읽고 소감을 나눈다. 이 기법은 집단상담의 중간과정에서도 사용할 수 있으나 대체로 마지막 단계에서 어느 정도 변화를 했고 무엇을 더 노력해야 할 것인지 구체적인 개념을 갖도록 하는 것이 더 효과가 있다. 집단상담자는 집단원들에게 집단상담 경험이 어떤 의미가 있었는가를 요약해 주고, 집단상담 경험을 실제 생활 현장에서 어떻게

실천을 할 것이며 어떤 한계가 있을지 협의토록 해야 한다.

- 가상적 재회의 모임을 갖기: 집단상담의 마지막 시간에 상담자는 그 모임이 1년 후에 다시 모인 것으로 생각해 보도록 제안한다. "집단상담에서 검토하고 이룩한 것들을 그동안 어떻게 실천했는지 궁금하군요."라고 상담자가 시작하면 집단원들은 이것이 가상적인 것임을 이해하고, 자신들의 상황이 어떻게 경과되었는지 과거형으로 말하는 동안, 상담자는 지금까지의 상담과정에서 이야기된 관심사와 목표했던 계획들이 어떻게 구체적으로 진전된 것으로 표현되는지에 주목한다. 이 활동은 집단상담의 마지막 모임을 '앞으로 어떻게 노력하여 목표를 실천하겠다는 것을 공개적으로 약속하는 기회'로 자연스럽게 만들어 준다. 무슨 모임이건 종결은 아쉬운 것이고, 참여자들은 서로 헤어진다는 사실에 허전함을 느끼게 마련이다. 이 '가상적 재회의 경험'은 그러한 심리상태를 정리하고 비교적 긍정적으로 끝마치게 하는 활동이라고 할 수 있다.

요약

　집단상담의 기초적인 내용으로 집단상담의 정의와 목적, 목표, 집단의 유형, 집단상담의 장단점, 집단상담자의 자질과 특성, 집단상담의 구성에 대한 내용을 살펴보았다. 집단상담은 교육, 예방적 효과와 치료적 효과를 함께 가지면서 개인의 성장과 대인관계 능력 향상 및 생활환경에 더 잘 적응하는 목적으로 이루어진다. 그러나 함부로 이루어진 집단상담은 참여자들로 하여금 오히려 혼란을 느끼게 할 수도 있으므로 집단상담에 대한 올바른 이해가 꼭 필요하다. 집단상담에 대한 올바른 이해를 위해서는 역동과 과정을 아는 것이 무엇보다 중요하기 때문에 집단상담의 역동과 과정 및 발달단계를 또한 살펴보았다. 집단상담자는 집단 내에 어떤 힘들이 작용하며 집단이 어떻게 변화하며 발달하는지에 대해 파악할 수 있어야 한다. 그리고 집단상담자의 효율적인 역할수행을 위해 필요한 기법들을 소개하였다. 관심 기울이기, 공감적 반응하기 같은 기본적인 기법들과 명료화하기, 해석하기 등 집단의 발달단계와 상황에 적합한 기법들을 잘 활용한다면 집단상담을 더욱 활발하고 유익하게 진행할 수 있을 것이다. 마지막으로 구조화 프로그램의 의미와 실제 활동을 간단히 소개하였다.

　최근 청소년 및 성인을 대상으로 문제행동 해결과 예방을 위한 집단지도 프로그램들이 활성화되고 있다. 이러한 프로그램들을 잘 활용하기 위해서는 집단상담에 대한 올바른 이해가 필요함을 다시 한 번 강조하면서, 집단상담 특유의 효율성, 경제성, 실용성이 다양한 생활지도 현장에서 잘 발휘되어지기를 희망한다.

CHAPTER

6 학교 장면에서의 학생평가

Contents

학생들에 대한 정확한 이해는 교실에서 전문적인 지식의 전달을 위해 필요할 뿐만 아니라, 그들의 성장을 촉진시키는 데에도 매우 중요하다. 학생들을 이해하는 방법은 매우 다양하다. 표준화된 검사를 통해 그들을 이해할 수도 있고, 면담이나 행동관찰 등과 같은 비표준화된 검사를 통할 수도 있다.

이 장에서는 다양한 생활지도 장면에서의 활용을 돕기 위해, 학생평가에 대한 전반적인 이해와 그 구체적인 내용을 알아갈 수 있도록 살펴보고자 한다.

Ⅰ 학생평가의 의의

학생평가는 과학적이고 체계적인 학생 조력활동을 위해 학생 개개인에 대한 객관적인 자료와 정보를 수집하는 활동이다. 학생평가활동은 학생 개개인의 신상, 특성, 잠재력을 파악하여 학생에 대해 좀 더 깊은 이해를 하고 도움을 필요로 하는 학생을 사전에 파악하여 도움을 제공할 수 있다는 점에서 그 의의를 찾을 수 있다. 이는 사후처치보다 예방에 역점을 둔다는 점에서 매우 중요한 학교상담의 한 영역이라 하겠다. 학생평가는 학생들은 서로 다르다는 것, 즉 개인차가 있다는 기본적인 가정 하에 실시된다. 학생의 적성, 흥미, 포부, 성격 혹은 잠재능력 등이 저마다 남다르기 때문에 교사는 그것을 측정하고 파악하는 데 필요한 전문지식과 경험을 갖추고 있어야 한다. 평가결과는 상담 장면에서 학생 개개인에 대한 이해의 폭을 넓혀주고 학생의 요구와 관심을 파악하는 데 도움을 주며 체계적 정치활동과 추수지도 프로그램의 조직 및 계획에 필요한 정보를 제공해 주기 때문이다(연문희, 강진령, 2002).

학생평가는 다양한 방법으로 이루어질 수 있다. 표준화 검사와 비표준화 도구를 활용하여 학생 개개인의 능력, 적성, 소질, 행동, 성격 등의 장단점을 파악할 수도 있고, 생활기록부 및 학생 관찰 및 면담, 학부모 및 직전 학년 담임선생님과의 면담, 교우 관계 조사 등 다양한 자료를 활용할 수도 있다. 이러한 학생평가는 학교 안에서 이루어지는 학습활동과 학생지도에 도움이 될 수 있는 정보를 제공해주고, 학생들 스스로에게도 자기이해와 자기수용을 할 수 있게 도와주고, 학부모들도 자녀에 대한 이해를 높일 수 있게 한다.

Ⅱ 구조화된 검사

구조화된 검사는 흔히 표준화 검사, 객관적 검사라고도 불린다. 표준화 검사란 검사의 실시, 채점, 그리고 해석에 있어서 동일한 절차와 조건을 갖추고 있고, 규준이 있어서 동일한 조건에 있는 사람들과 상대적인 비교를 할 수 있는 측정도구를 말한다. 검사 실시 방법 및 지시사항, 검사시간, 학생의 질문에 대한 대답 방법은 물론 채점과 해석방식 등과 같은 세부사항들이 모두 동일해야 한다는 것이다. 표준화 검사는 표준화된 표본으로 선발된 집단을 대상으로 검사를 실시하여 자료를 수집함으로써 제작된다. 규준이란, 이 대표집단 내의 세분화된 집단의 평균점수를 말한다. 표준화 검사는 설계와 목적에 따라 다양한데 표준화 검사를 활용하기 위해서는 검사의 목적과 용도, 검사들 간의 차이점과 제한점을 이해해야 한다(연문희, 강진령, 2002). 객관적 검사 역시 검사과제가 구조화 되어있다는 의미이다. 검사에서 평가되는 내용이 검사의 목적에 따라 일정하게 준비되어 있고 일정한 형식에 따라 반응된다. 따라서 개인의 독특성보다는 개인마다 공통적으로 지니고 있는 특성이나 차원을 기준으로 하여 개인들을 상대적으로 비교하려는 목적을 지닌 검사라 할 수 있다(박영숙, 1998).

구조화된 검사는 검사 실시가 간편하고, 검사자 변인이나 검사 상황변인에 따라 영향을 적게 받으며 검사 제작과정에서의 신뢰도와 타당도가 높다는 장점이 있는 반면, 피검자들이 사회적으로 바람직하게 받아들여지는 방향으로 응답할 가능성이 높고, 특정 상황에서의 구체적인 개인별 반응을 밝히기 어렵다는 단점이 있다.

학교장면에서 학생들을 평가하기 위해 주로 사용하는 표준화 검사로는 대체로 지능검사, 적성검사, 성취검사, 흥미검사 그리고 객관적 성격검사 등이 있다

1 지능검사

지능검사는 표준화 검사들 중에서 가장 먼저 제작된 것으로써 일반적이고 광범위한 학업적 잠재능력에 대한 전반적인 측정을 제공하기 위한 측정도구이다. 지능에 대한 정의는 공통적으로 의견이 일치되는 점들도 있지만 학자마다 다르게 정의내리는 개념에 속한다. 왜냐하면 지능은 어떤 시각에서 보느냐, 그리고 어떤 요인들을 포함시키느냐에 따라서 각각 다르게 정의되기 때문이다(연문희, 강진령, 2002; 김계현, 김동일, 김봉환, 김창대, 김혜숙, 남상인, 조한익, 2000). 지능검사는 학생들의 학업에서의 성공과 실패를 예언하는데 활발히 활용되고 있고, 인간의 지적 능력에 있어서 개인차가 있다는 사실을 확인하는데 기여하였다. 또한, 학교상담이나 진로상담영역에서 많이 활용되고 있다. 그러나 지능검사 결과만으로는 개인차를 일으키는 원인이 무엇인지, 지적 능력이 부족한 학생에게 무엇을 가르쳐야 할 것인지를 정확히 밝혀주지는 못한다(김계현, 김동일, 김봉환, 김창대, 김혜숙, 남상인, 조한익, 2000).

지능검사는 학습능력이 결핍 또는 지체된 아동을 판별하여 특수교육을 제공하기 위해 최초로 Binet와 Simon(1905)에 의해 제작되었다. 이후, 언어적 수행능력에 초점이 맞추어진 Stanford-Binet 검사(1916)가 개발되었고, 언어적 능력과 비언어적 수행능력을 포함한 Wechsler 지능검사(1985)가 개발되었다. 최초의 지능검사가 개발된 이후 약 80여년이 지난 1983년에 하버드 대학교의 Gardner는 지능에 대한 새

로운 접근을 시도하였다. 전통적인 IQ 개념은 학교 내에서 특별한 가치가 부여된 지식이나 기능에 초점이 맞추어져 있지만 Gardner의 정의는 이보다 훨씬 넓은 범위에 걸쳐있다. 그는 기존의 문화가 지능을 너무 좁게 해석하고 있다고 전제하고 일반 지능과 같은 단일한 능력이 아니라 다수의 능력이 인간의 지능을 구성하고 있으며 이러한 능력들도 상대적 중요성은 동일하다고 가정하면서 다중지능의 개념으로 확장시켰다(김계현, 황매향, 선혜연, 김영빈, 2012). 즉, 다중지능이론은 전통적인 지능개념을 복수화한다. 지능은 우선 특정 종류의 정보를 처리하는 계산능력이며, 특정 문화권이나 사회에서 중요한 문제를 해결하거나 결과물을 만들어내는 능력을 뜻하기도 한다. 그리고 그 결과물은 과학적인 이론에서부터 음악작품과 선거운동에 이르기까지 다양할 수 있다. 즉, 고전적 심리측정의 관점에서 정의되는 지능검사 문항에 응답하는 능력 이상의 의미를 가진다고 보는 관점으로, 음악지능, 신체운동지능, 논리수학지능, 언어지능, 공간지능, 인간친화지능, 자기성찰지능, 자연친화지능 등으로 구분하여 측정한다(문용린, 유경재, 2007). 이렇게 변화되어 가고 있는 지능의 개념을 고려하여, 지능검사를 통해 얻은 학생들의 IQ 점수에 대한 정확하고 타당한 해석과 적용이 이루어져야 하는 과제가 있다.

현재 학생을 평가하는 임상장면에서 가장 많이 활용되고 있는 지능검사는 아동 Wechsler 지능검사이다. 웩슬러 지능검사는 6세-16세까지 아동들을 대상으로 실시할 수 있는 검사로 WISC(Wechsler Intelligence Scale for Children, 1949), WISC-R(1974), WISC-III(1991), WISC-IV(2011)가 순차적으로 개발되었다. 우리나라에서는 KEDI-WISC(1991)가 처음 번안타당화 된 후, K-WISC-III(2001), K-WISC-IV(2011)로 이어져 번안타당화 되어 왔으며 우리나라 만 6세-만 6세 11개월 아동을 대상으로 언어성 지능, 동작성 지능, 전체 지능을 구분하여 지능을 산출할 수 있다. K-WISC-III(2001) 이후, K-WISC-IV가 새롭게 번안타당화 되었는데. K-WISC-IV는 이전 지능검사의 실시 방법과 동일하나 해석에서 4가지 소검사의 지표점수가 언어이해, 지각추론, 작업기억, 처리속도로 명칭이 변경되었다.

2 적성검사

적성도 역시 지적 능력을 말하는 것으로 사실상 지능과 구별하기 어려운 개념이다. 그러나 Cronbach과 Snow(1977)는 적성을 '어떤 주어진 과제에서 한 개인의 성공가능성을 예언해주는 어떤 특성'으로 정의하고 지적 능력뿐만 아니라 성격적 요인, 태도, 신체적인 측면 등을 포함해야 한다고 제안하였다(김계현 외, 2000). 또한 적성이란 어떤 능력이나 기술을 요하는 분야에서 그 일을 현재 얼마나 잘할 수 있으며 앞으로 얼마나 잘 해나갈 수 있는지를 보여주는 하나의 능력지표이다(박혜남, 2010). 적성은 개인의 노력 여하에 따라 계발이 가능하므로 여러 가지 경험을 쌓아 자신의 적성을 발견하고 적극적으로 개발하려는 노력이 필요하다. 적성을 알아내기 위한 방법은 여러 가지가 있을 수 있는데 학생 스스로가 파악하거나 또는 타인의 관찰 결과를 활용하는 방법, 표준화된 적성검사를 활용하는 방법, 전문가와 상담하는 방법 등을 들 수 있다. 이 중 특히 적성검사는 자신의 적성유형을 객관적으로 파악할 수 있을 뿐만 아니라 자신의 적성에 적합한 전공이나 직업군을 제시해준다는 점에서 매우 유용하다(송미경, 김혜경, 2015).

적성검사는 피검사자의 검사수행 정도를 통해 특정한 상황이나 과제에 대한 수행을 예언하기 때문에 지능검사보다 구체적으로 개인의 잠재력에 대한 정보를 제공할 수 있으며 검사의 내용과 목적에 따라 구분될 수 있다. 내용에 따른 구분은 종합적성검사와 특수적성검사로 나뉘는데 종합적성검사란 각 적성요인을 총괄적으로 측정하여 어떤 직무에 적합한가를 알아보는 검사이고, 특수적성검사는 각 적성요인을 분리해서 개인이 어떤 특정 직무를 수행하는데 필요한 능력을 갖추고 있는지의 여부를 측정하는 검사로 예를 들면 시각능력검사, 청각능력검사, 기계적성검사 등이 있다. 또한, 검사의 목적에 따라 구분하자면 고등학교의 계열이나 문·이과의 적성을 예언하거나 대학 계열별 전공영역에서의 학업성취 또는 성공여부를 예언하는데 활용하기 위한 진학적성검사와 개인의 적성이 어떤 직업에 적합한지를 예언하는데 활용하는 직업적성검사로 나눌 수 있다(김계현 외, 2000). 이는 미래의 수행을 예언하기 위해 사용되며 산업장면, 군대, 대학 등에서 인사 또는 입학결정을 뒷받침할 수 있다(연문희, 강진령, 2002).

③ 성취검사

성취검사(achievement test)는 표준화 검사 중에서 학교에서 가장 많이 사용되는 검사로써 학습자가 무엇을 얼마만큼 학습했는가를 평가하기 위해 고안된 도구이다. 성취검사는 전통적으로 학교장면에서 학생들의 학업성취도를 평가하기 위하여 주로 사용되어 왔으며 말 그대로 학습과정에 있어서 성취한 정도를 측정하는 기능을 가지고 있다. 즉, 성취검사는 일정한 기간동안 학습된 정도, 학습속도, 학습내용 그리고 학습수준을 평가한다. 성취검사를 통해 학생들의 학업성취도는 집단적으로 전국 표준과의 비교가 가능하게 된다(연문희, 강진령, 2002).

학력검사는 초·중·고등학교 등 각급 교육과정에서의 학업성취도와 깊이 관련되어 있다. 하위교육과정에서 학습한 내용을 기본 바탕으로 하여 상위교육과정의 내용을 학습해 나가기 때문에 각급 교육과정에서의 학업성취도는 상급 학년 또는 상급학교로 진학하는 데 기본이 된다. 따라서 각급 교육과정에서의 학업성취도를 평가해보는 것은 매우 중요하다. 학력검사의 대표적인 것이 대학입학수학능력시험(수능)이다(김계현 외, 2009).

4 흥미검사

흥미란 '어떤 현상이나 사물에 대한 관심 또는 어떤 활동에 적극적으로 참여하려는 성향'을 말하는 것으로 정의적 영역의 속성이나 능력을 측정하는 검사이다(김계현, 김동일, 김봉환, 김창대, 김혜숙, 남상인, 조한익, 2000). 즉, 흥미란 일반적으로 '어떤 일을 하고 싶다는 마음' 혹은 '어떤 활동을 좋아하는 정도', '어떤 활동이나 사물에 특별히 관심을 기울이는 행동경향'을 말한다(송미경, 김혜경, 2015). 따라서 흥미는 한 개인이 '무엇을 좋아하는가'로 정의되고, 적성은 '무엇을 잘하는가'로 정의될 수 있다. 따라서 이러한 흥미는 전공 및 진로선택과 깊은 관련을 갖게 된다(Pryor & Taylor, 1986; 김계현, 황매향, 선혜연, 김영빈, 2012 재인용). 이러한 성향은 크게 학업에 대한 것과 직업, 진로에 대한 것으로 나누어 측정되고 연구된다. 흥미검사도 이와 맥을 같이 하여 학업에 대한 흥미를 측정하는 검사와 직업, 진로에 대한 흥미를 측정하는 검사로 대별한다(김계현, 김동일, 김봉환, 김창대, 김혜숙, 남상인, 조한익, 2000).

흥미검사는 가능한 직업 영역이나 진로발달과 성숙 수준과 관련해서 흥미 정도를 측정하는데 사용되는 것으로써 주로 직업탐색활동에서 가장 많이 사용되는 도구이다. 이러한 용도에 따라 흥미검사는 대개 고등학교 학생 이상의 집단을 대상으로 규준이 설정되어 있어서 주로 진로상담이나 조언이 이루어지는 고등학교 진로상담실이나 대학의 진로상담센터, 또는 지역사회의 직업소개소와 같은 기관에서 매우 광범위하게 사용되고 있다(연문희, 강진령, 2002). 진로 및 생애계획에서 최근 많이 활용되는 흥미검사는 Holland 검사, Strong 검사, 노동부 직업선호도검사이다(김계현, 김동일, 김봉환, 김창대, 김혜숙, 남상인, 천성문, 2009).

5 객관적 성격검사

성격이라는 용어가 다양한 의미로 사용되지만 심리적 평가도구에 그 용어를 적용할 때 성격검사는 개인의 적성, 성취, 흥미를 측정하는 검사도구와 구별하여 개인의 정서적이고 사회적인 특성과 행동을 평가하는 검사에 국한하여 보다 좁은 의미로 사용한다(Hood & Johnson, 2007; 김계현, 김동일, 김봉환, 김창대, 김혜숙, 남상인, 천성문, 2009 재인용).

성격검사는 개인의 성격의 변수를 구성하는 폭넓은 특성과 성질을 측정하고 기술하기 위한 검사도구이다. 여기서 말하는 변수는 검사 제작자들의 이론적 견해와 검사도구의 제작 목적에 따라 다를 것이다. 성격검사에 따라서는 일련의 범주에 해당되는 성격을 측정하는 반면, 자기존중감과 같은 단일 요소에 초점을 맞추는 것도 있다. 그러므로 성격검사의 유용성은 성격검사를 활용하는 상담교사의 능력과 이해 수준에 달려있다고 해도 과언이 아니다.

성격검사는 주로 개인의 정서, 동기, 대인관계, 태도 특성 등에 대한 정보를 제공한다. 그래서 성격검사는 학생들을 체계적으로 기술하고 문제를 진단하며 행동상의 성장이나 변화를 파악할 수 있도록 해준다. 즉, 학생 개개인의 성격적인 문제점을 파악하고 병리적인 문제를 진단할 수 있게 할 뿐만 아니라 행동을 예측하는 데 사용되기도 한다. 이는 학생이 자신의 사고와 행동을 더 잘 이해하도록 도울 뿐 아니라 임상진단에도 도움을 준다(연문희, 강진령, 2002).

학교에서 주로 사용되는 객관적 성격검사는 피검자 자신이 문항에 직접 응답하는 자기보고식 질문지가 널리 사용되게 되었다. 이러한 자기보고식 검사는 "피검자가 고정된 방식에 따라 반응해야 하는, 문화적 관습에 따라 결정된 질문들의 집합"으로 정의된다(박영숙, 1998).

객관적 성격검사는 제작된 이론적 배경에 따라 특성론적 입장을 취하고 있는지 아니면 유형론적 입장을 취하고 있는지에 따라 크게 두 가지 범주로 구별될 수 있다. 특성론은 성격을 연속적인 차원으로 기술하는 것으로 예를 들어, 한 개인이 충동적인 특성을 어느 정도 소유하고 있는지에 관심을 둔다. Cattell의 16개 요인 성격 특성론에 따르면 한 개인이 16개 요인의 특성을 어느 정도 소유하고 있는지 그 차원에 따라 구분하는 것이다. 특성론에 따른 검사로는 Eyseck 검사 등이 있다. 이와 반대로 유형론은 사람들을 구별하는 불연속적 범주들의 한 집합이라고 간주되는 것으로 예를 들면 성격이 내향성, 외향성으로 구분된다고 보고 개인들은 이 두 유형 중 한 유형에 속하는 것으로 기술된다. 이러한 구분에 의한 검사로 현재 가장 많이 사용되는 것은 성격유형검사(MBTI)를 들 수 있다(박영숙, 1998).

또한, 임상진단용 검사로 활용되는 MMPI-2가 있다. MMPI-2는 개인의 성격패턴과 심리적 장애를 평가하기 위해 1989년 개발된 MMPI의 개정판이다. 이 검사의 청소년용이 MMPI-A인데 MMPI-A는 성인용 MMPI를 청소년에게 그대로 적용시킬 때 나타날 수 있는 문제점에 대한 인식에서 출발하여 검사가 개발되었다. 따라서 MMPI-2에서 청소년이 사용하기에 부적절한 문항을 삭제하거나 수정하고, 청소년들의 시각에 알맞은 표현으로 문장을 기술하였으며, 청소년기에 특징적으로 나타날 수 있는 가족, 또래집단과의 문제 등을 다루는 내용을 첨가하였다. MMPI-A를 해석함에 있어 특히 주의해야 할 점은 MMPI-A 자료에만 근거해서 진단을 내릴 수도, 내려서도 안된다는 점이다. 왜냐하면 대부분의 진단적 범주에 대한 준거에는 검사 자료 이외의 관찰, 면담, 과거력 등에 의해서 얻어야 하는 정보가 있기 때문이다. 따라서 청소년의 증상과 성격, 행동을 포괄적으로 설명한 뒤에 이를 진단매뉴얼에 기술되어 있는 다양한 범주와 비교해 보는 접근방식이 좋다. 이를 위해서는 전문적인 교육과 훈련을 받은 후 이 검사를 사용해야 한다(이훈진, 문혜신, 박현진, 유성진, 김지영 역, 2007).

Ⅲ 투사검사

투사검사는 개인의 독특한 심리적 특성을 측정하기 위한 비구조화된 검사과제를 제시하여 피검자들로 하여금 그들의 욕구, 경험, 내적 상태, 사고 과정 등이 나타나도록 한다.

Murray(1938)는 검사 자극이 모호할수록 지각적 자극을 인지적으로 해석하는 과정에서 개인의 욕구와 관심과 심리적 구조의 영향을 더 강하게 받는다고 하면서 투사적 검사의 유용성을 강조하였고, Exner(1986)는 투사적 검사는 표준화된 상황에서 피검사자가 반응하도록 요청되지만 상대적으로 비구조화된 검사로 피검사자의 반응이 제한 없이 자유롭게 일어날 수 있다고 하였다(박영숙, 1998 재인용). 투사적 검사에 대한 Exner의 설명처럼 투사적 검사 역시 검사 실시방법, 반응의 채점방식을 일정한 표준절차에 따른다. 그러나 비구조화된 검사라는 특징 때문에 구조화된 검사에 비해 표준화 검사로서의 조건을 충분히 갖추고 있지 않은 것이다.

투사검사는 개인의 독특한 반응을 제시해주기 때문에 개인을 이해하는데 유용하며, 불분명하고 모호한 자극이 제시되기 때문에 피검자가 자신의 의도에 맞추어 방어적으로 반응하기가 어렵다. 또한 이러한 자극이 무의식적인 심리적 특성을 이끌어내게 되는 장점이 있다. 반면에, 검사의 신뢰도와 타당도의 검증이 어렵다는 점과 피검자의 상황적 요인이 검사 결과에 영향을 미칠 수 있다는 것이 단점으로 지적되고 있다. 따라서, 투사검사를 실시하고 해석하기 위해서는 전문적인 임상적 훈련과 경험이 필요하며 이러한 충분한 훈련과 교육을 받은 임상가가 검사를 실시하는 것이 필요하다.

대표적인 투사검사로는 로샤 검사, 주제통각검사, 집−나무−사람 그림검사(HTP), 문장완성검사 등이 있다.

1 로샤 검사(Rorschach Inkblot Test)

로샤 검사는 현재 임상 실제에서 가장 널리 사용되는 대표적인 투사적 검사로, 개인의 사고, 정서, 현실지각, 대인관계 방식 등 다양한 인격 특성에 관한 정보를 제공해준다. 즉, 개인 성격의 기본구조와 원초적 욕구에 대해 많은 것을 제공하기 때문에 다른 어떤 검사보다도 개인의 성격을 다차원적으로 이해하는데 도움을 준다고 알려져 있다. 그러나 심리검사가 의뢰된 모든 사람들에게 로샤 검사를 실시할 필요는 없다. 로샤 검사는 기능적 정신장애의 임상진단이나 역동진단에 보다 적절한 정보를 제공해 주기 때문에 현재 의뢰된 문제의 성질에 비추어 볼 때 로샤 검사의 시행이 꼭 필요한가를 숙고해 보아야 할 것이다.

로샤 검사 재료는 10개의 대칭으로 된 잉크 블롯 카드이며 카드에 새겨진 순서와 위치에 따라 제시된다. 이 10개의 카드들은 체계화되어 있지 않고 불분명하며 뚜렷한 의미가 없기 때문에 명백한 어떤 대상이나 사물을 지칭하고 있지 않으나 다양한 함축적인 의미가 있는 것으로 보여진다. 따라서, 보는 사람에 따라 자극 카드에 대해 다양한 내용의 보고를 하게 되는데 이 과정에 피검자의 다양한 성격특징들이 영향을 미치게 된다고 가정한다. 이 때 임상가는 피검자가 그 자극에 대해 자신이 본 것을 말하지 않고, 상상력을 발휘하여 자극에 대해 연상하려고 시도하지 않도록 주의하여야 한다.

로샤 검사의 실시는 반응단계, 질문단계, 채점단계로 구분되어지는데 반응단계에서 임상가는 피검자의 반응을 피검자의 말 그대로 기록지에 기록하여야 한다. 이후 정확하게 부호화하고 채점할 수 있도록 질문단계를 거치며 채점단계에서는 부호화, 요약과정을 거쳐 9가지 항목으로 채점한다. 이때, 피검자가 자발적으로 응답한 반응들이 빠짐없이 채점될 수 있도록 하고, 질문단계에서 임상가의 질문을 받고 유도된 반응은 원칙적으로 채점하지 않는 것이 원칙이다.

특히 로샤 검사는 실시나 해석과정에서 임상가의 주관이나 편향이 개입되어 결과가 달라지거나 오도될 가능성이 많은데 이러한 이유로 로샤 검사 해석을 위해서는 로샤 검사 자체에 대한 지식 뿐만 아니라 정신병리이론, 심리검사에 관한 기본 지식, 인격과 행동이론 등과 같은 임상가의 기본 지식과 함께 이러한 이론을 바탕으로 한 임상경험이 요구된다. 이러한 임상가의 전문적인 훈련과 경험, 지식은 검사의 해석적 가설을 발전시키고 이의 타당성을 검토함에 있어서 풍부한 참조의 틀을 제공해 준다(박영숙, 1998; 최정윤, 2002).

2 주제통각검사(Thematic Apperception Test)

주제통각검사(Thematic Apperception Test: TAT)는 로샤 검사와 함께 대표적인 투사적 검사로 모호한 대상을 지각하는 과정에는 개인 특유의 심리적인 과정이 포함되어 독특한 해석을 도출하게 된다는 이론적 입장에서 출발하고 있다. TAT는 인물이 등장하는 모호한 내용의 그림자극을 제시하고 그에 대한 이야기를 구성하게 함으로써 자신의 과거경험, 상상, 욕구, 갈등 등을 투사하게 하여 성격적 특성, 발달배경, 환경과의 상호 작용방식 등에 대한 정보를 얻게 된다(최정윤, 2002).

TAT를 개발한 Murray는 개인의 공상은 개인의 내적 욕구와 환경의 압력의 결합에 의해 결정되며 이와 같은 공상 주제를 통일하는 직관과정을 통각이라고 정의하면서 TAT에 대한 반응으로 통각과정이 일어난다고 하였다. 한편 Murstein은 TAT의 반응이 자극 카드의 그림의 특성에 의해서도 결정된다고 주장하면서, 공상의 주제는 완전히 자유롭게 결정된다기보다는 제시된 자극에 대한 공상이 나타난다고 하였다. 즉, 지각된 내용은 자극 조건과 개인의 의식적, 무의식적 욕구와 방어, 갈등상태 등이 동시에 나타난다는 것이다. 왜냐하면 반응 가운데는 평범하고 일반적인 반응도 있고 개인의 독특한 역동적 내용도 있기 때문이다(박영숙, 1998).

TAT는 31장의 흑백카드로 구성되어 있으며 그 중 한 개의 백지카드가 포함되어 있고 각 카드 뒷면에는 카드를 선정할 때 고려할 남자와 여자, 소년과 소녀의 성별, 연령 구별이 제시되어 있기 때문에 검사 대상자의 연령과 성을 고려하여 이 중 20개의 카드를 2회에 걸쳐서 실시하면 된다. 일반적으로 그림을 보고 생각이 떠오르는대로 이야기를 꾸미라고 지시하지만 그 이야기 속에는 반드시 이 장면의 과거, 현재, 미래가 포함된 내용이어야 한다는 것을 밝혀야 한다. 특히, 1회 검사 시 제시되는 카드가 보다 일상적인 내용의 그림이라면 2회 검사 시 제시되는 카드는 보다 상상력이 더 요구되는 내용의 그림이므로, 상상을 자유롭게 할 것을 강조하여 지시해 주는 것이 필요하다. 반응은 피검자의 말 그대로를 기록해야 하며 이야기의 내용을 너무 문자 그대로 해석하거나 임상가의 욕구나 성격이 투사되지 않도록 주의하여야 한다.

TAT의 해석방법은 표준화법, 주인공 중심의 해석법(주인공 중심법, 요구-압력분석법, 이야기 속의 인물분석법), 직관적 방법, 대인관계법, 지각법 등이 있으며 이러한 분석과 해석의 타당성은 임상가의 자질과 훈련, 그리고 정신역동심리학의 원리에 대한 이해와 인식의 정도에 달려있다.

❸ 집-나무-사람 그림검사(House-Tree-Person Test)

1929년 Goodenough는 아동용 지능검사 도구로 인물화검사를 고안하였는데

Mackover는 이 검사를 사용해나가는 과정에서 인물화가 지능만이 아니라 성격적 요인에 대해서도 풍부히 드러내고 있음을 발견하게 되었다. 즉, 그려진 인물의 세부 묘사, 크기, 위치, 획의 강도 등은 상징적 언어의 역할을 하며 이는 다각적으로 가치 있는 진단적 자료임을 알게 되었다. Mackover는 성격은 신체의 운동, 느낌, 생각을 통해 이루어진다는 신체 심상(body image)의 투사라는 기본적 가정을 확립하였고, 투사된 신체 심상은 피검자의 충동, 불안, 갈등, 보상 등을 반영하며 그려진 인물은 바로 그 사람이며 종이는 환경을 의미한다고 주장하였다. 이에 의해 DAP(Draw a Person) 검사가 개발되었고 이후 House, Tree가 부가됨으로써 HTP 검사가 탄생하게 되었다. 인물화검사에 집과 나무가 부가된 이유는 집과 나무는 보다 중립적인 자극이어서 곧바로 사람을 그리게 하는 것보다 위협감을 덜 느낀다는 것을 발견하였고, 또한 집과 나무 역시 자기상을 풍부하게 투사할 수 있는 대상임이 밝혀졌기 때문이다(최정윤, 2002; 박영숙, 1998).

사람들은 그림을 통해서 자신이 의식하지 않은 모습 또는 되고 싶은 모습을 드러내게 되는데 특히 집, 나무, 사람은 특히 나이가 어린 피검자들에게도 친숙하며, 한편으로는 개인의 무의식과 관련하여 풍부한 상징을 나타낸다. 집 그림은 피검자의 대인관계 특히 가정생활과 가족 간의 상호작용과 연관하여 해석이 될 수 있으며, 나무 그림은 피검자의 좀 더 깊고 무의식적인 수준에서 느끼는 자신의 모습과 감정을 반영한다. 임상적으로 사람 그림보다 나무 그림에서 자기 방어도 덜 하게 되고 자신을 드러내는 데 대한 두려움도 적기 때문에 자신에 대해 깊이 숨겨진 감정 표현을 하기 좋은 자료이다. 또한 사람 그림은 피검자 자신의 모습에 대한 지각, 자기개념과 신체상, 대인관계방식, 타인에 대해 느끼는 감정 등을 나타낸다. 나무와 사람 그림은 주로 성격의 핵심적인 갈등 및 방어에 대한 정보를 제공해 준다고 본다.

위에 '집', '나무', '사람'에 대한 전반적인 상징에 대한 의미를 설명하였듯이 이 검사 결과는 개인 특히, 자아와 환경관계에 대한 흥미로운 자료와 가설을 제공해 준다. 그러나 HTP는 구조적 요소와 내용적 요소 두 측면을 모두 고려한 해석이 이루어져야 하며 근거 없는 해석의 오류를 피하고 이 결과만을 가지고 지나친 해석을 해서는 안된다는 점을 반드시 기억해야 한다.

④ 문장완성검사(Sentence Completion Test)

문장완성검사(Sentence Completion Test: SCT)는 단어연상검사의 변형으로 발전된 것으로, 다수의 미완성 문장을 피검자가 자기생각대로 완성하도록 하는 검사이다. 문장완성검사는 의식적, 전의식적, 또는 무의식적인 생각과 감정을 드러내준다. 문장완성검사는 자유연상을 이용한 투사적 검사로, 방어적이 될 수 있는 직접적인 질문에 답할 때와 달리, 잠재된 욕구, 감정, 태도, 야망 등이 보다 잘 드러날 수 있다고 가정한다. 따라서, 문장에 드러나는 감정이나 문장의 맥락 등을 통해 피검자의 태도, 주의를 기울이고 있는 대상과 영역이 보다 잘 제시되며 반응의 자유와 가변성을 허용할 수 있다는 장점이 있다. 그러나 미완성의 문장 내에 심리적 특성이 투사될 가능성은 로샤와 같은 다른 투사적 검사에 비해 제한된다는 단점도 있다(최정윤, 2002).

현재 임상장면에서 가장 널리 사용되고 있는 문장완성검사는 Sacks의 문장완성검사(SSCT)로 Sacks는 가족, 성, 자기개념, 대인관계라는 네 가지 영역에 관한 중요한 태도를 이끌어낼 수 있는 미완성 문장을 만들었다. 가족영역은 부모, 가족에 대한 태도를, 성적 영역은 이성관계에 대한 태도를, 대인관계 영역은 친구와 지인, 권위자에 대한 태도를 포함한다. 또한 자기개념 영역은 자신의 능력, 과거, 미래, 목표 등에 대한 태도를 포함하고 있다. SSCT는 평점 기록지에 피검자의 반응들을 종합하여 해석적 요약을 하게 되는데 다른 모든 투사적 검사와 마찬가지로 분석 시 주의사항은 SSCT 자체의 단독 분석만이 아니라 다른 투사적 검사에서 얻어진 자료와의 비교를 통해 피검자를 이해하려는 태도를 가지는 것이다.

SCT는 성인용과 청소년이 구별되어 있으며 개인검사, 집단검사 모두에 활용될 수 있다. 피검자에게 검사 지시문을 읽어보도록 한 후, 직접 문장을 읽고 반응을 쓰도록 하는데 시간제한은 없지만 너무 오랫동안 생각하며 쓰지 않도록 지시해준다.

Ⅳ 비표준화 기법

구조화된 표준화 검사방법 외에도 비표준화 기법들이 개발되면서 학교장면에서 상담교사는 물론 일반교사, 학부모 그리고 기타 전문가들이 학생 개개인의 행동과 발달상황을 보다 정확하게 이해할 수 있게 되었다. 골드먼은 양적 평가방법을 대표하는 표준화 검사는 상담도구로써 기대에 부응하지 못한다고 지적하면서 상담 장면에서는 질적 평가방법이 보다 유용하고 더욱 기여할 수 있다고 주장하였다. 비표준화 검사방법 또는 질적 평가방법이란 표준화되지 않은 평가도구를 말하며 학생의 연령, 읽기 수준, 또는 환경 등에 따라 달리 적용된다(연문희, 강진령, 2002). 이러한 비표준화 검사방법들 중 가장 일반적으로 많이 사용되는 관찰법과 면접법에 대해 알아보겠다.

1 관찰법

관찰은 비표준화 검사방법의 대표적인 도구로 학생들을 이해하는 데 가장 많이 사용되는 매우 유용한 평가방법이다. 이는 특별히 전문적인 교육과 훈련을 받지 않고도 다양한 시간과 장소에서 자연스럽게 실시할 수 있다는 장점이 있다. 교사는 교실이나 운동장에서, 학부모는 가정과 놀이터에서 학생의 행동을 관찰, 기록하여 학생에 대한 종합적인 평가에 중요한 자료를 제공하게 된다. 특히 초등학교 아동들과 그들의 행동을 이해하는 데 있어서 다른 어떤 표준화 검사도구보다도 관찰은 중요한 평가도구이다(연문희, 강진령, 2002). 관찰은 문제행동을 발견해내고 이러한 문제행동과 더불어 문제행동의 결정요인으로 작용하는 환경요인, 또는 개인과 환경과의 상호작용을 양적으로 평가해내는 과정인 행동평가의 일종이라고 할 수 있다. 학생의 행동에 대한 관찰은 지적, 신체적, 사회적, 정서적 발달의 전반적인 측면을 고려해야 하는 것으로, 교사는 관찰을 실시하기 전에 앞서 관찰 대상인 학생에 대해 무엇을 알고 싶어하는지, 무엇을 관찰할 것인지를 먼저 결정해야 한다. 관찰에는 자연관찰법, 유사관찰법, 자기관찰법, 참여관찰법 등이 있다(박영숙, 1998).

1) 자연관찰법

자연관찰법은 한 명 혹은 그 이상의 관찰자가 인위적이지 않은 자연스러운 환경 내에서 일어나는 학생의 행동을 체계적으로 관찰하고 기록하는 방식이다. 이 경우, 다양한 관찰행동이나 문제행동을 평가 대상으로 삼게 되는데, 미리 결정된 행동평가 시간동안 대상 학생의 원래의 환경 — 예를 들면 교실, 가정 등 — 에 들어가서 미리 선정된 대상 학생의 발생 혹은 미발생 행동 등과 행동지속시간이나 연쇄적 행동을 체계적으로 기록한다. 이러한 행동관찰은 대상 학생의 문제행동, 행동의 특성, 반응 양식, 연쇄적 행동들, 이차적인 문제행동 등과 같은 질적인 정보를 제공해주는 유용한 방식이 될 수 있다.

2) 유사관찰법

유사관찰법은 자연적 환경이 아닌 어떤 제한이 가해진 체계적인 환경 안에서 이루어지는 관찰이다. 즉, 교실에서 일어나는 학생의 행동, 교우관계, 학습태도 등을 평가하거나 인위적으로 만들어진 역할극 상황에서 평가하기도 한다. 이와 같은 유사관찰법은 관심의 초점이 되고 있는 행동을 관찰할 가능성을 높이기 위해 그 행동이 나타나는 환경과 유사한 환경을 조성함으로써 그 효율성을 높여준다. 따라서 외적 타당도가 감소되는 단점이 있기도 하지만, 평가와 관련되는 물리적, 사회적 환경자극이 보다 주의 깊게 통제되기 때문에 자연관찰법에 비해 상황적 자극에 의한 행동변량이 감소되는 이점이 있다.

3) 자기관찰법

자기관찰은 학생 자신이 관찰자가 되어 자신의 행동을 스스로 관찰하고 기록하는 방법으로 관찰 대상자의 행동, 개인과 환경 간의 상호작용에 관한 질적, 양적 자료를 효율적으로 수집하는 또 다른 방법이다. 이 방법에서 개인은 미리 계획된 시간표에 따라 자신이 관찰하고 싶은 행동 — 음식섭취, 두통, 교실에서 반복되는 행동 등과 같은 행동의 발생이나 기타 특징에 대해 기록한다. 이 방법은 광범위한 행동문제에 적용될 수 있으며 비용과 시간이 절약되며 특히 자연적 상황에서 자료가 수집될 수 있다는 장점이 있다.

4) 참여관찰법

관찰하고자 하는 개인의 주변 인물 가운데 관찰자를 선정하여 자연스러운 환경에서 함께 생활하는 대상자를 관찰하는 방법이다. 참여관찰자는 정해진 시간에 맞추어 대상 학생에게 나타나는 행동들을 관찰하고 기록한다. 참여관찰자로는 주로 부모나 교사가 선정된다. 유사관찰법과 마찬가지로 참여관찰은 도벽과 같이 낮은 빈도의 행동들이나, 반사회적 행동 등과 같이 외부관찰자가 있을 때 영향을 심하게 받는 행동들을 평가하는 데 유용하다. 참여관찰법의 장점은 광범위한 문제행동, 환경적 사건에 적용될 수 있고 또한 자연적 상황에서 자료가 수집될 수 있다. 반면, 자기관찰법과 마찬가지로 획득된 자료가 관찰자의 편견을 나타낼 수도 있다는 단점이 있다. 특히, 참여관찰법에서는 관찰자가 관찰 대상자에게 가지고 있는 선입견, 관찰 이전의 경험을 바탕으로 한 편견 등이 관찰에 미치는 영향에 대해 주의해야 한다.

2 면접법

면접이란 언어적, 비언어적으로 교환되는 의사소통을 통하여 정보와 아이디어, 신념, 태도, 감정, 메시지를 교환하는 과정을 의미하는 것으로, 일반적 대화와는 구별되는 체계적이고 계획적인 전문 과정이다. 면접의 목적은 현재 드러나고 있는 문제를 명료화하고 구체화하면서 이러한 문제의 발생 기원, 그동안의 적응과정 및 적응방식, 현재 문제가 발생되고 있는 현실적 상황의 특징을 알아보면서 개인의 성격 및 대인관계의 특징을 파악하여 필요하다면 상담을 위한 목표 설정, 개입방식전략 등이 구상될 수 있다.

박영숙(1998)은 여러 학자들의 의견을 종합하여, 면접을 목적과 기능에 따라 진단적 면접과 치료적 면접으로, 면접의 진행방식에 따라 체계적 면접과 반체계적 면접, 비체계적 면접으로 구분하여 설명하고 있다.

면접은 목적과 기능에 따라 진단적 면접(diagnostic interview)과 치료적 면접(therapeutic interview)으로 구별될 수 있다(Mackinon & Michel, 1971). 진단적 면접은 임상 진단을 내리기 위한 목적으로 진행되는 경우로서 상담장면에서는 내담자의 과거력을 수집하고 문제를 파악하여 적절한 상담자와 연결 지어 주기 위한 접수 면접과 유사점이 있다고 볼 수 있다. 반면에 치료적 면접은 사실적 정보수집에 그치지 않고 면접자가 대상 학생의 입장을 이해하고 공감하고 이를 학생에게 전달하여 진정한 치료관계가 이루어지는 것을 목적으로 한다. 이상적으로는 모든 면접이 치료적 기능을 포함하고 있어야 하겠지만 실제 장면에서는 단순하게 정보수집과 진단결정을 위한 진단적 면접이 이루어지고 난 다음 치료적 면접이 진행된다고 볼 수 있다.

또한 면접은 면접과정에서 질문할 문항 내용을 고정하고 이러한 문항 내용에 따라, 면접이 진행되는 정도에 따라 체계적 면접(structured interview), 반체계적 면접(semistructured interview), 비체계적 면접(unstructured interview)으로 구별될 수 있다.

표준화된 면접이라고도 불리는 체계적 면접은 질문할 항목과 질문순서가 일정하게 규격화되어 있어서 일정한 형식에 따라 면접자는 면접을 이끌어간다. 체계적 면접의 장점으로는 진단의 신뢰도를 높여주고 특정한 증상의 유무를 기록함에 있어서 정확도를 높여주며 초보 면접자에 있어서 면접 내용을 빠뜨림 없이 질문하게 해준다는 점을 들 수 있다(Talbott 등, 1988). 비체계적 면접은 면접문항을 일정하게 지정하지 않고 대상 학생이 제공하는 정보에 따라 면접을 진행시키는 방식을 말한다. 숙련된 교사는 학생에게 친숙한 말로 질문을 던지고 학생이 이야기할 준비가 되어있는 화제를 가지고 면접을 진행하는 방식이 면접관계 형성에 가장 도움이 된다는 점을 인식함으로써 이러한 비체계적 면접을 이끌어가는 경향이 있다. 이러한 비체계적 면접에서는 질문내용을 정하고 질문의 순서를 결정함에 있어서 교사의 독단적인 결정에 따른다. 따라서 이러한 면접은 교사의 숙련된 경험, 기술을 요구한다.

반체계적 면접은 반표준화된 면접이라고도 불리며 대부분 숙련된 교사들은 이 면접방식을 채택하는 경향이 있다. 반체계적 면접은 면접자가 일정하게 질문하는 문항이 갖추어져 있다는 점에서는 체계적 면접과 일치하지만 학생의 반응에 따라 면접자가 융통성을 발휘할 수 있는 여지는 체계적 면접에 비해서 훨씬 많다.

Ⅴ 학생평가의 활용

학생평가와 생활지도에서 심리검사를 반드시 거쳐야 하는 절차는 아니지만 대부분의 학생평가에서는 심리검사를 기본으로 하고 면접, 자연적 상황이나 체계적 상황에서의 행동관찰, 그 외 기타 다양한 기록 등을 종합하여 최종적으로 해석하고 그 결과를 활용한다.

심리검사란 심리적 특성을 수량화하는 과정으로 검사 결과 하나만을 독립적으로 떼어놓고 해석하는 것은 무리가 있다. 심리검사의 결과는 대상 학생의 한 부분만을 설명해주는 것이고 그 결과를 보다 바르고 정확하게 해석하기 위해서는 가능한대로 다른 검사와 행동관찰, 면접 등의 다양한 방법을 동원하여 그 결과에 대한 해석을 보완해야 한다. 연문희, 강진령(2002)은 교사가 담당해야 할 학생 수가 많아서 지나치게 객관적인 검사결과에만 의존하려고 할 때 짧은 시간 안에 즉각적인 해결책을 구하거나 문제에 대한 명확한 대답을 얻으려고 서두를 때 검사 도구를 잘못 사용하거나 사람을 기계적으로 분류하려는 실수를 범하게 된다고 하였다. 교사가 검사 도구로 얻은 정보는 인간이해에 필요한 방대한 정보의 일부에 지나지 않는다는 사실을 언제나 기억해야 할 것이다.

그렇다면 지금까지 살펴본 바와 같이 우리가 학교장면에서 매우 다양한 방법을 활용하여 학생평가를 한 결과는 어떻게 활용될 수 있을 것인가?

첫째, 학생 스스로의 자기이해를 도울 수 있다. 사회나 부모가 요구하는 어떤 모습이 되려고 하기 이전에 자신의 성격과 적성, 흥미, 특성에 대해 알고 자신의 비전을 세우게 된다면 학생들은 자신의 삶에 대한 의미와 가치를 발견할 수 있을 것이다. 이러한 비전은 자신의 재능, 적성, 흥미, 능력, 성격, 가치관을 숙고하고 환경적인 여건을 고려하면서 수립할 수 있다. 학생평가 결과를 학생들을 비교하는 자료로만 사용하는 것이 아니라, 학생 본인에게도 공개하여 지속적인 자기성찰을 통한 자기이해를 돕는 것이 중요하다.

둘째, 학생 개개인을 위한 적절한 생활지도에 활용될 수 있다. 학생평가의 목적은 학생들에게 어떤 진단을 내리고자 함이 아니다. 학생들에게 지적인 교육 외에 정의적인 인성교육도 함께 시행하는 것이 학교의 역할일진대 이를 위해 생활지도는 매우 중요하다. 생활지도란 영어의 가이던스에서 유래된 말로 학생들이 학교와 가정, 지역사회에 바람직하게 적응하도록 지도하는 것을 목적으로 한다. 따라서 학생평가의 결과는 학생 개인에 대한 이해의 폭을 넓혀주고, 그들의 요구와 관심을 파악하는 데 도움을 줄 수 있기 때문에 체계적 정치활동에 대한 중요한 정보를 제공해 줄 수 있다. 또한, 도움을 필요로 하는 학생을 사전에 파악하여 시기적절한 도움을 제공할 수도 있다. 즉, 다양한 방법으로 평가된 결과는 학생들이 자신과 자신의 세계를 이해하는 것 뿐만 아니라 교사와 학부모가 학생을 이해하는 기초자료로서 활용될 수 있을 것이다.

셋째, 학업상담에 활용될 수 있다. 초·중·고등학교 시기의 학생들에게 학업수행은 매우 주요한 발달과업이자 진로결정과 밀접하게 연관되고, 그 성취에 따라 자존감에도 영향을 미치게 된다. 학업문제는 지능수준, 심리적인 영역, 주의집중의 정도, 성격, 학습방법 등 매우 다양한 원인에 의해 일어날 수 있다. 따라서 그 원인을 알아내고 그에 맞는 적절한 개입을 하는 것이 중요하다. 따라서 학업문제를 다루기 위해서는 학생들의 학업성취수준만이 아니라 다양한 요인들에 대한 정확한 이해가 필요하다. 저마다 다른 학생들의 적성, 흥미, 잠재능력 등을 파악하고 측정한 학생평가 자료를 활용한다면 그 개인에게 적합한 학업적 개입에 도움이 될 수 있을 것이다.

넷째, 진로상담과 진로지도에 활용될 수 있다. 진로선택은 자신에 대해 이해하고 인생목표가 무엇인지 분명히 알며, 직업세계에 대한 지식과 정보를 수집, 분석하고 합리적인 의사결정을 하는 것이다(박혜남, 2010). 따라서 진로와 관련된 탐색활동은 자기실현으로 이끌 진로계획을 세워나가는 과정에서 반드시 필요하다. 진로계획이란 자신이 누구이며, 어떤 장점을 가지고 있고, 하고싶은 것은 무엇인지 등 세상을 살아가기 위한 목표를 설정하는 기본적인 문제를 다루는 것이다(황매향, 김연지, 이승구, 전방연, 2011). 따라서 학생들이 진로계획에서 자신의 흥미와 직업흥미를 아는 것은 매우 중요하며, 학생평가의 자료는 이러한 방향설정을 위해 활용될 수 있는 것이다.

마지막으로, 현재 심리적인 문제행동을 보이는 학생에 대한 상담에 활용될 수 있다. 학생이 발달과업상의 위기를 극복하지 못하여 부적응적인 문제를 보이게 되면 전문적인 심리전문가의 도움을 받아야 한다. 그러나 학교에서 학생의 부적응 문제를 초기에 발견하여 적절한 조력을 제공한다면 이와 같은 결과에 이르기 전에 학생들을 도울 수 있을 것이다. 교사와 상담교사가 학생이 현재 보이는 문제에 집중하지 말고 학생들의 특성과 환경에 대해 알고 있다면 보다 적절한 상담효과를 얻을 수 있을 것이다.

요약

　이 장에서는 다양한 생활지도 장면에서의 학생평가에 대한 전반적인 이해를 돕기 위해 구체적인 내용을 살펴보았다. 가정과 함께 전인교육의 장인 학교에서 학생들을 이해하는 것은 매우 중요하다. 학생 개개인의 흥미와 적성, 잠재능력, 성격 등을 파악하는 것은 학생상담 및 진로지도, 체계적인 정치활동과 추수 지도 등에 대한 훌륭한 정보로 학생들의 성장을 도울 수 있다. 또한 학생들 스스로에게도 자기이해와 자기수용을, 학부모들에게도 자녀에 대한 이해를 높일 수 있게 한다. 이와 같이 학생 개개인에 대한 객관적인 자료와 정보를 수집하는 활동이 학생평가이다. 학생평가는 다양한 방법―구조화된 검사, 투사검사, 생활기록부 및 학생 관찰 및 면담, 학부모 및 직전 학년 담임선생님과의 면담, 교우 관계 조사―등으로 이루어질 수 있다. 이러한 학생평가는 학교 안에서 이루어지는 학습활동과 학생지도에 도움이 될 수 있는 정보를 제공해주고, 학생들 스스로에게도 자기이해와 자기수용을 할 수 있게 도와주고, 학부모들도 자녀에 대한 이해를 높일 수 있게 한다. 교사들은 학생들이 서로 다르다는 것, 즉 개인차가 있다는 기본적인 가정 하에 학생평가가 실시되어야 함에 유의하여야 할 것이다.

Guidance & Counseling

학생 발달과제와 적용

학업발달과 상담

　　오늘날 빠르고 다양하게 변화되고 있는 시대적 흐름에 맞추어 우리 학교 현장에서도 획일적인 교육이 아닌 다양한 학생의 요구에 따른 맞춤형 학업전략을 중시하는 교육 패러다임이 요구되고 있다. 학생들 누구나 학습을 하지만 모든 학생이 다 같은 방법으로 공부하는 것도 아니고, 항상 효과적인 학습을 하지 않기에, 학생 특성을 고려한 효과적인 학습기술 및 방법을 훈련시키는 방안을 고안하는 것은 중요하다. 그러므로 교사는 학습자의 흥미, 관심, 적성에 따른 다양한 교수방법과 학업상담 방법을 설계하고 제시해야 한다. 즉, 교사는 학생들이 갖고 있는 다양한 학습양식을 진단하고, 이에 맞추어 수업을 계획하고 실행하는 효과적인 수업방법을 제시해야 한다. 본 장에서는 우리나라 학생들이 경험하고 있는 학업문제에 대해 개관한 후, 학업발달의 구성요소를 인지, 동기, 정서, 행동적 요소로 나누어서 정리하여 제시하고자 한다. 마지막으로 사례를 중심으로 학업상담의 전략과 실제에 대해서 살펴볼 것이다.

초등학교부터 우리나라 학생들이 호소하는 각종 스트레스 중 학업에 관한 스트레스가 가장 두드러지게 보고되고 있다. 통계청(2008)에 따르면 한국 고등학생들이 고민하는 주된 문제는 전체 응답의 62.3%를 차지하는 학업 문제였다. 통계청에서 실시한 설문 결과들을 종단적으로 비교해 보았을 때 학생들이 학업으로 인해 받는 스트레스는 점차 증가하고 있으며, 심지어 초등학교 재학생마저도 40% 이상이 학업으로 인해 스트레스를 경험하고 있다고 보고하고 있다. 이는 한국의 학생들이 경험하는 학업 스트레스가 해가 지날수록 저령화가 되면서 더욱더 심각해지고 있음을 나타낸다. 적당한 스트레스는 적절한 긴장감을 유발함으로써 개인의 적응에 도움을 주기도 하지만, 스트레스가 과도하게 지속될 경우에는 다양한 문제를 일으킬 수 있는 양면성을 가지고 있다. 지속된 학업 스트레스는 부적응적 행동, 신체화 증상, 불안, 우울 등의 정신건강을 해치는 부정적 결과를 초래한다. 특히 우울 등이 심각하면 자살까지 이를 수 있기 때문에 매우 심각하다고 할 수 있다. 한국교육과정평가원(2013)의 연구에서는 대상국가들 중 한국의 아동·청소년들의 학업관련 성취능력은 상위권이었음에도 불구하고 그들이 지각한 학업관련 유능감 수준은 최저 수준을 기록한 것으로 나타났다. 이러한 학업 스트레스는 학습무기력, 시험불안, 학업지연 등을 유발하고 결과적으로 학생들의 내적, 외적인 문제 행동, 심리적 부적응, 삶의 질 저하 등을 야기하게 된다(이상민, 안성희, 2014).

1 학습무기력

학생의 학습무기력(Academic helplessness)은 과도한 학업량, 그리고 지속적인 실패경험(낮은 성적)에 의해 학업에 대한 심리적 피로가 누적되어 학업에 대한 자신감이나 개인적 성취감이 결여되는 상태라고 정의할 수 있다. 학생들은 학업에서 성공할 때, 자존감(self-esteem)과 자신감(self-efficacy)을 가지게 되며 이러한 경험은 좋은 감정을 일으키는 긍정적인 피드백으로 작용을 해서 학습을 지속적으로 잘 유지해 나갈 수 있도록 지지해준다. 반면 자신이 노력했던 만큼의 학업성취가 이루어지지 않았을 경우, 즉 성적과 같이 보이는 수행결과가 기대를 충족시키지 못하면, 나쁜 감정이 생긴다. 그리고 이렇게 자신의 기대와는 달리 실패경험이 반복되면, 결국 학습자는 학습에 대한 무기력을 느끼게 된다. 기대했던 결과와 실제 결과의 차이로 인해 정서의 변화를 경험하게 되는 생물학적 기전은 사회적인 동물로서 진화되어 왔던 인류의 뇌 깊은 부분에 각인되어 있을 것으로 추정되고 있다(이상민, 2012). 결과적으로 자신이 노력한 만큼에 상응하는 적절한 보상(성적 향상, 혹은 부모님의 칭찬 등등)이 있으면 보람과 즐거운 감정을 갖게 되지만, 적절한 보상이 지속적으로 주어지지 않을 경우에는 학습무기력이 일어날 수 있다는 것이다. 일반적으로 학교생활의 기간이 길어질수록 실패경험이 증가하여 학습무기력이 증가한다. 이러한 무기력 현상은 경쟁적이며 결과만을 중시하는 입시위주의 교육환경에서 비롯되는데, 학업에서 반복적으로 무기력을 경험한 학생은 새로운 학습에 도전하지 않고 미래에 대한 회의감으로 가득차 있으며 일상생활에서의 다른 일에 대해서도 관심과 흥미를 잃게 되는 것으로 보고하고 있다. 학업에 대한 무기력은 실패경험 그 자체보다 그러한 실패경험을 학생이 어떻게 지각하고 있는가가 더 중요할 수 있다. 즉, 성적이 떨어진 상황에서 교사와 부모가 학생에게 다음에 더 노력하면 잘 할 수 있을 것이라고 격려와 지지를 보내는 경우와 반대로 형편없고 능력 없으며 게으르다고 비난하는 경우는 완전히 다른 결과를 초래할 수 있다. 노력부족으로 이러한 결과가 초래되었다고 생각하는 경우 학업에 대한 통제가 가능하다고 생각하여 학업에 대한 무력감이 나타나지 않을 수 있으나, 능력이 없어서와 같이 통제 불가능한 이유로 성적이 나쁘다고 생각한다면 학습무력감은 증가한다.

② 시험불안

많은 학생들이 시험, 특히 중요한 시험을 볼 때 심한 불안을 경험한다. 예를 들어, 시험이 다가오면 주의집중이 잘 안되고, 수면이 불규칙하게 되고, 두통과 복통과 같은 신체증상을 호소하거나 시험을 볼 때는 너무 긴장하여 신체가 급격히 굳어져서 답안 작성에 어려움을 호소하기도 한다. 시험불안은 인지적인 요소와 정서적인 요소로 나누어서 볼 수 있다. 인지적 요소라고 할 수 있는 걱정은 가까이 있는 시험장면이나 잠재된 결과에 대한 부정적인 기대감 및 근심 등으로 경험의 인지적인 요소를 의미하고, 정서적 요소인 정서성은 불안 경험의 생리적·감정적인 요소, 즉 초조와 긴장 등과 같은 자율성 각성의 징후와 불쾌한 감정의 상태를 지각하는 것을 의미한다. 적당한 불안은 집중력을 강화시켜 시험에 더 집중하게 하지만 너무 높은 시험불안은 학생이 시험에 집중하는 것을 방해한다. 보통 시험불안이 높은 학생들은 자기 자신을 비하하고 자기에 대해 덜 만족하며 자신을 부정적으로 평가한다. 또한 시험불안은 과제수행과 유의미한 부적 상관이 있어 시험불안이 높을수록 과제수행이 낮아진다고 보고되고 있다. 즉, 시험불안은 과제수행에 있어 부적절한 반응을 나타내며, 평가 상황에서 효과적인 사고과정을 방해하는 요소라 할 수 있다. 이렇듯 시험불안은 학업성취에 직·간접적 영향을 줄 뿐 아니라 동기, 정서, 성격, 사회성 등과 밀접한 관계를 맺고 있다.

3 학업지연

학업지연(Academic procrastination)은 과제의 시작을 미루거나, 불편감을 느낄 때까지 과제를 미루면서, 정해진 기한까지 과제를 수행해내지 못하는 것으로 정의한다. 연구 결과에 따르면, 이러한 학업지연 행동은 많은 부정적 결과를 초래한다. 많은 연구에서 학업지연 행동은 불안, 우울, 자기비난, 후회 등의 심리적 요소에 부정적 영향을 줄 뿐만 아니라 학업에 있어서도 낮은 성적, 학업부진 등의 문제를 야기할 수 있다고 하였다. 이처럼 학생들은 학업지연 행동으로 인해 정서적인 고통뿐만 아니라 학업적인 성취에서의 어려움까지 겪고 있다. 지금까지 학업지연 행동에 관한 선행연구를 살펴보면, 학업지연 행동을 하는 학생들의 일반적인 특성과 학업지연 행동과 관련된 요인이 무엇인지에 대한 연구가 많이 이루어져 왔다. Steel(2007)의 메타논문에서는 학업지연 행동에 대해서 과제에 대한 태도가 학업지연 행동에 미치는 영향, 학업지연 행동과 성격요인 간의 관계, 여러 변인과 학업지연 행동 사이의 상호작용 등으로 구분하여 다루었다. 먼저, 과제 자체의 측면에서 학업지연 행동을 유발하는 하나의 중요한 요인은 과제에 대한 거부감이다. 과제가 지루하고 재미없으면 학업지연 행동을 하게 된다. 또한, 개인적인 특성으로는 학업지연 행동과 성격과의 관계를 보는 연구가 많이 수행되었고, 특히 성격요인 중 성실성이 학업지연 행동을 잘 설명하는 것으로 보고되고 있다. 이 밖에도 많은 변인들이 학업지연 행동을 설명하는 변인으로 연구되어 왔다. 구체적으로, 충동성이 높을수록 과제완수에 대한 인내력이 부족하므로 충동적인 학생이 학업지연 행동을 많이 하는 것으로 보고되고 있으며, 실패에 대한 두려움이 클수록 문제에 직면하지 않고 회피하면서 지연행동을 하는 것으로 나타났다. 나아가 자신감과 자기 효능감이 낮을수록 과제를 어렵게 지각하게 되므로 학업지연 행동을 할 가능성이 높다. 이외에 완벽주의 성향이 높을수록 부정적인 피드백에 대한 두려움을 가지게 되어 학업지연 행동과 관계가 높음을 보고한 연구들이 있다(이지혜, 이수정, 박은혜, 이상민, 2014).

4 학습부진

학업문제 중에서 가장 두드러진 것은 학습부진이라고 할 수 있다. 학습부진에 대한 개념은 학자마다 조금씩 다르게 정의 내리고 있는데, 일반적으로는 학생이 성취할 수 있는 수준보다 저조한 학습 능력을 보이거나, 상대적으로 다른 학생보다 낮은 성취 수준을 보이는 것을 기준으로 학습부진아를 정의하고 있는 경우가 많다. 예를 들어 김동일(1998)은 학습부진은 학업 영역에서 나타나는 학업성취수준이 학생이 지닌 잠재적 능력(지적 능력 수준)에 미치지 못하고 현격하게 뒤떨어지는 상태라고 정의하고 있다. 한국교육개발원(1989)에서는 정상적인 학교 학습을 할 수 있는 잠재 능력이 있으면서도 환경의 영향을 받은 개인의 성격이나 태도, 학생 습관 등의 요인으로 인하여 선수 학습 요소의 결손이 발생하고, 그 결과 교육과정에 설정된 교육목표에 따른 최저 학업 성취 수준에 도달하지 못한 학습자를 학습부진아로 설명하고 있다. 이렇듯 다양한 학습부진에 대한 정의가 있으나 보통 교사들은 학습부진을 학업진도를 따라오지 못하는 경우를 이야기하며 학업성취도를 기준으로 학습부진에 대한 개념을 규정하는 경우가 많다(박준규, 이상민, 최보영, 2009). 학습부진이 심각한 이유는 학습부진아들의 경우, 학교생활에서 누적적인 실패의 경험으로 인하여 지적인 호기심은 물론, 사물에 대한 지적인 관심을 가지지 못하여 원만한 생활을 누리지 못하기 때문에, 학습부진을 극복하도록 노력하지 않으면 유능한 인재가 되기는커녕 사회에 해를 끼치는 사회적 반항아가 될 수 있다. 특히 어릴 때의 학습부진은 자라면서 자연스럽게 해결되는 것이 아니라 그 개인의 전 생애에 걸쳐 영향을 미친다. 학습결손의 누적은 후속학습의 포기, 동기유발 의욕의 상실, 부정적 자아개념의 형성, 일탈 행동 등의 여러 가지 부정적 결과를 낳게 함으로써 개개인은 물론이고 많은 사회적 문제를 야기하고 있다.

　학습부진아를 바르게 인식하고 가려내어 올바르게 지도하기 위해서는 학습부진아가 보이는 일반적인 특성과 학습부진에 영향을 미치는 요인을 올바르게 파악하는 일이 매우 중요하다고 볼 수 있다. 학습에 곤란을 일으키는 요인은 매우 다양하고 상호밀접하게 관련되어 있는데, 그러한 요인들은 크게 두 차원으로 나눌 수 있다. 하나의 차원은, 학습자 자신의 능력이나 기능결함 등의 심리적 발달적 측면에서 분석하는 입장인 개인적 측면으로, 인지, 정의적인 요인이다. 다른 하나는, 학습자의 능력이나 기능보다는 학습자의 환경적인 측면에서 분석하려는 입장인 환경적 측면으로 사회적 요인과 교육적 요인을 포함한다. 개인적인 측면을 살펴보면, 인지, 정의적 특성으로, 학습부진아들은 학습정상아들에 비해 지적 호기심, 학습동기, 자기조절, 흥미, 주의력, 자아개념, 표현력, 어휘력, 기억력, 산술능력 등에 있어서 결함을 보이거나 부족하며 부적응적인 학습전략을 지니고 있다고 나타났다. 이러한 요인은 선천적인 영향도 있지만 후천적인 요인에 의해 확대 재생산된다. 환경적 측면 역시 학습부진아에게 중요한 영향을 미치고 있는데, 이 중 사회의 기본적인 단위인 가정환경은 중요한 교육적 기능과 함께, 학습부진아에게 강하게 영향을 미치고 있다. 학습활동과 관련지어 볼 때, 합리적으로 사고하고, 판단하고, 규칙과 질서를 지키고, 교사에 대한 존경심을 갖는 등 학교생활과 직접적으로 연관되어 있는 수많은 인지적 활동 및 사회적 활동을 가정에서 배우고 있는 것으로 나타났다. 또한, 교육적 환경측면에서 볼 때, 학생들의 다양한 흥미와 성향을 고려하지 않은 교사의 획일적인 강의식 수업과 학습자의 발달 수준과 일치하지 않은 교육과정 또한 학습부진아에게 영향을 미치고 있는 것으로 나타났다(이진명, 이상민, 남숙경, 2008).

Ⅱ 학업발달의 구성요소

　학업발달의 구성요소는 크게 인지적 요소, 동기적 요소, 정서적 요소, 행동적 요소로 나눌 수 있다. 본 절에서는 학생의 학업발달에 영향을 미치는 요인을 인지적, 동기적, 정서적, 행동적 측면으로 고려하여 학습자의 학습 요구를 파악하고자 한다. 이는 학습자의 학습 양식을 객관적으로 이해하기 위해서 학업상담 전에 교사가 선행되어 파악해야 할 내용이다. 인지적, 동기적, 정서적, 행동적 측면에서 학생 개개인의 학업발달 수준을 파악하여, 학습자에게 적합한 학업상담 전략을 수립해야 한다.

1 인지적 요소

똑같은 시간을 투자하여 공부를 하더라도 학습자에 따라 학습하는 정도와 기억하는 정도가 상이하다. 학습자가 학습을 어떻게 지각하며 여러 학습 요구와 학업성취 사이에 어떤 인지과정을 거쳐 상호작용하는지에 관한 내용이 학업발달의 인지적 요소라 할 수 있다. 학습의 인지적 전략은 학생들이 자기주도적으로 어떻게 학습을 효율적으로 할 것인가에 관한 것이다. 많은 시간을 들여서 공부를 하더라도 어떤 학생들의 경우 학습요령이나 학습방향에 대한 이해가 부족할 뿐 아니라 주의집중력 등 학습방법에 대한 전략을 제대로 알지 못해 사용하지 못한다. 즉, 학습방법 및 습관에 있어 스스로 학습할 수 있는 학습방법과 전략을 사용하지 못하고 있으며 학습기술이 부족하여 낮은 학업 성취를 보인다. 인지전략은 일반적으로 학습전략과 비슷한 개념으로 사용될 수 있는 것으로 초인지와 인지로 구분될 수 있다. 초인지는 인지를 지각하고 그 인지를 아는 것으로, 인지를 통제하고 조정하는 것이다. 즉, 자신의 인지에 관하여 지식을 습득하고, 자신의 인지과정에 대하여 통제하고 평가하는 과정이라고 볼 수 있다. 이는 학업 성취에 초점을 두고 학습하는 것이 아니라 공부하는 방법, 즉 학습전략을 학습하고 그 방법을 습관화하여 적용해나가는 과정을 의미한다. 초인지의 구성요소로는 계획(planning), 점검(monitoring), 조절(regulation) 등이 있다. 이에 반해 인지의 구성요소로는 시연(rehearsal), 정교화(elaboration), 조직화(organization) 등이 있다.

1) 계 획

계획이란 학습자가 자신의 학습시간과 공부방법을 효과적으로 조절하기 위해서 미리 시간을 정하고 일정을 세우는 것을 의미한다. 시간관리 프로그램은 학생이 구체적으로 자기 생활을 능동적으로 분석하고 의미 있는 목표를 세우며, 이를 실천할 수 있도록 자기 생활과 활동을 통제하고 관리하여 진정한 의미에서 시간관리를 실천하는 것을 의미한다. 이는 학업만족도를 높이고, 학업성취를 올릴 수 있는 기반을 제공하고, 역할혼미 지각을 줄이며, 스트레스에 따른 소진을 예방하게 되고, 더 나아가 자기효능감과 자아개념을 높여 긍정적인 삶의 태도와 자신감을 갖게 한다. 시간관리를 잘하는 방법은 첫째, 자신의 시간활용을 점검하는 것이다. 일정한 시간동안 자신이 보낸 시간을 살펴본다. 둘째, 자신만의 계획표를 작성하여 공부하는 것이다. 이는 시간을 매우 효율적으로 사용할 수 있도록 도와준다. 따라서 매월, 매주, 매일의 목표를 설정하여, 그 목표에 맞게 계획을 짜서 계획한 일을 잘하고 있는지 스스로 평가하는 일은 중요하다.

2) 점 검

점검이란, 자신의 주의집중을 최적화 하면서 이해 정도를 확인하는 상위인지 전략으로 자신이 알고 있는 학업기술, 학습전략 등을 얼마나 효과적으로 잘 사용하고 있는지를 조절, 통제하는 과정이라 할 수 있다. 즉, 자신의 이해 정도를 스스로 평가해 보기, 시험 치는 동안 문제 푸는 속도 체크하기, 자신이 얼마나 학습 내용이나 학습의 결과를 기록하기 위해 노력하는지를 점검하는 것을 의미한다. Shayghnessy(1981)은 학생을 대상으로 단어 회상률을 예측하는 실험에서 테스트 경험이 있는 학생들의 집단이 단어 예측이 더 정확하고 더 많은 단어를 기억해 냈다는 연구 결과를 발표했다. 이는 테스트 경험이 점검의 정확성을 강화하는 하나의 요인으로 작용한 것이다. Morgan(1986)은 자기점검 방법을 학습에 응용한 실험연구에서, 중간목표를 학습자 스스로가 세워 학습하는 집단이 목표를 세우지 않고 학습하는 집단보다 좋은 결과를 나타냈으며, 목표 설정 효과가 학습에 소모하는 노력과 시간을 잘 조직해준다는 연구 결과를 발표했다. 결국 학생 스스로 자신이 정한 목표에 맞게 학습을 적절하게 하고 있는지 체크하고, 현재 알고 있거나 외우고 있는 것을 제대로 잘하고 있는지를 파악하는 것은 학습에 있어 중요한 요소라 할 수 있다.

3) 조 절

조절이란 학습자가 과제를 수행하기 위하여 학습자 스스로 노력을 분배하여 관리하거나 필요한 도움을 요청하는 등 학습을 수행하기 위해 스스로의 행동을 조절하는 것을 의미한다. 학습 시 곤란한 상황이 있거나, 모르는 것이 나왔을 때 학습을 효율적으로 하기 위해 자신보다 더 유능한 사람의 도움을 적극적으로 받을 때 학습자는 더 높은 성취를 얻을 수 있다. 학습행동 조절이란 학습자가 자신의 학습행동을 조절하는 것을 의미한다. 이것은 학습자가 공부하는 데 있어서 방해요소를 차단하는 것으로 주의집중을 의미한다. 학습하는 데 주의가 분산되는 것은 외부요인과 내부요인으로 나눌 수 있다. 외부요인은 소음이나 자극, 친구와 같은 요소로, 외부요인에 의하여 주의집중이 되지 않을 때에는 학습에 방해하는 자극을 멀리하거나 제한하는 등 학습환경에 변화를 주는 방법이 있다. 내부 요인으로는 여러 가지 잡념이나 끈기 부족으로 설명될 수 있는데 이럴 경우 명상을 하거나, 아니면 자신의 뚜렷한 목표를 다시 생각해 봄으로써 공부에 집중할 수 있도록 조절하는 것이 필요하다.

4) 시 연

시연이란 단기기억 속에서 정보가 사라지지 않게 하기 위한 것으로, 중요한 학습 내용을 외우기 위하여 밑줄을 긋거나, 강조를 표시하거나 소리 내어 읽는 것과 관련된다. 시연 전략의 예로는 중요한 부분에 밑줄 긋기, 노트필기 하기 등이 있다. 학생들의 기억은 단기기억과 장기기억으로 나눠지는데, 학습내용을 얼마나 잘 기억하느냐에 따라 단기기억에서 소멸될 수도 있고, 장기기억 속에 저장될 수도 있다. 따라서 단기기억에서 장기기억으로 가기 위해서는 시연전략이 필요하다. 대부분의 학생들이 시험을 보기 위하여 많이 사용하는 전략이 시연으로, 얼마나 효과적으로 시연 전략을 잘 활용하느냐에 따라서 성적이 좌우된다.

5) 정교화

정교화란 학습자가 학습한 자료를 의미 있게 하기 위하여 새 자료를 이전 정보와 관련시켜서 특정한 관계를 지니도록 하는 인지전략이다. 즉, 공부하려는 여러 내용을 서로 분리하여 단순히 외우는 것이 아니라 서로 간에 연결을 형성하여 관련성을 맺는 과정이라 말할 수 있다. 특히 암기과목의 경우 정교화의 기술을 사용하면 효율적으로 공부할 수 있다. 정교화를 위한 기법에는 심상화, 질문에 대답하기, 범주 찾기, 위계화 및 보기 등이 포함된다. 인출은 장기기억의 정보를 활성화시켜 단기기억으로 끄집어 내가는 것을 말하는데, 이렇게 활성화된 정보는 정교화 시연이나 비판적 사고에서 필수적이다. 이를 통하여 학습자는 학습한 내용을 풍부하게 만들 뿐 아니라 어떤 지식을 인출하여 활용하느냐에 따라 무엇을 학습하게 되느냐를 결정할 수 있게 된다.

6) 조직화

조직화 전략은 서로 다른 개념들과 사실적 정보를 연결시키는 전략이다. 그 중 군집화(chunking)와 범주화(categorization)가 대표적인 전략이다. 군집화는 정보의 개별단위를 보다 크고 의미 있는 단위로 묶는 기본적인 방법이며, 범주화는 관련 내용을 의미 있게 묶는 것이다. 도표, 개념도, 그래프 등이 범주화의 좋은 도구이다. 다양한 과목을 모두 배우는 학업의 경우, 주어진 정보를 의미단위로 묶고 분류하는 조직화 전략을 적절히 사용하여 효율적으로 학업을 운용할 수 있는 능력이 요구된다. 그러므로 교사는 최대한 자료를 분명하고 조직적으로 제시해서 학생들이 최대한 쉽게 자료를 조직화 혹은 심상화 할 수 있도록 촉진시켜야 한다.

2 동기적 요소

학업 성취는 학생들의 심리적 특성과도 깊은 연관성을 가진다. 이 중 가장 관계 깊은 것은 학습동기로 학습전략에 영향을 주는 동시에 바탕이 되는 요인이다. 동기란 어떤 행동을 유발하고 지속적으로 유지시켜주는 것으로 학업 성취에 반드시 필요한 것인 동시에 학습의 성과로도 연결된다. 또한 학습동기는 학습흥미와도 관련되는데, 학업 성취가 높은 학생들의 경우 긍정적인 자아 개념을 형성하게 되고 목표 지향적 행동으로까지 연결 지을 수 있다. 즉, 학습동기가 높은 학생들은 학업에 대한 흥미가 높아 학습활동에 자발적으로 참여하여 높은 학업 성취를 이끌어낸다. 한편, 자기효능감도 동기적 요소에 해당하는데, 자기효능감이란 자신이 원하는 학업 성취를 달성하는 데 필요한 개인적 신념으로, 효능감이 높은 학생일수록 자신의 성취수준을 통제하고 과제를 선택하고 지속하고 동기를 향상시키는 데 긍정적인 영향을 준다. 자신의 능력에 대한 신념이 낮은 학생들의 경우 학업에 문제를 주는 정서적 요인을 파악하고 전략 훈련을 통해 자신감과 통제력이 향상되면 자아효능감도 향상하게 된다. 이러한 학습전략 사용을 통한 자아효능감의 증대는 곧 학업 성취에도 영향을 주며 학습동기에도 큰 영향을 미친다. 따라서 학업 성취가 낮은 학생들은 자신의 학업에 대한 흥미 및 동기를 진단하고 어떤 정서적, 혹은 심리적 변인이 부정적인 정서 혹은 학업 성취에 영향을 미쳤는지 분석한 뒤 체계적으로 대처해나가는 학습전략을 지속적으로 훈련해야 한다.

1) 학업동기

학업동기란 공부하는 이유에 대한 답변으로 학습자들이 왜 공부를 하는가를 이해하기 위한 유용한 틀이다. 대표적인 동기이론으로 성취목표지향성 이론을 들 수 있다. 이는 학업의 목표가 무엇이냐에 따라 학생들은 각기 다른 정서적, 행동적 반응을 보이며(Dweck & Leggett, 1988), 추구하는 목표가 변함에 따라 학생들의 학업관련 행동도 변화하게 된다는 이론이다. 성취목표지향성 이론에 따르면 성취목표지향성 유형을 숙달(mastery)목표와 수행(performance)목표로 구분할 수 있다. 숙달목표지향성(mastery goal orientation)은 배우는 것 그 자체에 가치를 두고 이를 목표로 삼는 태도이다. 숙달목표지향성(mastery goal orientation) 학습자들은 새로운 기능을 배우며 학습 내용을 이해하는 과정을 통해 유능감을 지각하고 자신의 능력이 향상되는 것에 가치를 둔다. 또한 이들은 노력과 결과가 함께 한다는 신념을 가지고 자기 내적 귀인을 통해 난관을 극복한다. 이들은 실패나 실수를 두려워하지 않으며, 자신의 능력이나 지식, 기술을 향상시키는 것에 궁극적인 목적을 둔다. 따라서 타인의 시선이나 평가보다는 실질적인 자신의 능력 향상을 위해 적극적인 전략들을 구상하게 되고 실제로 좋은 수행을 이루게 된다. 반면 수행목표지향성(performance goal orientation)은 자신의 능력을 다른 사람과 비교해보는 데 초점을 맞추는 태도이다. 수행목표는 개인의 상대적 능력이나 자기가치감에 초점을 두는데, 여기서 개인의 능력이란 다른 사람보다 더 잘하거나, 규준에 기초한 기준을 능가하거나 적은 노력으로 성취하는 것을 의미한다. 수행목표에서 중요한 것은 다른 사람보다 우월하거나 더 우수한 방법으로 수행했다는 다른 사람들의 인정이며, 자신의 성과를 다른 사람들이 공식적으로 인정할 때 성취감을 갖는다. 이들은 노력을 기울였음에도 성공하지 못했다고 생각이 들면 자기개념이 위협받는 듯한 느낌을 받는다. 따라서 수행목표지향성 학습자들은 도전적인 과제를 회피하며, 피상적이고 단기적인 학습전략을 주로 사용한다.

1980년대와 1990년대 초까지의 연구들은 숙달목표지향성과 수행목표지향성을 비교하며 숙달목표는 유익하고, 수행목표는 그렇지 못하다는 대립적 견해를 갖는 경향이 있었다. 그러나 몇몇 연구들은 오히려, 수행목표가 단기적인 학업성취를 예측하는 데에는 더 유의미하며, 숙달목표는 수업에 대한 흥미를 예측한다는 결과를 제시하며, 수행목표지향성이 학업 성취에 의미 있는 기여를 할 수 있음을 보여주었다. 이러한 움직임을 바탕으로 연구자들은 1990년대에 들어서면서 성취동기에 접근(approach)과 회피(avoidance) 성향을 결합하여 어떤 목표에 접근하려는 경향성과 회피하려는 경향성을 중심으로 이전의 성취목표를 재구성하였다. 수행접근목표지향성은 다른 사람보다 더 잘하거나 적은 노력으로 성공함으로써 자신의 우수한 능력을 입증하려는 성향을 의미한다. 반면, 수행회피목표지향성은 다른 사람과 비교해서 상대적인 무능력이 드러나는 것을 회피하는 것에 중점을 두는 회피지향성의 일종으로 실패에 대한 두려움에 기반을 두고 있다. 2000년대 들어 숙달목표 역시 접근과 회피 성향의 구분이 적용되었는데, 숙달회피지향성에 대해서는 현재까지 개념적 타당화가 명확히 이루어지지는 않은 것으로 보고 있다(황지희, 2007). 이론적으로 숙달접근목표지향성은 어떤 외적 보상보다는 학습과정 그 자체에 가치를 부여하여 자기의 기술과 능력을 발달시키고 자료를 이해하거나 과제를 숙달하려 노력하는 데 초점을 맞추는 목표지향성을 말한다. 반면, 숙달회피목표지향성은 자신이 보유하고 있는 기술 또는 능력이 감소하거나 무능해질 수 있는 부정적인 가능성을 회피하는 데 중점을 두는 목표 성향이다. 학습에 있어 성취목표지향성의 특성을 파악하는 것은 개개인의 학습자가 공부를 하는 이유를 알고, 어떠한 면에서 성취감 혹은 두려움을 갖고 있는가에 대해 파악함으로써, 학업부진 학습자에 대한 개입에 도움이 될 수 있다. 특히 수행회피목표 지향성이 강한 학습자들에 대한 지원이 필요한 것으로 보인다. 학업에 잘 적응하지 못하고, 자신감이 결여되어 있는 수행회피목표 지향성의 학습자들의 경우 학업 동기 강화 프로그램을 통해 자신의 수행에 대한 불안감을 떨치고 성취 상황에 적극적으로 참여하도록 지도할 필요가 있는 것으로 보고되고 있다.

2) 자기효능감

자기효능감은 개인의 특성을 설명하고 예언하는 데 중요한 요인으로서 최근 사회인지 이론에서 관심이 고조되고 있는 개념이다. Bandura(1977)는 자기효능감을 개인이 어떤 결과를 산출하기 위해 요구되는 행동을 성공적으로 수행할 수 있다는 개인의 신념이라고 정의하였다. 자기효능감은 학습자가 자기 자신을 얼마나 유능한 사람이라고 지각하고 있느냐와 관련이 있다. 즉, 개인이 성취 장면에서 자신의 능력에 대해 가지는 기대로 자신의 능력에 대한 개인적 판단 및 신념이라고 할 수 있다. 이러한 자기효능감 수준은 학습자의 활동의 선택 및 노력의 양과 지속성을 결정하게 한다. 자기효능감이 높은 사람은 실패 상황에서도 끈기가 있고 실패를 자기 노력 부족의 탓이라고 하며, 또 성공은 자신의 노력의 결과로 보는 경향이 있다. 자기효능감이 높은 학습자는 낮은 학습자에 비하여 학업성취에서 우수할 뿐만 아니라 학습에 대한 내재동기를 가지며, 어려운 과제에 대해서도 인내심을 발휘하고 문제해결에 필요한 인지전략을 사용한다.

자기효능감에 가장 강력한 영향을 주는 요인은 수행성공경험이라고 할 수 있으며, 그 다음 생리적, 정서적 각성 상태, 언어적인 설득, 관찰학습도 자기효능감에 영향을 미치는 요인으로 보고되고 있다. 학생들의 경우, 특정 과목에 대한 시험을 잘 본 후에 그 과목에 대한 자신감이 증가하고 앞으로도 그 과목의 시험을 잘 볼 거라는 믿음을 갖게 된다. 또한 성취 장면에서의 정서적 측면도 중요한데, 자신의 능력에 대해 의심하거나 과제 수행 자체에 대해 불안 반응을 보일 때는 과제 자체를 포기하거나 회피하게 되고 자기효능감 수준도 낮아진다. 이에 반해 수행에 대한 불안이 없을 경우, 학습자는 보다 높은 목표를 설정하여 도전적인 과제를 선택하고 노력의 양과 지속성을 배가 시키게 된다. 다음으로 언어적 설득은 학습자로 하여금 수행하여야 할 과제를 성취할 수 있는 능력이 있다는 믿음을 주는 방법으로서 성공경험보다는 자기효능감 형성에 미치는 영향이 적지만 중단하려는 과제를 수행자로 하여금 계속 시도할 수 있도록 하는 데에 설득의 효과가 있다. 언어적 설득은 설득하는 사람의 사회적 지위와 설득자의 피설득자에 대한 영향력, 신뢰성에 따라 다르게 나타나며, 실현 불가능한 설득일 경우에는 설득자의 신뢰도가 떨어지고 수행자의 자기효능감을 오히려 저하시키게 된다. 마지막으로 관찰학습은 다른 사람의 수행으로부터 얻는 정보를 말하며 관찰자의 감정이 부분적으로 자기효능감에 영향을 미친다. 관찰학습으로서의 모델링은 주의(attention), 파지(retention), 재생(production), 동기화(motivaton)의 학습과정을 통하여 관찰자의 학습에 영향을 미치게 되며 실제 자신이 성취하는 것보다는 약하지만 자기와 유사한 특성을 지닌 모델의 성공은 자기효능감에 영향을 미치는 요인이 된다. 주의단계에서는 모델에게 주의를 기울여야 한다. 파지단계에서는 모델 관찰을 통해 얻은 정보를 사용하기 위해서는 정보를 보유(기억)한다. 관찰한 정보가 인지적으로 저장되면, 관찰 학습이 일어난 후 오랫동안 내적으로 보유, 강화 될 수 있다. 재생단계에서는 기억되고 있는 모델의 행동을 외현적으로 재생산하는 과정이다. 즉, 관찰자의 행동이 모델 행동과 일치되기 전에 인지적 반복 기간이 필요하다. 따라서 자기 관찰과 자기 수정을 통해 자신의 행동과 모델의 행동을 일치시키는 데 사용될 수 있는 피드백 고리를 형성하게 된다. 마지막으로 동기화 단계에서는 관찰 된 것을 행동으로 재현시키는 데에 필요한 요인으로서 동기와 강화가 중요하게 된다. 관찰자도 모델과 같이 행동하면 모델이 강화를 받았듯이 자기도 똑같이 강화를 받으리라는 기대를 갖게 된다. 그리고 이러한 강화는 학습을 실행에 옮기게 하는 동기의 역할을 해준다.

③ 정서적 요소

학생들은 학업상황에서 다양한 정서를 경험하게 되지만 대다수의 기존 연구들은 인지와 동기적인 측면에만 초점을 두어 학업에 영향을 주는 정서적 요소에 대한 관심은 상대적으로 미약하였다. 최근 들어 학업성취에 영향을 주는 정서적 요소에 대한 관심이 증가하고 있는데, 학생들이 학업에 대한 긍정적인 정서를 보일 때, 학습자가 과제에 흥미를 더 보이고 학습에 더 몰입하는 것이 관찰되었기 때문이다. 이에 반해 학업에 대한 부정적 정서를 보일 경우, 학생들의 학습에 대한 주의집중도가 상대적으로 저하되고 학업에 부정적 영향을 미치는 것으로 보고되고 있다. Pekrun과 동료들(2002)은 가정과 학교와 같은 자연 상황에서 학습을 할 때 경험하는 정서들을 학업정서라고 명명하면서, 즐거움, 불안, 분노, 절망감, 안도감 등등의 감정들이 학습, 특히 시험 상황에서 가장 빈번하게 경험하는 지각하는 정서라고 언급하였다(양명희, 권재기, 2013). 정서적 요소는 특히 수업 상황에서 중요하게 작용한다. 수업에서 교사와 학생 간 긍정적 정서교류가 일어나고 긍정적인 수업 분위기가 형성될 때 학생들이 학업에 대한 흥미를 보이며, 좀 더 학업에 몰입하게 된다. 학습에 대한 동기와 정서적 경험이 분리될 수 없다면 학습의 과정을 이해하기 위해 학생들이 학업상황에서 지각하는 다양한 정서들을 확인하고 이해할 수 있어야 한다.

1) 정서조절

정서란 특정 대상이 존재하고, 기분과 달리 지속시간이 비교적 긴 특성을 지니고 있다. 몇몇 학자들은 정서는 여러 가지 감정과 인지적, 사회적인 행동요소들을 포함하는 보다 넓은 상위개념으로 정의내리고 있다. 이와 같은 정서를 조절한다는 의미는 긍정적 혹은 부정적 감정으로 인한 부적절한 행동을 억제할 수 있는 능력이라고 할 수 있다. 이는 강한 감정이 유입될 때 생기는 생리적 각성을 자기 스스로 완화시킬 수 있는 능력과 주의를 재집중하는 능력, 그리고 특정 목적을 달성하기 위한 행위를 조절할 수 있는 능력을 포함하고 있다(Gottman & Katz, 1989). 이러한 정서조절능력은 학업수행 및 학습전략에 있어서 매우 중요한 요소로 작용할 수 있다. 예를 들어, 정서조절능력을 지닌 학습자는 학업, 특히 시험상황에서 자신의 정서를 조절하여 부정적 정서를 최소화하고 자신이 속한 상황에서 적절한 정서를 유지한다. 이렇듯, 학습상황에서의 정서조절은 학생의 학습조절능력과 인지적 수행을 증가시키는 역할을 할 수 있다. 구체적으로 학습전략 중, 창의성 및 유동성과 관련된 조직화, 정교화, 메타인지적 점검 등은 정적 정서와 연결되는 반면, 일률적이고 단편적인 학습전략과 관련된 단순재연은 부적 정서와 높은 상관이 있다. 나아가 긍정정서는 자기효능감 및 자기조절학습과 깊은 관련이 있음을 고려할 때 정서조절을 통해 학업상황에서 긍정적 정서를 유지하는 것은 무엇보다 중요한 일이다. 기존의 연구에서도 학습상황에서의 정적 정서는 학업성취도에 긍정적인 영향을 미치는 반면, 부적 정서는 학업성취도에 부정적인 영향을 미치는 것으로 드러났다.

학생들은 학업스트레스를 경험할 때 부정적인 정서나 사고를 피하거나 없애려고, 미루기 등의 회피적인 대처를 사용하거나 부정적인 정서의 원인을 해결하려는 문제 해결적인 대처방략을 사용한다. 하지만, 계속되는 학업스트레스 상황으로부터 자유로워질 수 있는 문제 해결방법을 계속해서 찾기 어렵기 때문에 때로는 당면한 스트레스 상황을 회피 혹은 적극적으로 대처하는 대신에 충분히 그 스트레스에 따른 부정적 정서를 자각하고 적절히 조절해야 한다. 그러므로 학업에 의해 발생한 심리적 어려움을 완화하거나 없애려고 노력하기보다는 이러한 부정적 정서도 삶에서 경험할 수 있는 한 부분으로 인정하고, 목표하는 삶, 가치 있는 삶에 집중할 수 있도록 정서를 조절하는 것이 바람직하다. 즉, 부정적 정서와 생각을 버리고 긍정적 정서와 생각만 하게 유도하거나, 또는 부정적 정서와 생각을 회피하도록 하는 접근이 아니라,

부정적 정서와 생각도 그저 하나의 정서와 생각일 뿐 그 이상도 이하도 아니라는 생각을 하게 하면서 그 정서와 생각을 바라보고 인정하면서 조절하는 것이 중요하다.

학습자가 효과적으로 정서조절을 할 경우, 학교에서 교사 및 친구 관계가 원만해지고 수업에 집중하며 전반적으로 학교생활에 잘 적응한다. 수많은 연구들에서도 학습자들의 정서조절 능력이 뛰어날수록 학업상황에서 상대적으로 높은 성취를 보인다고 보고하고 있다. 정서조절능력이 높은 학습자의 경우, 수업과 시험 등 여러 학습상황에서 자신을 여건에 맞추어 변화시킬 능력이 있기에 정서조절은 학교적응과 학업성취에 영향력을 미치는 변인이라 할 수 있다. 학생들 대상 정서조절 프로그램은 그들이 정서에 대한 장단점을 잘 이해하고 타인의 정서 또한 잘 이해할 수 있도록 교육을 받음으로써 원만한 대인관계를 유지하고 책임 있는 의사결정을 하는 데 도움을 준다. 따라서 효과적인 정서조절프로그램을 통해 학습자들은 학교에 대한 긍정적 정서를 경험할 수 있으며, 교사 및 친구관계에서 발생하는 갈등을 효과적으로 해결할 수 있게 되고, 종국에는 학업적응 능력을 향상시킬 수 있다.

2) 흥미

흥미로운 일과 활동은 즐거움, 기쁨, 만족감 등의 긍정적 정서를 유발하여 자발적으로 계속해서 그 활동을 지속하게 한다. 그러기에 학습자가 공부하는 활동에 대한 흥미를 지니게 되면, 최적의 학습효과를 이끌어 낼 수 있다. 일반적인 흥미와 다르게 학업흥미는 특정 교과의 내용을 학습하는 과정에서 발생하는 흥미를 의미하는데, 크게 개인적 흥미와 상황적 흥미로 구분할 수 있다(김성일, 윤미선, 소연희, 2008). 학업장면에서 개인적 흥미는 특정 교과에 대해 지속적이고 안정적인 관심과 선호도를 의미하는 반면, 상황적 흥미는 특정 학습활동에 참여할 때 느끼는 즉각적인 재미와 즐거움을 의미한다. 상황적 흥미는 향후 개인적 흥미로 발전해 나가는데 특정 교과에 대해 반복적으로 재미를 느끼게 되고 이러한 재미가 누적되면 궁극적으로 그 교과에 대한 학습시간이 증가하고 자신이 하고 있는 활동에 대해 중요가치를 부가하여 자연스럽게 개인적 흥미가 발달하게 된다.

학업흥미와 학업성취와의 관계를 살펴본 연구에 따르면, 특정 교과에 흥미를 가진 학생이 그렇지 않은 학생에 비해 학습에 대한 주의집중이 높으며 학습관여를 높이 하여 높은 학업성취를 보이는 것으로 나타났다. 이는 상관연구 뿐만 아니라 실험연구에서도 증명이 되었는데, 특히 학업흥미는 시간투자를 늘리게 하는 주요변인인 것으로 나타났다. Reynolds(1991)에 의하면, 초·중등학교에 형성된 특정교과에 대한 흥미는 좀처럼 변화하지 않는 안정적 형태를 지니고 있기에 향후 학업에 대한 태도와 진로결정 등 미래의 막대한 영향을 미치는 것으로 보고하고 있다. 우리나라의 경우, 초·중등학생들이 좋아하는 과목은 컴퓨터와 체육이었으며, 선호도가 낮은 과목은 영어와 도덕 및 사회인 것으로 나타났다. 대부분의 교과에 있어 학년이 증가함에 따라 흥미수준도 감소하고 있었으며, 수학은 초 4와 초 6 사이에, 영어는 초 6과 중 2 사이에 급격히 흥미가 떨어지는 것으로 보고하고 있다(김성일, 윤미선, 소연희, 2008). 흥미에 있어서 남녀차를 살펴보면, 국어와 음악은 여학생이, 수학, 과학, 체육은 남학생의 선호도가 높은 것으로 나타났다.

학업에 대한 흥미를 감소시키는 원인으로는 학습자의 자율성이 무시되고 성취와 경쟁만을 지향하는 우리나라의 교육환경을 뽑는데, 선택권이 없이 정해진 교과과정에 따라 모두 동일한 과제와 시험을 보고 이에 따라 줄세우기 식으로 평가하는 것이 교과에 대한 즐거움과 재미 등을 감소하는 것으로 보고되고 있다. 대학입시가 향후 취업과 진로에 중요하게 작용하는 우리나라 상황을 고려할 때 경쟁이라는 것을 완전히 없애는 것은 불가능하나 경쟁을 너무 어릴 때부터 빈번하게 사용하거나 위협의 수단으로 사용하는 것은 최대한 자제해야 한다. 나아가 동일한 내용의 수업이라 할지라도 어떤 교수학습 방식을 사용하느냐에 따라 학생들의 학업흥미가 달라질 수 있다. 수업의 내용이 실생활과 연결되거나 기존과는 다른 신선함을 느낄 수 있는 교수학습 방법을 사용한다면 상황적 흥미가 발생하고 학생들의 주의집중을 이끌어 낼 수 있다.

４ 행동적 요소

행동조절은 학습자가 학습을 성공적으로 이끌기 위해 가장 적합한 학습 환경을 선택하고, 구조화하며, 창조하는 것을 의미한다. 따라서 학생들의 행동적 요소는 인지적, 동기적, 정서적 측면과 관련을 가지는 것으로 학업 성취에 가장 큰 영향을 미친다. 이는 학생 스스로 행동을 의지적으로 통제하고, 시간을 조절하며, 도움이 필요할 경우 적극적으로 요청할 수 있는 능력을 의미한다. 따라서 학생들이 스스로 자신의 학업을 어떻게 지각하고, 어떻게 바라보느냐에 따라 학업에 대한 행동이 다르게 나타나며 그로 인한 학업적 성취수준도 달라진다. 다시 말해 학업 성취가 낮은 학생들 중 부정적 자아개념을 형성한 경우 학업과 관련하여 회피 행동을 보이거나 부정적인 행동(지각, 결석, 주의산만 등) 양상을 나타낸다. 학업 장면에서 중요한 행동적 요소는 인지와 행동에 대한 자기조절(self-regulation)이다. 학습에 있어 중요한 인지적 영역이 행동으로 이어지도록 자신의 학습을 스스로 계획하고 점검하고 평가하는 메타인지전략을 내면화시키는 노력이 필요하다. 다시 말해 자신의 학습 과정 속에서 스스로 학습 유형과 요구에 맞는 학습전략을 사용하도록 훈련함으로써 학생 자신이 공부하는 내용에 적합한 학습전략을 선택하고 사용함으로써 학습에 대한 자발적인 의지 및 노력을 유발할 수 있어야 한다. 결국 행동적 요소는 학생들이 학업과 관련하여 목표 설정, 계획, 자기평가, 자기강화 등 메타인지적인 것으로 학습전략 및 학습기술과 관련된 인지적 능력을 습득하고, 학습동기, 자기효능감, 자신감 등 정서적인 측면을 극복하여 자신의 학습에 나타나 학업 성취로 이어질 수 있어야 한다.

1) 시간관리

시간관리란 학습자가 자신의 학습시간과 공부방법을 효과적으로 조절하는 것을 의미한다. 시간관리 프로그램은 학생이 구체적으로 자기 생활을 능동적으로 분석하고 의미 있는 목표를 세우며, 이를 실천할 수 있도록 자기 생활과 활동을 통제하고 관리하여 진정한 의미에서 시간관리를 실천하는 것을 의미한다. 이는 학업만족도를 높이고, 학업성취를 올릴 수 있는 기반을 제공하고, 역할혼미 지각을 줄이며, 스트레스에 따른 소진을 예방하게 되고, 더 나아가 자기효능감과 자아개념을 높여 긍정적인 삶의 태도와 자신감을 갖게 한다. 시간관리를 잘하는 방법은 일단 자신의 시간 활용을 점검하는 것이다. 일정한 시간동안 자신이 보낸 시간을 살펴보고, 자신만의 계획표를 작성하여 공부하는 것은 시간을 매우 효율적으로 사용할 수 있도록 도와준다. 따라서 매월, 매주, 매일의 목표를 설정하여, 그 목표에 맞게 계획을 짜서 계획한 일을 잘하고 있는지 스스로 평가하는 일은 중요하다.

시간을 어떻게 관리하는가 하는 것은 학업 성취와 밀접한 관련이 있다. 학생들의 일상생활 상황과 학업 성취와 관계에서 성적우수자는 학습 태도가 훨씬 적극적이고 진지했으며, 여가 활동에 있어서 학업우수자는 학업부진자에 비해 학습 시간을 더 효과적으로 사용했다. 예를 들어, 일과점검, 자투리 시간의 활용, 일의 우선순위를 파악해서 행동하기, 세운 계획은 반드시 실천하기 등 시간관리 측면에서 학업우수집단이 학업부진집단에 비해 더 높은 수행을 보이는 것으로 나타났다. 따라서 시간을 효과적이고 적절하게 사용하고 구성하는 것은 학업 성취를 향상시키기 위한 계획을 수립하는 데 가장 중요한 요소 중에 하나라고 볼 수 있다.

2) 대처행동

대처전략 혹은 대처행동은 개인이 환경과의 관계에서 어려움을 경험할 때 특정 상황을 직면하고 역경을 헤쳐 나가려 하는 행동적인 노력이다. 개인마다 다른 대처 행동을 보이는데, 대처행동은 스트레스를 유발하는 사건에 직면할 때 심리적 안녕감을 결정짓는 중요한 역할을 수행한다. 즉, 동일한 상황이라고 할지라도 그 상황에서 어떻게 대처행동을 취하느냐에 따라 취약요인이 되거나 오히려 촉진요인이 되기도 한다는 것이다. 대처행동의 유형은 문제 중심 대처와 정서 중심 대처로 크게 두 가지 범주로 구분할 수 있다. 문제 중심 대처는 문제해결을 위해 문제를 규정하고, 대안적 해결책을 만들며, 대안들을 저울질해보고, 최선의 대안을 선택하고 이에 따라 행동하는 방식이다. 한편, 정서 중심 대처는 정서적 고통을 감소시키고자 하는 인지적 과정을 포함하며 회피, 최소화, 거리 두기, 선택적 주의, 긍정적 비교, 부정적 사건에서 억지로 긍정적 가치를 찾아내기와 같은 행동 전략들을 포함한다.

대처 방식을 다룬 선행 연구 결과를 보면 학습상황에서 문제 중심적 대처는 학업 성취에 긍정적인 영향을 끼치는 반면, 정서 중심적 대처는 학업 스트레스를 악화시켜 학업지연과 학업소진을 증가시킨다고 함으로서, 문제 중심적 대처방식이 보다 효율적이라는 결론을 제시하고 있다. 그러나 사람들이 사용하는 대처방식은 상황에 따라 다른 모습을 보인다. 보통 통제가 가능한 상황, 즉 스트레스를 주는 상황이 자신의 노력으로 직접 수정하고 결과를 바꿀 수 있다고 평가할 때 일반적으로 문제 중심적 대처를 사용하나, 이러한 조건들을 변화시키기 위해 자신이 할 수 있는 일이 없다고 평가할 때는 정서 중심적인 대처를 사용하는 경향이 있다. 학생들의 학업 스트레스의 본질을 이해하고 이에 현재 어떻게 대처하고 있는지를 파악하고 효과적으로 대처하는 방법과 기술을 익히는 데 도움을 주는 것이 학업상담에서 중요하다. 따라서 문제 중심 대처훈련과 정서 중심 대처훈련을 모두 다루는 혼합 형태의 스트레스 대처훈련을 사용한다.

3) 학습행동 조절

학습행동 조절이란 학습자가 자신의 학습행동을 조절하는 것을 의미한다. 이것은 학습자가 공부하는 데 있어서 방해요소를 차단하는 것으로 주의집중을 의미한다. 학습하는 데 주의가 분산되는 것은 외부요인과 내부요인으로 나눌 수 있다. 외부요인은 소음이나 자극, 친구와 같은 요소로, 외부요인에 의하여 주의집중이 되지 않을 때에는 학습에 방해하는 자극을 멀리하거나 제한하는 등 학습 환경에 변화를 주는 방법이 있다. 내부 요인으로는 여러 가지 잡념이나 끈기 부족으로 설명될 수 있는데 이럴 경우 명상을 하거나, 아니면 자신의 뚜렷한 목표를 다시 생각해 봄으로써 공부에 집중할 수 있도록 조절하는 것이 필요하다. 학습자는 학습에 쏟아붓는 노력을 조절할 수도 있는데, 노력조절이란 학습자가 과제를 수행하기 위하여 학습자 스스로 노력을 분배하여 관리하거나 필요한 도움을 요청하는 등 학습을 수행하기 위해 노력하는 것을 의미한다. 예를 들어, 학습 시 곤란한 상황이 있거나, 모르는 것이 나왔을 때 학습을 효율적으로 하기 위해 자신보다 더 유능한 사람의 도움을 적극적으로 받을 때 학습자는 더 높은 성취를 얻을 수 있다.

Ⅲ 학업상담의 사례

학생이 지닌 학업문제가 무엇이며 얼마나 오랫동안 그러한 문제로 인해 힘들어했는지, 또한 인지적, 동기적, 정서적, 행동적 요인이 어떻게 이 문제와 관련이 있는지 이해하기 위해 교사들은 학생들과 일대일 상담을 하게 된다. 본 장에서는 학업관련 대표적인 상담사례를 제시하여 학업상담의 실제를 다루고자 한다.

1 시간관리 사례

1) 인적사항
고등학교 1학년 여학생 이가명, 중상위 성적

2) 호소문제

　최근에 숙제와 시험공부의 양이 쌓여서 고민인 가명학생은 하루하루 매 시간마다 바쁘게 보내는 것 같은데 이상하게도 해야 할 숙제와 공부의 양은 많아지고, 자꾸만 해야 할 공부를 미루게 되어 시간을 효율적으로 관리하는 법에 대해서 알고 싶어서 평소에 자신에게 친하게 대해 준 국어교사인 김민수 선생님에게 상담을 요청해 왔다. 가명학생은 자신의 문제가 무엇인지 혼자서만 끙끙 고민하다가 어떻게 하면 효율적으로 계획을 세우고, 시간관리를 잘 할 수 있을지 알고자 하였다. 가명학생은 학업 이외에도 종교 활동, 학생회 활동, 봉사활동 등으로 활발하게 학교에서 생활을 하고 있었으나, 정작 본인이 원하는 공부의 목표나 진로 계획은 뚜렷하지 않은 것 같아 걱정된다고 하였다. 자신에게 맞는 진로가 무엇인지 잘 모르다 보니, 공부에 대한 계획도 구체적으로 정해지지 않고, 시간관리도 잘 되지 않고 집중이 잘되지 않아 공부하는 데 어려움을 겪고 있다고 하였다. 따라서 상담자인 김민수 선생님은 일단 가명학생이 자신의 현실적인 상황에 적합하고 분명한 학습목표에 대해서 생각해 볼 필요가 있다고 판단하였다. 나아가 가명학생과 함께 학업상담에서 가명학생이 세운 목표에 따라 꼭 필요한 활동과 그렇지 않은 활동을 구분하고, 우선순위를 정해서 먼저 해야 할 일에 집중할 수 있도록 도와주고자 하였다.

3) 학업상담 과정

　김민수 선생님은 가명학생과의 첫 상담회기에서 가명학생의 학습목표를 분명하게 하려고 하였다. 공부의 목적이 무엇인지, 어떤 교과를 좋아하는지 등에 대한 자신에 대한 탐색을 하도록 적절한 질문을 던졌다. 가명학생의 경우, 초등학교 때부터 부모님이 원하는 의사가 되고 싶다고 하였다. 사회적으로 명망이 있고 높은 수입을 보장한다는 부모님의 말만 듣고 그냥 막연히 의사라는 직업에 대한 동경을 하였고 미래에 의사가 되겠다고 다짐하였으나, 정확하게 의사라는 직업이 어떤 직업이고 의사라는 직업이 가지고 있는 의미 등에 대해서는 잘 알지 못하였다. 자신에 대한 탐색을 한 후, 가명학생은 자신이 수학이나 과학 등의 과목보다는 외국어를 배우는 것을 더 좋아하고 사람들을 돕는 일에 더 관심을 가지고 있다는 것을 깨닫게 되었다. 그리하여 의사라는 진로보다는 통역관이라든지 영어교사 등을 하고 싶다는 뚜렷한 목표의식이 생겼다. 그러한 목표의식에 따라 현재 가명학생이 시간을 효율적으로 잘 활용하고 있는지에 대해서 분석하였다. 크게 개인의 목표와 직업목표를 나누고 각각의 영역에 대해서 1년 후의 목표, 5년 후의 목표, 그리고 장기적인 목표를 구체적으로 세워보게 하였다. 그 후로 과제로 활동지를 주어 한 주간에 자신이 어떻게 시간을 쓰는지 분석해서 작성해 오도록 했다. 나아가 자신의 시간활용에 대해서 스스로 평가할 뿐만 아니라 부모님 혹은 친구들은 이러한 시간활용에 대해서 어떻게 생각하는지에 대해서도 알아오라고 과제를 주었다.

두 번째 상담회기에서는 한 주간의 시간관리 점검을 통해 시간을 자신이 세운 개인적, 직업적 목표에 부합하게 관리하는지 이야기를 나누었다. 가명이가 생각하기에 시간을 잘 쓰고 있다고 느끼는지 혹은 부모님과 친구들은 어떻게 평가하는지 이야기를 나누었으며, 시간관리를 잘 하지 못하고 있다고 느끼는 요일에 대해서 왜 그러한지 이야기를 나누었다. 가명학생은 학생회 활동과 봉사활동, 종교활동에 너무 많은 시간을 할애하여 정작 공부에 집중하고 숙제를 하는 것이 미루어지는 경우가 많다는 것을 발견하였다. 결국 계획을 꼼꼼히 세워도 항상 다 소화하지 못하고 할 일을 미루게 되었다고 말하였다. 1년, 5년, 장기계획에 나와 있는 목표와는 달리 그때 그때 닥친 일에만 몰입하다보니, 왜 이러한 일을 하는지에 대해서도 인지하지 못한 채 의무감에 학생회, 봉사, 종교활동을 하고 보람도 느끼지 못하는 경우가 많았다고 말하였다. 부모님과 친구들 역시 가명학생이 현실적으로 불가능한 계획을 세운 것 같다는 평가를 주었다. 따라서 가명학생은 현실적인 주간 계획을 세우는 것이 얼마나 중요한지 깨닫고, 실행이 가능한 계획을 세우기 위해서 과제로 가명학생에게 주어진 가용시간이 얼마나 되는지를 일주일간 파악하게 하였다.

세 번째 상담회기에서는 지난 한 주동안 가용시간을 어떻게 사용하였는지, 그리고 계획에 맞춰 행동이 잘 따라왔는지를 점검하였다. 김민수 선생님과 가명학생이 함께 가용시간을 점검한 결과, 가명학생은 본인이 세웠던 장기 계획과 관련이 없는 활동들에 시간을 주로 할애했고, 그렇기 때문에 본인이 시간활용에 대해서 느끼는 만족도도 매우 낮은 것으로 나타났다. 이를 통해서 아이젠하워(Eisenhower)의 우선순위 결정 Matrix를 주고 다음 한 주간 자신이 수행해야 하는 활동들을 목록으로 만들고, 긴급성과 중요성을 고려하여 우선순위를 재조직하게 하였다. 그 후 우선순위 결과를 토대로 다시 가용시간에 대한 계획을 세게 하였다.

네 번째 상담회기에서는 지난 만남에서 세웠던 우선순위 계획대로 잘 이행하였는지 평가하고, 잘 이행되지 않았다면, 무엇이 문제였는지, 또 계획을 세워서 어떤 점이 도움이 되었는지에 대해서 논의를 하였다. 논의 결과, 가명학생은 시간을 크게 배분하기보다는 30분 단위로 짧게 계획을 세웠을 때 공부에 더 집중할 수 있었다고 하였으며, 활동을 추려서 우선순위를 고려해서 했을 때에 만족감을 더 느낄 수 있었다고 보고하였다. 이에 따라 김민수 선생님은 지속적인 시간관리를 습관으로 만들 수 있도록 당분간 가용시간 계획서를 계속해서 작성하도록 과제를 주었다.

한 달 후에 이루어진 추수상담 회기에서는 지난 한 달간 가명학생이 계획대로 행동에 옮겼는지 점검하고 가명학생이 한 달간 성취했던 것에 대해서 논의하였다. 나아가 계획에 맞춰 시간관리를 하는 것을 힘들게 하는 요소 역시 함께 의논하였다. 김민수 선생님은 가명학생이 상담을 통해 스스로 중단기 목표를 세우고 그에 따라 시간계획을 세운 것을 칭찬하며, 만약 외부의 요인으로 인해 시간관리가 어려울 때 가명학생이 어떻게 대응할 것인가에 대해서도 대처 방안에 대해서도 탐색하였다.

4) 학업상담의 효과

학업상담을 통해 가명학생은 보다 현실적인 계획표를 작성함으로써 장기계획에 따라 매주 자신이 세운 단기목표를 성실히 수행하고 있었다. 학업상담 초기에는 의욕만 앞서 빡빡한 일정들로 계획을 세워놓아 그것을 지키는 것을 힘들어 하였고 또한 계획을 지키려고 노력하다 보니 제대로 된 휴식도 잘 취하지 못했다. 지금은 필요한 일들, 꼭 해야 하는 일들만 함으로써 중간 중간 쉬어가며 체력을 안배할 수 있게 되었다고 보고하였다. 가명학생은 학업상담을 마친 소감을 다음과 같이 이야기하였다. '조금씩 조금씩 매 주마다 성취 가능한 세부 목표를 세워 실천해 나가면서 조금씩 변화한 것이 굉장히 저에게 긍정적인 영향을 준 것 같습니다.' 또한 앞으로 학업상담에 참여할 학생들에게 변화를 위해서는 수행 가능한 계획을 세우는 것이 가장 중요하다고 생각한다고 이야기 하였다.

2 시험불안 사례

1) 인적사항
중학교 3학년 남학생 김가명 성적 최상위

2) 호소문제

중학교 3학년인 김가명 학생은 최근 중간고사 스트레스로 인해 마음의 부담뿐 아니라 소화불량, 가위눌림 등 신체적인 증상까지 겪고 있었다. 지난 기말시험을 볼 때, 눈앞이 깜깜해서 아무 것도 생각이 나지 않고 이미 공부를 해서 아는 내용인데도 전혀 기억이 나지 않고 오히려 잘못된 답에 표시하는 상황이 있었다. 가명학생에 의하면, 기말고사가 다 끝나고 나서는 다시 다 기억이 났는데, 왜 기말시험 때는 그렇게 기억이 안 났는지 모르겠다고 하였다. 가명학생은 현재 당면한 중간고사 때 어떻게 하면 이러한 어려움에 벗어날 수 있는지 상담을 요청했다. 가명학생의 담임선생님은 좀 더 열심히 공부하고 더 자세히 외우면 그런 문제가 해결될 수 있다고 했지만, 이번 중간고사 때도 지난 기말고사 때와 똑같은 상황이 발생할까 걱정을 호소하였다. 그렇다고 기말고사 때 시험지가 백지처럼 보이고 그런 건 아니고 그냥 시험을 볼 때 눈앞이 깜깜해서 아무 생각도 안 생각나고 불안한 감정만이 올라오는 정도라고 보고하였으며, 자신의 문제를 극복할 수 있을지에 대한 자신이 없는 모습으로 학업 상담실 문을 두드렸다.

3) 학업상담 과정

첫 번째 상담회기에서 가명학생은 부모님이 기대하는 성적이 높다고 이야기 하면서 회기를 시작하였다. 특히 지난 기말고사 때 가명학생이 느꼈던 시험불안과 관련된 자신의 이야기를 했는데, 이러한 시험불안이 쉽게 나아질 것 같지 않다며 걱정하였다. 가명학생은 상담을 통해 스스로 자신을 통제하고 올바른 생각으로 자기 자신을 다스릴 수 있기를 바란다고 하였다. 상담자인 김민수 선생님은 우선 가명학생이 겪고 있는 시험 불안의 정도와 원인을 탐색할 필요가 있었다고 판단하였다. 이를 위해 우선 가명학생에게 시험불안척도를 실시하였으며, 나아가 시험에 대한 경험 평가지를 체크해 보도록 하였다. 가명학생은 시험에 대한 경험 평가지를 체크해가며 자신의 상태를 점검할 수 있었는데, 이를 통해 구체적으로 자신의 문제의 원인이 어디에 있는지 탐색할 수 있게 되었다.

두 번째 상담회기에서는 지난 시간 탐색한 시험불안의 원인과 정도에 대하여 이야기를 좀 더 나누었다. 가명학생은 이틀 전에도 가위에 눌렸다고 이야기 했는데, 아직 시험이 2주나 남았지만, 자신이 그 날 목표한 공부의 양을 다 못 끝내고 잔 탓에 불안함에 가위에 눌린 것 같다고 이야기를 하였다. 실제 가위에 눌린 경험을 바탕으로 어떤 상황에서 그러한 증상들이 나타나는지 함께 이야기를 나누었다. 구체적으로 시험을 못 보았을 때 무슨 일이 일어날 것 같은지, 무엇이 두려운지 물어본 결과, 가명학생은 명문대를 나온 아버지와 어머니의 비난, 친구들에 비해 공부를 못했다는 실패감 등에 대한 이야기를 하였다. 실제로 그런 일들이 일어난 적이 있는지 묻자, 두려워했던 만큼 부정적인 결과가 있었던 적은 없었다고 하였다. 그 순간 가명학생은 자신에게 일어나지 않을 수도 있는 일들에 대해 자신이 뭉뚱그려 걱정하는 것을 깨달았다고 하였다. 또한 자신이 이렇게 괴로워하는 것이 부모님의 기대와 압박이라는 생각 때문에 부모님과의 갈등이 심했는데, 자신의 문제를 탐색하며 부모의 기대가 문제가 되기보다는 스스로가 경쟁에서 지고 싶지 않은 마음이 크다라는 것을 발견하게 되었다. 자신에게 문제의 원인이 있다는 것을 발견하는 것은 쉽지 않은 일이었지만, 오히려 그렇기 때문에 자신이 이 문제를 해결할 수 있는 열쇠를 쥐고 있다는 것을 알게 되었다. 이 문제가 해결될 수 없을 것이라 단념하던 가명학생은 이번 회기를 통해 스스로를 바꾸어 이 문제를 해결하고 싶다는 마음을 갖게 되었다.

세 번째 상담회기가 있던 날은 시험을 한 주 앞둔 때였다. 가명학생은 시험을 앞두고 걱정이 많이 되지만, 자신의 시험 스트레스의 원인에 대해 탐색한 탓에 지난 시험 기간보다는 한결 마음이 편하다고 하였다. 나아가 가명학생은 시험 스트레스를 스스로 극복하기 위한 자신의 방법을 마련하고 실행하는 것이 필요하였다. 김민수 선생님은 가명학생과 함께 '학업 스트레스 관리하기' 활동지를 통해 함께 학업과 관련된 스트레스를 관리할 수 있는 방법을 탐색하였다. 가명학생은 마음이 통하는 친구들을 만나 수다 떠는 것을 좋아하고 엄마와 대화할 때가 마음이 편하다고 하였다. 그리고 시험을 준비하기 위해 계획표를 작성할 때 자신에게 부담이 되지 않도록 적당한 양을 계획하는 것도 중요함을 알게 되었다. 나아가 혹시 시험이 시작하기에 앞서 불안감이 올라올 경우를 상상한 후 이에 대처할 수 있는 이완훈련을 함께 연습하였다.

네 번째 상담회기는 시험이 끝난 후에 이루어졌다. 중간고사 기간 중 가명학생은 크게 떨리지 않았고, 불안하지도 않아서 특별히 연습했던 이완훈련 방법을 사용할 필요가 없었다고 하였다. 무엇이 지난 기말고사와 달리 이번 중간고사에는 떨리지 않게 하였는지 물어보니, 자신이 이 불안한 마음을 통제할 수 있고 이 상황이 변화가 가능한 것이라고 생각이 바뀌었던 것, 즉 마음자세가 바뀐 것이 이유인 것 같다고 이야기 하였다. 김민수 선생님은 지속적인 학업 스트레스를 관리하는 방식을 연습해야 한다고 당부하며, 언제든지 힘들 때는 다시 상담실로 오라고 하였다.

4) 학업상담 결과

추수상담은 한 학기를 마치고 방학이 된 후였다. 방학에 대한 기대 때문인지 얼굴은 많이 밝아져 있었다. 가명학생은 아직 기말고사 결과가 나오지 않아 잘 모르겠지만, 이번 기말고사 기간에도 가위에 눌리지 않았고 기말고사 당일에도 전혀 시험불안 현상이 없었다고 보고하였다. 그리고 자신의 감정과 학업과 관련된 스트레스를 100% 통제하지는 못하지만 이번 학업상담을 통해 배운 것을 바탕으로 조금씩 바꿔나가고 있다고 이야기 했다. 방학 동안엔 다음 학기에 배울 수학 공부를 조금씩 해두고 싶다며, 미리 준비하면 다음 학기를 더 재미있게 학업에 임할 수 있을 것 같다고 말했다. 가명학생은 학업상담을 통해 자신의 변화를 이끌어나가는 노력의 한 걸음을 내딛고 있었다.

요약

우리나라 학생들이 경험하고 있는 학업문제는 학습무기력, 시험불안, 학업지연, 학습부진 등으로 구분해 볼 수 있다. 이러한 학업문제들은 학생들의 인지, 정서, 동기, 행동적 요소들과 연결된다. 즉, 불안감, 자존감, 거부감, 충동성, 완벽주의 성향, 학업성취동기, 학습전략 등 다양한 요인들이 각각 학생들의 학업문제로 나타나기 때문에 학생 개개인의 학업발달 수준을 파악하여 학생에게 적합한 학업상담 전략을 제공하는 것이 중요하다. 학업발달에서 인지적인 개입은 학습전략을 계획하고 점검하고 조절하는 초인지 학습전략과 시연, 정교화 조직화의 인지 학습전략을 통해 이루어진다. 학업발달에서 동기적 개입은 학업에 대한 흥미를 높여 자발적으로 학업에 참여하도록 돕는 것이다. 또한 자기효능감의 수준을 작은 것이라도 성공경험을 느낄 수 있도록 하며, 스스로 학습활동은 선택하고 노력하며 지속적으로 유지할 수 있도록 도움을 주는 것으로 학업발달에서 동기적 개입이 이루어진다. 행동적 개입은 자기조절, 시간관리, 대처행동, 주의집중과 같은 학습행동 조절을 통해 이루어진다. 학생들마다 인지 정서 행동적인 발달이 다르고, 문제와 연결된 발달영역으로 다르게 나타나므로, 학업문제를 가진 학생을 초기면담에서 충분히 이해하고, 인지·정서·행동에 알맞은 개입전략을 세우는 것이 중요하다.

8 진로발달과 상담

    인간은 언제나 선택하면서 삶을 살아간다. 그리고 인생 전반에 걸쳐 많은 영향을 미치는 선택이 진로문제이다. 개인의 진로와 관련된 특징들은 한 번에 결정되는 것이 아니라 일생을 통해 발달한다. 그리고 진로의 성장과 발달을 위해서는 연령에 따라 새로운 학습이나 과업들이 수행되어야 하므로 개인의 진로발달을 위한 다양한 지원이 있어야 한다. 진로발달은 직업을 중심으로 하는 삶의 목표, 목표를 이루기 위한 계획, 그리고 계획을 실행하고 현실에 적응해나가는 전생애적 과정을 일컫는다(임은미, 안주영, 임신일, 정수진, 황근순, 2013). 특히 청소년기의 진로발달은 성인기로 성장하는데 중요한 과업이다. 청소년기 진로발달의 성숙은 대학생이 되어 직업을 선택하고 안정적인 성인기로 연결되는 시작점이 되기 때문이다.

    그러나 진로의 선택과 결정은 그리 쉬운 과정은 아니다. 진로를 선택하고 결정한다는 것은 개인의 성격, 흥미, 적성 뿐만 아니라 학업성취도의 수준, 부모의 기대, 사회적 분위기, 앞으로의 전망, 자신의 미래계획 등 많은 요인이 복합적으로 얽혀있는 어려운 퍼즐과도 같기 때문이다. 한국의 청소년들은 진로와 관련하여 진로에 대한 불안과 걱정이 많은 실정이다. 청소년들은 공부, 직업, 외모에 대해서 걱정하고 있으며 학업과 진로에 대해서도 전문적인 상담요청이 많은 것으로 나타났다(여성가족부, 2014). 청소년들에게 진로문제는 당면한 과제이기도 하지만 결정하기 어려운 문제이기도 하다. 진로발달의 측면에서는 아직 발달 중이므로 개인의 성장을 촉진해야 하며, 진로선택의 측면에서는 자기에 대한 인식이 명확하지 않으므로 선택이 쉽지 않고, 진로결정의 측면에서는 아직도 잠재된 가능성이 있는 연령대이므로 자신의 가능성을 정확하게 아는 것이 어렵기 때문이다.

현실적으로는 청소년들이 적절한 진로지도나 진로상담을 받을 기회를 갖지 못한 채 진로를 결정하게 되고 불행하게도 이들은 상급학교나 대학, 전공학과, 직업선택에서 만족하지 못하는 경우들이 많다. 그동안 청소년들에게 이루어진 진로지도가 주로 상급학교 진학에 초점을 두어 왔기 때문에 대학생 시기에 다시 진로에 대한 고민이 시작되기도 한다(손진희, 2010). 이는 대학생이 되어서도 자신의 전공영역에 확신을 갖지 못하고 방황하면서 진로선택의 어려움을 겪고 있음을 의미하기도 한다. 최근 자유학기제의 도입, 진로진학상담교사의 배치 등으로 학교 내에서 진로지도와 진로상담에 대한 중요성을 강조하고 있지만 아직도 상당수의 학생들이 학업성적이라는 잣대에 치우치거나 혹은 적성이나 흥미의 발견에만 급급하여 장기적이고 종합적인 안목으로 진로를 계획하지 못하고 있다. 이 장에서는 진로상담의 의미와 목표를 살피고, 진로상담에서 필요한 이론적 접근들을 살펴볼 것이다. 그리고 진로상담의 실제와 관련하여 진로상담의 절차, 유형별 접근, 심리검사의 활용에 대해서 소개하고자 한다.

Ⅰ 진로상담의 의미

1 진로상담의 정의

진로상담은 청소년을 성숙한 한 개인으로 성장시키는 학교환경에서 중요한 의미를 지닌다. 초등학교에서 중학교, 중학교에서 고등학교, 고등학교에서 대학교, 대학교에서 직장으로 이어지는 학교급별의 경험이 각기 독립된 사건들이 아니라 일련의 연속적인 과정으로 개인이 직업세계에서 성공적으로 일하는데 필요한 토대가 되기 때문이다. 역사적으로 진로상담과 지도는 중·고등학교 생활지도의 핵심적인 활동으로 간주되어 왔으나 최근에는 초등학교에서도 진로상담과 지도에 대한 관심이 증가하고 있다.

진로상담이란 학생 개인으로 하여금 자기 자신과 환경을 종합적으로 이해하도록 돕고 이 과정에서 가장 적절하고 진로의사결정을 내릴 수 있도록 촉진하기 위한 일대일 혹은 소집단의 관계이다(강진령, 연문희, 2009). 학교에서의 진로상담은 개인 혹은 소집단의 학생들에게 바람직한 진로발달을 목적으로 상급학교 진학과 직업선택과 관련된 진로정보수집 능력, 진로계획 능력, 의사결정 능력, 자기 실현 등을 촉진하기 위한 활동을 의미한다.

상담적 측면에서 진로상담이란 상담자와 내담자 사이의 상담관계를 토대로 하여 현재 당면하고 있는 진로문제를 해결하면서 궁극적으로는 개인의 진로발달을 촉진시키는 과정이다. 이를 위하여 개인의 진로계획 및 준비, 직업준비와 선택, 진로문제의 해결과 적응을 돕는다. 상담자는 상담의 기본 원리에 기초하여 진로관련 심리검사나 정보를 적절하게 활용하며, 개인의 전 생애 발달을 염두에 두고 당면한 진로문제를 진단하고 구체화하며, 문제해결을 추구한다. 진로상담은 일반적으로 상담에서 논의되는 촉진적 관계형성을 기초로 하는 면에서 심리상담과 유사하지만 진로문제의 해결을 위해서는 진로관련 이론적 개념과 중재를 필요로 하므로 진로관련 이론에 대한 전문지식이 필요하다.

진로지도는 진로발달 측면에서 정보제공, 진로의식 함양, 진로의사결정능력 향상을 위해 개발되거나 구성된 프로그램 중심의 활동을 의미한다(강진령, 연문희, 2009). 진로지도는 예방적이고 순향적인 형태의 학생 조력활동으로 개인의 소질, 적성, 흥미, 성격 등을 이해하도록 돕는 활동을 중심으로 한다.

② 진로상담의 목표

진로상담의 목표는 개인이 처해 있는 상황과 개인이 고민하는 문제에 따라 달라질 수 있다. 그러나 진로발달이라는 발달과업을 달성해야 하는 청소년들에게 진로상담은 개인적인 목표 외에도 공통적인 목표를 가정할 수 있다. 학교상담에서 진로상담의 대상자인 학생이 청소년임을 고려하여 진로상담의 목표를 제시하면 다음과 같다(김봉환, 정철영, 김병석, 2006).

1) 자신에 대한 보다 정확한 이해 증진

진로선택과 결정을 위한 첫 번째 과제는 자신을 이해하는 일이다. 현대사회처럼 직업이 세분화되고, 직업의 변화가 빠르게 진행될수록 자신에 대한 객관적이고 정확한 이해가 선행되지 않으면 진로선택에서의 어려움을 겪기가 쉽다. 진로의 선택과 결정은 자신에 대한 객관적이고 정확한 이해와 함께 변화하는 직업세계에 대한 올바른 이해가 있을 때 가능하기 때문이다.

자신에 대한 보다 정확한 이해에는 자신의 성격, 흥미, 적성, 재능, 경험, 가치관, 신체적 특성, 진로포부, 생활양식 등과 같은 요소가 포함된다. 연령이 어릴수록 자신에 대한 정확한 이해보다는 타인에게서 들어온 자신의 특징들을 이야기하는 경우가 많다. 진로상담에서는 상담과정 동안 학생이 자신을 탐색하는 과정이 진행되어야 하며, 필요하다면 객관적 심리검사 도구를 활용하여 자신을 이해하도록 돕는 것도 필요하다. 개인의 특성에 맞는 알맞은 직업의 선택은 추후 개인의 일에 대한 만족도와 삶의 만족도에 영향을 미치기 때문이다.

2) 직업세계에 대한 이해 증진

현대사회의 직업은 계속해서 변화하고 있다. 새로운 직업이 생기면서 기존의 유망했던 혹은 있었던 직업들이 소멸되곤 한다. 직업세계의 빠른 변화는 직업환경의 변화와 관련된다. 산업구조의 고도화로 서비스산업의 비중이 증가했고, 정보화사회의 도래로 지적활동 기반의 산업이 주목을 받고 있다. 정보화와 교통수단의 급속한 발전은 세계화를 가속화하고, 기후변화와 에너지고갈위기로 녹색성장이 주목을 받고 있다(한국직업능력개발원 커리어넷, 2015).

진로상담의 중요한 목표 중 한 가지는 학생들로 하여금 직업세계를 이해하여 적합한 진로계획과 준비를 돕는 일이다. 이처럼 변화하는 직업세계의 속성상 학생들의 진로선택과 결정은 더욱 복잡해지므로 직업세계에 대한 이해를 증진시키고, 이에 대한 정보를 바탕으로 탐색활동의 필요성을 알 수 있도록 도와야 한다. 학생들은 자신이 희망하는 직업이 어떠한 속성을 지녔는지를 파악하기 위해 직업의 종류에 따라 요구되는 능력, 적성, 기능, 역할, 앞으로의 전망 등에 대해서 구체적으로 파악하는 것이 필요하다. 대부분 학생들의 경우 직업에 대해 보여지는 측면에 대한 피상적인 이해가 되어있을 뿐 구체적으로 직업의 속성을 파악하고 있지 않은 경우가 많기 때문이다. 따라서 진로상담에서는 일과 직업세계의 다양한 측면과 변화양상 등을 올바르게 이해할 수 있도록 도와야 한다(김봉환 등, 2013).

3) 진로의사결정 능력의 증진

진로상담의 최종적인 결과는 진로에 대한 '결정'을 통해 나타난다. 그리고 진로상담 과정에서는 학생들이 훌륭한 결정을 내리도록 도와야 한다. 자신의 진로를 계획하고 추진하기 위해서는 성격, 흥미, 적성, 가치관 등의 자기이해 자료들을 검토하고 관심을 가지고 있는 직업세계가 가진 다양한 특성과의 비교분석을 통해 최선의 선택을 하고 결정하는 일이 필요하다. 자신에 대해 풍부하게 이해하고 있다고 하더라도 혹은 직업세계에 대해 잘 알고 있더라도 합리적으로 의사결정을 하지 않으면 아무런 소용도 없기 때문이다. 학교상담에서 이루어지는 진로상담의 효과는 내담자의 행동변화와 직접적으로 관련되는 경향이 있다. 진로상담결과 진로와 관련된 개인의 효능감과 같은 신념이 변화되거나 진로성숙도 혹은 진로준비행동이 촉진된다.

모든 결정이 인생에서 중요한 영향을 미치지만 진로의사결정은 더욱 그러하다. 진로의 선택은 미래의 직업, 자기실현의 방법, 사회·경제적 지위, 생활방식 등 삶이 전반적인 측면에 영향을 미치게 되기 때문이다. 청소년의 경우 아직 자신이나 직업세계에 대한 이해없이 부모의 요구에 의해, 혹은 직업의 미세한 측면만을 고려한 채, 혹은 다른 요구에 쫓겨서 즉흥적으로 진로를 결정하는 경우들이 많다. 진로결정 과정이 제대로 이루어지지 않을 때 현재 전공이나 직업에 대한 불만을 갖게 되고, 진로의 재결정과정을 반복하게 되면서 사회적 비용이 추가될 수 있다. 따라서 진로상담에서는 진로의사결정을 보다 용이하게 실행할 수 있도록 진로의사결정을 증진시키도록 도와야 한다.

4) 정보탐색 및 활용능력의 함양

진로상담과정에서 자신에 대한 이해는 물론 일의 세계에 대한 정확한 이해가 필요하며, 이를 위한 정보탐색 및 활용능력이 매우 중요하다. 진로상담에서는 '정보제공'이 중요한 비중을 차지하고 있기 때문이다(김봉환 등, 2013). 매일 수많은 정보가 쏟아지고 사라지는 정보화시대에 청소년들이 자신에게 필요한 정보를 탐색하고 활용하는 능력은 필수적이다. 진로상담에서는 단순히 청소년이 알고자 하는 정보를 알려주는 서비스를 제공하기보다는 스스로가 필요한 정보를 찾고 활용하도록 안내해 주는 것이 중요하다. 상담자 혼자서 많은 정보를 모두 수집하고 알려주는 것은 한계가 있으며, 앞으로 진로문제를 적절하게 대처해야 할 청소년들에게 정보탐색 및 활용은 지속적으로 훈련해야 할 내용이기 때문이다. 진로상담에서는 학생 스스로 필요한 정보를 탐색하고 수집하고 활용하도록 안내해야 한다.

5) 일과 직업에 대한 올바른 가치관 및 태도 형성

진로계획의 궁극적인 목표는 자신에게 적합한 일을 찾아 그동안 배운 지식을 활용하고 건강한 성인으로서 사회구성원이 되기 위함이다. 그러기 위해서는 일의 의미, 직업의 필요성, 직업윤리, 사회 공동체 의식 등이 함양되는 것이 필요하다. 직업은 경제적 가치를 늘리는 수단이기도 하지만 사회에서 자신을 실현하고 삶의 의미를 부여하는 중요한 활동이다. 직업이 명예를 높이거나 권위를 갖는 수단이 아니라 자신을 실현하는 중요한 수단으로 직업이 필요함을 깨닫는 것은 건강한 직업의식을 갖는 토대가 된다. 이재창(2005)은 청소년들이 올바른 직업관과 직업의식을 형성하도록 하기 위해서는 첫째, 일 자체를 목적보다는 수단으로 여기는 생각에서 벗어나야 하며, 둘째, 직업자체에 대한 편견을 버리도록 해야 하고, 셋째, 성역할에 대한 고정관념에서 벗어나도록 해야 한다고 제시하였다.

Ⅱ 진로상담의 주요 이론적 접근

진로상담에서는 학생의 진로관련 행동을 설명하는 진로이론을 사용하여 상담의 진행과 목표를 결정할 수 있다. 진로상담의 주요 이론적 접근들은 주로 진로와 관련된 개인의 행동을 설명하는 데 초점을 두고 있는 것으로 진로상담에서 다루어야 할 내용들을 제시하는 틀이 될 수 있다. 일반적으로 상담의 진행 방법은 상담의 절차와 동일한 과정을 따른다.

1 특성요인이론

특성요인이론(Trait-Factor Theory)은 진로선택에서 어떤 요인들을 고려하는가에 관심을 가진다(임은미 등, 2013). Frank W. Parsons, Edmond G. Williamson으로 대표되는 특성요인이론은 사람마다 특정한 직업 또는 몇가지 직업에 알맞은 특성과 요인을 가지고 있다고 가정하고 있다. 개인적 흥미나 능력이 바로 직업의 특성과 일치할 때 직업의 선택이 가능하다고 본다. 따라서 개인의 특성을 파악하고 직업에 대한 이해의 과정을 거친 뒤 이 두 가지 요소를 연결하게 되면 진로선택이 가능해진다.

특성요인이론은 각 개인은 적성, 욕구, 흥미, 가치관, 심리적 적응, 포부 등 객관적으로 측정하고 조사할 수 있는 독특한 특성을 지니고 있다고 설명한다. 그리고 특정직업에서 성공하려면 그 직업에 알맞은 특성을 지녀야 하며, 개인의 능력이 직업에 맞는 특성일수록 개인이 성공하고 만족감을 느낄 가능성이 커질 것이라고 가정한다. 따라서 특성요인이론은 진로의 발달적 측면보다는 현재의 진로결정에 도움을 주는 이론적 접근이라 할 수 있다. 진로상담과정에서 개인의 특성에 대한 객관적인 이해를 기초로 하는 개인분석, 직업의 특성과 요구되는 직업능력을 분석하는 직업분석, 그리고 진로상담을 통해 개인과 직업을 연결하는 합리적 추론을 중시한다. 특성요인이론은 학생의 특성 분석을 위해 학생기록부, 심리검사, 질문지, 면담기록 등 가능한 자원의 활용을 통해 개인의 장점과 약점을 확인하고 종합적으로 이해해야 하는 점, 그리고 직업과 직무에 대한 사전학습의 필요성, 그리고 일과 자신의 특성을 잘 연결시킬 수 있는 의사결정 능력의 함양을 강조한다(김계현 등, 2000).

특성요인이론은 개인이 진로의사결정을 내리기 위해 고민하고 있을 때 결정의 준거가 될 수 있는 객관적 자료를 제공할 수 있어 유용하게 활용된다. 그러나 특성요인이론에서는 학생의 객관적 이해를 돕기 위해 심리검사가 활용되고 있지만 대부분의 심리검사는 현재의 상태를 파악할 뿐 미래의 행동예측에는 어려움이 있다. 그리고 개인의 진로의 선택은 일회적인 행위이기보다는 지속적으로 발달하는 경향이 있으나 특성요인이론에서는 개인의 특성이 어떻게 발달하는지, 그리고 특성들이 연령이나 경험, 상황에 따라 어떻게 상호작용하는지에 대해서는 설명하지 못하고 있다. 또한 특성요인이론은 개인의 특성과 직업의 특성을 연결한다는 점에서 간결한 이론이기는 하나 진로상담적인 측면에서 효율적인 지침을 제공하고 있지는 않다.

② 욕구이론

욕구이론의 대표적 연구자로 알려진 Ann Roe는 Maslow의 욕구위계론을 기초로 하여 초기 인생경험과 직업선택의 관계에 대해서 설명하였다. 욕구이론에서는 개인이 아동기에 가족간 상호작용 속에서 경험한 욕구가 직업선택에 영향을 미친다고 가정한다. 이때의 초기 경험은 주로 가정환경에서도 부모와의 관계에서 영향을 받는다. 즉, 개인이 가지고 있는 여러 가지 잠재적 특성들이 발달하는 정도는 개인의 특별한 경험, 가정의 사회경제적 배경, 사회의 문화적 배경에 영향을 받는다. 그러나 Maslow의 욕구위계론에서도 선천적이고 본능적인 욕구를 제외하고 나머지 욕구들은 조절가능한 욕구인 것과 마찬가지로 유전의 제약을 조금밖에 받지 않는 흥미와 태도같은 변인들은 주로 개인의 경험에 따라 발달유형이 결정된다는 것이다(김봉환 등, 2013). 욕구이론의 핵심은 직업의 선택이 부모-자녀관계 속에서 형성된 욕구구조에 의해 결정된다고 가정한다는 점이다.

욕구이론에서는 부모가 자녀를 대하는 양상을 분류하여 세 가지의 심리적 환경을 제시하였다. 첫째는 냉담한 가정분위기로 인한 회피형이다. 회피형은 자녀에 대해 냉담하고 적대적인 거부형과 자녀에 대해 최소한의 신체적 배려만 제공하고 애정을 보이지 않는 방임형이 있다. 둘째, 온정적이거나 냉담한 가정분위기로 인한 자녀에 대한 정서집중형이다. 정서집중형은 자녀에게 지나친 애정을 보여 의존적인 자녀를 만드는 과잉보호형과 높은 목표를 세워 자녀로 하여금 이에 도달하도록 강요하는 과잉요구형이 있다. 셋째, 온정적인 가정분위기로 인한 수용형이다. 수용형은 자녀에게 약간의 애정을 보이고 별로 관심을 갖지 않는 무관심형과 자녀에게 따뜻한 애정을 보이는 애정형이 있다. 욕구이론에서는 내담자가 성장한 가정에서의 이와 같은 부모-자녀관계가 직업군의 선택에 영향을 미친다고 가정한다. 예를 들면, 따뜻한 가정분위기에서 성장한 내담자는 사람들과의 접촉을 통해 자신의 욕구를 충족하는 방식을 학습하게 되어 인간 지향적인 성격을 형성하게 되고, 직업선택에 이러한 성격이 반영된다는 것이다.

욕구이론은 기존의 직업분류체계와는 다르게 욕구와 직업선택 행동의 관계에 초점을 둔 새로운 분류체계를 개발하였다. 욕구이론은 흥미를 중심으로 요인분석하여 직업군을 여덟 개의 군집으로 나누고 각각의 군집에 알맞은 직업목록을 작성하였다. 욕구이론에서는 직업에서의 곤란도와 책무성을 고려하여 서비스직, 비즈니스직, 단체직, 기술직, 옥외활동직, 과학지, 문화직, 예술직의 여덟 가지 직업군을 분류하였다. 각 직업군은 책임, 능력, 기술의 정도를 기준으로 하여 고급전문관리, 중급전문관리, 준전문관리, 숙련직 단계, 반숙련직 단계, 비숙련직 단계의 여섯 가지로 구분하였다. 각각의 단계들은 본질적으로 결정을 내리는 횟수와 곤란도 그리고 다양한 문제를 어떻게 처리해야 하는지를 포함한다.

욕구이론은 성격의 새로운 분류체계를 제안하고, 직업선택에서 영향을 미치는 개인의 욕구와 개인경험에 대해서 제안하였다. 욕구이론을 제시한 Roe는 초기 경험이 개인의 직업선택에 영향을 주는 중요한 요인이지만 유전적 요소, 성별, 사회경제적 배경, 신체와 외모, 기회요인, 기질 등도 진로선택에 복잡하게 영향을 미친다는 것을 부정하지는 않았다(강진령, 연문희, 2009). 욕구이론은 실증적인 근거가 부족하여 이론적인 검증이 어렵고 구체적 상담절차를 제시하지는 못하였지만 진로상담시 초기경험에 대한 탐색의 활용가능성을 제시하고 있다.

③ 성격이론

진로상담에서 많이 활용되는 성격검사는 홀랜드인성검사이며, 성격이론은 진로상담분야에서 가장 많이 영향을 미친 이론으로 평가된다(이제경, 2009). Holland는 성격이론(혹은 인성이론)에서 직업적 흥미가 일반적으로 성격이라고 불리는 것의 일부분이라고 가정하였다. 따라서 개인의 직업적 흥미에 대한 설명이 곧 개인의 성격에 대한 설명이라고 본다. John Holland는 직업의 특성을 몇 개의 유형으로 설명할 수 있다는 점에서 출발하여 개인의 성격유형과 진로선택의 관계를 제시하였다. 성격이론에서 제시하는 기본가정은 다음과 같다(김봉환 등, 2013).

- 대부분의 사람들은 실재적(realistic), 탐구적(investigative), 예술적(artistic), 사회적(social), 기업적(enterprising), 관습적(conventional)의 여섯 가지 성격유형 중 하나로 분류될 수 있다.
- 여섯 가지 성격유형과 같이 여섯 가지 종류의 환경이 있으며, 일반적으로 각 환경에는 그 성격유형에 일치하는 사람들이 머물고 있다.
- 사람들은 자신의 능력과 기술을 발휘하고 태도와 가치를 표현하고 자신에게 맞는 역할을 수행할 수 있는 환경을 찾는다.

- 개인의 행동은 성격과 환경의 상호작용에 의해 결정된다. 사람의 성격과 그 사람의 직업환경에 대한 지식은 진로선택, 직업변경, 직업성취 등에 관해서 중요한 결과를 예측할 수 있게 해준다.

성격이론에서 제시하고 있는 여섯 가지 성격유형은 고유한 특성을 가지고 있다. 그리고 기본적으로 개인이 자신의 성격유형과 유사한 환경에서 일하게 될 때 직업만 족도가 높아질 것이라고 가정한다. 각 성격유형에 대한 설명은 다음과 같다.

- 실재적 유형(Realistic)은 사물이나 도구를 체계적으로 조정하는 것을 선호한다. 운동 및 기계적 능력을 지닌 사람, 물건, 기계, 연장, 화초, 동물 등을 좋아하고 야외활동을 즐긴다. 전형적인 직업은 기술자이다.
- 탐구형(Investigative)은 현상을 관찰하고 상징적이며 창의적인 탐색을 선호한다. 관찰, 학습, 조사, 분석, 평가, 그리고 문제해결을 즐긴다. 전형적인 직업은 과학자이다.
- 예술형(Artistic)은 표현이 풍부하고 독창적이며 비순응적이다. 예술적, 직관적, 쇄신적 사고를 하며, 상상과 창조력을 사용하여 자유로운 분위기에서 일하는 것을 즐긴다. 전형적인 직업은 미술가와 음악가와 같은 예술직종 종사자이다.
- 사회형(Social)은 다른 사람과 함께 일하거나 다른 사람을 돕는 것을 즐긴다. 사교적이고 사람들과 일하기를 좋아하는 사람으로 언변이 좋거나 다른 사람들에게 정보를 제공하고, 도움을 주고, 훈련, 치료하기를 즐긴다. 전형적인 직업은 사회복지와 교육직종이다.
- 기업형(Enterprising)은 조직목표나 경제적 목표를 달성하기 위해 다른 사람을 조정할 수 있는 기회를 선호한다. 남을 설득하고, 영향을 미치고 이끌기를 좋아하는 사람들이 많다. 경영, 운영, 모임을 활성화하는 자질이 있다. 전형적인 직업은 기업경영인, 정치가 등이다.
- 관습형(Conventional)은 체계적으로 자료를 처리하고 기록을 정리하거나 자료를 재생산하는 것을 선호하는 유형이다. 자료와 사무적인 일을 즐기고 숫자개념이 탁월하다. 섬세하고 다른 사람들의 지시에 따라 일하기를 즐긴다. 전형적인 직업은 사무직이 있다.

그림 8-1　Holland의 육각형 모형

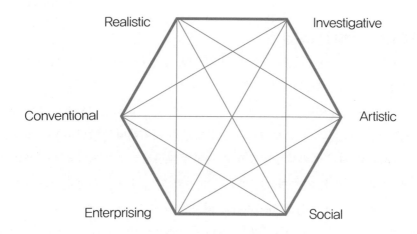

Holland는 여섯 가지 성격유형을 직업환경과 연결시키면서 '육각형 모형(Hexagonal Model)'을 발표하였다. 그는 서로 인접해 있는 유형에서 심리적 유사성이 높으며, 서로 마주보고 있어 거리가 멀수록 상호 간의 심리적 유사성이 떨어진다고 가정하였다. 그는 육각형 모형에서 일관성, 변별성, 정체성, 일치성, 계속성의 개념으로 설명하고 있다. Holland는 개인이 직업에 만족하는 정도와 안정적으로 일하게 되는 것은 개인의 성격과 직업적 환경이 일치하는 정도에 따라 달라진다고 가정하였다. 진로상담에서 성격이론은 자기를 이해하는 기본적인 틀로 가장 많이 활용되는 이론이다. 자기 자신에 대한 직업적 흥미나 성격적 특성을 알고자 할 때 자신의 성격유형을 발견하고 성격유형에 맞는 환경을 찾도록 돕는다.

4 발달이론

발달이론은 개인이 특정한 활동이나 진로에 관심을 가지고 흥미를 보이며, 그 진로를 선택하고 진로에서의 성공을 위해 특정 직업분야에 몰입하게 되는 일련의 과정을 발달적인 단계로 가정한다. 발달이론은 진로발달이 개인적 요인과 환경적 요인이 상호작용하면서 일정한 단계를 거치면서 살아가는 동안 연속적으로 이어지는 과정으로 설명하고 있다. 발달이론의 대표적인 이론으로는 Super의 생애진로발달이론, Ginzberg의 진로선택발달이론, Gottfredson의 진로포부발달(제한타협이론) 등이 있다.

1) Super의 생애진로발달

Donald E. Super는 개인이 직업을 선택할 때 자신의 자아이미지와 일치하는 직업을 선택한다고 가정하였다. 그는 개인이 직업선택에서 중요한 핵심은 개인의 자기개념으로 성장하면서 여러 가지 역할의 변화를 경험하고 그 과정에서 자기개념이 변화한다고 설명한다. 그리고 진로발달은 진로에 관한 자기개념의 발달로 개인이 지니고 있는 심리적, 생리적 속성들이 중요한 타인을 포함하는 환경조건의 상호작용 속에서 발달한다고 본다. 자기개념은 개인이 자신과 자신의 환경을 인식하는 방법과 연관되며, 자아개념이 직업적 자아개념과 일치할 때 일의 만족도는 높아진다. 구체적으로 개인의 자아개념은 놀이, 학습, 취미 등 일의 세계와 관련된 다양한 경험과 삶에서 경험하는 다양한 역할을 통해 형성된다. 어렸을 때부터 성장하는 동안 자아개념은 형성되고 전환되며, 실천과정을 거쳐서 사망에 이르기까지 계속 발달하고 보완된다. 그러나 개인의 자아개념이 가장 많이 형성되는 시기는 청년기에 이르는 동안으로 이 시기동안 자아정체감을 찾는 발달과업과 함께 자신에 대해 이해하는 것이 중요한 일임을 의미한다.

Super의 진로발달이론은 전 생애동안 이루어지는 발달로 전생애발달이론으로 불리운다. 개인의 직업선호, 역량, 여건, 자기개념은 시간의 흐름과 경험에 따라 변화하게 되며, 진로선택은 진로자기개념이 발달하는 과정에서 필요한 순간마다 행해지는 연속적인 사건임을 의미한다(임은미 등, 2013). 즉, 개인의 진로발달은 살아있는 동안 전 생애에 걸쳐 성숙되어 가는 것이며, 발달과정에서는 개인의 경험에 따라 자기개념과 진로관련 개인의 특성들이 변화될 수 있다. 따라서 개인마다 진로발달의 수준을 파악하여 상담할 필요가 있으며, 직업을 통해 자신을 표현할 수 있도록 개인적인 관심을 표출할 수 있는 진로선택이 중요함을 강조한다. Super의 진로발달이론에서는 개인과 환경적 요인의 상호작용을 강조하면서 각 발달단계별 독특한 행동특징을 제시한다. 그리고 직업생애를 통한 이러한 발달은 비교적 질서정연하다고 가정하였다.

생애진로발달이론에서 중요한 개념 중의 한가지는 생애진로무지개모형을 통해

표 8-1		Super의 진로발달단계
단 계	**시 기**	**특 징**
성장기	0-14세	· 자기개념 발달에 가정·학교에서의 주요 인물과 동일시 이용 · 환상기/흥미기/능력기의 소단계로 구성됨: 초기에는 환상, 욕구가 지배적이나, 사회참여와 현실검증이 증가함에 따라 흥미와 능력을 중요시 하게 됨
탐색기	15-24세	· 학교생활, 여가활동, 시간제 일을 통해서 자아를 검증하고 직업을 탐색하게 됨 · 잠정기/전환기/시행기의 소단계로 구성됨: 초기에는 욕구, 흥미, 능력, 가치, 직업적 기회 등을 고려해서 잠정적인 진로를 선택하나 점차 현실적 요인을 중요시하게 됨
확립기	25-44세	· 적합한 분야를 발견, 영구적인 위치를 확보하기 위해 노력함 (최적의 일을 발견하고 안정된 진로를 유지하기 위해) · 시행기/안정기의 소단계로 구성됨
유지기	45-64세	· 정해진 직업에 정착하고, 이를 유지하기 위해 노력함
은퇴기	65세 이상	· 은퇴를 하고, 다른 활동을 탐색함 · 감속기와 은퇴기의 소단계로 구성됨

수행되는 생애역할이다. 그는 생애진로무지개모형을 통해 진로발달의 종단적 과정뿐만 아니라 특정한 시기에 있을 수 있는 여러 생애역할을 제시하였다. 그는 개인이 삶을 사는 동안 수행하게 될 중요한 여섯 가지 생애역할로 자녀, 학생, 여가인, 시민, 직업인, 주부/배우자/부모를 제시하였다. 그리고 특정한 시기에는 이 중 몇가지 생애역할이 중요하게 부각될 수 있으며, 이로 인해 다중역할을 수행하면서 개인은 역할 간 갈등을 겪게 되고 이로 인해 진로문제를 겪을 수 있다고 가정하였다. 예를 들면 탐색기의 학생은 학생으로서의 역할이 중요하지만, 만일 경제적 이유로 일을 해야 하는 경우 직업인으로서의 역할과 상충될 수 있다. 생애역할은 한 개인을 둘러싼 주요한 사회적 환경과 관련되며, 개인이 어떠한 역할에 중요성을 두느냐에 따라 달라질 수 있다.

Super의 생애진로발달이론은 생애동안 지속되는 진로발달과정에서 개인이 도달할 수 있는 진로발달이 있을 수 있음을 가정한 '진로성숙'의 의미를 제시한다. 발달이론에 관심을 가지고 있는 연구자들은 진로성숙을 어떻게 정의할 것이며, 어떻게 측정할 것인가, 그리고 진로성숙을 촉진시킬 수 있는 개인변인과 환경변인은 무엇인가에 관심을 가진다. 생애진로발달이론은 진로상담에서도 유용한 가이드를 제시하고 있다(강진령, 연문희, 2009). 즉, 개인의 흥미, 자기개념 등 진로에서의 개인차를 수용할 수 있으며, 학생들의 진로성숙도와 발달단계에 맞추어 진로상담이 진행될 수 있다. 그리고 현재의 다양한 경험을 통해 학생들이 긍정적인 자기개념과 자신의 잠재력을 파악할 수 있도록 돕는 것이 필요하다.

2) Ginzberg의 진로선택발달이론

Ginzberg의 진로선택발달이론은 경제학자, 정신의학자, 사회학자, 심리학자 등이 공동연구를 통해 제시한 이론이다. 그는 개인의 진로선택이 한 번에 종결되는 의사결정이 아니라 여러 해에 걸친 일련의 의사결정을 포함하는 역행할 수 없는 발달과정이라고 가정한다(이재창, 2005). 그리고 개인의 진로선택에 개인의 가치관, 정서적 요인, 교육의 정도와 종류, 환경적 압력을 통한 현실이 영향을 미친다고 설명하였다. 개인의 현재 진로와 직업선택은 이후 결정에 영향을 미치며 이 과정에서 개인의 가치관이나 흥미와 같은 주관적 요소와 현실세계(가능성)와의 타협이 이루어진다. 개인은 변화되는 진로목표와 실제 현실세계 사이에서 비용과 균형을 맞추는 것이 진로발달의 중요한 과제라고 제시하였다.

진로선택발달이론은 추후에 보완되기는 하였으나 이론을 제시한 초창기에 진로선택은 사춘기 이전부터 20대 초까지 지속되는 발달과정임을 제시하였다.

표 8-2 Ginzberg의 진로발달단계

단 계	시 기	특 징
환상기	유아기-11세	환상기는 현실여건이나 가능성을 고려하지 않은 채 진로를 선택하고 직업에서 하는 일을 놀이활동을 통해 표출한다.
잠정기	11세-17세	환상기를 벗어나 진로선택 과정에서 흥미, 능력, 가치와 같은 개인적 요소를 고려하기 시작하나 현실적 요인들은 아직 고려하지 못하는 단계이다. 이 시기는 흥미기, 능력기, 가치기, 전환기의 단계로 구성된다.
현실기	18-22세	이 시기는 개인적 요인 뿐만 아니라 직업의 요구조건, 현실적 직업세계를 고려하고 타협하여 결정을 하게 된다. 현실기는 탐색기, 정교화기, 구체화기로 구성된다.

3) Gottfredson의 진로포부 발달(제한타협이론)

Gottfredson은 진로발달의 핵심적 요소가 진로포부라고 가정하고, 진로포부의 형성을 발달적 관점에서 제시하였다. 여성에 대해서 관심을 가진 Gottfredson은 사회적 계급이나 인정과 관련없이 남녀 간에 직업적인 포부 수준이 다르게 나타나는 현상을 이론으로 정립하고자 하였다. 그녀는 개인이 진로에 관한 포부를 형성할 때 일련의 과정을 거치면서 스스로 포부수준을 제한하고 타협하게 된다고 설명하여 제한타협이론으로 불리기도 한다(김봉환 등, 2013). 제한(circumscription)이란 발달단계에 따라 성별과 사회적 계급에 주로 근거하여 자신의 포부범위를 벗어나는 직업들을 선택지에서 삭제하는 것을 의미한다. 그리고 타협(compromise)과정에서 제한의 결과로 남은 선택지(취업가능성 등) 중 자신에게 가장 적절한 것을 선택함을 의미한다(임은미 등, 2013). Gottfredson이 제시한 진로포부의 발달단계를 구체적으로 살펴보면 다음과 같다.

표 8-3 Gottfredson의 진로발달단계

단 계	시 기	특 징
1단계-크기와 힘 지향	3-5세	자기중심적 사고를 가지며, 일시적이다. 표면적으로 드러나는 신체크기에 의해 자신과 성인을 구분하며, 성인의 역할을 통해 직업을 인식한다.
2단계-성역할 지향	6-8세	인지발달이 구체적 조작기로 성장하면서 정신적으로 표상하는 능력이 증가한다. 이 시기 남녀의 성역할에 대한 인식이 활성화되고, 성별과 관련된 자기개념과 불일치하는 것으로 여겨지는 직업을 배제하기 시작한다.
3단계-사회적 가치지향	9-13세	사회의 기대나 가치에 민감한 사회적 지위에 대한 개념이 형성되는 시기이다. 자신의 능력수준을 벗어나는 직업을 배제하게 되고 사회적 준거집단에서 수용되지 않는 직업 또한 제외하기 시작한다. 주로 자신이 감당하기 어려운 사회경제적 지위에 해당하는 직업을 선택에서 제외하는 제한과정을 경험하게 된다.
4단계-내적이며 고유한 경향	14세 이상	자신을 잘 이해하게 되고 내적인 반성능력이 향상되면서 내적으로 형성된 고유한 삶의 목표와 자기개념을 규정하게 된다. 이전 단계까지는 수용불가능한 직업대안의 제거에 초점을 두었다면 4단계에서는 자신에게 가장 적합한 직업 대안의 선택에 초점을 두게 되어 타협단계라 할 수 있다.

Gottfredson의 진로포부발달이론은 자신의 진로포부를 타협하기 시작하는 청소년시기에 상담적 개입이 필요함을 시사한다. 그녀는 진로가 결정화되고 구체화되는 시기 이전에 진로발달 개입 프로그램이 투입되어 청소년들이 사회적 지위나 성별 등에 의해서 제한하였던 진로포부에 대해서 다시 점검할 필요가 있음을 지적하였다.

5 사회학습이론

사회학습이론은 Krumboltz와 그의 동료들이 학습이론의 원리를 진로결정에 적용하여 제시한 이론이다(Zunker, 2011). 사회학습이론은 진로선택이란 학습이론의 원리를 적용한 정보탐색행동으로 학습에 의해 향상될 수 있도록 가정한다. 진로상담에서 학습이론은 개인이 진로선택과정에서 환경과 상호작용하는 과정에 초점을 두고 무엇을 학습했는가에 초점을 둔다. 이들은 진로선택과 관련하여 영향을 미치는 네 가지 요인을 제안하고 있다.

첫째, 개인이 타고난 유전적 요인과 재능으로 인종, 성, 외모와 개성, 지능, 음악·미술·체육의 재능이 영향을 미친다. 이들은 유전적 요인이 어느 정도 영향을 미치고 있는지를 정확하게 측정할 수는 없지만 개인차에 대해서는 유전적 요소의 중요성이 있다고 설명하였다.

둘째, 환경적 조건과 사건들이 진로선택에 영향을 미친다. 개인에게 주어지는 훈련기회, 훈련자를 선발하는 사회정책과 절차, 이웃과 지역사회 영향, 직업의 수익률, 기술의 발전, 사회조직의 변화, 지진이나 홍수와 같은 천재지변, 가족 특성 등을 의미한다.

셋째, 선행사건, 행동, 후속결과의 과정으로 이루어지는 도구적 학습경험과 관찰학습·고전적 조건형성과 같은 연합적 학습경험이 진로선택에 영향을 미친다.

넷째, 개인이 과제 성취를 위해 동원하는 과제수행기술이 영향을 미친다. 과제접근 기술은 타고난 능력, 환경적 조건, 학습경험의 상호작용 결과로 습득되며 문제해결기술, 작업습관, 정서적 반응, 인지적 과정이 포함된다.

최근 Mitchell, Levin, & Kumboltz(1999)는 우연이론(Happenstance Theory)을 통해 내담자가 가진 학습의 결과 뿐만 아니라 적극적으로 학습해나가는 과정을 조력해야 하는 상담자의 역할을 강조하였다. 우연이론에서는 진로선택과정에서 우연 또는 기회가 중요한 역할을 한다는 사실에 주목하였다. 이들은 진로결정 과정에서 '우연'이나 '기회'가 중요한 역할을 할 수 있음을 가정하여 이를 계획된 우연이라고 지칭하면서 계획된 것은 아니지만 이미 발생한 사건들을 개인적 노력에 의해 기회로 만들고자 하는 능동적 과정이 있을 수 있음을 지적하고 있다(손은령, 2010). 대부분 우연이란 계획된 것은 아니지만 우연의 영향을 수동적으로 받아들이기보다는 우연을 기회로 만들기 위한 능동적 노력이 필요함을 시사한다. 우연이론에서는 우연을 기회로 삼기 위해서는 탐색을 위한 개인의 준비도와 적극성이 필요하며, 탐색 이후에는 개인이 가진 호기심, 인내, 융통성, 낙관적 태도, 위험감수행동의 기술이 필요하다고 지적하고 있다.

사회학습이론은 개인이 특정한 진로를 선택하는 것은 단순히 흥미나 선호도를 고려하거나 선택이기보다는 개인이 통제할 수 없는 복잡한 환경적 요인의 결과임을 의미한다. 따라서 진로상담에서 직업선택에 있어 주변 환경, 사회경제적 지위, 문화 등의 영향 뿐만 아니라 교육기회나 역할모델의 관찰의 중요성에 대해서도 다룰 필요가 있다. 그리고 개인의 진로선택 능력함양을 위해 진로관련 기술을 체계적으로 가르칠 필요가 있음을 시사한다.

6 진로의사결정이론

진로의사결정이론은 개인이 자신의 진로의사결정 유형에 대한 이해, 진로의사결정에서 필요한 과정에 대한 이해, 목표설정과 이를 위한 세부적인 목표수립의 기술, 진로의사결정과 관련된 문제해결 기술 등을 학습할 필요가 있음을 제안한다. 진로의사결정은 개인이 여러 가지 선택 가능한 직업 중에서 자신의 투자가 최대로 보상받을 수 있는 직업을 선택하는 과정이다. 그리고 여기서의 보상은 지위나 명예, 일하는 보람, 봉사, 욕구충족 등을 의미한다.

Gelatt는 내담자의 결정과정을 돕는 것이 상담의 목적이며 결정은 그 성과만이 아닌 과정에 의하여 평가되어야 한다고 제안한다. 진로의사결정은 주기적이고 반복적인 성격을 보인다. 진로의사결정은 진로 목표 설정, 정보수집, 가능한 대안의 열거, 각 대안의 실현가능성 예측, 가치평가, 의사결정, 의사결정의 평가, 재투입의 반복적인 순환과정이 이루어진다(임은미 등, 2013). 진로의사결정 유형을 제안한 Harren은 진로발달과 진로의사결정에 포함되어 있는 여러 가지 중요한 변인들을 고려한 광범위한 모형을 제안한다. 그는 의사결정자의 특징, 당면한 발달과업, 의사결정 상황을 고려할 것을 강조하며 의사결정 과정에서 인식, 계획, 확신, 이행의 네 단계를 가정한다. 첫째, 인식단계는 현재 진로계획이 없어서 만족하지 못하는 상태로 불행감을 느끼는 상태를 의미한다. 불만족이 증가함에 따라 학생들이 진로의사결정의 단계인 인식단계로 들어간다. 불만족의 원인을 확인할 때 더욱 현실적이고 적절한 선택이 가능해진다. 둘째, 계획단계는 양자택일, 확장 조사와 구체화의 과정이 명확히 요구된다. 불만족의 근원을 이해하고 여러 가지 대안을 수립함으로써 자신에 대해 더욱 잘 알 수 있고 불만족에 적절히 대응할 수 있다. 자신과 직업세계에 대한 많은 정보 수집이 중요하며 이 과정을 통해 잠정적 결정을 내릴 준비를 하게 된다. 셋째, 확신단계는 자신이 계획했던 것에 대한 결정을 내리고, 이러한 결정을 내린 동기를 친한 친구, 부모 등과 함께 의논해 보고 그들의 반응을 얻는다. 사람들의 평판이 부정적이라면 계획단계로 돌아가서 정보를 좀 더 수집하거나 다른 대안을 고려하는 것이 좋다. 마지막으로 이행단계는 자신이 내린 결정을 행동으로 옮기는 단계이며, 동조, 자율, 상호의존의 세 하위단계로 구분할 수 있다. 또한 그는 개인의 진로의사결정의 세 가지 유형을 제안하였다.

- 합리적 유형: 의사결정 과업에 대해 논리적이고 체계적으로 접근하는 것을 의미한다. 결정에 대한 책임을 수용하며, 이후의 결정들을 위해서 이전 결정들의 결과를 평가할 수 있는 능력을 소유하고 있고, 미래의 의사결정의 필요성을 예견하고 자신 및 기대되는 상황에 대한 정보를 수집하는 등의 준비를 한다.
- 직관적 유형: 의사결정에 있어서 개인 내적인 감정적 상태에 의존하는 것을 나타낸다. 합리적 유형과 같이 의사결정에 대한 책임을 지지만 미래에 대해서 예견을 거의 하지 않고 정보 수집을 위한 활동도 별로 없으며, 대안이나 사실에 대한 논리적인 평가과정을 거의 갖지 않는다.
- 의존적 유형: 합리적, 직관적 유형과는 다르게 의사결정에 대한 개인적인 책임을 부정하고 그 책임을 자신 이외의 가족이나 친구, 동료 등 외부로 투사하려는 경향이 있다.

⑦ 사회인지진로이론

사회인지진로이론은 개인 내적 요인을 중심으로 설명하던 진로결정과정에 대해서 개인변인과 환경변인, 그리고 개인과 환경의 맥락적 요인을 함께 고려하여 설명하고자 하는 통합적 접근이라 할 수 있다. 사회인지진로이론에서는 사회학습이론을 적용하여 직업흥미의 발달, 진로선택의 과정, 수행수준의 결정 등을 설명하고 있다. 사회인지진로이론에서 강조하고 있는 몇가지 개념을 살펴보면 다음과 같다.

1) 자기효능감

사회인지진로이론에서는 사회학습이론의 Bandura가 제시한 자기효능감의 역할을 강조한다(김봉환 등, 2013). 자기효능감은 주로 개인의 과거수행의 성취결과, 타인에게서 볼 수 있는 대리학습, 사회적 설득, 특정 영역에서의 생리적·정서적 경험에 의해 형성된다. 여성의 진로발달을 연구한 Hackett과 Betz(1981)은 여성들은 낮은 자기효능감 때문에 자신의 진로선택 범위를 축소시킬 수 있음을 밝히며 진로관련 자기효능감의 중요성을 강조하였다.

2) 결과기대

또한 사회인지진로이론에서는 개인의 행동의 결과로 얻게 될 어떤 것에 대한 결과기대를 구분하여 설명한다. 결과기대는 능력과는 상관없이 단순히 자신이 어떤 과업을 수행했을 때 자신과 타인에게 일어날 결과에 대한 생각이다. 예를 들어 교사가 되기 위해 임용고시를 준비하는 과정을 잘 해낼 수 있다고 생각하느냐는 자기효능감의 영역이고 임용고시를 준비한 결과로 합격할 것인가에 대한 예측은 결과기대의 영역이다(임은미 등, 2013). 결과기대는 과거의 성취, 성취에 대한 강화경험, 주변의 설득경험, 자기효능감의 영향을 받는다.

3) 목 표

개인은 특정 활동에 열중하거나 결과를 성취하겠다는 결심을 하게 되고 이러한 목표는 개인의 행동을 주체적으로 이끄는 요인이 된다. 목표는 개인의 자기주도적 행동을 이끄는 중요한 요인으로 목표의 설정은 개인의 행동을 지속하고 인내하도록 돕는다. 진로발달은 장기적인 진로목표를 위한 단기적인 목표들로 구성되므로 개인의 진로목표 설정이 중요함을 의미한다.

4) 진로장벽

사회인지진로이론에서는 개인을 둘러싼 환경변인을 근접맥락(prosimal context)과 배경맥락(societal context)으로 구분하고 있다. 근접맥락은 개인에게 가까운 환경으로 가족, 친구, 경제적 상황 등을 의미하며, 배경맥락은 제도화된 인종차별, 거시적 경제조건과 같은 사회적 맥락을 의미한다. 개인은 진로발달과정에서 가족, 사회, 문화적 환경에 의해 사회화되면서 역할을 내면화하고, 이 과정에서 자기효능감과 결과기대는 궁극적으로 직업적 흥미를 형성하는 데 기여한다. 한편, 흥미나 진로목표가 실천으로 이어지기 어렵게 만드는 근접맥락을 진로장벽이라고 부른다. 진로장벽이란 진로를 선택하고 실행하는 과정에서 개인의 진로목표 실현을 방해하거나 가로막는 내·외적 요인들로 구성된다(김봉환 등, 2013).

Ⅲ 진로상담의 실제

학교에서 이루어지는 진로상담은 학생들에게 개인의 능력과 소질을 개발하고 자신에게 적합한 진로를 계획하고 선택하게 하여 건강한 성인으로 살아갈 수 있도록 돕는 데 목표가 있다. 이를 위해 자신에 대한 이해를 바탕으로 진로를 탐색하고, 진로설계에 예상되는 어려움을 극복할 수 있는 자신감을 갖도록 도와야 할 것이다. 학교 안에서의 진로상담은 개인의 진로발달, 진로계획, 의사결정을 모두 포함한다. 학교에서의 진로상담과 지도에 관한 지침을 강진령과 연문희(2009)는 다음과 같이 소개하고 있다.

- 편견없이 진로의사결정을 할 수 있도록 진로발달 기회를 제공한다. 이를 위해 진로상담 프로그램을 통해 학생들의 일에 대한 긍정적 태도를 발달시킨다.
- 어려서부터 교육에 대해 긍정적인 태도를 형성하도록 돕는다.
- 진로는 삶의 방법으로, 교육은 삶에 대한 준비로써 가르친다.
- 학생들의 자기이해를 도모하여 진로계획과 의사결정을 촉진하고 궁극적으로 자기실현을 도모한다.

- 전 학년 학생들이 교육과 직업의 관계를 이해하도록 돕는다.
- 학생들에게 교육과정, 범위 그리고 이러한 지식의 통합에 대한 이해를 돕기 위한 특별한 기회를 제공한다.
- 학생들의 교육 프로그램 각 단계에서 준비하기에 적합한 직업 지향적 경험을 할 수 있는 기회를 제공한다.
- 부모의 참여와 사회의 지원이 포함된 진로상담과 지도프로그램을 학급 단위로 실시한다.
- 진로상담과 지도 프로그램을 학교의 전반적인 교육 프로그램과 통합·운영한다.

1 진로상담의 일반적 절차

진로이론에서는 개인의 진로선택이나 결정과 관련된 행동들을 설명하고 있으나 진로상담의 절차에 대해서는 일관된 절차를 제시하지는 않는다. 그러나 진로상담 역시 내담자가 호소하고 있는 진로문제를 가장 중점적으로 다루고 있는 상담의 과정으로 간주할 때 일반적 상담의 절차와 유사한 과정을 따른다고 볼 수 있다. 일반적으로 이루어지고 있는 진로상담의 각 과정은 단계적으로 이루어지나 원활한 개입이 이루어지지 않거나 전 단계에서의 작업이 미흡하다면 다시 이전 단계로 돌아가는 순환적 과정을 거친다. 따라서 각 단계는 수행목표나 과업에서는 구별할 수 있으나 연속되는 과정으로 함께 연결될 때 효과를 발휘하게 된다.

1) 상담자 – 내담자의 관계 수립

진로상담에서도 일반상담에서와 마찬가지로 상담자와 내담자의 촉진적 관계가 기본적으로 필요하다. 이를 위하여 상담자는 내담자의 이야기를 경청하고 촉진적 상담관계를 형성하며 상담에 대해 가지고 있는 내담자의 기대를 확인하여야 한다.

2) 내담자에 대한 정보수집

내담자에 대한 정보수집은 일반적인 정보 뿐만 아니라 진로계획과 진로발달적 측면의 정보가 포함된다. 일반적인 정보에는 직업정체감 수준, 내담자가 진술하는 문제들(진로, 직업, 교육, 개인, 대인관계 영역 포함), 개인의 불안수준, 자기확신감 정도, 심리적 상태(우울, 신경증, 민감성 등)이다. 진로계획과 관련하여 진로문제 해결능력, 진로에 대해 가지고 있는 미신이나 신화, 진로결정의 압력 여부, 학업능력 자신감, 일의 세계에 대한 지식 정도, 내담자가 지각하는 진로장애요소들을 파악하는 것이 좋다. 이와 함께 지금까지 내담자의 진로발달과 관련하여 경험한 일이나 교육, 생활양식, 강점 등을 함께 파악하도록 한다.

3) 내담자가 호소하는 진로문제의 진단

진로상담에서 내담자가 호소하는 진로문제가 무엇인가를 진단하는 것은 효과적이고 성공적인 진로상담을 위해 선행되어야 할 요건이다. 진로문제의 분류는 내담자가 호소하는 문제를 중심으로 유형화할 수도 있으며, 심리적 원인(Bordin, 1984)이나 진로결정 여부(Sampson, Peterson, Lenz, Reardon, 1992)에 따라 유형화할 수도 있다. 진로결정 여부에 따른 분류는 진로의식발달과 탐색이 결국 진로결정이라는 궁극적 목표에 있음을 강조한다. 여기서의 분류는 진로결정자나 진로미결정자 모두 진로상담에서 도움을 받을 수 있음을 의미하며, 진로무결정자의 경우 진로문제 뿐만 아니라 개인의 심리적 측면도 함께 접근해야 하는 점을 제시하고 있다.

첫째, 진로결정자 유형이다. 진로결정자는 세부적으로 자신의 선택에 대한 확신성을 갖고자 하는 경우, 선택한 진로를 좀 더 확고히 하기 위해 도움이 필요한 경우, 실제 결정한 것으로 보이나 그 결정이 충동적이거나 자신의 결정이 아닌 경우로 나누어볼 수 있다. 공통적으로 내담자의 진로에 대한 확신성과 독립성을 신장하고 실제 준비행동을 목표로 상담이 이루어진다. 이 경우 상담은 비교적 단기적 기간에 진행되며 집단프로그램이나 워크숍을 활용하는 것도 좋은 방안이다. 필요시 표준화된 도구를 활용하면서 개인이 가진 불안의 원인이 무엇인지를 점검하고, 외적조건 혹은 개인이 진로와 관련하여 호소하는 갈등을 해결하는 데 초점을 둔다. 또한 개인이 효과적으로 진로행동을 수행하도록 돕는다.

둘째, 진로미결정자 유형이다. 진로미결정자는 실제 진로문제에 대한 기술이 부족한 경우, 다양한 흥미와 능력으로 인해 혼란스러운 경우, 진로의식이나 동기가 부족한 경우가 포함된다. 공통적으로는 진로상담은 내담자의 진로의식과 동기부여에 초점을 두며, 이를 위하여 객관적인 자기이해와 장기적인 진로목표 수립과 같은 목표로 상담이 이루어진다. 이 경우 상담은 자기이해 촉진, 정보활용능력, 의사결정능력 증진, 내적갈등과 외적갈등의 확인, 진로에 대한 동기부여, 일에 대한 가치관과 태도 형성에 초점을 둔다.

셋째, 진로무결정자 유형이다. 진로무결정자는 개인의 심리적 문제가 심각하게 혼합되어 있는 경우이다. 진로에 대한 진술은 있지만 개인의 심리적 문제로 인해 부정적 견해가 지배적인 경우, 혹은 내담자의 극심한 우울이나 불안으로 진로문제에 대한 효율적 개입이 어려운 경우가 해당한다. 공통적으로 상담의 목표는 개인의 부적응 문제를 우선적으로 해결하는 데 초점을 둔다. 개인이 당면하고 있는 가족문제 및 기타 학교문제 등을 비롯하여 이와 관련한 심리적 문제가 먼저 다루어지고 이후 개인의 진로문제가 논의된다. 이 경우 내담자의 호소문제는 매우 복합적이어서 단기적인 상담보다는 장기적인 상담을 계획하는 것이 좋다. 진로문제 이전에 자신에 대한 부정적 지각, 타인이나 성취/좌절에 대한 민감성, 현재 호소하고 있는 가족/학교/위기 문제를 다루는 데 주력한다.

4) 상담목표의 설정

진로상담의 목표는 내담자 정보에 관한 종합적인 평가와 이해를 토대로 상담자와 내담자의 합의하는 과정을 거친다. 목표를 다룰 때 유의할 사항은 목표를 구체적으로 그리고 그 결과를 가시적으로 평가할 수 있는 상태로 진술해야 한다는 점이다. 구체적이고 가시적인 목표는 내담자로 하여금 자기의 문제가 해결될 수 있다는 희망을 가지게 하는 효과를 가지고 있다.

5) 상담개입

진로상담에서 효과적인 개입은 내담자에 대한 정보수집, 문제의 정확한 진단, 목표설정의 과정에 따라 이루어진다. 진로상담에서의 개입은 단순히 정보의 제공이나 검사결과에 따른 직업을 제안하는 것이 아닌 좀 더 발달적이고 예방적인 차원에서 이루어져야 할 것이다. 전생애발달의 측면에서 개인은 자신의 특성만이 아니라 환경과의 끊임없는 상호작용 속에서 변화하고 성장하는 존재이기 때문이다. 진로상담에서의 개입은 진로관련 이론에 대한 탄탄한 기초를 토대로 상담의 기본적인 원리와 접근을 적용하여야 할 것이다.

6) 훈습과 종결, 추후지도

훈습의 과정은 실제로 상담의 개입이 내담자에게 어떠한 영향을 미쳤는가를 알수 있는 단계라 할 수 있다. 이 단계에서는 자기이해를 더욱 공고히 하고 진로탐색과 준비과정을 효율적으로 준비하고 실천할 수 있도록 그 방법과 정보의 수준을 재확인하고 점검한다. 진로상담의 종결에서는 진로상담 과정에서 일어났던 변화를 내담자 스스로 요약하게 하고 상담자의 의견을 첨가하여 변화의 정도를 점검하는 것이 좋다. 추후지도에서는 내담자가 자신의 진로선택과 관련하여 지속적인 활동이 이루어지고 있는지를 점검한다.

2 학교급별 진로상담

진로상담은 학교급별로 각기 다른 진로상담의 목표를 상정할 수 있다. 첫째, 초등학교는 자신의 소질과 흥미를 발견하고 일의 세계 인식을 토대로 일과 사회에 대한 기초적인 가치관을 형성하는 인식단계에 해당한다. 둘째, 중학교는 자신의 능력과 적성에 대한 이해를 토대로 실제 가능한 직업군을 탐색하고 잠정적 진로계획을 수립하는 탐색단계이다. 셋째, 고등학교는 자신의 직업적성, 주의 여건, 역할에 대한 현실적인 지각을 토대로 구체적인 진로계획과 선택을 하는 준비단계이다.

1) 초등학교

초등학교 진로상담에서는 자신의 소질과 흥미를 발견하고 일의 세계의 인식을 토대로 일과 사회에 대한 기초적인 가치관 형성에 초점을 둔다. 전체적으로는 개인의 진로인식을 증진시키고 진로의식과 동기를 부여하는 단계라 할 수 있다. 초등학생은 진로발달단계에서는 환상적 단계에 해당한다. 이 단계는 현실 여건, 자신의 능력이나 가능성을 고려하지 않으며, 현실적인 장애를 의식하지 못하기 때문에 자기가 원하는 것은 무엇이든지 할 수 있다는 환상적 믿음을 가지고 있으며, 자신의 욕구 충족을 직업으로 동일시하는 경향을 갖고 있다.

초등학교에는 진로발달의 기초가 되는 진로의식 향상에 초점을 두는 것이 필요하다. 방법적으로는 구체적 조작기 수준의 인지발달을 고려하여 시뮬레이션, 비디오 상영 등 구체적인 체험이 병행된 경험이 도움이 된다. 이와 함께 인형극, 역할연기, 게임과 시연, 학부모 초청의 진로소개, 진로체험 등도 도움이 된다.

2) 중학교

중학교 진로상담에서는 자신의 능력과 적성, 흥미에 대한 객관적 이해를 목표로 한다. 자신에 대한 객관적 이해를 토대로 가능한 직업군을 탐색하고 자신의 생애진로목표에 따르는 잠정적 진로계획에 초점을 둔다. 잠정적이라 함은 아직 현실적인 진로계획을 세우고 선택하기보다는 대안적 진로선택을 토대로 이를 위한 진로계획을 수립하는 것이라 할 수 있다. 중학교 시기는 고등학교 진학을 앞두고 자신의 장래에 대한 관심이 보다 구체화되고 증가하는 경향이 있다. 즉, 타인의 권유나 언론 등의 영향을 받았던 잠정적인 결정은 자신의 능력, 흥미, 적성, 학업성적, 직업 전망 등을 고려한 신중한 결정으로 변환되는 중요한 과정이 된다.

중학생의 경우 또래집단의 중요성이 증가하여 또래집단을 준거집단으로 삼는 경향이 있다. 또한 이전 단계에 비해 추상적인 용어와 상징을 많이 사용하며 관계에 대한 이해가 향상된다. 인지적 수준에서 형식적 조작 즉, 논리적 사고가 어느 정도 가능해진다. 그러나 아직까지 자신의 진로계획을 위한 방법이나 준비에 대해 확고한 신념을 지니고 있지 못하므로 상담에 대한 동기가 구체적이지 못할 수 있다. 발달적으로는 완전한 인지발달에 도달하기 위해 현재보다 효과적인 언어적, 추상적 추리기술을 발달시키고 있는 중이므로 도구를 활용한 구체적 방법의 활용이 병행되어야 한다. 또한 상담의 정의적 측면을 이용하여 내담자로 하여금 자아개념을 이해하고 긍정적 자아개념을 형성하도록 돕고, 이에 관한 긍정적인 가치관과 태도를 갖도록 도와야 한다. 중학교 진로상담에서는 또래를 활용한 구조화된 집단상담 프로그램도 효과적인 방법이 될 수 있다.

3) 고등학교

고등학교 진로상담에서는 구체적 직업과 관련한 자신의 적성, 자신이 선택한 진로를 행할 수 있는 주의 여건, 자신에게 기대되는 역할에 대한 객관적 지각을 증진시켜 구체적인 진로를 선택하거나 혹은 구체적인 진로를 선택하기 위한 현실적 목표를 수립하는 데 목표를 둔다. 고등학생 시기가 되면 자신의 욕구, 흥미, 가치, 능력에 대한 폭넓은 탐색이 가능하며 이를 직업과 밀접하게 관련시킬 수 있다. 이러한 과정을 통하여 현실적인 요인들을 고려하면서 진로에 대한 잠정적·실제적 선택과 결정이 이루어지며 필요한 준비를 계획하고 실행하게 된다.

고등학생 시기는 준비단계에 해당하므로 실질적으로 앞으로의 직업수행에 필요한 지식과 기술을 습득하도록 돕는 과정이 요구된다. 또한 고등학생들은 진학이나 취업과 같은 실제적 결정을 앞두고 있다. 따라서 일과 직업에 대한 정보 뿐만 아니라 진학관련 정보, 합리적 의사결정능력에 대해서 알려주어야 한다. 각자가 선택한 진로와 관련하여 장기적 전망 또는 교육적 전망들을 고려하며, 삶의 형태나 질에 대하여도 예견해볼 수 있는 장기적 안목을 훈련시키는 것도 함께 조력하여야 한다.

요약

이 장에서는 진로상담의 정의와 목표, 진로상담의 여러 이론적 접근, 진로상담의 기본적 절차와 학교급별 진로상담의 내용에 대해서 살펴보았다. 진로상담은 학생들이 자신의 성격, 흥미, 적성, 가치관의 자기이해를 토대로 앞으로 자신이 수행해야 할 직업세계의 결정을 위해 다양한 진로를 탐색하고 현명한 선택을 할 수 있도록 돕는 데 목표가 있다. 학생들이 자신의 미래설계에 대한 안목을 가지고 일의 의미와 직업세계에 대한 정확한 정보수집을 통하여 학습과 교육의 의미, 앞으로 자신이 원하는 삶의 방향과 건강한 사회인으로서의 성장을 도울 수 있을 것이다. 진로상담은 일반상담에서 제시하는 상담관계를 기초로 상담의 과정을 따라 진행된다. 그러나 진로선택과 결정, 진로발달 측면에서는 진로상담의 다양한 접근을 통하여 개인을 이해하여 개인의 진로행동에 대한 이해를 하는 것이 필요하다. 학교 내에서 진로상담 시 교사는 자신의 가치관을 주입하거나 강요해서는 안되며, 학생의 개인차를 인정하며 존중하는 인간중심적 태도가 필요하다. 사회는 점차 복잡해지고 전문화되고 있어 앞으로 청소년들의 미래설계는 더욱 중요한 의미를 가지게 되므로 학교에서 이루어지는 진로상담을 통해 건강한 사회인이 될 수 있도록 조력하는 것이 필요하다.

9 정서발달과 상담

Contents

정의적 영역의 발달은 지적 영역의 발달 못지않게 중요하다. 왜냐하면 정의적 영역의 발달은 개인의 동기와 학습뿐 아니라 사람이 자신의 삶의 문제들을 해결해 나가는 데 영향을 끼치기 때문이다(임은미, 강지현, 권해수, 김광수, 김정희, 김희수, 박승민, 여태철, 윤경희, 이영순, 임진영, 최지영, 최지은, 황매향, 2013). 특히, 급격한 신체적 변화를 겪으며, 대학입시와 연결 지어지는 미래와 진로에 대해 여러 가지 고민을 하게 되고, 더 나아가 자아정체감 형성이라는 과제가 있는 청소년기는 학업문제, 또래 친구 문제 등으로 우울과 불안과 같은 정서적 문제를 경험하기도 한다. 물론, 이와 같이 부정적인 정서만 있는 것은 아니다. 따라서 본 장에서는 정적 정서와 부적 정서를 포괄한 청소년기의 심리정서적인 측면에 대해 살펴보고자 한다.

1 정서와 신체적 생리적 변화

인간의 전 생애동안 변화하는 정서는 자극에 대한 반응이기도 하고, 상황에 대한 적응이며, 생리적, 행동적, 주관적 변화들의 복합적인 연쇄이다(민경환, 이옥경, 이주일, 김민희, 장승민, 김명철 역, 2015).

정서는 어떤 자극을 받았을 때 개인 내부에서 일어나는 강한 감정이며, 외부 자극에 직면해서 어떤 생리적 변화가 일어나고 이에 대한 반응이 수반되는 강한 감정을 말한다. 그렇다면, 사람들은 정서를 어떻게 경험할까? 이에 대한 설명 역시 학자들에 따라 다양하다. 우리는 가슴이 뛰고, 손에 땀이 나고, 혈액순환, 심장박동이 빨라지고 얼굴표정이 바뀌는 생리적 신체적인 측면으로 정서를 느끼기도 하고, 때로는 위협을 느끼거나 목표를 달성하는 등의 인지적 인식으로 정서를 경험하기도 하고, 몸을 움직여 피하거나 도망가려는 행동적인 측면으로 정서를 경험하기도 한다. 따라서 정서는 행동을 일으키고 유지시키며 행동의 방향을 결정하는 과정에 개입한다.

1) 정서와 관련된 신체적 생리적 변화

우리가 정서를 경험할 때 우리 몸에서는 신체적 생리적 변화가 일어난다. 우리가 위험에 빠지거나 위기감을 느끼게 될 때, 교감 신경계가 활성화되어 심장 박동이 빨라지고 소화기관의 혈관이 수축되고, 호흡이 빨라지며, 자율신경과 내분비선에서도 변화가 일어난다(최윤미, 박희경, 손영숙, 정명숙, 김혜원, 최해림, 백화정, 강순화, 이은경, 이규미, 이은순, 정현희, 1998).

❶ 중추신경계

신경계는 편의상 두 부분으로 나뉘는데, 뇌와 척수를 포함하는 중추신경과 말초신경으로 구성된다. 중추신경은 뇌신경 및 척수신경으로 우리 몸의 여러 감각기관에서 받아들인 신경정보들을 모아 통합, 조정하는 중앙처리장치에 해당되는 부분으로 수많은 신경세포로 구성된 뇌와 척수가 이에 해당된다.

뇌는 각각의 부분에 따라 그 기능에 차이가 있다. 이마엽(전두엽)은 운동기능, 언어기능 등과 관련되어 있으며 관자엽(측두엽)은 청각 등의 기능이 있다. 마루엽(두정

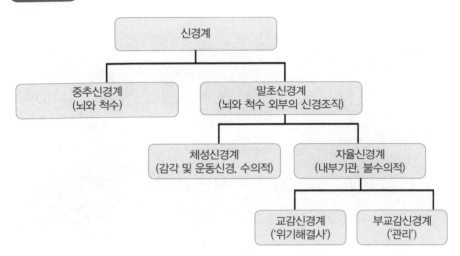

그림 9-1 인간신경계의 위계적 조직

신경계

중추신경계
(뇌와 척수)

말초신경계
(뇌와 척수 외부의 신경조직)

체성신경계
(감각 및 운동신경, 수의적)

자율신경계
(내부기관, 불수의적)

교감신경계
('위기해결사')

부교감신경계
('관리')

출처: 리처드 게리그 외(2013), 심리학과 삶, 시그마프레스.

엽)은 감각신호를 이해하고 해석하며 뒤통수엽(후두엽)에는 시각 기능에 관여하는 시각겉질이 위치해 있다. 시상하부는 자율신경계 및 호르몬분비를 통한 대사의 조절, 체온과 일주 리듬의 유지, 갈증, 굶주림, 피로의 조절 등 기초적인 신체 대사를 유지한다. 소뇌는 자세와 균형의 유지, 근육긴장의 유지, 자발적 운동을 조절하는 역할을 하고 숨뇌는 호흡, 혈액 순환과 관련된다. 사이뇌는 주로 내장, 혈관과 같은 자율신경을 관리하고 중간뇌는 눈의 움직임과 청각에 관여하며 소뇌와 함께 평형을 유지하는 것과도 연관이 있다. 다리뇌는 대뇌 사이의 정보 전달을 중계하고 호흡을 조절한다. 척수는 뇌와 온몸의 신경계를 연결시키고 자율신경계의 반사작용 및 교감신경계와 부교감신경계에 모두 작용한다.

가. 시상하부(Hypothalamus)

전뇌의 중앙 부분 뇌간의 바로 위에 시상(thalamus)을 구성하는 달걀 모양의 부분이 있는데, 이 시상 밑에 있는 시상하부(Hypothalamus)는 시상의 밑, 입천장의 바로 위에 위치한 완두콩만한 크기의 작은 조직이다. 시상하부는 자율신경계와 내분비계를 통제하고, 시상하부는 먹기, 마시기, 성행동, 수면, 체온조절을 맡고 있고, 분노, 공포, 쾌감과 같은 정서와도 관계가 있다. 시상하부는 생존과 관련된 본능적인 부분뿐 아니라 감정과 의식에도 막대한 영향을 끼친다.

그림 9-2 뇌 구조물

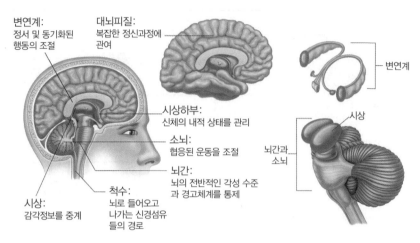

변연계:
정서 및 동기화된
행동의 조절

대뇌피질:
복잡한 정신과정에
관여

변연계

시상하부:
신체의 내적 상태를 관리

소뇌:
협응된 운동을 조절

뇌간:
뇌의 전반적인 각성 수준
과 경고체계를 통제

시상

뇌간과
소뇌

시상:
감각정보를 중계

척수:
뇌로 들어오고
나가는 신경섬유
들의 경로

출처: 리처드 게리그 외(2013), 심리학과 삶, 시그마프레스.

나. 변연계(limbic system)

변연계(limbic system)는 대뇌피질과 시상하부 사이의 경계에 위치한 부위로, 겉에서 보았을 때 귀 바로 위쪽(또는 측두엽의 안쪽)에 위치한다. 해마(hippocampus), 편도체(amygdala), 시상앞핵(anterior thalamic nuclei), 변연엽(limbic lobe), 후각신경구(olfactory bulbs) 등으로 이루어져 있어 감정, 행동, 동기부여, 기억, 후각 등의 여러

그림 9-3 변연계

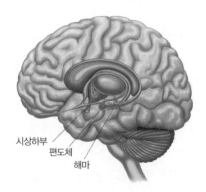

시상하부
편도체
해마

출처: 리처드 게리그 외(2013), 심리학과 삶, 시그마프레스.

가지 기능을 담당한다. 실제로 원숭이의 양쪽 측두엽을 제거하면 공격성이 감소된 다는 것을 보여주면서 변연계가 감정과 관련이 있다고 제시하였다(Kluver & Bucy, 1939). 따라서 시상하부를 구성하는 대뇌 변연계가 정서 통제 중추라고 추측되어 왔으며 변연계의 여러 부위를 절개하거나 그곳에 전기 자극을 가하면 정서 반응의 변화를 관찰할 수 있다고 보았다.

❷ 말초신경계

말초신경계는 체성신경계와 자율신경계 두 부분으로 나뉘어진다. 특히 자율신경계(autonomic nervous system: ANS)는 동물 내부의 환경을 일정하게 유지하는 역할을 한다. 주로 자율신경계는 호흡이나 혈류의 흐름을 관장하며 필수 신체 기능을 담당하기도 하지만 다양한 정서 경험에도 중요한 역할을 한다. 정서변화에 따른 신체적 변화를 통제하는 자율신경계는 교감신경(Sympathetic nerve system: SNS)과 부교감신경(Parasympathetic nervous system: PSNS)으로 구분된다. 교감신경은 우리가 놀랐거나 화가 났을 때 심장이 뛰고 호흡이 빨라지고 동공이 확장되고 소화는 멈추는 긴급

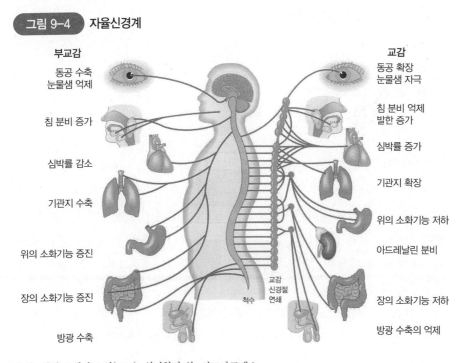

그림 9-4 **자율신경계**

출처: 리처드 게리그 외(2013), 심리학과 삶, 시그마프레스.

상황에 신체가 대처하도록 알려주어 신속히 위기에 대처할 준비를 하도록 한다. 교감신경은 내분비계가 화학물질을 통해 이러한 반응을 촉진시키도록 한다. 반면 부교감신경은 위기상황 후 신체가 정상으로 돌아가는데 동공 수축, 침 분비 촉진, 심장박동 억제 등 이완의 반응을 하도록 돕는다.

❸ 내분비계

신경계와 함께 정서의 생리적 요인으로 고려되어야 하는 것이 내분비선이다. 정서 자극 시에 신경계뿐아니라 내분비선에서 호르몬이 화학적 반응을 일으켜 혈류로 들어가 여러 가지 정서반응에 영향을 미치기 때문이다. 내분비선 중 부신선은 부신피질과 부신수질로 나뉜다. 부신수질에는 에피네프린과 노르에피네프린이 있다. 긴장 상태의 조건에 따라 이 두 호르몬이 방출되는 양이 달라진다. 에피네프린(epinephrine)은 아드레날린(adrenaline)이라는 신경전달 물질로 교감신경계를 활성화시켜 재빨리 위협에 반응할 준비를 한다. 노르에피네프린(norepinephrine) 또한 신경전달물질로 노르아드레날린(noradrenalin)이라고 부르기도 한다. 노르에피네프린은 흥분성과 억제성 작용을 모두 하지만 주로 주변 환경에 대해 경계하고, 주의를 기울이게 하는 작용과 관련이 있다.

2) 정서 이론

❶ James-Lange 이론

사람들은 슬프기 때문에 눈물을 흘리는 것일까? 아니면, 눈물을 흘리기 때문에 슬프다고 느끼는 것일까? James-Lange는 눈물을 흘리기 때문에 슬픔을 느끼게 된다고 보았다. 우리는 대부분 특정한 정서를 느끼게 되면 그 정서 때문에 신체적 변화가 온다고 생각하게 된다. 예를 들면, 슬픔을 느끼기 때문에 눈물이 난다고 생각한다. 그러나 미국의 심리학자 William James는 정서 때문에 신체적 변화가 오는 것이 아니라, 어떤 상황에서 신체적 변화가 먼저 나타나고, 우리가 이러한 변화를 지각하게 될 때 특정한 정서를 느끼게 된다고 하였다(홍대식, 1982). 즉, 슬프기 때문에 눈물을 흘리는 것이 아니라 눈물을 흘리기 때문에 슬픔을 느낀다는 것이다. 덴마크의 생리학자 Carl Lange도 같은 시대에 이와 비슷한 주장을 하게되면서 이 이론은 두 사람의 이름을 붙여서 James-Lange 이론이라고 한다. 즉, James-Lange 이론은 어떤 상황에서 사건이 일어나고 생리적 각성과 변화가 일어나면 생리적 변화에 대한 인지적 해석을 하게 되고 정서적 경험을 하게 된다고 보는 것이다.

❷ Cannon-Bard 이론

생리학자인 Walter Cannon은 정서의 경험은 생리적 반응과 동시에 일어난다고 보았다. 즉, 공포를 경험할 때 심장도 뛰게 되는 것이지, 어느 하나가 다른 하나를 초래하는 것이 아니라는 것이다. Walter Cannon은 몇가지 주요한 측면에서 James-Lange 이론에 반대하였다. 정서의 종류는 굉장히 다양한 데 반해 자율신경계의 반응은 거의 동일하다는 것과 신체기관의 반응은 위협적이고 분노 상황에서 나타나는 정서를 설명하기에는 속도가 너무 느리다는 것이다. 슬픈 장면을 보더라도 곧바로 눈물이 나지 않는 경우도 있으며, 심지어 뇌와 신체기관을 연결시켜주는 신경을 절단하고 난 뒤에도 정서를 느낄 수 있기 때문이다. 따라서 Cannon은 정서유발 자극이 생리적 반응과 정서의 경험을 동시에 촉발시킨다고 보았다. Cannon의 연구는 주로 정서의 신경적 측면에 관심을 두고 Bard(1934)에 의해서 확대되어 Cannon-Bard 이론으로 알려지게 되었다. James-Lange와 Cannon-Bard의 두 이론의 공통점은 정서에 생리적 각성이 동시에 수반된다는 것이다. 차이점은 James는 각성의 양상이 정서라고 생각한 반면, Cannon은 각성의 양상이 동시에 발생하고 독립적이라고 보았다(신현정, 김비아, 2009).

❸ Schachter-Singer 이론

Schachter-Singer 2요인 정서이론을 제안하면서 우리의 정서경험은 생리적 각성과 인지적 평가를 종합한 결과라고 하였다. 즉, 사고과정이 정서경험에서 중요한 역할을 한다고 본다. 무엇을 보고 듣는가, 유발 자극, 주위 환경, 개인의 인지 맥락이 정서경험에서 중요한 요인이 된다고 보았다. 그래서 동일한 자극과 생리적 상황이 주어지더라도 개인의 과거 경험, 현재 일어나고 있는 자극의 맥락, 그 상황의 인지적 관점에 따라 즐거운 것, 화나는 것, 슬픈 것 등 다른 정서로 나타날 수 있다. Schacheter와 Singer(1962)는 사람은 외부 자극에 의해서 각성되며, 이러한 각성을 인식하고, 각성에 대한 단서를 자신의 인지 맥락에서 찾게 되고, 그 단서에 적합한 정서 명칭을 붙이게 된다고 하였다. 예를 들어, 지나가는 개를 보았을 때도 사람마다 각자 개에 대한 즐거운 기억을 갖고 있는지, 물렸던 기억을 갖고 있는지 등의 과거 경험에 따라 또 개를 사온 시기가 자신에게 중요하고 좋은 일들이 일어난 때인지, 집안에 나쁜 일이 일어난 때인지 등에 따라 맥락에 따라 그 상황에 대한 인지와 경험되는 정서가 다르다. Schacheter와 Singer는 우리의 정서 경험은 환경에서 오는 정보를 단순히 해석하기보다는 외적인 정보와 내적인 각성상태를 통합하여야만 한다고 보았으며 결국, 정서의 가장 중요한 구성요소는 각성과 인지임을 시사한다(리처드 게리그, 이종한, 박권생, 박태진, 성현란, 이승연, 채정민, 2013).

2 긍정정서와 부정정서

인간의 정서는 크게 긍정 정서라고 할 수 있는 정적 정서와, 부정 정서라고도 불리는 부적 정서로 나뉠 수 있다. 주로, 사랑, 기쁨, 즐거움, 만족 등과 같은 정적 정서는 인간의 삶을 윤택하게 하는 순기능적 측면이 있다. 반면에 공포와 불안, 분노, 우울 등과 같은 부적 정서는 인간의 삶에 활력을 주기도 하지만 대부분 인간의 삶을 파괴하는 역기능적인 측면이 있다. 그러나 기억해야 할 것은 이 두 가지 정서 중 '어떤 것이 좋고, 어떤 것이 나쁘다'라고 말할 수 있는 것이 아니며, 따라서 어떤 정서를 줄이고 어떤 정서를 늘려야 하는 것이 아니라, 인간의 삶 속에서 매 순간 긍정 정서와 부정 정서 간의 적절한 균형이 유지되는 것이 중요하다는 사실이다(정명화, 강승희, 김윤옥, 박성미, 신경숙, 임은경, 허승희, 황희숙, 2005).

1) 긍정 정서

최근의 심리학자들은 정서의 역할이 강력하며 사람들 사이에서 정서가 기능을 한다는 것을 인식하기 시작했다. 긍정 정서에는 어떠한 것들이 있을까? 사랑은 정서일까? 행복은 정서일까? 많은 심리학자들은 사랑과 행복을 정서의 목록에 포함시키지 않는다(민경환 외 역, 2015). 그러나 비록 사랑과 행복이 정서의 정의에 맞지 않고, 이는 단일정서라기보다는 정서경험이며 태도라고 하더라도 우리가 그것을 학문적으로 구분하기 이전에 우리는 생활 속에서 사랑을 느끼고 행복하다고 느낀다. 그리고 이것을 긍정 정서라고 생각한다.

긍정 정서에 대한 연구는 분노, 공포, 우울 등과 같은 부정 정서에 대한 연구보다 한참 후인 1990년대에야 진지한 주목을 받기 시작했다(Seligman & Csikszenmihalyi, 2000; 민경환 외 역, 2015). 또한 Barbara(1998)는 긍정 정서는 우리가 세상에 대해 생각하는 방식을 변화시키고, 우리가 미래에 도움이 될 정보와 자원을 모으는 것을 도와주는 것과 같이 부정 정서와는 다른 방식으로 효과가 있다고 하였다(민경환 외 역, 2015).

긍정 정서를 정교하게 구분하는 일은 쉽지 않다. 여기서는 긍정 정서의 한 가지 예로 기쁨에 대해 설명을 해보자. 일반적으로 사람들은 구체적인 사건에 대해 강렬하고 유쾌한 정서적 경험을 갖게 되는 경우가 있다. 이를 Lazarus(1991)와 Scherer(1997)는 기쁨이라고 하였다. 기쁨은 매우 다양한 사건들, 예를 들어 시험을 잘 보거나, 맛있는 음식을 먹거나, 쇼핑을 하는 것에 의해 순간적으로 유발된다(민경환 외 역, 2015). 강한 기쁨의 상태는 행복감과 환희로 기술되기도 하는데 이는 인간이 느끼는 가장 긍정적 감정이다. 행복감과 환희는 원하는 목표가 달성되었거나 달성되어 가고 있다고 생각될 때 느끼는 감정이다(Lazarus, 1991). 일반적으로 행복감은 환희에 비해 좀 더 전반적이고 포괄적인 사건에 대한 지속적인 긍정적 감정이다. 반면 환희는 행복감에 비해 보다 구체적인 사건에 대해서 급격하게 느끼는 강한 감정을 말한다(정명화, 강승희, 김윤옥, 박성미, 신경숙, 임은경, 허승희, 황희숙, 2005).

❶ 사 랑

사랑은 어떤 대상의 존재를 몹시 아끼고 귀중히 여기는 마음, 대상을 아끼고 소중히 여기고 즐기는 마음, 남을 이해하고 돕는 마음, 그리워하고 좋아하는 마음으로 어떤 대상과 관계를 가지고 욕구를 충족하기 원하는 정서를 나타낸다. 사랑은 자신이 수용되는 느낌, 어떤 대상을 수용해 주는 기쁨, 행복한 상태를 경험하는 것을 말한다. 사랑은 부모, 자녀, 친구, 이성 등 자신의 주변의 여러 대상에게 적용될 수 있다. 사랑받고 있음을 느끼는 것은 한 인간으로서 존중받고 있다는 경험이며, 사랑은 많은 아픔과 상처를 치유하는 힘이 있다.

아동기에는 사람의 대상이 가족이나 장난감, 동물 등 주변에 있는 것이지만, 청년기가 되면 신체적, 사회적, 지적 발달로 대상이 광범위해진다. 영화나 책 속에서 만난 실제로 대상이 존재하지는 않지만 상상 속의 대상, 영상매체를 통해 본 연예인, 학교 선생님에 대해서도 사랑의 감정을 가질 수 있다. 그래서 청소년기에는 연예인에 열광적인 애착을 보이며 무리를 지어 쫓아다니거나 학교 선생님에게 좋아하는 감정을 고백하기도 한다. 유아나 아동기에는 일방적으로 사랑은 받기만 하였다면, 청소년기 이후로는 대상의 범위가 넓어지게 되어 이성으로 확대되며 보이지 않는 대상을 넓혀가게 된다.

청소년기에 사랑이라는 감정의 인식은 기쁘고 설레는 일이 되기도 하나, 이성교제의 위험성에 대한 가정이나 사회에서의 우려는 청소년들이 사랑이라는 감정을 표현하는 것을 억압하게 하기도 하고, 상대방의 호의적인 감정을 받아들이지도 못하게 하기 쉽다. 대부분 청소년기에 들어서면 사랑의 감정을 선물, 전화통화, 좋아한다는 말로 표현하게 되는데 이러한 사랑의 표현에 대한 반응은 대부분 부정적이기 쉽다. '사실은 네가 나를 좋아해 주고 선물을 주고 전화해 주어 정말 고맙고 기뻐'라고 말하고 싶지만, 그렇게 하면 상대와 내가 연인관계로 발전할 것 같은 두려움 때문에 그렇게 표현하지 못한다. 또한 이성을 사귀고 싶지만 감정을 솔직히 표현하는 일을 두려워하고 있고, 이성을 사귀면 겪게 될 감정의 격동을 경험하고 싶지도 않고, 겪어낼 자신도 없고 불안하기 때문에 사랑의 감정을 억압하기도 한다(최윤미 외, 1998).

❷ 기 쁨

기쁨은 만족을 나타내는 정서로 생리적 기능이나 신진 대사가 원활하고 건강하며 생활이 유쾌하고 행복하다고 느끼는 정서이다. 아동기에는 받는 기쁨이 대부분이었다면 청소년기가 지나가면서는 칭찬, 인정뿐만 아니라 스스로 성취한 일에 대한 기쁨, 자연의 아름다움을 보는 기쁨, 앎의 기쁨 등 다양한 기쁨을 맛보게 된다. 중·고등학생 때는 시험이 끝나는 날 친구들과 함께 자유롭게 노는 것, 부모님이나 선생님께 칭찬을 받는 것, 좋아하는 연예인에 대한 사진이나 정보를 얻는 것 등에서 기쁨을 느낄 수 있다. 또한 대학생이 되고 성인이 되면서는 사람들과의 관계와 자기 자신에 대한 통찰을 통해서도 많은 기쁨을 느끼게 된다. 예를 들어, 타인과의 관계에서 나의 마음이 표현되는 것이라던지, 사람들이 나를 좋아한다고 느낄 때, 배우는 기쁨, 베푸는 기쁨, 동아리나 봉사를 통해 사회에서 나 자신을 인정받고 나 자신의 존재를 확인 할 때 기쁨을 느낀다. 또한 내가 공부하는 전공에 대한 자부와 기쁨, 혼자서 과제와 발표를 완성해 내는 기쁨, 책에서 전문적이고 위대한 스승들의 말과 나의 생각이 일치할 때 통찰의 기쁨, 나 자신을 수용하고 나의 새로운 부분을 깨닫고 삶에 대한 확신을 느낄 때의 기쁨 등이 있다(최윤미 외, 1998).

2) 부정 정서

부정 정서는 우리로 하여금 가능한 위험과 위협들을 경계하게 만들기 때문에 우리가 매우 특수하고 자기보호적인 방식으로 행동하게끔 하여 진화적으로 적응적인 존재가 되게 하는 데 기여하였다는 생각이 과거의 연구를 통해 지지되고 있다(서은국, 경민선, 김진주 역, 2007). 예를 들어, 사실상 여러 부정적 정서들은 구체적 행동경향성이라 불리는 특정 방식으로 행동을 이끄는 충동과 관련되어 있다. 예기치 못한 두려움에 대한 반응은 공격에 대항하여 싸우거나 그 위험에서 도망침으로써 자신을 보호하도록 고안된 즉각적인 행동 반응이 될 수 있다. 심지어 부정적 정서에 수반되는 독특한 얼굴표정들은 긍정적 정서에 따르는 표정들보다 쉽게 알아차릴 수 있다. 두려움, 분노, 슬픔이 서로 다른 얼굴 표정을 만드는 반면 모든 긍정적 정서들은 진짜 웃음의 특성을 공유한다. 결국, 이같은 우리 몸의 별난 생리적 특성 때문에 실험실에서는 긍정적 정서보다 부정적 정서를 연구하기가 더 쉬웠던 것이다(서은국 외 역, 2007).

❶ 공포와 불안

공포와 불안은 여러 가지 측면에서 유사한 경험이지만 가끔은 이 둘을 구분하는 것이 유용할 때가 있다. 예를 들어, 뱀과 같은 특정 사건이 두려움을 일으킬 때 우리는 공포(fear)를 보인다. 공포는 구체적이고 임박한 위험에 대한 반응이며, 자신 혹은 사랑하는 사람의 위험을 지각할 때 나타나는 반응으로 위협이 사라지면 재빨리 가라앉는다. 반대로 불안(anxiety)은 '뭔가 나쁜 일이 일어날 것 같다'와 같은 보다 일반적인 기대를 의미한다(Lazarus, 1991). 막연하고 모호한 위험에 대한 반응인 것이다. 공포는 인생의 다른 많은 것들과 마찬가지다. 즉, 약간의 공포는 유익하지만 지나치면 해가 된다. 곧 닥쳐올 것 같은 심각한 위험에 직면했을 때, 공포는 신체가 재빨리 강력한 행동을 하도록 준비시킨다. 또한 중요한 것은 공포는 우리가 실제 위험에 처하는 것을 막아주고 공포의 느낌은 일이 발생한 다음에 외상의 경고 신호를 기억하도록 돕는다는 점이다. 이 모든 효과는 우리의 생존을 돕는다. 하지만 많은 사람들이 계속되는 과도한 공포로 인해 움직일 수 없게 되어버릴 수도 있다(민경환 외 역, 2015).

❷ 분노와 혐오

분노는 상처받았거나 공격받은 느낌, 여러분을 공격한 사람에게 상처를 주거나 그 사람을 몰아내버리려는 욕구와 관련이 있는 정서 상태이다. 이것은 앞 장에서 언급한 공포의 원인 및 행동과는 매우 다르다. 이러한 정의에 따르면 화가 나는 것은 어떤 방식으로 기분이 상하거나 침해를 당했다고 느꼈을 때이다. Lazarus(1991)는 분노를 유발하는 전형적인 핵심관계 주제를 '나와 내 것을 모욕하는 공격'으로 묘사하였다. 이 관점과 일관되게 많은 연구들은 어떤 사람이 의도적으로 혹은 생각의 부족으로 손해를 끼쳤을 때 대부분 분노가 발생한다는 것을 발견하였다(민경환 외 역, 2015).

그러나 모든 분노가 공격으로 귀착되는 것은 아니고 모든 공격적인 행동이 분노에서 시작되는 것도 아니다. 아동과 성인에게 공격적 행동은 분노유발 자극에 대한 감정반응조절을 못해서인 것으로 개념화되었다. 아동의 공격적 행동은 일반적으로 강렬한 감정적 흥분과 특히 높은 수준의 분노와 관련되어 있다. 분노는 분노 위에 구축될 수 있다(Goleman, 1995). 분노가 격해지는 것은 일련의 지각된 도발의 결과일 수 있으며 각 유발인자는 각성을 더 유발하며 느리게 소멸된다(김봉석, 박은진, 박준성, 배정훈, 최범성, 홍순범 공역, 2014).

▶ Ⅱ 청소년기 정서 특징

청소년기는 사춘기의 시작으로 시작되어 사회적으로 경제적으로 책임을 져야 하는 성인이 될 때까지 지속되는 기간이다. 청소년기만의 독특한 정서가 있는 것은 아니지만 경험 정도와 표현상에서의 차이가 청소년기의 정서를 특징지을 수 있으며 청소년기 정서의 대표적인 특성으로는 충동성, 극단성을 들 수 있겠다(임은미 외, 2013). 많은 사람들이 청소년기를 '격정과 질풍노도의 시기'라고 이야기하고 있으며, 사실 10대의 시기는 개인차가 있지만 정서적인 변화가 매우 크다. 대부분의 청소년들은 특히 초기 청소년기에 부모와 보통 정도의 갈등을 경험하고 이따금씩 우울, 불안, 혹은 분노의 기간을 경험한다(Laursen, Coy, & Collins, 1998). 개인에 따라 그보다 더 심각한 문제를 가지고, 어떤 학생은 거의 아무런 문제도 갖지 않은 채 그 시기를 넘기기도 한다(민경화 외 역, 2015). 청소년기에는 호르몬의 활성화, 추상적 사고의 발달, 사회적 환경 등으로 인해 이상적인 자아와 현실적인 자아 사이의 괴리가 커지고 그러한 갈등 속에서 정서가 정리되지 않은 채 충동적이고 극단적으로 경험되며 왜곡되어 표현됨으로 인해 부적응적 행동이 나타날 수 있다. 청소년기의 정서변화에 가장 큰 영향을 미치는 요인들은 신체적, 생리적 변화와 심리적, 사회적 변화를 들 수 있겠다. 극단적으로 경험되는 정서 중 부정적인 부분과 왜곡된 표현양식은 청소년이 행동하거나 잠재력을 실현하는 데 있어서 장애물로 작용될 가능성을 배제하기 어렵다(임은미 외, 2013).

그러나 이와 반대로 학령기 아동들과 비교해 볼 때 청소년기는 협력과 사회적 미덕, 배려 등을 중요시하고 타인에게 자신이 어떻게 보이는지를 더 염려한다. 또한 어떤 면에서는 인지의 발달로 추론하고 결정하는 데 있어 성숙함을 보이기도 한다. 청소년들이 항상 충동적인 것은 아니라는 말이다. 그러나, 시간이 가면 위험을 감수할 가능성이 더 크며, 또래 압력이 있을 경우 충동성과 모험심이 증가하기도 하고 자신의 정서에 의해서 크게 좌우되는 것이 일반적이다(민경환 외 역, 2015).

또한 청소년기에는 자아개념의 평가적 측면인 자아존중감이 계속 분화되는데 이는 우정, 매력, 학업과 직업수행역량 등으로 인해 영향을 받게 된다(이옥경 외, 2009). 비교적 장기간에 걸친 성공과 실패의 축척은 그 개인의 특정 활동, 교우관계, 교과에 대한 태도를 결정하게 할뿐만 아니라 자신에 대한 관점을 형성하도록 이끌어나간다. 학교에서 학업 및 교우관계 등에서 일관성 있게 성공해 온 학생은 자기 자신을 긍정적인 관점으로 보게 되는 반면, 계속 실패해온 학생은 자기 자신을 부정적으로 보는 경향이 생긴다(임은미, 강지현, 권해수, 김광수, 김정희, 김희수, 박승민, 여태철, 윤경희, 이영순, 임진영, 최지영, 최지은, 황매향, 2013).

정서발달은 생물학적 성숙 뿐 아니라 주변 환경에 대한 이해능력과 관련해 다양한 요인들의 발달과 관련된다(김태련 외, 2004). 청소년들에게 자신과 타인의 정서를 지각하고 이해하는 능력, 정서 조절 능력, 두 가지 이상의 정서를 한꺼번에 경험하는 혼합정서의 발달 등은 매우 중요한 발달과업이라 하겠다.

Ⅲ 청소년기 정서문제

청소년의 발달단계에서 인지적인 발달, 신체 및 호르몬의 발달에 대해 상대적으로 보다 예민하게 경험하는 정서가 있을 수 있고, 청소년들이 주로 경험하는 생활상황이 달라짐에 따라서도 정서를 표출하는 방법이 매우 다르게 나타날 수 있다. 또한 인간관계의 특성이 부모 중심으로부터 친구에게로 확장됨에 따라 청소년기는 그 어느 단계에서보다 친구에 대한 관심과 감정의 강도가 강렬하다. 청소년기에 경험되는 대표적인 부정적 정서는 우울, 공포와 불안, 외로움, 죄책감, 분노 등이다. 정서의 조절은 인생을 살다보면 다양한 부정 정서가 발생할 수 있다는 것을 인식하는 것부터 시작되며, 그 후에는 부정 정서를 인식하고 그것을 표현하는 것이 필요하다는 것을 청소년들에게 알려줄 필요가 있다. 여기서는 학교생활에 영향을 미치는 부정 정서 중 분노, 우울, 시험불안을 살펴보겠다(임은미 외, 2013).

1 분 노

분노는 강력한 정서 중 하나로서 개인의 행동과 사고 및 사회적 관계에 큰 영향을 미친다. 진화론적 관점에서 볼 때, 분노는 생존에 중요한 의미를 갖는다. 인간이 위기에 처했을 때, 분노를 느끼고 화를 내는 것은 공포를 줄여줌으로써 능동적인 대응을 가능하게 해주고 자신을 방어할 수 있게 해준다. 일반적으로 분노는 자신의 욕구가 충족되지 못하도록 방해 받았을 때 나타나는 정서이다. 배고프거나 충분한 수면을 취하지 못할 때 등 신체적 물리적 상황에서도 분노를 느낄 수 있으며, 특히 청소년들은 사회적 욕구가 충족되지 못하거나 도덕적으로 불합리한 대우를 받게되는 것 때문에 분노가 일어난다. 예를 들어, 분노는 목표달성과 관련되어 있으며 목표 추구행동이 방해를 받을 때 목표획득을 좌절시키는 사람과 사물에 대해 유발된다. 또한 분노는 좌절과 개인적인 모욕이나 품위의 손상이 더해졌을 때 일어나기 쉽다. 즉, 자기 주장을 못했을 때, 간섭, 압박, 이유없이 혼나는 일, 존중받지 못하는 불공평한 대우, 충고, 무시, 자유를 억압했을 때 등의 경우에 분노를 느낀다. 주로 분노를 느끼는 내용들을 살펴보면, 분노가 대인관계와 관련이 있으며 따라서 대인과의 관계에서 분노가 미치는 영향에 대해서 고려해 보아야 함을 알 수 있다. 사실상 많은 종류의 정서는 양날의 칼 같은 긍정적인 면과 부정적인 면이 공존한다. 즉, 자신을 보호하고 건강한 정신건강을 위하여 분노를 건강하게 표출하는 것은 매우 의미 있지만 분노의 감정이 적절하게 조절되지 않으면 타인을 향한 파괴적인 공격성을 나타내기도 한다. 학교에서 청소년들이 드러내는 분노는 학교폭력 사건들과 관련있다. 특히 학교폭력이 이슈화되고 있는 요즈음은 학교폭력의 주요 타자인 가해자, 피해자, 방관자 등 모두에게 정도의 차이는 있지만 분노가 중요한 정서로 자리잡히게 된다. 또한, 자아정체감의 형성이 발달과업인 발달단계 특성상, 타인의 부정적인 피드백 혹은 소외감에 대해 분노를 일으키게 된다.

청소년들이 다른 사람과의 관계(부모, 선생님, 친구들)에서 분노를 느끼는 이유를 알기 위해서는 다른 사람들이 자신의 요구를 청소년에게 어떻게 표현하는지, 그리고 청소년에게 무엇을 기대하는지를 이해하는 것이 중요하다. 더불어 다른 사람의 기대와 표현이 어떻게 해석되는지도 알아보아야 한다. 청소년들 뿐만 아니라 대부분 분노를 느끼는 사람은 다른 사람이 의도적으로 자신을 화나게 만든다고 생각하기 때문이다. 분노의 반응은 유아기, 아동기, 청소년기로 발달해 감에 따라 다르게 표현되는데, 유아기는 울고, 발로 차고, 소리를 질러서 분노를 표현한다. 아동기에는 때리고, 차고 던지는 등 직접적 공격 행동을 하고, 아동후기에서 청소년기를 지나면서는 침묵, 무반응, 말을 듣지 않는 거부적 태도를 보인다. 또한 상대방에게 빈정거리거나 욕을 하는 등 공격적 반항적인 반응이 나타나기도 한다. 성별에 따라서도 차이가 있는데, 여자 청소년들은 서로를 욕하고 헐뜯는 등 언어적이고 우는 것이라면, 남자 청소년들은 때리고, 몸으로 부딪히거나 맞서고 음주나 흡연행동을 보이는 등 더 직접적인 행동으로 분노를 표현한다.

청소년의 분노에 대한 지나친 통제는 가정과 학교 적응적인 측면에서도 문제가 된다. 화를 내면 부모나 소중한 사람에게 인정을 잃게 되거나 서로의 관계가 나빠지는 것을 걱정하여 청소년들은 자신의 분노를 솔직히 표현하지 않는다. 그러나 분노를 너무 억압하게 되면, 정작 자신에게 중요한 일을 망치는 실수를 범하기도 하며, 엉뚱한 대상에게 분노를 표출하게 되거나, 억압된 분노를 자기자신에게 표출하기도 한다. 이것은 다른 사람과 부딪혀 관계 갈등을 겪거나 자신이 사랑과 인정을 잃게되는 것보다 자기를 비난하는 것이 안전하다는 것을 배우는 데서 기인한다. 자신에 대한 적대감은 신경증적 신체 질환으로 표현되어 두통, 소화불량, 불면증 등으로 나타나게 되고, 청소년들은 학생의 과업인 학습과 동기에 밀접하게 관련되어져 부정적인 영향을 미치게 할 수 있다. 특히, 이 때 분노를 자신에게 향하게 하면 극단적으로 자해, 자살을 선택할 수도 있다. 따라서 자신과 타인을 파괴하지 않는 방법으로 분노를 표현하는 법을 청소년들에게 알려주는 것은 매우 중요하다.

분노를 긍정적으로 다루기 위해서는 첫째, 분노가 기쁨이나 행복과 같이 인간이 가지고 있는 정상적인 정서라는 것을 인식하는 것이다. 즉, 화가 날만한 일을 당하면 화가 나는 것은 당연하다는 것을 받아들이는 것이다. 둘째, 자신에 대한, 타인에 대한 그리고 세상에 대한 불합리한 기대를 합리적 기대로 바꾸는 것이다. 자신이 가지고 있는 반드시 항상 ~해야 한다는 비합리적 기대를 찾아서 합리적 기대로 바꾸도록 한다. 셋째, 자신의 분노를 효과적이고 건설적인 방법으로 표현하는 것을 배우는 것이다. 그렇게 하기 위해서 먼저 분노의 감정이 억압되거나 감추어지지 않도록 긍정적인 감정과 부정적인 감정을 균형있게 표현해 보는 연습이 필요하다.

2 우울

우울은 여러 가지 복합적인 감정이 혼합되어 나타나는 상태이며, 우울한 사람은 불안, 슬픔, 분노 등의 여러 가지 감정들을 경험하게 된다. 특히 불안과 우울이 관련지어 설명되는 경우가 많은데 우울과 불안은 동일한 장애가 서로 다르게 표현된 것이라는 의견도 있으며 단지 불안과 우울에는 공통적인 증상이 있을 뿐이라는 의견도 있다. 우울은 실망감, 무관심, 희망이 없는 절망 상태로 표현할 수 있다. 우울한 감정을 느끼는 사람들은 슬프고, 비관적이고 절망적이며, 초초한 기분을 넘어서 기분 좋은 일에 대해서도 무심한 반응을 보인다. 자기 비하, 신체적 피로감과 무기력감, 세상에서 가치없는 존재라고 느낀다.

청소년기는 호르몬의 변화가 많고 자신의 정체감을 찾기 위해 자기주변의 여러 환경을 탐색하고 비교하기 때문에 실패감과 혼란스러움을 겪게 된다. 청소년의 우울감은 그 자신의 생활을 방해하여 학생들이 평소에 일상적으로 하던 학교생활을 어렵게 느끼게 할 수 있다. 학교에 오는 것이 어려워지고, 친구와 만나고 함께 어울리는 것이 어려워진다. 청소년 시기에 경험할 수 있는 우울감은 친구관계가 잘 안될 때, 성적에 대해 불안해 하며 결과가 좋지 않을 때이다. 가족이나 부모의 기대에 부응하지 못하는 것에 대해서도 우울과 죄책감을 느낄 수 있다. 현실에서의 실패감과 좌절감 때문에 느끼는 괴로움, 자신에 대한 실망도 우울하게 한다.

따라서 청소년들이 우울을 경험할 때 상담자와 교사들의 대처가 중요하다. 우울한 청소년들이 화를 잘 내거나 심술궂게 되면 다른 사람들은 그들이 무엇을 말하고자 하는지 주의를 기울여야 하며 그들이 혼란에 빠지지 않도록 해야 한다. 우울한 청소년들의 대부분은 집중력이 떨어지기 때문에 학업을 게을리 하게 되고 그 결과 성적이 저하된다. 또한 체중의 저하나 증가, 수면형태, 식사습관의 변화, 만성적 피곤을 호소하거나 흥분하고 초조해지기도 한다. 가장 큰 문제는 자살에 대한 생각을 자주 하게 되거나 실제 자살 시도를 하는 경우가 있다는 점이다. 누구나 경험할 수 있는 실패나 어려움을 자신만의 실패로 생각하여 자책감을 지니기도 하고, 낙심과 자기연민에 빠지기도 하기 때문에 청소년기의 우울은 시급히 다루어주어야 하며 반복적인 시도에도 불구하고 부정적 감정을 줄일 수 없다면 전문가의 도움을 요청해야 한다.

③ 시험불안

불안은 불쾌하고 위협이 되는 자극에 의해서 유발되는 정서로 누구나 경험할 수 있는 부정 정서이다. 불안은 대체로 학업과 시험의 실패, 친구관계, 장래에 대한 모호함, 경제적 어려움, 외모 등의 요인으로 발생할 수 있으며, 청소년기 동안은 가장 주요한 불안으로 학업과 관련된 시험 불안을 꼽을 수 있다. 시험불안은 자신의 능력에 대해 평가를 받는 시험이라는 특수한 상황에서 스스로의 수행에 대해서 가지는 걱정 또는 두려움을 의미한다(Spielberger, 1972). 학업과 관련된 시험은 학생들의 주요한 과업이기도 한데, 시험을 위협적으로 인식하거나 대처를 할 수 없다고 생각하면 불안을 느끼게 된다. 그러므로 시험불안은 학생 개인이 시험에 대한 태도에 따라서 다르게 나타나며 개인의 신체적 반응, 시험의 중요성, 시험에 대한 이전 경험, 시험에 대한 기대와 성공 실패 가능성이 영향을 미칠 수 있다. 시험불안을 가진 학생은 학습이나 시험 자체에 집중하기보다, 실패에 대한 걱정이 크며, 시험결과에 대한 부모나 교사의 평가와 비판에 민감하다. 따라서 시험불안이 높은 학생은 시험발표부터 시험 당일까지 시험에 대한 두려움과 불안에 빠져 효율적인 시험 준비를 하기 어렵고, 결국 만족스러운 시험 결과를 얻기가 어려워지게 된다.

시험불안은 학업성취에 영향을 미쳐 시험불안이 높을수록 낮은 학업성취를 나타내며, 성취동기, 자기효능감, 주관적 안녕, 자기수용, 자기조절, 인내력, 책임감 등과도 밀접히 연관되어 전반적인 학교생활에 부정적인 영향을 미친다(Hembree, 1988; Schwarzer, Seipp, & Schwarzer, 1989; Zeidner, 1998). 특히 시험불안은 부모와의 관계와 밀접하게 연결되어 있는데, 부모는 자신의 기대를 통해 자녀의 성취를 평가하며, 부정적인 평가를 하게될 경우 자녀는 자신을 비하하고 위축되며 부모의 기대를 위해 노력하지만 이루어지지 않았을 때 심한 불안을 경험하게 된다.

시험불안은 독립적으로 생성되고 유지되는 것이 아니라 학업성취와 관련된 여러 변수와 관련하여 부정적 영향을 미치고 강박이나 우울 등 심각한 수준의 정서적인 문제를 야기시키기도 하며 시험관련 부정행위를 발생시키기도 한다. 시험불안으로 인해 발생한 심리 내, 외적인 패배감은 낮은 자존감과 부정적 자기개념을 형성하는데 비단 학령기뿐 아니라 오랜 기간 동안 삶 전반에 걸쳐 영향을 미친다(Gregory & Samantha, 2006). 임신일(2011)의 시험불안과 관련 있는 변인들의 국내외 메타분석의 결과에 의하면 시험불안이 성취 및 여러 학습관련 변인들과의 관계에 있어 광범위하게 나타나 있는 것을 보게 된다. 특히 부정적 사고, 비합리적 신념, 실패의 두려움, 우울감, 부정적 자기개념과는 높은 관계를 가지고 있었다. 남보다 좋은 성취가 좋은 대학과 미래의 지위와 경제적 수준을 보장해준다는 사회적인 관념은 시험불안으로 인해 고통을 호소하는 청소년들이 늘어나게 한다. 이러한 불안이 일반화되어 인생주기 전반에 영향을 미치는 경우가 많기에 시험불안을 감소시키는 것은 매우 중요하다.

요약

본 장에서는 청소년의 정서에 대한 이해를 돕고자 하였다. 청소년기에 자신의 정서를 조절할 수 있는 방법과 능력을 배양하는 것은 삶의 과제인 것처럼 보인다. 정서를 조절하게 되면 부정적인 정서를 감소시키고 정적인 정서를 증가하여 여러 가지 선택에서 긍정적인 효과를 누릴 수 있다. 분노는 우울 현상의 일부분일 수 있다. 또한, 우울은 고통, 분노, 죄책감 등의 여러 가지 정서를 수반한다. 시험불안, 분노, 우울이 각각 독립적인 개념이 아니며 요인 간 상관이 높고 한 개인에게 있어서 중복된 증상으로 나타나는 것은 교육현장에서 쉽게 발견할 수 있다. 학교현장에서 접하는 학생들의 학습과 관련된 부정적 정서인 시험불안, 분노, 우울은 단독증상으로 학생들에게 어려움을 줄 수 있지만 사실 종합적으로 발현된 가능성이 높음을 이해하고 문제예방과 상담 및 교육, 치료를 위한 노력에 힘써야 할 것이다.

10 인터넷 · 스마트폰 중독과 상담

Contents

우리 사회는 1990년대 후반부터 통신이 급격하게 발달해 왔다. 더불어 인터넷 사용과 인터넷 게임, 스마트폰 게임 등 오락 프로그램은 아동·청소년부터 성인에 이르기까지 일반화된 문화가 되었다. 컴퓨터와 스마트폰을 이용한 인터넷 게임은 청소년들에게 휴식과 놀이의 도구가 되어 온 것이 사실이다. 하지만 절제력 있고 분별력 있는 활동이 아닌 스트레스의 회피와 자신의 정서적인 해소의 창구로써 인터넷이 활용될 때 인터넷·스마트폰 중독과 게임 중독에 빠지게 되기 쉽다. 이러한 중독으로 인한 행위는 과도한 몰입, 강박적 사용에 따른 통제력 상실, 기기를 사용하지 못할 때 발생하는 불안함과 초조함, 그리고 이로 인한 일상생활에서의 장애를 발생시킨다. 또한 현실 세계의 가족이나 친구들과 즐거움을 경험하는 것보다 스마트폰을 사용하는 것에 더 즐거움을 느끼는 가상세계 지향성 등이 나타난다. 중독은 청소년의 뇌에 영향을 주어 뇌의 변형을 불러일으키는 등, 뇌 기능 균형의 이상이 초래될 수 있으므로 이른 시기에 적절한 대처가 필요하다. 이에 본 장에서는 인터넷·스마트폰 중독에 대한 이해, 즉 인터넷·스마트폰 중독의 정의 및 진단, 원인과 유형 및 중독 과정에 대해 알아보고, 인터넷·스마트폰 중독의 개입 방법으로서 진단 척도, 개인, 집단, 부모상담 및 교육과 연관 기관에 대해서 살펴볼 것이다.

I 인터넷 · 스마트폰 중독의 정의 및 진단

1 인터넷 중독의 정의

우리나라는 1990년대 후반부터 인터넷의 보급이 급속도로 확대되면서 인터넷 중독이라는 용어가 사용되기 시작했다. 인터넷 중독이라는 용어는 영국의 정신과 의사인 Goldberg(1996)에 의해 처음 사용되었고, Young(1996)이 인터넷 중독척도를 제작하면서 인터넷 중독에 대한 인식과 연구가 활발해졌다. 초기의 인터넷 중독장애는 '병리적이고 강박적인 인터넷 사용'으로 규정되어, 미국 정신의학회의 정신질환 분류 「DSM-Ⅳ」의 물질남용 장애의 진단기준으로 분류되었다. Young은 1996년에 「DSM-Ⅳ」의 '병적 도박'으로 인터넷에 대한 강박적인 사고, 내성과 금단, 의도한 것 이상의 과도한 인터넷 사용, 지속적인 욕구, 다른 활동에서의 흥미감소, 과도한 인터넷 사용으로 인한 부정적인 결과에 대한 무시 등을 중독의 진단기준으로 삼았다. 그리고 임상적인 경험을 토대로 인터넷 중독이란 인터넷에 반복적으로 접속하지 않았을 때 불안감과 초조감 같은 정서장애 등의 금단증상과 내성으로 인해 더욱 인터넷에 반복적으로 접속하게 되는 것과 더불어 학업, 직무상의 소홀과 같은 현실생활에서의 어려움을 나타낼 수 있다고 하였다. 한편, Davis(2001)는 과도한 인터넷 사용을 '병리적 인터넷 사용(pathological internet use: PIU)'이라는 용어를 사용하여 정의하였다. 병리적 인터넷 사용은 일반적인 병리적 인터넷 사용장애(GPIU)와 특정한 병리적 인터넷 사용(SPIU)으로 구분된다. 일반적인 병리적 인터넷 사용장애는 인터넷 사용자가 물리적으로 고립되어 있거나 다른 할 일을 찾지 못하여 뚜렷한 목적 없이 인터넷에 과도한 시간을 투여함으로써 과도한 인터넷 사용에 이르는 과정을 말한다. 특정한 병리적 인터넷 사용 장애는 개인이 가지고 있는 우울이나 사회적 불안, 혹은 물질 의존성과 같은 병리적인 인지적 특성이 환경적인 특성과 연합될 경우 인터넷에서 제공되는 게임이나 쇼핑, 사이버섹스, 경매와 같은 기능을 중독적으로 이용하며 특정 인터넷 활동에 몰두하게 되는 것을 말한다.

인터넷 중독에 대한 정의는 학자들에 따라 다양하지만 인터넷 중독자는 인터넷 사용에 대한 집착 및 강박적인 인터넷 사용으로 내성과 금단현상을 경험하는 등 만성화된 특성을 지니며, 신체적·심리적·사회적 장애로 일상 생활의 다양한 문제행동이 나타나는 양상을 가진다고 정리할 수 있다(강만철, 오익수, 2001; 이순묵, 2005; 한국정보문화진흥원, 2003).

② 인터넷 중독 진단

1) 인터넷 중독증

Goldberg(1995)와 Young(1996)은 미국의 정신장애의 통계적 진단편람 DSM-4(Diagnostic and Statistical Manual of Mental Disorder)의 형식에 준하여 인터넷 중독증(Internet Addiction Disorder: IAD)에 대한 기준을 제시하였다.

Goldberg(1995)는 12개월 동안에 인터넷 중독 진단기준 일곱 가지 항목 중 세 가지 이상의 항목에 부적응적인 인터넷 사용 유형을 보이면 임상적으로 유의한 장애 혹은 고통을 유발하고 있는 것으로 정의하였다. Goldberg의 진단기준이 신뢰도와 타당도가 검증된 진단준거는 아니지만, 인터넷 중독자들이 병적 도박과 유사한 집착, 내성과 금단, 조절불능, 일상생활 장애 같은 증상들이 나타나는 것으로 밝혀졌다. Goldberg의 진단기준에 기초한 우리나라의 인터넷 중독 진단기준은 강박적 집착, 내성과 금단, 일상생활 장애, 신체적 증상 등 부적응적 행동 패턴을 명시하고 있다(한국정보문화진흥원, 2002). 이러한 인터넷 중독의 주요한 결과는 개인의 일상생활 장애를 일으키고 대인관계 및 기본적인 생활습관을 손상시키는 중요한 요인이 되는 것이며, 시간개념과 일상생활에 대한 인지적 왜곡현상이 나타난다는 것이다.

🌿 **인터넷 중독 진단기준**(한국정보문화진흥원, 2002)

강박적 집착

1. 인터넷을 하지 않는 동안에도 인터넷을 할 생각만 한다.
2. 인터넷에서 뭔가 새로운 일이 일어나고 있을 것 같은 생각이 든다.

3. 대부분의 시간을 인터넷을 사용하는 데 보낸다.

4. 처음에 의도했던 시간보다 더 많이 사용한다.

내성과 금단

1. 만족하기 위해서 점점 더 많은 시간을 인터넷 사용으로 보낸다.

2. 만족하기 위해서 점점 더 자극적인 것을 찾는다.

3. 인터넷을 하지 않으면 우울 · 불안 · 초조해진다.

4. 인터넷을 하게 되면 마음이 편안해진다.

5. 수업 중에도 게임소리가 귓전을 맴돈다.

6. 밤에 잠자리에 들어도 눈이 말똥말똥해지며 다음에 인터넷을 할 생각에 빠진다.

7. 밤에 잠자리에 누우면 천장이 인터넷 화면으로 보이고, 그 속에 장면이 어지럽게 펼쳐진다.

8. 인터넷을 하고 있지 않는 동안에 자신도 모르게 자판을 두드린다.

일상생활장애(이차적 증상)

1. 인터넷에 한 번 들어가면 그만두기가 어렵다.

2. 인터넷 사용을 줄이거나 조절하려는 욕구가 지속적으로 있었지만 실패한다.

3. 인터넷을 하기 위해 다른 일을 미루거나 포기한다.

4. 인터넷 사용으로 수면시간이 현저하게 줄어들었다.

5. 인터넷을 하기 위해서 거짓말을 자주 한다.

6. 인터넷 사용에 방해를 받으면 몹시 화내거나 때로는 부모에게 반항한다.

신체적 증상

1. 밤을 새워 인터넷을 사용하므로 일상생활주기의 리듬이 깨진다.

2. 만성피로감, 눈의 피로, 시력저하, 근골격계 장애가 온다.

3. 불규칙한 식사로 인한 영양실조, 운동부족과 과식으로 인한 체중증가가 있을 수 있다.

4. 혈압상승, 심장마비, 돌연사 등을 초래할 수 있다.

2) 게임장애/인터넷게임장애(Gaming Disorder/Internet Gaming Disorder)

게임장애/인터넷게임장애는 ICD(International classification of Diseases)와 DSM에서 설명하고 있다. 먼저 ICD-11은 2018년도에 개정되며 게임장애가 등록되었고, DSM-5는 2013년도에 개정되며 '추가 연구가 필요한 진단적 상태'에 인터넷게임장애를 포함하였다.

ICD-11에서 설명하는 게임장애/인터넷게임장애는 온라인(즉, 인터넷을 통한) 또는 오프라인일 수 있는 지속적이거나 반복적인 게임 행동(디지털 게임 또는 비디오 게임)의 패턴으로 특징지어지며, 다음과 같이 나타난다.

✔ 게임장애(ICD-11)

1. 게임에 대한 제어 능력 저하(예, 시작, 빈도, 강도, 지속 시간, 종료, 상황context)
2. 게임이 다른 삶의 관심사 및 일상 활동보다 우선시되는 정도까지 게임의 우선순위가 증가한다.
3. 부정적인 결과가 발생함에도 불구하고 게임의 지속 또는 확대 행동 패턴은 개인, 가족, 사회, 교육, 직업 또는 기타 중요한 기능 영역에 상당한 손상을 초래할 정도로 심각하다.

게임 행동의 패턴은 연속적, 삽화적, 반복적일 수 있다. 모든 진단 요건이 충족되고 증상이 심할 경우 진단에 필요한 기간이 단축될 수 있지만, 일반적으로 진단을 내리기 위해 최소 12개월 동안 게임 행동 및 기타 기능이 명백해야 한다.

DSM-5에서 '추가 연구가 필요한 진단적 상태'로 설명되는 인터넷게임장애는 게임을 하기 위해, 그리고 흔히 다른 사용자들과 함께 게임을 하기 위해 지속적이며 반복적으로 인터넷을 사용하는 행동이 임상적으로 현저한 손상이나 고통을 일으키며, 다음 중 다섯 가지(또는 그 이상) 증상이 12개월 동안 나타날 때 진단할 수 있다.

🌿 인터넷 게임장애(DSM-5)

1. 인터넷 게임에 대한 몰두(이전 게임 내용을 생각하거나 다음 게임 실행에 대해 미리 예상함. 인터넷 게임이 하루 일과 중 가장 지배적인 활동이 됨)
2. 인터넷 게임이 제지될 경우에 나타나는 금단 증상(이러한 증상은 전형적으로 과민성, 불안 또는 슬픔으로 나타나지만, 약리학적 금단 증상의 신체적 징후는 없음) 주의점: 이 장애는 도박장애 범주에 포함되는 인터넷 도박과 구분된다.
3. 내성: 더 오랜 시간 동안 인터넷 게임을 하려는 욕구
4. 인터넷 게임 참여를 통제하려는 시도에 실패함
5. 인터넷 게임을 제외하고 이전의 취미와 오락 활동에 대한 흥미가 감소함
6. 정신사회적 문제에 대해 알고 있음에도 불구하고 과도하게 인터넷 게임을 지속함
7. 가족, 치료자 또는 타인에게 인터넷 게임을 한 시간을 속임
8. 부정적인 기분에서 벗어나거나 이를 완화시키기 위해 인터넷 게임을 함(예. 무력감, 죄책감, 불안)
9. 인터넷 게임 참여로 인해 중요한 대인관계, 직업, 학업 또는 진로 기회를 위태롭게 하거나 상실함.
   주의점: 이 장애의 진단은 도박이 아닌 인터넷 게임만 포함한다. 업무 및 직업상 요구되는 활동으로서 인터넷 사용은 포함하지 않으며, 그 외의 기분 전환이나 사회적 목적의 인터넷 사용은 포함하지 않는다. 마찬가지로, 성적인 인터넷 사이트도 제외한다.

인터넷게임장애의 특징은 반복적이고 지속적으로 컴퓨터 게임을 하며, 수시간 동안 그룹으로 게임을 하는 것으로 나타난다. 이러한 게임은 게임을 하는 동안 사회적 상호작용이 있는 복잡하고 구조화된 활동에 참여함으로써 사용자 집단 간의 경쟁을 유발하게 된다. 흔히 이러한 게임의 사용자는 전 세계에 퍼져있으므로 특정 시간대와 상관없이 지속될 수 있다. 또한 그룹(팀)으로 게임이 진행되기 때문에 이 자체가 핵심적인 동기가 되기도 한다. 이들은 학업이나 대인관계 활동에 대해 강한 저항을 보이기도 하여 개인적, 가족적 또는 직업적 역할을 수행하는 것에 등한시하기도 한다. 이들의 컴퓨터 사용의 주된 이유는 의사소통이나 정보 검색보다는 "지루함에서 벗어나기 위해"라고 할 가능성이 높다.

③ 스마트폰 중독의 정의

스마트폰 과의존(중독)에 대한 개념은 아직 명확하게 정의되진 않았다. 일부 연구자들은 스마트폰 사용으로 인하여 학업이나 일상생활에 부정적 영향을 줌에도 불구하고 스마트폰에 대한 조절 능력이 저하되고 과도하게 사용하는 상태로 정의하고(배성만, 2018), 스마트폰에 대한 습관적 사용과 의존, 그리고 이로 유발된 정서적 반응(스마트폰이 없을 때 느끼는 불안 및 초조)을 포함하기도 한다(김소영 외, 2016; 김애경, 김상봉, 2018). 무엇보다 스마트폰에 대한 의존도 문제이지만, 청소년의 경우 스마트폰에 대한 의존이 게임중독이나 SNS 중독으로 이어지는 경우가 많다는 점에 주목할 필요가 있다(경승구, 김진욱, 2019).

④ 스마트폰 중독의 진단

스마트폰 중독이란 스마트폰을 과다하게 사용하여 스마트폰 사용에 대한 금단과 내성을 지니고 있으며, 이로 인해 일상생활 장애가 유발되는 상태이다. 스마트폰 중독이면 내성, 금단, 일상생활장애, 가상세계지향성을 보인다. 먼저 내성은 스마트폰을 점점 더 많은 시간 동안 사용하여 나중에는 많이 사용해도 만족감이 없는 상태가 되는 것을 의미한다. 이는 스마트폰 사용에 많은 시간을 보내는 것이 습관화되어 있으며, 스마트폰 사용 시간을 줄이려고 하지만 실패하거나, '그만해야지'라고 생각하면서도 계속하는 형태로 나타난다. 금단은 스마트폰을 과다하게 사용하다가 스마트폰을 사용할 수 없게 되면 안절부절못하고 불안하고 초조하여 견디기 힘들게 느끼거나, 스마트폰이 없으면 일(또는 공부)에 집중하기 어려운 모습으로 나타난다. 일상생활장애는 스마트폰을 과다하게 사용하기 때문에 가정, 학교, 직장 등에서 문제를 일으키는 상태이다. 스마트폰의 지나친 사용은 학교 성적이나 업무 능률을 떨어트리거나, 스마트폰을 자주 또는 오래 한다고 가족이나 친구, 주변 사람들로부터 지적을 받는 일이 많아지게 한다. 가상세계지향성은 직접 현실에서 만나서 관계를 맺기보다는 스마트폰을 활용해서 관계를 맺는 것이 편한 상태이다. 스마트폰을 사용하지 못하면 온 세상을 잃을 것 같다고 생각하기도 하고, 가족이나 친구들과 함께 있는 것보다 스마트폰을 사용하는 일을 더 즐겁게 느끼기도 한다.

인터넷·스마트폰 중독의 원인은 다양한 관점에서 제시된다. 인터넷·스마트폰 사용의 동기를 밝히는 여러 연구들에서는 인터넷·스마트폰의 접근 가능성, 인터넷·스마트폰 이용자와의 강한 친밀감, 자기 통제감, 현실 검증력 상실, 흥미감 등을 중독의 원인으로 지적하였다(Greenfield,1999; Young, 1999). 또 다른 연구들에서는 인터넷·스마트폰 중독의 원인이 개인의 심리 사회적 변인들과 관련되어 우울증, 불안, 감정조절 능력, 대인관계 장애, 자존감, 외로움, 공격성, 행복감, 부모와의 관계, 학교 부적응 등과 관련되어 있는 것으로 제시하였다(Gunn, 1998; Kraut, 1998; Young, 1999; 김종범, 2000; 한국청소년문화연구소, 1998). 중독의 원인들을 개인 심리적 및 가족 및 사회 환경적 요인, 그리고 인터넷 관련 요인으로 분류하여 정리하였다.

1 개인의 심리적 요인

인터넷·스마트폰 중독 연구자들은 개인이 가지고 있는 부정적 정서상태, 성격적 특성, 대인관계 실패나 문제, 그리고 보상경험이 인터넷에 빠져드는 원인이라고 제시해왔다. 중독에 빠지게 되는 주요한 부정적 정서들로는 우울, 불안, 갈망, 분노, 외로움, 정서적 탈진 등이 있다(Cummings, Gordon, & Marlatt, 1880). 우울감과 외로움을 많이 느낄수록, 그리고 충동성이 강할수록 인터넷 중독경향이 나타난다(한국정보문화진흥원, 2002). 청소년들의 경우 스트레스를 받거나 우울감에 빠질 때 스마트폰이나 게임 등에 중독되기 쉬우며, 실제로 인터넷 중독군은 알코올 환자와 비슷한 수준의 우울감, 낮은 삶의 만족도와 높은 스트레스 수준이 관찰된다. 우울감과 스트레스는 서로 상호영향을 주는 관계이다. 하지만 스트레스가 높다고 해서 꼭 우울감으로 연결되는 것은 아니며, 이 감정들이 높아지면 미래에 대한 비관적인 생각이나 열등감, 슬픔, 무기력감 등에 빠지기 쉽다. 인터넷은 이런 부정적 감정들을 회피하기 위해 사용되며, 특히 인터넷 공간 안에서는 익명성이 유지되는 특성을 이용하여 자신을 숨기고 다른 사람들과 관계를 맺을 수 있어 인터넷 중독을 촉진할 수 있다.

개인 성격적 특성으로는 자존감이 낮고, 자아정체감 형성 정도가 낮고, 충동성이 강하고 의사소통 기술이 부족한 경우로 인터넷 중독 가능성이 크게 나타난다. 긍정적인 개인 특성으로의 자기효능감은 성공적 결과를 도출하는 데 필요한 행동이나 자원을 선택하여 성공적인 결과를 도출할 수 있다는 신념을 가지는 것이다(Kraut, et, al., 1998). 자기효능감이 높으면 스마트폰 속의 가상세계에 몰입하지 않고 자신을 지지해주는 지지망의 확대 및 유지를 할 수 있으므로 중요한 요인이다. 또한 자기효능감은 인터넷 중독뿐만 아니라 게임중독과도 밀접한 연관이 있다(박덕하, 2008). 자존감이 낮고 의사소통도 원활하다고 느끼지 못할 때 그 보상으로 게임에서 욕구를 충족시킬 수 있는데, 이때는 자기 만족의 동기를 가지고 게임을 하게 되며, 잦은 빈도로 게임을 하게 되기 때문에 중독에 빠지게 된다. 개인의 대인관계 특성으로는 사회생활에 잘 적응하지 못하거나 사람들의 관심과 인정을 받지 못하고, 다른 사람들과의 관계가 불안정하여 낮은 자존감을 가지고 있을 수 있다. 이러한 특성이 인터넷 중독으로 가는 이유는 사람들이 인터넷 매체 안에서 자신을 드러내지 않을 수 있기 때문이다. 더불어 다양한 정체성을 가지고 자신을 숨기거나 자신에 대한 가치나 평가로 상처받지 않을 수 있어서 인터넷에 몰입될 수 있다. 또한 인터넷 사용을 통해서 얻게 되는 스트레스 해소, 현실도피, 재미없는 일상에서 탈출 등과 같은 보상 경험은 인터넷 중독자들에게 인터넷 사용을 유지하게 하는 중요한 요인이 된다.

2 가족 및 사회 환경적 요인

가족 및 사회 환경적인 요인으로는 가족의 문제, 또래문화, 인터넷 접근 용이성 증가 등이 있다. 가족 환경적인 요인으로는 부모와 자녀의 의사소통 등 관계의 문제, 집에 혼자 있거나 방학 휴일 등 인터넷·스마트폰 의존 위험이 큰 가족 환경, 자녀에 대한 부모의 인터넷의 바른 사용을 위한 지도 및 통제력이 미비한 경우로 설명될 수 있다. 바쁜 현대의 핵가족 사회에서 부모와 자녀 간의 대화가 줄어들고 부모가 자녀의 고민과 욕구를 알지 못하는 경우, 자녀들은 부모를 대신할 수 있는 대상을 인터넷상에서 쉽게 만나 게임이나 채팅을 통해 의사소통을 할 수 있다. 즉, 부모와 안정적인 애착 관계를 형성하지 못한 경우에 청소년들은 부모에게 받지 못한 관심과 지지를 보상받으려는 방법으로 인터넷 등의 미디어에 몰입하는 경향을 보인다. 이와 반대로 부모와 의사소통이 잘 이루어지는 경우 스마트폰 의존도가 낮아지고, 부모와의 개방적 의사소통과 같은 가족의 지지는 인터넷 중독을 예방하는 효과가 있는 것으로 나타나고 있다(경승구, 김진욱, 2019).

더불어 또래문화 또한 인터넷 중독에 빠지는 요인이 된다. 청소년기는 또래 친구와의 관계가 중요하다. 청소년들은 학교생활에서 왕따나 집단따돌림을 당하거나 친구와의 관계가 원만하지 못할 때 쉽게 친구를 찾고 관계 맺을 수 있는 인터넷을 통해서 인터넷 중독에 빠진다. 스마트폰은 또래 친구들과의 관계를 위해서 사용하기도 한다. 스마트폰은 학생들 사이의 사회활동에 중요한 요소가 된다. 스마트폰 앱을 통해 만남이 이루어지기 때문에 자연스럽게 인터넷 등의 사용 빈도와 시간이 늘어나게 되며, 중독에 빠질 가능성도 커진다(신보라, 이희경, 2013). 이와 반대로 또래 친구와의 관계를 잘 유지하거나 관계가 좋을수록 인터넷 중독과 게임 중독 경향을 보이기도 한다(남영옥, 이상준, 2005). 또 다른 인터넷·스마트폰 중독의 원인 요인으로 교사와의 관계도 중요하다. 교사와의 관계가 좋을수록 인터넷 중독이나 게임 중독 경향이 낮아진다(황승일, 2012; 김애경, 김성봉, 2018). 그뿐만 아니라 가정과 사회의 적절한 통제를 받지 못하는 청소년들에게 인터넷 게임이나 음란물 등 해로운 자극에 노출되기 쉬우며 인터넷 중독과 관련된 문제로 연결될 수 있도록 한다(윤영민, 2002; 이소희 외, 2003; 한국정보문화진흥원, 2002).

우리나라는 특히 정보통신 산업의 급속한 발전에 따라 인터넷에 대한 접근환경이 용이해졌고, 컴퓨터, 스마트폰, 태블릿 등 여러 가지 매체를 활용하여 인터넷과 게임으로 쉽게 연결되며 언제 어디서나 시간 공간을 구애받지 않고 사용할 수 있는 환경이 됨에 따라 인터넷 중독에 빠지게 되는 것으로 볼 수 있다.

3 인터넷 관련 요인

인터넷 자체의 요인으로는 인터넷 안에서의 익명성, 콘텐츠 매력, 컴퓨터 관련 취미와 활동들을 활발히 하게 되는 경우와 관련된다. 인터넷 안에서의 익명성은 인터넷이라는 가상공간에서 현실에서는 경험할 수 없는 여러 가지 일들을 자신의 마음대로 할 수 있다. 즉, 인터넷 가상공간에서는 자신의 다양한 아바타를 이용해 자신을 표현하며, 자신이 원하는 정보를 얻을 수 있다. 또한 자신을 숨길 수도 있다. 이는 인터넷 공간에서는 정체성이 드러나지 않기 때문에 자신의 감정을 거리낌 없이 표현할 수 있는 것이다. 이러한 익명성이 악용되는 경우는 다른 사람의 게시글에 욕을 하는 등 인터넷상의 에티켓을 지키지 않는 무례한 행동들과 관련되어 중독적 행동을 유발하는 주요한 요인이 된다. 또한 인터넷 이용은 새로운 것을 추구할 수 있도록 하며, 흥미감을 느낄 수 있다. 인터넷 자체는 항상 새로운 정보와 다양한 흥미로운 게임 및 프로그램들이 빠르게 제공된다. 따라서 새로운 기술과 정보에 대한 감각적이고 탐닉적 경험 그 자체가 자기보상이 되어 인터넷의 반복적 이용을 촉진하며 인터넷 중독에 쉽게 빠지게 된다.

> ❧ 청소년이 인터넷 중독에 빠지기 쉬운 원인
>
> · 학업부진에 따라 학업에 흥미를 잃은 청소년
> · 또래관계가 어렵고 사회성이 적은 청소년
> · 과중한 스트레스, 부모의 부담을 스스로 받고 있다고 생각하는 청소년
> · 외로움을 잘 느끼고 자기표현을 잘하지 못하는 청소년
> · ADHD(주의력결핍 과잉행동장애)의 병력이 있거나 충동적인 청소년
> · 가족을 비롯한 주변 환경으로 말미암아 지루함을 느끼고 있는 청소년
> · 경쟁적이고 승부욕이 지나치게 강한 청소년
> · 지능은 우수하지만 감성적 발달이 지연된 청소년

Ⅲ 인터넷 · 스마트폰 중독의 유형 및 과정

1 인터넷 · 스마트폰 중독의 유형

인터넷 중독은 인터넷 전반에 대한 중독 증상을 포함하며, 개인에 따라 인터넷 활용 유형 중 어느 하나에만 지나치게 몰두할 수 있다. Young(1999)은 인터넷 중독을 인터넷의 활용 유형들 중 어느 부분에 중독되었는지에 따라 인터넷 중독의 하위 유형을 다음과 같이 분류하였다(김현수, 2006).

1) 인터넷 게임 중독 / 게임 중독
인터넷 게임은 청소년들의 놀이공간이자 생활공간이며 그 속에서 재미와 즐거

움을 찾고 성취감을 느끼며 스트레스를 해소하고 다양한 관계를 형성한다(부정민, 2007). 특히 청소년기는 성인보다 정보나 기술에 대한 적응력이 높은 반면에 아직 사회적 기술이나 자신감이 부족하여 다양한 문제에 노출되기 쉽고 특히 인터넷 게임중독에 노출될 위험성이 높다(Griffiths, 1997; Rheingold, 1993). 인터넷 게임에 중독되면 생각했던 것보다 장시간 인터넷 게임을 이용하게 되고 의존하게 되며 게임을 그만두었을 때 금단증상까지 나타난다고 설명했으며 이로 인해 일상생활과 학업, 인간관계 등을 정상적으로 유지하지 못하게 된다(Young, 1998).

표 10-1 게임의 종류

종류	특징	예시
액션게임	플레이어의 신속한 의사결정과 동작, 그리고 그에 따른 즉각적인 결과가 특징이다. 액션 영화를 보는 것과 같은 통쾌한 재미와 통제감의 재미를 제공한다.	철권, 슈퍼 마리오, 스매쉬브라더스 등
1인칭 슈팅게임 (FPS)	1인칭 시점으로 게임을 플레이하는 슈팅 게임으로, 게임 화면이 진행되는 동안 자기가 직접 게임을 하고 있다는 상상을 하게 해주는 게임 장르이다.	서든 어택, 스페셜 포스, 오버워치, 포트나이트 등
어드벤처게임	어떤 상황을 설정하고 주인공이 그 안에서 주어진 사건을 해결하는 과정을 게임으로 구성한 것이다. 플레이어는 자신에게 부여된 상황을 적절히 대처함으로써 게임이 진행된다.	툼 레이더, 페르시아의 왕자 등
롤플레잉게임	플레이어가 게임 속의 주인공이 되어서 가상의 세계에서 게임 내에 주어진 역할을 수행하면서 퍼즐을 풀어가는 방식의 게임으로, 스토리를 중심으로 전개되며 주인공이 성장하는 특징이 있다. 주요 소재로는 마법, 검, 무기, 전쟁 등이 있다. 일반적으로 플레이어는 평범한 능력의 사람으로, 게임 속의 재능 있는 캐릭터들과 상호작용하면서 자신의 능력을 키워나간다.	디아블로, 파이널 판타지, 바람의 나라, 리니지, 월드 오브 워크래프트 등
스포츠/ 레이싱게임	스포츠 종목을 게임으로 만든 것이다.	위닝 일레븐, 피파 축구, 카트라이더 등
시뮬레이션 게임	현실과 비슷한 경험을 제공한다. 이 중에서 전략 시뮬레이션, 육성시뮬레이션이 활성화되어 있다.	심시티, 심즈 등
보드/퍼즐게임	체스나 장기와 같은 보드게임을 온라인상에 옮겨놓은 것이다.	모두의 마블, 테트리스, 앵그리 버드 등

아케이드 게임	아케이드 게임은 배우는 데 시간이 걸리지 않고 진행이 단순하여 초보자도 쉽게 도전할 수 있으며, 게임의 진행에 오랜 시간이 걸리지 않는다.	크레이지 아케이드 비엔비 등
캐주얼 게임	게임방식이 쉽거나 간편해 자투리 시간을 이용해 누구나 쉽게 즐길 수 있는 소규모 온라인게임의 한 장르다.	캔디크러쉬, 블라썸 블라스트 등
콘솔 게임	비디오 게임(video game)이라고도 하며, 전용 게임기를 텔레비전이나 모니터의 화면에 연결시켜 작동하는 게임을 말한다.	닌텐도, 플레이스테이션 등

2) 정보과부하(Information Overload)

충동성이 강한 사람들은 웹서핑 및 자료 조사에 지나치게 집중한다. 이는 많은 사람들이 인터넷을 통하여 가장 최신의 정보에 접근하려고 갈망하며, 천천히 정보 과부하에 중독되는 증상을 말한다.

3) 네트워크 강박증(Net Compulsion)

네트워크 강박증은 온라인 쇼핑이나 온라인 경매 등 강박적으로 온라인 매매를 하는 것을 말한다. 이전에는 도박은 카지노나 경마장에 가고, 주식은 주식거래소, 쇼핑은 백화점이나 할인마트에 갔으나, 이제는 인터넷에서 쉽고 빠르게 클릭 한번으로 모든 것이 해결된다. 따라서 충동성이 강한 사람들은 네트워크에 쉽게 빠져들면서 인터넷상에서 도박, 주식, 쇼핑 등의 사이버 거래에 집착하는 것을 의미한다.

4) 사이버섹스 중독(Cybersexual Addiction)

사이버섹스는 성적 욕구를 충족시키기 위해 가상공간에서 상대와 성적인 대화를 나누거나 성관계를 맺는 것을 뜻한다고 하였다(Greenfield, 1999). 이러한 문제는 성행위 장면을 화상카메라로 서로 보여주면서 사이버섹스를 하는 화상채팅을 이용한 성행위, 음란한 대화들을 인터넷에서 나누는 행위들을 포함한다. 이러한 사람들은 공통적으로 온라인상의 관계가 너무 흥분되고 환상적이기 때문에 채팅방을 통해 반복적으로 사이버섹스를 하게 된다고 한다. 처음에는 호기심으로 음란사이트를 돌아다니고 음란채팅을 하던 것에서 중독이 되면 자기 자신도 모르게 그 수준을 넘어 폰섹스나 실제의 관계로 발전하면서 지나치게 집착하게 된다.

5) 사이버 관계 중독(Cyber-relationship Addiction)

사이버 관계 중독은 온라인 관계에 과도하게 몰입하는 것을 말한다. 사이버 관계에 빠진 사람들은 아침에 일어나자마자 SNS, 메일, 채팅, 동호회 등을 확인하는 것으로 하루를 시작한다. 사이버 관계 중독에 빠진 사람들은 대화방, 뉴스집단 등 인터넷에서 만든 온라인 우정이 실제 생활에서 친구와 가족을 대치하는 경우이다.

사이버 관계 중독은 소셜 네트워크 서비스 중독(Social Network Service Addiction: SNS 중독)을 포함한다. SNS의 역사는 오래되지 않았지만 짧은 시간 동안 많은 수의 SNS가 등장하였고, 그만큼 서비스의 특징이 다양하다. 동일한 서비스여도 사회문화적인 조건에 따라 실제적인 모습은 달리 구현되고 있어 이를 정의하기는 어려운 요인이 된다. SNS는 개인의 신상 정보를 등록하고 공개할 수 있다. 구체적으로 이용자의 연령, 성별, 직업, 취미와 취향, 종교 등이 전부 혹은 선택적으로 공개될 수 있다. 이는 개인정보이기 때문에 사생활 보호와 관련된 많은 사회적 문제를 야기하고 있다. 또한 SNS의 기능이 대인관계망이기 때문에 자신과 관계를 맺고 있는 또 다른 이용자들을 연결시키며, 단계를 거치면 다른 이용자의 네트워크와 그 이용자가 가지고 있는 또 다른 네트워크로 범위를 확대하여 연결될 수 있다. 이용자는 SNS를 통해 자신의 의견이나 정보를 게시할 수 있고, 이용자와 관계를 맺고 있는 이용자들이 그에 대한 반응으로 또 다른 의견과 정보를 게시할 수 있다. SNS 중독은 대인관계 문제가 높을수록 높은 중독 경향을 보인다. 소외감을 느끼거나 우울감이 높은 경우 SNS를 이용하여 사회적 관계 형성을 하고자 하지만 오히려 더 부정적인 영향을 받는다. 또다시 대인관계를 발전시키기 위해 더욱 SNS에 빠지는 악순환을 보여준다.

표 10-2 SNS 종류와 특징

인스타그램	무료 이미지 및 동영상 공유 응용 소프트웨어로, 계정을 생성하면 만 14세 이상은 누구나 무료로 사용 가능하며, 페이스북 계정 또는 이메일을 이용해 계정을 생성할 수 있다. 사용자들은 사진이나 동영상을 업로드하고 이를 팔로워(follower)와 공유할 수 있다. 또한 다른 사용자들이 공유한 게시물을 보고, 댓글을 남기며, '좋아요'를 누를 수 있다. 인스타그램에서는 사진을 찍어 다양한 필터(filter) 효과를 적용할 수 있도록 제공하고 있다. 또한 Direct Message(DM)로 다른 사용자와 1:1로 대화를 나눌 수 있다.
페이스북	미국에서 가장 성공한 소셜 네트워크 서비스로 웹상에서 사용자들이 인맥을 형성할 수 있게 해주는 서비스이다. 미국 나이를 기준으로 13세 이상이면 누구나 이름, 이메일, 생년월일, 성별을 기입하는 것으로 간단하게 회원으로 가입할 수 있으며, '친구 맺기'를 통하여 많은 이들과 웹상에서 만나 각종 관심사와 정보를 교환하고, 다양한 자료를 공유할 수 있다. 페이스북은 '페이스북 메시지'라는 '친구'들과 대화할 수 있는 채팅 앱이 별도로 있다.

트위터	알파벳 140자 미만의 짧은 문장을 주고받는 등의 서비스를 제공한다. 대부분 익명으로 e-mail을 사용하여 계정을 만든다. 다른 사용자의 글을 리트윗(공유)하거나 인용하여 자신의 의견을 덧붙일 수 있다. 트위터에서도 Direct Message(DM)을 통해 사용자들이 서로 대화를 나눌 수 있는 기능을 가지고 있다.
카카오톡	카카오톡은 무료 통화(음성 및 영상), 문자 메시지 서비스뿐 아니라 사진, 동영상, 음성 메일 서비스를 제공하며, 일대일 및 그룹 채팅 기능을 지원한다. 또한 여러 명의 친구들과 함께 그룹으로 통화할 수 있는 그룹콜 기능이나 좋아하는 주제와 관계된 친구를 추가하여 다양한 정보 및 혜택을 받는 플러스 친구 서비스도 지원한다. 감정이나 생각을 표현할 수 있도록 다양한 이모티콘을 제공한다. 카카오톡 친구의 생일을 알려주기도 하고 '선물하기' 기능으로 카카오톡 친구에게 선물을 보내줄 수 있다.
밴드	타임라인 형태로 메시지 게시가 가능하며 게시물이 업로드된 시간, 댓글, 좋아요 등과 사용자의 성향을 조합하여 사용자의 개인별 취향에 맞는 게시물 및 추천 밴드 정보를 제공하는 기능이다. 밴드에 특정 멤버를 초대하고, 밴드 내에 가입된 멤버들의 주소록을 관리할 수 있다. 1:1, 혹은 1:다 형태의 채팅 기능을 제공한다. 이 외에도 멤버들이 참여하는 투표와 밴드 멤버들의 중요 일자, 생일, 기념일, 미팅 등을 공유할 수 있는 통합 그룹 달력 기능을 제공한다. 해당 밴드 멤버들에 의한 사진들을 게시할 수 있으며, 한 번에 100장까지 업로드 가능하다.
youtube	구글이 운영하는 동영상 공유 서비스로, 사용자가 동영상을 업로드하고 시청하며 공유할 수 있도록 한다. 당신(You)과 브라운관(Tube, 텔레비전)이라는 단어의 합성어이다. 동영상이나 사용자에게 댓글을 달아 소통할 수 있다. 유튜브에 업로드 하는 사용자의 대부분은 개인이지만, 방송국이나 비디오 호스팅 서비스들 또한 유튜브와 제휴하여 동영상을 업로드 하고 있다. 실시간으로 방송을 할 수 있으며, 실시간으로 채팅을 통해 소통할 수 있다.
tic tok	틱톡은 15초에서 3분 길이의 숏폼(Short-form) 형식의 영상을 제작 및 공유할 수 있다. 틱톡 사용자를 틱톡커라 하는데, 이 틱톡커가 생산하는 콘텐츠들은 전문적인 기술을 통해 고도로 편집된 것이 아니다. 틱톡커가 간단한 주제를 만들어내면, 다른 틱톡커들이 그 주제에 대해 자신만의 방식으로 영상을 제작하여 공유한다.
트위치	게임을 플레이하면서 동시에 다수의 시청자를 대상으로 스트리밍을 진행하는 사용자를 '스트리머'라고 표현한다. 이 스트리머는 자신이 게임하는 화면과 소리 등을 실시간으로 방송하고, 사용자들은 이 방송을 시청하며 채팅으로 소통한다.

② 인터넷·스마트폰 중독의 과정

1) 인터넷 중독의 과정

Davis(2001)는 일반적 인터넷 사용장애와 구별되게 병리적 인터넷 사용장애라는 용어를 사용하여 인터넷 중독의 인지행동 모형을 제시하였다[그림 10-1]. 일반적 인터넷 사용장애는 인터넷 사용자가 물리적으로 고립되어 있거나, 다른 할 일을

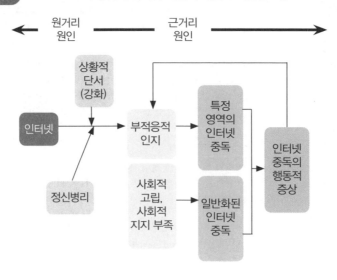

그림 10-1   Davis(2001)의 병리적 인터넷 사용에 대한 인지행동모형

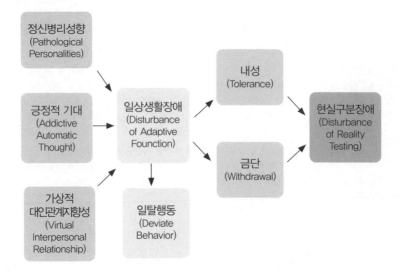

그림 10-2   인터넷 중독의 하위요인들 간의 구조 모형

찾지 못하여 뚜렷한 목적 없이 인터넷에 과도한 시간을 투여함으로써 과도한 인터넷 사용에 이르게 되는 과정을 말한다. 반면, 특정한 병리적 인터넷 사용장애는 개인이 가지고 있는 우울이나 사회적 불안, 혹은 물질 의존성과 같은 병리적인 인지적 특성이 환경적인 특성과 연합될 경우 온라인섹스, 온라인도박, 혹은 온라인게임과 같은

특정 활동에 몰두하게 되는 과정을 말한다. 그림에서 보여지는 것과 같이 먼 거리 기여요인으로 정신병리, 인터넷에의 노출 경험, 개인이 인터넷 사용으로 얻은 강화요인으로 이 변인들 자체로는 병리적 인터넷 사용 증상을 야기하지는 않지만, 병리적 인터넷 증상이 나타나기 위해서는 반드시 존재해야 하는 요인이다.

또 다른 인터넷 중독 구조 모형에서는 인터넷 사용에 대한 긍정적 기대와 가상적인 대인관계지향성이 일반적인 정신병리적 성향과 함께 인터넷 사용으로 인한 일상 생활 장애에 영향을 미치게 된다고 보았다[그림 10-2]. 청소년들은 인터넷 안에서 자신을 인정해 주는 사람이 많다는 것에 자신감을 얻고, 인터넷을 하면 자유로움을 느끼고 흥미로우며, 스트레스가 해소된다. 그리고 인터넷에서 친구를 만나고 사귈 수 있다는 것이 즐겁기 때문에 인터넷을 자주 사용하게 된다. 인터넷 사용으로 인한 일상 생활의 장애가 더 심해지면 인터넷의 중독적 사용으로 학교를 결석하거나 지각하게 되고, 거짓말을 하거나 인터넷 사용을 위해 돈을 훔치는 등 일탈행동이 유발될 수 있다. 더불어 인터넷 사용에 점점 빠져들고 인터넷을 하지 않으면 못 견디게 되는 내성 및 금단 현상이 나타난다. 결국 인터넷 사용에 대한 내성과 금단이 심해질수록 이후에 인터넷이라는 가상공간과 현실생활을 구분하는 데 어려움을 느끼는 현실구분 장애를 보이게 된다는 것이다. 이 모형은 인터넷 중독 정도를 평가하는 심리적 요인들의 인과관계를 제시하며 우리나라 청소년들이 어떠한 경로로 인터넷 중독으로 가게 되는지를 보여준다(김청택 외, 2002).

이 밖에도 청소년들이 온라인 게임중독에 이르는 과정을 탐색한 연구에서 청소년들은 첫째, 또래의 압력이 청소년들이 게임방에 가도록 하는 데 중요한 역할을 하며, 둘째, 지존과 대박의 욕구, 인간관계 욕구, 소비욕구를 충족시키기 위해서, 셋째, 게임에 대한 욕구와 동기는 게임 장르에 따라 달라질 수 있으며, 넷째, 게임 시나리오와 게임 메커니즘은 청소년 게임 몰입에 중요한 역할을 한다. 더불어 게임을 하는 친구들끼리의 자극이 게임을 하고자 하는 동기를 더 촉진시켜 결국 점점 더 게임에 빠져들게 되고, 인터넷 게임중독에 빠져들게 된다. 특히 온라인 게임의 경우 게임의 시나리오나 메커니즘이 갖고 있는 매력 자체가 청소년들에게 중독적으로 게임에 몰입하도록 하는 촉진 요인이 되며, 부모의 지나친 간섭이나 방임, 공부만 강요하는 환경, 또래 압력, 여가시설의 부족, 게임방 환경 등이 인터넷 중독으로 이끄는 요인이 될 수 있다.

2) 스마트폰 중독의 과정

스마트폰의 사용은 단순히 이용량이 많은 것과 이용 시간을 조절하지 못하고 병리적으로 이용하는 것은 다르다. 스마트폰을 병리적으로 이용하는 것은 새롭고 자극적인 콘텐츠를 선호하는 경향(감각추구성향)과 우울감 등이 있을 때 나타난다. 또한 지루한 시간을 때우기 위해서, 그냥 습관적으로, 일상적으로 사용하는 이용동기(의례적 동기)도 병리적으로 스마트폰을 이용하게 한다. 사회적 관계를 유지하기 위해서 스마트폰을 이용하는 경우(도구적 동기)에도 병리적 이용이 증가했는데, 대인관계를 유지하고, 소통하고자 스마트폰을 도구로 활용하는 것이 반복적이고 습관적인 이용형태가 되면, 스마트폰을 통한 소통에 더 집착하고 의존하게 된다. 특히 스마트폰을 통한 SNS 이용은 스마트폰을 통한 보상이 주된 요인이 된다. 이는 현실에서 만족되지 않는 개인적 욕구가 보상되고 충족되는 방법이 될 수 있다. 특히 외로움을 많이 타는 사람들일수록 스마트폰을 통한 SNS는 언제 어디서나 누구와도 대화를 나눌 수가 있어 외로움을 달래는 대안이 될 수 있다. 이런 경우 스마트폰 이용이 습관적이며, 다른 사람과의 소통을 위해, 그리고 휴식 및 도피를 위한 목적으로 이용되기도 한다.

스마트폰을 이용하도록 하는 동기는 인지 욕구(need for cognition)에 따라 달라질 수 있다. 인지 욕구는 정보를 추구하는 활동에 흥미를 느끼고 즐기는 개인적 성향인데, 정보를 검색하기 등 스마트폰을 도구로써 사용하는 동기가 클수록 과다 사용의 경향성을 보일 수 있다.

스마트폰 중독의 증후는 스마트폰을 사용하는 것이 긍정적으로 생각되거나 부정적으로 생각되는 경우에 따라 다르게 나타난다. 새롭고 자극적인 콘텐츠를 선호하는 경향(감각추구성향)과 우울감은 스마트폰을 부적응적으로 이용할 가능성이 크나, 습관적·의례적 이용이나 도구로써 이용할 때는 적응적으로 이용하기도 하고 부적응적으로 이용하기도 한다. 적응적 이용인지는 자기효능감, 사회적 지지감, 정보검색의 동기가 높을 때 증가한다. 그 중 자기효능감은 스마트폰을 병리적으로 사용하도록 하지는 않지만, 자기효능감이 높을수록 스마트폰을 사용하는 시간이 많아질 수 있다. 이는 사람들이 스마트폰을 잘 사용하고 있다고 생각할 때 이용 시간을 조절하는 데 실패하거나, 일상생활에 문제가 되지는 않지만 과다하게 사용할 수 있다는 것이다. 하지만 부적응적 이용인지는 우울감, 감각을 추구하는 성향과 관계를 위해 소통하는 동기가 강할수록 증가한다. 적응적 인지가 강하게 나타나면 병리적인 사용까지는 아닐지라도 이용량이 증가할 수 있고, 부적응적 인지가 강하게 나타날 때는 병리적으로 스마트폰을 사용할 가능성이 높아진다고 볼 수 있다.

청소년들은 스마트폰을 통해 SNS를 주말의 특정 시간대를 구분하지 않고 대부분의 시간 동안 사용한다. 여학생이 남학생보다 더 많은 시간 동안 스마트폰을 사용하고 있다. 청소년들이 스마트폰을 통해 SNS를 하는 경우, 그 동기는 자기표현, 정보 활용, 관계 및 소통, 시간 보내기로 나타났다. SNS 이용에 재미를 느끼고 시간 보내는 동기로 SNS를 사용하는 경우가 가장 높은 중독 경향성을 보인다. 관계 및 소통 동기가 높으면 중독 경향성이 높으며, SNS 이용 시간을 통제하지 못하는 중독 경향성이 높아진다.

스마트폰 중독의 결과로 스마트폰을 병리적으로 사용할수록 이용자는 금단과 내성을 갖게 되면서 스트레스, 우울증, 의존증, 집중력 저하와 강박 등의 정신적 건강과 신체적 건강의 문제가 생긴다. 그리고 스마트폰 중독이 되면 개인의 적응과 일상생활에 지장을 초래하게 된다. 이러한 문제는 단순히 이용 시간이 많을 때 나타나는 것이 아니라 스마트폰을 어떻게 이용하는지와 관련된다.

Ⅳ 인터넷 · 스마트폰 중독의 상담

인터넷·스마트폰 중독의 상담을 위해서는 먼저 청소년들의 인터넷·스마트폰 중독의 진단이 필요하다. 인터넷·스마트폰 중독의 진단은 인터넷 중독진단검사, 청소년 스마트폰 중독 자가진단 척도, 인터넷 게임 중독 척도 등을 사용한다. 여기서 소개하는 척도들은 청소년을 대상으로 개발되거나, 청소년을 대상으로 타당화된 척도들이다. 이러한 진단 척도들을 통해 인터넷·스마트폰 중독이 확인되면 청소년들에게 적절한 개입을 해야 한다. 이를 위해 개입할 수 있는 방법으로 개인상담, 집단상담, 부모상담 및 교육 등을 설명한다. 마지막으로는 인터넷·스마트폰 중독 상담을 받을 수 있는 연관 기관들을 살펴볼 것이다.

① 인터넷 · 스마트폰 중독 척도

1) 인터넷 중독진단검사

한국형 인터넷 중독 진단검사(K-척도)는 Young(2000)의 인터넷 중독척도와 Goldberg(1996)의 진단기준 등을 반영하여 개발되었다(정보통신부, 한국정보문화진흥원, 2002). 인터넷 중독의 핵심적인 요인을 금단, 내성의 증상과 일상생활장애발생로 정의하여, 청소년기에 해당되는 초·중고등학생에게 적용되는 척도로 총 40문항으로 구성되며, 하위영역은 일상생활 장애, 현실구분 장애, 긍정적 기대, 금단, 가상적 대인관계 지향성, 일탈행동, 내성으로 이루어져 있다. 해석은 점수 결과에 따라 '고위험군', '잠재적 위험군', '일반사용군'으로 분류하게 된다.

1요인: 1~9번, 4요인: 19~24번, 7요인: 36~40번			
고위험 사용자군	중고교생	총점: ① 108점 이상 요인별: ② 1요인 26점 이상 ③ 4요인 18점 이상 ④ 7요인 17점 이상	판정: ①에 해당하거나, ②~④ 모두 해당되는 경우
	초등학생	총점 ① 94점 이상 요인별: ② 1요인 21점 이상 ③ 4요인 16점 이상 ④ 7요인 15점 이상	
잠재적 위험 사용자군	중고교생	총점: ① 95~107점 요인별: ② 1요인 23점 이상 ③ 4요인 16점 이상 ④ 7요인 15점 이상	판정: ①~④ 중 한 가지라도 해당되는 경우
	초등학생	총점 ① 82~93점 요인별: ② 1요인 18점 이상 ③ 4요인 14점 이상 ④ 7요인 13점 이상	
일반 사용자군	중고교생	총점: ① 94점 이하 요인별: ② 1요인 22점 이하 ③ 4요인 15점 이하 ④ 7요인 14점 이상	판정: ①~④ 모두 해당되는 경우
	초등학생	총점 ① 81점 이하 요인별: ② 1요인 17점 이하 ③ 4요인 13점 이하 ④ 7요인 12점 이하	

일상생활 장애(Disturbance of Adaptive Function)	
1	인터넷 사용으로 인해서 생활이 불규칙해졌다.
2	인터넷 사용으로 건강이 이전보다 나빠진 것 같다.
3	인터넷 사용으로 학교 성적이 떨어졌다.
4	인터넷을 너무 사용해서 머리가 아프다.
5	인터넷을 하다가 계획한 일들을 제대로 못한 적이 있다.
6	인터넷을 하느라고 피곤해서 수업시간에 잠을 자기도 한다.
7	인터넷을 너무 사용해서 시력 등에 문제가 생겼다.
8	다른 할 일이 많을 때에도 인터넷을 사용하게 된다.
9	인터넷 사용으로 인해 가족들과 마찰이 있다.

현실구분 장애(Disturbance of Reality Testing)	
10	인터넷을 하지 않을 때에도 하고 있는 듯한 환상을 느낀 적이 있다.
11	인터넷을 하고 있지 않을 때에도, 인터넷에서 나오는 소리가 들리고 인터넷을 하는 꿈을 꾼다.
12	인터넷 사용 때문에 비도덕적인 행위를 저지르게 된다.

긍정적 기대(Addictive Automatic Thought)	
13	인터넷을 하는 동안 나는 가장 자유롭다
14	인터넷을 하고 있으면, 기분이 좋아지고 흥미진진해진다.
15	인터넷을 하는 동안 나는 더욱 자신감이 생긴다.
16	인터넷을 하고 있을 때 마음이 제일 편하다.
17	인터넷을 하면 스트레스가 모두 해소되는 것 같다.
18	인터넷이 없다면 내 인생에 재미있는 일이란 없다.

금단(Withdrawal)	
19	인터넷을 하지 못하면 생활이 지루하고 재미가 없다.
20	만약 인터넷을 다시 할 수 없게 된다면 견디기 힘들 것이다.
21	인터넷을 하지 못하면 안절부절못하고 초조해진다.
22	인터넷을 하고 있지 않을 때에도 인터넷에 대한 생각이 자꾸 떠오른다.
23	인터넷을 사용 때문에 실생활에서 문제가 생기더라도 인터넷 사용을 그만두지 못한다.
24	인터넷을 할 때 누군가 방해를 하면 짜증스럽고 화가 난다.

가상적 대인관계 지향성(Virtual Interpersonal Relationship)	
25	인터넷에서 알게 된 사람들이 현실에서 아는 사람들보다 나에게 더 잘해준다.
26	온라인에서 친구를 만들어 본 적이 있다.
27	오프라인에서보다 온라인에서 나를 인정해 주는 사람이 더 많다.
28	실제에서 보다 인터넷에서 만난 사람들을 더 잘 이해하게 된다.
29	실제 생활에서도 인터넷에서 하는 것처럼 해보고 싶다.

일탈행동(Deviate Behavior)	
30	인터넷 사용시간을 속이려고 한 적이 있다.
31	인터넷을 하느라고 수업에 빠진 적이 있다.
32	부모님 몰래 인터넷을 한다.
33	인터넷 때문에 돈을 더 많이 쓰게 된다.
34	인터넷에서 무엇을 했는지 숨기려고 한 적이 있다.
35	인터넷에 빠져있다가 다른 사람과의 약속을 어긴적이 있다.
내성(Tolerance)	
36	인터넷을 한번 시작하면 생각했던 것보다 오랜 시간을 인터넷에서 보내게 된다.
37	인터넷을 하다가 그만 두면 또 하고싶다.
38	인터넷 사용시간을 줄이려고 해보았지만 실패한다.
39	인터넷 사용을 줄여야 한다는 생각이 끊임없이 들곤 한다.
40	주위 사람들이 내가 인터넷을 너무 많이 한다고 지적한다.

2) 청소년 스마트폰 중독 자가진단 척도

청소년 스마트폰 중독 자가진단 척도는 초등학교, 중학교, 고등학교 학생을 대상으로 개발되고 타당화되었다(김동일, 정여주, 이윤희, 김병관, 전호정, 2016). 총 30문항으로 구성되며, 하위영역은 현저성 5문항, 충동·강박적사용 5문항, 금단 5문항, 내성 5문항, 문제(신체, 비행, 일탈) 5문항, 대인갈등 5문항으로 구성되어 있다. 4점 리커트 척도로 '전혀 그렇지 않다(1), 그렇지 않다(2), 그렇다(3), 매우 그렇다(4)'로 측정된다.

집단 1	고위험 사용자군	금단, 내성, 문제의 세 하위 요인이 모두 표준화점수(T점수) 69점 이상이거나 총점이 표준점수 69점 이상인 집단	원점수 총점 79점 이상 또는 금단 16점 이상 and 내성 14점 이상 and 문제 15점 이상
집단 2	잠재적위험 사용자군	집단 1에 속하지 않으면서 금단, 내성, 문제의 세 하위 요인 중 적어도 한 요인에서 표준화점수 64점 이상이거나 총점의 표준화 점수 64점 이상인 집단	원점수 총점 73점 이상 78점 이하 또는 금단 14점 이상 or 내성 13점 이상 or 문제 14점 이상
집단 3	일반 사용자군	위의 집단 1, 집단 2 중 어느 하나에도 속하지 않는 집단	

하위 영역		문항내용
현저성	1	스마트폰이 옆에 있으면 다른 일에 집중할 수 없다.
	2	평소 스마트폰을 사용할 생각에 다른 일에 집중할 수 없다.
	3	스마트폰 생각이 머리에서 떠나지 않아 힘들다.
	4	스마트폰이 없는 내 삶은 생각할 수도 없다.
	5	스마트폰 게임과 SNS에 대한 생각이 하루 종일 나를 지배하고 있다.
충동·강박적 사용	6	스마트폰 메신저에 바로바로 답장을 해야 하기 때문에 다른 일을 할 수 없다.
	7	스마트폰 알림 소리가 들리면 하던 일을 중지하고 스마트폰을 살펴본다.
	8	아침에 눈을 뜨자마자 스마트폰에 접속하지 않으면 불안하다.
	9	확인하지 못한 문자나 알림이 있을까봐 수시로 스마트폰을 꺼내 확인한다.
	10	일 또는 공부를 하고 있을 때는 스마트폰 알림 소리가 들려도 스마트폰을 잘 열어보지 않는다.
금단	11	스마트폰을 사용하는데 방해를 받으면 나도 모르게 폭력적이 된다.
	12	스마트폰을 사용하지 못할 때 날카로워지고 예민해진다.
	13	스마트폰을 사용하지 못하게 하면 화가 난다.
	14	스마트폰을 오랫동안 사용하지 못하면 초조하고 불안해진다.
	15	스마트폰 사용을 제재하는 부모님(혹은 주변사람들)에게 화가 난다.
내성	16	요즘 들어 스마트폰을 그만 사용하라는 말을 자주 듣는다.
	17	스마트폰 사용 시간이 점점 늘어나는 것 같다.
	18	생각보다 스마트폰을 더 많이 사용하게 되어 다른 일을 하는 데에 지장이 있다.
	19	스마트폰 게임을 하다가 한 번만 더 해야지 하고 마음을 먹지만 결국 오랜 시간 동안 하게 된다.
	20	스마트폰 게임을 원래 계획했던 만큼만 하고 그만둔다.
문제 (신체, 비행, 일탈)	21	스마트폰을 더 하고 싶어서 어른들에게 자주 거짓말을 한다.
	22	밤늦게까지 스마트폰을 사용하느라 잠이 부족하다.
	23	스마트폰을 오래 사용해서 손목이 아프다.
	24	스마트폰을 많이 사용해서 학교 성적이 떨어졌다.
	25	스마트폰 게임 아이템을 구입하기 위해서 돈을 훔친 적이 있다.
대인 간 갈등	26	스마트폰 앱(메신저 등)으로 친구랑 주로 이야기하다 보니 실제 관계에서는 멀어진다.
	27	스마트폰에 집중하느라 옆에 있는 친구에게 소홀해져서 싸운 적이 있다.
	28	데이터 한도 초과로 부모님 스마트폰을 사용하다가 자주 혼이 난다.
	29	앱이나 아이템을 구입하느라 지출한 비용이 많아 가족과 갈등을 겪은 적이 있다.
	30	친구들 또는 가족과 함께 있을 때는 스마트폰 사용을 조절한다.

3) 인터넷 게임 중독 척도

인터넷 게임 중독 척도는 유아동 및 청소년을 대상으로 개발되었다(한국정보문화진흥원, 2006). 총 20문항으로 게임지향적 생활 5문항, 내성과 통제력 상실 8문항, 금단과 정서경험 7문항으로 이루어져 있다. 4점 리커트 척도로 전혀 그렇지 않다(1), 때때로 그렇다,(2) 자주 그렇다(3), 항상 그렇다(4)로 측정한다.

집단 1	고위험사용자	총점 49점 이상
집단 2	잠재적 위험사용자	총점 38~48점
집단 3	일반사용자	총점 37점 이하

하위영역		문항내용
게임지향적 생활	1	게임을 하는 것이 친한 친구들과 어울리는 것보다 더 좋다.
	2	게임공간에서의 생활이 실제생활보다 더 좋다.
	3	게임 속의 내가 실제의 나보다 더 좋다.
	4	게임에서 사귄 친구들이 실제 친구들보다 나를 더 알아준다.
	5	게임에서 사람을 사귀는 것이 더 편하고 자신 있다.
내성과 통제력 상실	6	밤 늦게까지 게임을 하느라 시간 가는 줄 모른다.
	7	게임을 하느라 해야 할 일을 못한다.
	8	갈수록 게임을 하는 시간이 길어진다.
	9	점점 더 오랜 시간 게임을 해야 만족하게 된다.
	10	게임을 그만두어야 하는 경우에도 게임을 그만두는 것이 어렵다.
	11	게임 하는 시간을 줄이려고 노력하지만 실패한다.
	12	게임을 안 하겠다고 마음먹고도 다시 게임을 하게 된다.
	13	게임 생각 때문에 공부에 집중하기 어렵다.
금단과 정서 경험	14	게임을 못한다는 것은 견디기 힘든 일이다.
	15	게임을 하지 않을 때에도 게임 생각을 하게 된다.
	16	게임으로 인해 생활에 문제가 생기더라도 게임을 해야 한다.
	17	게임을 하지 못하면 불안하고 초조하다.
	18	다른 일 때문에 게임을 못하게 될까봐 걱정된다.
	19	누가 게임을 못 하게하면 신경질이 난다.
	20	게임을 못하게 되면 화가 난다.

2 개인상담

청소년 인터넷 중독 상담에서는 상담자가 인터넷·스마트폰에 대한 이해나 인터넷·스마트폰 환경에 익숙해야 하고, 청소년의 눈으로 인터넷·스마트폰을 공감할 수 있는 마음과 적극적인 관심이 중요하다. 특히 상담자는 기본적으로 인터넷·스마트폰 활용을 능숙하게 할 수 있어야 하며, 청소년이 잘하는 게임이나 인터넷 사이트 등 게임이나 인터넷에 대한 정보를 많이 알수록 청소년 내담자를 이해하는 데 도움이 될 수 있으며, 지속적으로 유행하는 인터넷·스마트폰 게임이나 용어에 감을 익히는 것이 필요하다. 또한 인터넷·스마트폰을 활용하여 의사소통을 해 보는 것도 청소년 인터넷 중독 청소년과 소통할 수 있는 방법 중 하나이다. 인터넷·스마트폰 중독의 개인상담은 먼저 내담자가 의뢰되면, 일반적으로 부모와 청소년 내담자를 면담하고, 인터넷·스마트폰 관련 심리평가가 진행된다. 더불어 인터넷·스마트폰 중독과 우울, 불안, 주의력결핍과잉행동 등의 장애가 공존하고 있는지 진단한 후에, 병원치료가 먼저 진행되어야 할지 혹은 병원치료와 상담이 병행될지 여부, 개인상담 및 부모상담의 진행 여부를 결정해가게 된다(이형초, 2006).

4) 초기 상담

인터넷·스마트폰 중독으로 상담을 받게 되는 경우, 대부분 청소년 내담자 자신이 원해서 상담을 받게 되는 경우보다, 부모나 교사의 권유로 상담을 시작하는 경우와 청소년 내담자를 설득하지 못하여 부모가 혼자 상담을 받으러 오는 경우가 많다. 첫 상담에서는 내담자가 왜 상담에 오게 되었는지 의뢰사유를 잘 파악하는 것이 필요하다. 즉, 지금까지 여러 가지 다양한 문제들이 있었지만, 며칠 전 가족과 갈등이 심해 가정 내 사건이 있었다거나, 학교에서 심각한 문제가 발생하여 상담봉사 명령을 받았다거나 등 지금 상담을 의뢰한 이유에 대해서 먼저 파악이 되어야 한다. 비자발적인 청소년 내담자인 경우, 자신의 인터넷·스마트폰 중독에 대한 인식과 통찰력을 갖지 못하는 경우가 많기 때문에 청소년 내담자의 문제행동보다는 청소년 내담자가 상담에 대한 느낌이나 생각과 마음을 표현하게 하고, 상담에 대한 기대를 먼저 파악할 수 있도록 한다. 또한 내담자가 이야기한 문제해결에 초점을 맞추며 상담에 온 것에 대해 긍정적인 피드백을 하는 것이 필요하다.

초기상담은 보통 3-4회기 정도로까지 진행되는데, 이 회기 동안 인터넷·스마트폰 중독과 관련된 심리평가심리평가 및 인터넷·스마트폰 중독과 관련된 요소들의 면접평가가 이루어지는 것이 필요하다. 인터넷·스마트폰 사용 역사, 인터넷·스마트폰 사용 내역 및 사용 시간, 인터넷·스마트폰 사용과 관련된 부모의 태도, 인터넷·스마트폰 중독 상담에 대한 기대 정도, 부모의 상담동의 등이다. 더불어 상담자는 청소년 내담자를 문제아로 보지 않으며, 청소년 내담자와의 관계에서 전문적이고 객관적이며 신뢰로운 관계를 형성하도록 노력하여야 한다. 또한 상담이 구조화를 통해 비밀보장, 상담시간 약속, 상담자 내담자의 역할 및 상담에서 지켜야 할 규칙에 대한 내용들을 설명해 주도록 한다.

인터넷·스마트폰 중독 상담의 궁극적인 목표는 인터넷·스마트폰 사용에 대한 자기 통제력을 갖도록 하는 것이며, 단기목표는 자신이 사용하는 인터넷·스마트폰의 사용시간 및 삶을 스스로 평가하는 작업을 통해 인터넷·스마트폰 사용에 대한 인식력을 갖게 하는 것이다. 인터넷·스마트폰 중독 상담에서는 인터넷·스마트폰 사용의 인식을 위해서 인터넷·스마트폰 사용일지를 활용하는 것이 도움이 된다.

5) 중기 상담

인터넷·스마트폰 중독 상담의 중기에는 인터넷·스마트폰 중독을 조절하는 데 중요한 심리적 요인들에 대해서 다루어주도록 한다. 인터넷·스마트폰 중독 청소년은 규칙적인 생활이 거의 이루어지지 않고 있는 경우가 대부분이므로, 생활 및 시간 관리가 될 수 있도록 기본적인 생활습관을 지킬 수 있도록 격려하며, 내담자가 스스로 시간을 적절하고 사용할 수 있도록 규칙을 정해서 실천하는 습관을 키우는 것도 필요하다. 또한 인터넷·스마트폰 중독 청소년들은 스트레스를 풀기 위해 인터넷·스마트폰에 몰입하는 경우가 많으므로 청소년이 경험하고 있는 스트레스를 적절하게 관리하도록 대안을 함께 찾고 조절하는 방법을 함께하는 것도 중요하다. 특히 인터넷·스마트폰 중독 상담에서 가장 중요한 작업은 인터넷·스마트폰을 줄이고, 다른 대안활동을 찾아서 할 수 있도록 하는 것이다. 내담자의 성향과 욕구를 충족시킬 수 있는 적절한 활동을 찾아서 친구 혹은 가족과 함께 건강한 놀이를 즐길 수 있도록 협력해야 한다. 인터넷·스마트폰 중독 상담은 상담의 목표를 달성하기까지 장기적인 시간을 요한다. 이 기간 동안 청소년 내담자들은 쉽게 지루해지고 행동의 변화가 나타나는 데는 많은 시간이 걸린다. 따라서 가족들이 함께 청소년 내담자를 격려하고, 중독에서 벗어나도록 협력하지 않으면 상담을 진행하는 것도 어렵고, 상담에서 효과를 거두기도 어렵다. 상담자는 부모 및 가족이 청소년 내담자를 격려할 수 있도록 해야 한다.

6) 종결기 상담

인터넷·스마트폰 중독 상담의 종결 시기는 여러 가지 문제를 함께 고려해야 한다. 상담에서 종결은 대부분 상담 목표 달성 여부와 내담자의 상황에 따라 결정하게 되므로 적절한 시기에 내담자에게 종결에 대한 준비를 시키도록 하여 거절의 느낌이 들지 않도록 하고, 혼자 문제를 해결해야 한다는 불안을 감소시키는 것이 효과적이다. 상담 종결의 시점은 상담목표가 달성되고, 내담자가 자신의 행동을 조절할 수 있는 자신감이 생기고, 동일한 문제 상황이 발생했을 때 새로운 대안을 생각하여 스스로 해결할 수 있을 때 생각해 볼 수 있다. 상담의 목표가 달성되었는지를 평가하는 과정은 지금까지 상담을 정리하는 기회를 제공하고 상담 과정 동안 내담자 스스로 변화된 모습에 대해서 다시 한 번 확인하는 기회가 된다. 따라서 상담의 목표가 달성되었는지, 아직 남아 있는 문제는 무엇인지, 상담이 끝난다고 생각하면 염려되는 것이 무엇인지 등을 물으며 상담목표와 상담의 효과를 함께 평가하는 시간을 갖는다. 또한 중독 상담에서 재발 문제는 종결에서 중요하게 다루어져야 한다. 상담은 종결하지만 인터넷·스마트폰 중독 행동을 촉발하는 상황에 내담자는 항상 노출되어 있기 때문이다. 따라서 미리 그러한 상황에 대해 내담자가 적절하게 대처할 수 있도록 준비시키는 과정이 필요하다. '화가 나거나 스트레스를 받았을 때 어떻게 풀 것인가, 친구가 PC방에 가자고 조르면 어떻게 할 것인가, 용돈이 많이 생기면 어떻게 할 것인가, 부모님이 인터넷을 못하게 하면 어떻게 할 것인가' 등 중독을 유발하는 유혹에서 스스로를 지켜낼 수 있을 대처 방법을 논의하는 것이 도움이 될 수 있다.

3 집단상담

청소년 인터넷·스마트폰 중독 예방 상담에서 집단상담은 유용하다. 단지 집단이 성공적이기 위해서는 상담하는 대상인 청소년 특성, 집단 운영방법, 그리고 집단상담의 주제인 인터넷·스마트폰 중독에 대해 잘 알고 있어야 한다. 청소년을 대상으로 하는 집단상담에는 몇 가지 중요한 특징이 있다(장재홍, 2006). 먼저, 대부분 집단상담에 참여하는 사람들은 자신의 문제를 해결하고 삶을 변화시킬 목적으로 참여하지만, 청소년들은 일반적으로 문제해결의 의지가 적고, 타인의 권유나 강제에 의해 집단상담에 참여하게 된다. 집단에 참여하는 청소년은 대략 세 가지 유형이 있다. 그 유형에는 첫째, 도움이 필요함을 느끼고 이를 찾는 청소년, 둘째, 집단이 제공하는 소속감, 흥미 있는 활동, 간식에만 관심이 있는 청소년, 셋째, 부모, 학교, 법원에 의해 강제로 참여하는 청소년들이다. 이렇게 볼 때 자신이 문제를 인정하고 도움받기를 원하는 청소년은 소수이며, 많은 경우 문제해결 이외의, 만족(뭔가 재미있는 것이 있어서, 괜찮아 보이는 활동이 있어서, 친구가 같이 가자고 하거나 마음에 드는 친구가 있어서 온다. 그리고 일부 청소년들은 교사의 처벌을 피하거나 부모를 진정시키기 위해서 마지못해 집단에 참여한다. 이러한 집단구성에서 특징 때문에 청소년 집단에서 저항다루기, 집단에 대한 신뢰감 다루기는 매우 중요한 이슈가 된다. 두 번째 특징은 청소년 집단상담자는 성인집단에 비해 보다 적극적으로 집단규범을 수립하고 집단의 한계를 분명히 해야 한다는 것이다(Aronson & Scheidlinger, 1994)). 청소년들은 분명한 한계와 명확한 기본 규칙이 있을 때 집단에서 더 잘 기능한다. 청소년들은 학교에서 규율을 지키는 것처럼 규율과 규범을 지키는 데 익숙하다. 그래서 생소한 집단에 들어왔을 때 무엇이 집단의 규범인지 알고자 한다. "이런 이야기 하는 것 맞아요? 늦으면 안 돼요? 장난쳐도 돼요?" 청소년을 대하는 집단 상담자는 이런 청소년들에 대해 더 적극적으로 안내해야 한다. 또한 분명한 한계를 정하는 것이 중요하다. 남의 말 잘 듣기, 결석하지 않기 등 집단규범이 정해졌다고 하더라도 청소년들은 정말인지 이를 수시로 시험한다. 세 번째 특징은 청소년 집단상담에서는 행동지향적 기법 혹은 활동을 활용하여야 한다는 것이다(Corey & Corey, 2001). 활동적 기법을 강조하는 이유는 청소년들이 신체적으로 활성화되어 있지만, 이보다 더 중요한 것은 내부의 긴장을 적절히 방출하게 하기 위해서이다. 활동은 긴장을 감소시키며 또한 집단을 하나로 묶어 준다.

인터넷·스마트폰 중독과 관련된 다양한 집단상담 프로그램들이 개발되어 왔는데, 청소년 인터넷·스마트폰 중독 집단상담에서 가장 많은 연구와 개발이 이루어진 상담접근법은 인지-행동 치료접근 집단상담프로그램이다. 인지-행동 치료접근 집단상담 프로그램에서는 주로 게임 행동에 대한 인식 및 인지적 왜곡 수정하기, 적절한 대안 활동 찾기, 자기통제력 증진하기, 게임과 관련된 대인갈등 해소하기, 그리고 재발방지 위험상황에 대처하기 등의 내용으로 구성된다. 한편 심각한 인터넷·스마트폰 중독에 빠지는 나이가 점점 낮아지고, 청소년 인터넷·스마트폰 중독자는 치료 동기가 낮아 성공률도 낮으며, 대부분 가족이나 교사에 의해 강제로 끌려오는 경우가 많아 효과를 거두기 어려워 인터넷·스마트폰 중독에 들어서기 전에 예방하는 프로그램이 중요하다. 인터넷·스마트폰 중독 예방 프로그램들은 집단상담 형식이 예방 프로그램과 수업방식으로 진행되는 교육프로그램이 있다. 이러한 예방 프로그램은 일반 집단상담에 비해 더 많은 인원이 참여할 수 있다. 예방 프로그램에서는 인터넷·스마트폰 사용의 위험성 자각, 자신의 인터넷·스마트폰 습관 이해, 인터넷·스마트폰 사용 문제 다루기 및 스트레스 대처방안 탐색, 건강한 인터넷·스마트폰 사용을 위한 대안과 지침마련 등으로 구성된다.

4 부모상담 및 교육

인터넷·스마트폰 중독 상담은 가족들 특히 부모가 함께 청소년 내담자를 격려하고, 중독에서 벗어나도록 협력하지 않으면 상담을 진행하는 것도 어렵고, 상담에서 효과를 거두기도 어렵다. 뿐만 아니라 부모 자녀의 역기능적 의사소통, 부모의 자녀 양육태도는 청소년 인터넷·스마트폰 중독과 관련이 높다. 부모가 자녀를 믿지 못하고, 자녀를 수용하지 않는 태도로 의사소통하거나 지나친 간섭, 행동의 통제, 어린애와 같은 과보호적 양육태도들은 청소년의 자율과 독립의지를 꺾고 스트레스를 경험하게 하며 게임, 인터넷, 스마트폰으로 몰입하게 하는 가능성을 높인다. 따라서 부모도 자신들이 어떻게 자녀가 인터넷·스마트폰 중독에 빠지게 하는데 영향을 미치고 있는지 이해하고 자녀에게 도움이 되는 양육태도를 갖출 필요가 있다(권희경, 2006).

부모상담의 초기에서는 부모에게 상담을 권유하며 상담동기를 갖게 하는 것이 필요하다. 대부분의 인터넷·스마트폰 중독 상담에 오는 청소년들은 상담에 대한 동기가 낮으며, 함께 온 부모는 인터넷·스마트폰 중독에 걸린 자녀를 상담 받게 하는 데만 관심이 있을 뿐 자신이 상담을 받아야 할지도 모른다는 생각은 하지 않는다. 이런 부모에게는 자녀의 문제가 다급하고 심각한 것도 사실이므로 부모의 다급한 심정과 자녀가 상담을 받았으면 좋겠다는 마음을 이해하고 공감해줄 필요가 있다. 그러나 중요한 부분은 부모에게 자녀의 낮은 상담 동기와 거부행동에 대해서 인내하고 수용할 수 있도록 돕고, 먼저 부모 교육을 받으면서 자녀를 상담으로 잘 안내하도록 하면서 자녀의 변화를 위하여 부모의 변화도 필요하다는 것을 이해시킨다.

초기상담에서는 인터넷·스마트폰 중독에 걸리게 된 요인들을 부모에게 객관적으로 교육하고 앞으로 자녀를 돕기 위해 부모상담이 어떻게 진행될지에 대해 안내해준다. 이를 부모가 동의하여 상담이 시작되면 부모 심리검사를 실시하고 부모의 심리검사 결과를 활용하여 부모상담의 필요성을 더 강조할 수 있다. 특히 부모상담이 병행되어야 하는 경우는 가족 환경이 청소년 심리치료에 명백히 방해를 주고 있을 때이다. 부모가 자녀에게 부적절한 불안을 갖거나 통제적이거나 청소년 나이에 부적절한 역할을 요구하거나 성격적 문제나 정신병리가 심할 때 부모상담은 필수적이다. 상담자는 부모가 상담을 시작하게 되면 자녀의 문제와 부모 자신의 문제를 보다 정확하게 이해하도록 문제를 인식시키게 된다. 상담의 중기에 들어가면, 본격적으로 부모의 변화를 촉진시키며 자녀와의 관계 변화에 초점을 두게 된다. 이것은 부모에게 자녀의 부정적인 행동을 줄이고 긍정적인 행동을 증가시켜 자녀가 부모를 편하고 긍정적으로 느끼도록 돕는 과정이다. 따라서 부모의 정서와 행동사고들에 충분히 공감하고 부모가 스스로의 것을 자각할 수 있도록 도우며, 부모의 비합리적 신념은 융통성 있는 신념으로 바꾸도록 지원해야 한다. 더불어 자녀의 스트레스와 욕구를 알아차리고 충족시켜주기 위해서 부모가 반응할 수 있는 방법들을 나누어 보는 등 부모가 자녀의 인터넷·스마트폰 행동을 조절하는 데 도움이 되는 훈육방법과 기술을 학습시킬 필요가 있다. 마지막 부모상담 종결은 상담초기에 설정한 상담목표가 어느 정도 달성되었을 때 이야기 해 볼 수 있다. 상담 종결기에서는 부모상담의 성과를 탐색하고 성과를 유지시키도록 하기 위한 조력이 필요하다. 부모가 자녀를 수용하게 인정할 수 있게 만든 요인이 무엇인지, 자녀를 돕는데 부모는 어떤 것이 가장 도움이 되었다고 생각하는지, 상담과정에서 부모가 가장 어려웠던 때는 언제인지, 앞으로 인터넷·스마트폰 중독을 놓고 어머니와 자녀가 갈등이 있을 수 있는 시점은 언제이고 그때의 대안은 무엇인지 등을 다룬다. 한편 저항적인 의미로 종결을 원하는 부모가 있다면, 부모가 종결을 원하는 배경과 이유를 충분히 듣고, 이전의 부모상담 회기를 면밀히 탐색하면서 공감적으로 저항을 다루어 주어야 한다. 부모 상담에서는 주로 부모로써 비난받는 느낌이 들 때, 죄책감이 들 때, 혹은 자기문제를 돌아보기 어려울 때 그리고 자녀에 대한 애정이나 관심이 없을 때 잘 일어난다. 따라서 비난 받는 느낌이나 죄책감 때문이라면 상담자는 지지와 수용으로, 자기 문제를 보지 않거나 자녀에게 애정과 관심이 없을 때는 그것 자체를 해석해 주는 것도 필요하다. 그래도 종결을 원할 경우, 아직 남은 미해결과제들을 알려주고, 추후라도 지속적인 상담을 받도록 권고하고 부모의 종결 요청을 수락한다.

5 인터넷 · 스마트폰 중독 상담 연관 기관

1) 경기도청소년상담복지센터(https://www.hi1318.or.kr/)

경기도청소년상담복지센터에서는 위기 청소년에게 인터넷·스마트폰 과의존 예방 해소 사업을 운영하고 있다. 인터넷·스마트폰의 사용이 보편화되면서, 과도한 사용으로 인하여 발생할 수 있는 다양한 어려움을 예방하고 해소하기 위한 사업이다. 다양한 경로(이용습관 진단조사, 관계기관 연계, 직접신청 등)를 통해 인터넷·스마트폰 과의존 청소년을 찾아 상담 및 치료지원서비스를 전문적이고 맞춤형으로 제공한다.

경기도청소년상담복지센터에서는 개인상담, 심리검사, 집단상담, 전화상담 등의 상담지원을 하고 있으며, 인터넷·스마트폰 과의존 관련 치료 지원(외래, 약물), 종합 심리검사, 심리치료(놀이, 미술, 음악)를 하고 있다. 또한 올바른 스마트폰 사용습관에 대한 지도 및 양육원리를 소개하는 부모교육도 함께 지원한다.

또한, 인터넷과 스마트폰 과의존으로 인해 어려움을 겪고 있는 청소년을 위한 11박 12일의 기숙형 치유캠프도 운영하고 있다. 이는 인터넷·스마트폰 과의존으로 어려움을 겪고 있는 14~19세 연령의 청소년(대상자 성별은 매년 변경됨)을 대상으로 한다. 이 캠프는 7~8월 중에 열리며, 캠프에서 운영되는 프로그램으로는 개인상담, 집단상담, 부모교육 및 부모상담, 가족상담, 인터넷·스마트폰을 대체할 대안활동 및 체험활동, 자율성과 성취감을 높이는 자치활동 등이 포함된다.

2) 보라매 인터넷 중독 예방 상담 센터(http://www.brmiwill.or.kr/)

보라매 인터넷 중독 예방 상담 센터에서는 인터넷·스마트폰 과의존으로 어려움을 겪는 청소년과 학부모들을 대상으로 전문 상담사들이 1:1상담을 실시한다. 상담을 통해 청소년의 인터넷 및 스마트폰의 사용 조절을 돕고 더불어 인터넷 사용과 관련된 다른 어려움들도 함께 다룸으로써 청소년들의 건강한 성장 및 자아 확립을 돕는다. 모든 상담은 10회기로 진행되며, 상담은 전화나 방문으로 예약을 하고, 접수 면접이 진행된 뒤 상담사가 배정되면 프로그램이 진행되는 방식이다.

보라매 인터넷 중독 예방 상담 센터에서는 청소년, 보호자를 대상으로 개인 상담이 이루어지며 매체 상담(미술, 놀이 등)이나 내방상담이 어려운 인터넷·스마트폰 과의존 청소년 및 위기청소년을 대상으로 전문 상담사가 직접 찾아가 진행하는 1:1 방문상담도 가능하다.

집단 상담은 초등학교 고학년을 대상으로 하는 프로그램과 중·고등학생을 대상으로 하는 프로그램이 있다. 초등학교 4학년 이상의 청소년을 대상으로 하는 스마트 미디어 기기에 대한 나의 사용습관을 확인하고, 집단원과의 재미있는 활동을 통해 건강한 자기조절능력 형성을 돕는 구조화된 집단상담 프로그램이 있으며, 중학교 1학년 이상의 청소년을 대상으로 하는 스마트 미디어 기기에 대한 균형 잡힌 인식을 도우며, 스마트 미디어 기기를 지혜롭고 건강하게 사용하는 동기를 강화하는 구조화된 집단상담 프로그램도 있다.

3) 국립 중앙 청소년 디딤센터(http://www.nyhc.or.kr/)

국립중앙청소년디딤센터는 자아존중감 회복 및 건전한 자아 성장을 도모하고, 긍정적 대인관계 형성 및 문제해결능력을 배양시키는 목표를 가지고 있다. 청소년의 문제상태와 문제행동의 긍정적인 변화와 관리 능력을 향상시키고자 대상자들의 개별 상황에 따라 탄력적으로 운영하고 문제에 대해 영역별로 맞춤형 서비스를 제공한다

국립중앙청소년디딤센터의 프로그램 운영 과정은 오름과정(1개월), 디딤과정(4개월), 힐링캠프(4박 5일)로 구분된다. 이 운영 과정에서는 사례관리자, 활동지도자, 주간생활지도자, 야간생활지도자와 함께 가족형태의 돌봄이 제공된다. 이 과정들은 만 9세에서 만 18세를 대상으로 하고 있다. 개인상담 및 치료는 놀이치료, 모래놀이치료, 미술치료, 음악치료를 하고 있으며, 집단 상담 및 치료는 구조화 집단상담과 비구조화 집단상담, 가족개입 프로그램이 운영되고 있다. 이외에도 동물매개치료, 요가명상치료, 동작치료, 원예치료, 뉴로·바이오피드백 등의 기타 치료도 가능하다.

요약

본 장에서는 청소년의 인터넷·스마트폰 중독에 대한 이해와 인터넷·스마트폰 중독의 상담적 개입에 대한 방법을 설명하고자 하였다. 청소년들의 인터넷·스마트폰 중독은 개인이 가지고 있는 우울이나 사회적 불안, 혹은 물질 의존성과 같은 병리적인 인지적 특성이 환경적인 특성과 연합될 경우 인터넷·스마트폰을 과다하게 사용하면서 나타난다. 청소년이 인터넷·스마트폰 중독과 관련하여 신체적 · 심리적 · 사회적 장애로 일상생활의 다양한 문제행동이 나타낼 때 부모, 교사, 상담자는 청소년들의 정확한 인터넷·스마트폰 중독 정도를 진단할 필요가 있다. 또한 인터넷·스마트폰 중독 청소년이 규칙적인 생활 및 시간 관리가 될 수 있도록 기본적인 생활 습관을 지킬 수 있도록 격려하며, 스트레스를 풀기 위해 인터넷에 몰입하는 경우, 청소년이 경험하고 있는 스트레스를 적절하게 관리하도록 대안을 함께 찾고 조절하는 방법을 함께하는 것도 중요하다. 또한 부모와 가족들이 함께 청소년 내담자를 격려하고, 중독에서 벗어나도록 협력하지 않으면 상담에서 효과를 거두기도 어렵다. 상담자는 부모 및 가족이 청소년 내담자를 격려할 수 있도록 해야 한다. 앞으로 미래로 나아갈수록 IT산업은 더욱 첨단이 될 것이기 때문에 인터넷·스마트폰이나 기계적인 사용을 차단할 수는 없다. 무엇보다도 인터넷·스마트폰 사용을 청소년이 스스로 잘 관리하고 조절할 수 있도록 가정과 학교 사회에서 교육하는 예방적 지원이 중요할 것이다.

11 청소년 학교폭력

Contents

이 장에서는 학교폭력에 대한 이해를 바탕으로 학교폭력을 예방하기 위한 방법과 학교폭력이 발생하였을 때 효과적으로 상담하는 방법을 제시하였다. 학교폭력은 해결해야 할 교육의 중요한 현안으로 인식되고 있다. 최근 학교폭력이 감소추세에 있으나 유형은 다양해지고 있고 발생은 저연령화 추세이며 심각성은 증가하고 있기 때문에 이에 대한 효과적인 상담 역량은 매우 중요한 주제이다. 학교폭력이 발생하는 원인은 매우 다양하기 때문에 학교폭력 현상을 종합적으로 이해하는 것이 필요하다. 학교폭력을 주로 가해자와 피해자의 양자 구도로 이해하던 방식에서 최근에는 학교폭력을 목격한 주변학생을 포함하는 방식으로 개입의 대상을 확장시키고 있다. 특히 학교폭력은 일단 발생하면 이를 처리하는 과정에서 다양한 분쟁과 갈등이 일어나기 쉽다. 따라서 학교에서는 학교폭력을 효과적으로 예방하기 위한 다양한 전략이 필요하다. 또한 학교폭력이 발생한 이후 분쟁을 최소화시키는 전략 및 관련 학생들을 위한 상담전략 역시 매우 중요한 요소이다. 이 장에서는 이처럼 학교폭력에 대한 전반적 이해를 돕고 학교폭력을 효과적으로 예방, 대응하는 상담 방법을 소개하고자 한다.

Ⅰ 학교폭력의 이해

1 학교폭력의 개념

1) 학교폭력의 정의

현재 학교에서는 학교폭력 사안에 대해 「학교폭력 예방 및 대책에 관한 법률」을 적용하고 있다. 이 법률에서는 학교폭력을 다음과 같이 정의하고 있다. "학교폭력이란 학교 내외에서 학생을 대상으로 발생한 상해, 폭행, 감금, 협박, 약취·유인, 명예훼손·모욕, 공갈, 강요·강제적인 심부름 및 성폭력, 따돌림, 사이버 따돌림, 정보통신망을 이용한 음란·폭력 정보 등에 의하여 신체·정신 또는 재산상의 피해를 수반하는 행위를 말한다."이처럼 법률에서 규정한 학교폭력은 아래의 [표 11-1]과 같이 일곱 가지 유형으로 정리될 수 있다.

표 11-1 학교폭력의 유형

학교폭력의 유형	내 용
신체폭력	· 신체를 손, 발로 때리는 등 고통을 가하는 행위(상해, 폭행) · 일정한 장소에서 쉽게 나오지 못하도록 하는 행위(감금) · 강제(폭행, 협박)로 일정한 장소로 데리고 가는 행위(약취) · 상대방을 속이거나 유혹해서 일정한 장소로 데리고 가는 행위(유인) · 장난을 빙자한 꼬집기, 때리기, 힘껏 밀치기 등 상대학생이 폭력으로 인식하는 행위
언어폭력	· 여러 사람 앞에서 상대방의 명예를 훼손하는 구체적인 말(성격, 능력, 배경 등)을 하거나 그런 내용의 글을 인터넷, SNS 등으로 퍼뜨리는 행위(명예훼손) 　※ 내용이 진실이라고 하더라도 범죄이고, 허위인 경우에는 형법상 가중 처벌 대상이 됨. · 여러 사람 앞에서 모욕적인 용어(생김새에 대한 놀림, 병신, 바보 등 상대방을 비하하는 내용)를 지속적으로 말하거나 그런 내용의 글을 인터넷, SNS 등으로 퍼뜨리는 행위(모욕) · 신체 등에 해를 끼칠 듯한 언행(죽을래 등)과 문자메시지 등으로 겁을 주는 행위(협박)

금품갈취	· 돌려 줄 생각이 없으면서 돈을 요구하는 행위 · 옷, 문구류 등을 빌린다음 되돌려주지 않는 행위 · 일부러 물품을 망가뜨리는 행위 · 돈을 걷어오라고 하는 행위
강요	· 속칭 빵 셔틀, 와이파이 셔틀, 과제 대행, 게임 대행, 심부름 강요 등 의사에 반하는 행동을 강요하는 행위(강제적 심부름) · 폭행 또는 협박으로 상대방의 권리 행사를 방해하거나 해야 할 의무가 없는 일을 하게 하는 행위(강요)
따돌림	· 집단적으로 상대방을 의도적이고, 반복적으로 피하는 행위 · 지속적으로 싫어하는 말로 바보취급 등 놀리기, 빈정거림, 면박주기, 겁주는 행동, 골탕 먹이기, 비웃기 · 다른 학생들과 어울리지 못하도록 막는 행위
성폭력	· 폭행·협박을 하여 성행위를 강제하거나 유사 성행위, 성기에 이물질을 삽입하는 등의 행위 · 상대방에게 폭행과 협박을 하면서 성적 모멸감을 느끼도록 신체적 접촉을 하는 행위 · 성적인 말과 행동을 함으로써 상대방이 성적 굴욕감, 수치감을 느끼도록 하는 행위
사이버폭력	· 특정인에 대해 모욕적 언사나 욕설 등을 인터넷 게시판, 채팅, 카페 등에 올리는 행위, 특정인에 대한 '저격글'이 그 한 형태임 · 특정인에 대한 허위 글이나 개인의 사생활에 관한 사실을 인터넷, SNS 등을 통해 불특정 다수에 공개하는 행위 · 성적 수치심을 주거나, 위협하는 내용, 조롱하는 글, 그림, 동영상 등을 정보통신망을 통해 유포하는 행위 · 공포심이나 불안감을 유발하는 문자, 음향, 영상 등을 휴대폰 등 정보통신망을 통해 반복적으로 보내는 행위

출처: 교육부, 학교폭력예방연구소(2014), 학교폭력 사안처리 가이드북.

2) 학교폭력의 유사 개념

학교폭력(school violence)과 혼용되어 사용되는 용어로는 '괴롭힘(bullying)', '따돌림(rejection)', '왕따' 등이 있다. 학교폭력이 사회적 관심을 불러일으킨 1990년 중반 왕따라는 신조어가 발생했는데 왕따는 왕따돌림의 준말이다. 최근에는 '개' 혹은 '핵'이라는 접두사를 사용하여 비속어를 만들지만 당시 청소년들 사이에선 강조의 의미로 '왕'이라는 접두사를 붙이는 것이 유행이었다. 왕따는 원래 은어였지만 급속도로 확산되었고 은따(은근히 따돌리는 왕따), 전따(전교생이 따돌리는 왕따)와 같은 파생어를 발생시키며 보편적인 용어가 되었다. 최근에는 왕따가 한국에서 발생하는 독특한 학교폭력을 지칭하는 용어(Wang-ta)로 해외에 소개되고 있다. 당시 교육계에서는 왕따라는 은어의 사용을 집단따돌림이라는 용어로 대체하여 사용하였는데 집단따돌림은 여러 명의 학생이 한 학생을 따돌리는 의미이다. 원래 따돌림이란 용어는 엄격하게 말하면 관계적 괴롭힘(relational bullying)의 의미를 지니고 있지만 학교폭력 상황을 지칭하는 보편적 용어의 성격을 지니게 되었다.

한편 최근에는 따돌림이란 용어보다 괴롭힘이란 용어가 많이 사용되고 있는데 이는 서구의 불링(bullying)을 번역한 용어로 해석될 수 있다. 학교폭력은 문화와 언어를 초월하여 전 세계의 교육적 문제로 인식되고 있는데 서구에서는 학교에서 발생하는 학교폭력을 불링으로 개념화하였다. 괴롭힘은 다음과 같이 세 가지 조건을 지닌 경우를 의미하는데(Olweus, 1993), 한국의 경우 학교폭력과 괴롭힘은 혼용되는 경향이 있다.

그림 11-1 괴롭힘의 세 가지 조건

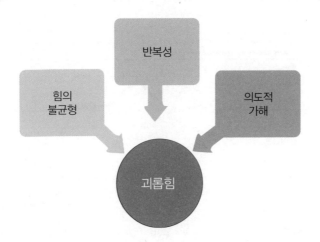

[그림 11-1]에 제시된 바와 같이 괴롭힘은 첫째, 힘의 불균형에 기초하고 있다. 가해학생은 피해학생에 비해 신체적인 면에서 우월할 뿐만 아니라 사회적인 면에서 인기도가 높은 경향이 있다. 가해학생은 피해학생을 일회적이 아니라 지속적, 반복적으로 괴롭히는 경향이 있기 때문에 피해학생은 심리적 스트레스가 높아진다. 또한 실수로 피해를 입히는 것이 아니라 피해학생에게 의도적인 피해를 입히는 특징을 보인다.

2 학교폭력의 실태 및 양상

1) 학교폭력의 실태

학교폭력이 교육적 현안으로 등장한 이후 학교폭력의 실태조사가 지속적으로 이루어졌는데 최근의 추세는 다음의 [그림 11-2]와 같다. 다음의 실태조사는 (재)청소년폭력예방재단(이하 청예단)이 2006년 이후 해마다 실시한 실태조사의 결과로서 2012년 이후 학교폭력이 감소하는 경향을 보이고 있다. 이러한 감소추세는 교육부에서 실시하는 전수조사 결과에서도 확인되고 있다. 교육부의 실태조사 결과에 따르면 2012년 이후 학교폭력 피해 응답률은 지속적으로 감소하였는데 2012년 8.5%에서 2014년 1.2%로 감소하였고, 학교폭력 신고 상담센터의 신고 및 처리 건수(일 평균) 역시 2013년 278.1건에서 2014년 220.2건으로 20.8%가 감소하였다.

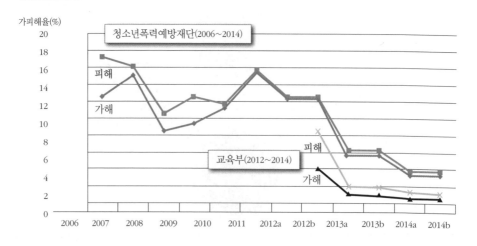

그림 11-2　**학교폭력의 가해와 피해비율의 변화 추이**

이처럼 2012년부터 학교폭력은 감소추세를 보이고 있는데 이러한 경향은 2012년 발표되고 시행된 학교폭력 종합근절 대책안의 효과로 보는 견해도 있다. 학교폭력 종합근절 대책안은 기존의 학교폭력 제도를 보완하고자 다음의 [표 11-2]와 같이 직접대책과 근본대책을 포함한 7대 실천 정책을 제시하였다. 각 대책에 대한 세부내용은 다음과 같다.

표 11-2 학교폭력 종합근절 대책안의 개요

학교폭력 근절 7대 실천 정책		기존 제도의 문제점	7대 실천 정책에 반영된 변화
직접대책	1. 학교장과 교사의 역할 및 책임 강화	· 대처 권한 부족 · 학교폭력 은폐	· 대처 권한 및 역할 대폭 강화 · 은폐 시 엄중조치로 책무성 확보
	2. 신고-조사체계 개선 및 가·피해 학생에 대한 조치 강화	· 신고번호 분산 · 체계적 대응체계 부재 · 처벌 및 보호조치 미흡	· 신고체계 일원화 · 조사·지원기능 체계화 · 가해·피해 학생 조치 강화
	3. 또래활동 등 예방 교육 확대	· 건전한 또래문화 미형성	· 학생 간의 자율적 갈등해결 · 학교단위 예방교육 체계화
	4. 학부모교육 확대 및 학부모의 책무성 강화	· 참여부족, 무관심 · 책무성 부족	· 학부모 교육·자원봉사 확대
근본대책	5. 교육 전반에 걸친 인성 교육 실천	· 학업성취 수준은 높으나 인성·사회성은 낮은 수준	· 바른 생활습관, 학생생활 규칙 준수 등 실천적 인성교육 추진
	6. 가정과 사회의 역할 강화	· 민·관의 유기적 대응 미흡 · 가정의 교육기능 약화	· 민·관 협력체제 강화 · 가정의 교육기능 회복
	7. 게임·인터넷 중독 등 유해 요인 대책	· 교육적 시각에서 심의·규제 기능 미흡	· 게임·인터넷 심의·규제 및 예 방·치유교육 확대

2) 학교폭력의 양상

학교폭력의 가해 및 피해 비율이 감소하는 것은 긍정적인 신호이지만 학교폭력이 저연령화 되고 집단가해 현상이 두드러지며 사이버 폭력으로 확산되는 등의 여러 양상은 여전히 학교폭력의 심각성을 잘 보여준다. 최근 학교폭력의 양상을 정리하면 다음과 같다.

❶ 가시적 폭력은 줄어들지만 비가시적인 폭력은 증가하고 있다

교육부의 2013년 2차 학교폭력 실태조사에서 학교폭력의 피해 응답 현황을 살펴보면 유형별 비중은 언어폭력이 35.3%로 가장 높았고, 집단따돌림이 16.5%로 두 번째로 높았으며, 사이버 괴롭힘도 9.7%로 조사되었다. 쉽게 드러나는 금품갈취와 강제적 심부름은 해가 거듭될수록 감소한 반면 비가시적인 언어폭력과 사이버 괴롭힘 비율은 상대적으로 증가하였다. 또한 피해학생이 힘들다고 느낀 정도도 역시 집단따돌림(83.8%)과 사이버괴롭힘(82.8%) 같은 비가시적 폭력의 경우에 가장 높은 것으로 나타났다. 이러한 변화는 학교폭력 가해학생에 대해 학교 당국이 무관용(zero tolerance) 원칙을 적용하여 엄격하게 처벌하기 때문에 학생들의 폭력행동이 억제됨과 동시에 상대적으로 처벌을 피하기 위하여 비가시적인 폭력을 선택하는 것으로 해석될 수 있다.

❷ 폭력의 비율은 줄어들지만 폭력의 심각성은 증가하고 있다

학교폭력 피해와 가해율은 매년 감소하고 있지만, (재)청소년폭력예방재단 실태조사 결과에 의하면 학교폭력 심각성에 대한 체감률은 오히려 증가하고 있는 것으로 나타났다. 학교폭력 심각성에 대한 질문에서 2011년 41.7%, 2012년 40.8%의 학생들이 심각하게 여기는 것으로 나타났다. 그중 집단따돌림이 가장 심각하고, 다음으로 신체폭행이 심각하다는 학생들의 응답을 통해 학생들의 학교폭력에 대한 불안수준이 여전히 높음을 알 수 있다. 학교폭력 피해와 가해율은 매년 감소하고 있지만, 가해행위에 대한 무감각화와 더불어 폭력의 잔인성과 심각성은 더욱 높아지는 추세이다. 극도의 굴욕감을 유발하거나 엽기적인 가혹행위, 성추행 등 잔인한 가해행위 사례가 증가하고 있고 이러한 가해행위가 지속적으로 반복됨으로 인해 일부 피해학생들은 극도의 공포와 고통 속에서 자살을 시도하는 경우도 많아서 안타까움을 안겨주고 있다. 실제로 (재)청소년폭력예방재단의 실태조사에 따르면 학교폭력 피해로 인해 자살을 생각해 본 학생의 수는 2010년 30.8%, 2011년 31.4%, 2012년 44.7%로 해마다 증가하고 있다. 하지만 가해학생은 자신의 가해행위의 심각성에 대해 무감각한 경우가 많았고 단순히 자신의 스트레스를 풀기 위해서 또는 마음에 들지 않는다는 이유로 가해행위를 지속하는 경우가 많았다.

❸ 오프라인 폭력에서 온라인 폭력으로 폭력의 범위가 확대되고 있다

최근에는 사이버 공간에서 발생하는 폭력이 새로운 학교폭력의 한 형태로 등장하고 있다. 사이버 폭력에 대해 「학교폭력 예방 및 대책에 관한 법률」에서는 "인터넷, 휴대전화 등 정보통신기기를 이용하여 학생들이 특정 학생들을 대상으로 지속적, 반복적으로 심리적 공격을 가하거나, 특정 학생과 관련된 개인 정보 또는 허위 사실을 유포하여 상대방이 고통을 느끼도록 하는 일체의 행위"(제2조)로 정의하고 있다.

(재)청소년폭력예방재단 실태조사에 따르면 '사이버 공간'에서 학교폭력을 당했다고 응답한 비율은 2011년 1.8%, 2012년 4.7%, 2013년 8.4%로 지속적으로 증가하고 있는 추세를 보인다. 이러한 사이버폭력의 특징을 살펴보면 첫째, 빠른 시간

내에 불특정 다수에게 전달되어 개인에게 사회적, 도덕적, 재정적으로 큰 타격을 입힌다. 둘째, 익명성을 갖고 이루어지는 경우 가해자를 찾기가 어렵다는 점이 있다. 셋째, 댓글과 퍼나르기를 통해 집단적이고 무수히 많은 간접적인 가해자가 존재할 수 있다. 넷째, 댓글 간의 욕설과 비방 등 명예훼손의 발신지와 수신지가 복잡하게 얽혀서 폭력의 양상이 증폭되어 더욱 심각한 양상으로 악화되기도 한다는 점 등이다. 이러한 사이버 폭력은 상대방의 감정이나 반응을 확인할 수 없어서 오프라인상에서 이루어지는 폭력보다 수위조절이 어렵기 때문에 그 심각성과 잔인성은 더욱 높아지고 있다. 이러한 사이버 폭력의 증가와 더불어 최근에는 카따(카카오톡 왕따를 줄인 은어) 혹은 와이파이셔틀(핫스팟을 켜서 소위 일진이라는 아이들이 상대의 데이터를 갈취하는 경우)과 같은 신조어가 발생하기도 하였다.

Ⅱ 학교폭력의 원인

대부분의 문제 행동이 그러하듯 학교폭력 역시 단일 요인에 의해 설명되지 않는다. 유전에 의한 기질적 요인과 다양한 환경적 요인이 학교폭력의 원인으로 알려져 있다. 김영화(2012)는 이란성 쌍둥이에 비해 일란성 쌍둥이의 경우 한 명이 폭력적일 때 다른 한 명도 폭력성이 높은 사실과 입양자녀의 경우 입양아가 폭력적인 경우 입양부모보다는 친부모가 폭력적인 성향이 높은 사실로 학교폭력의 유전성을 뒷받침하는 증거로 제시한다. 한편 폭력성은 다양한 환경적 요인에 영향을 받는데 개인의 심리적 특성뿐만 아니라 부모의 양육방식, 학교의 환경적 특성, 나아가 사회의 전반적인 문화까지도 학생의 폭력적 행동에 영향을 미치는 것으로 알려져 있다.

1 심리적 요인

공격성은 상대에게 피해나 상처를 주려는 의도나 행동을 일컫는데 공격성은 비행, 반사회적 행동 및 폭력 행동과 상관이 높은 것으로 알려져 있다. 공격성이 높은 학생들은 적대적 귀인 편향(hostile attributional bias)이 높은 것으로 확인되었는데(김혜원, 2013), 이 성향은 상대의 중립적 행동을 적대적으로 왜곡하여 해석하는 인지적 특성으로 공격성이 높은 가해학생의 인지적 특성을 잘 설명해 준다. 일부 학자들은 공격성을 선제적(proactive) 공격성과 반응적 공격성(reactive)으로 구분하여 폭력과의 관련성을 설명한다. 선제적 공격성은 외부의 자극과 상관없이 상대에게 해를 입히기 위하여 계획적이고 주도적으로 피해를 입히는 경우인 반면, 반응적 공격성은 화를 일으키는 상황에 대한 반응으로써 충동적으로 피해를 주는 경우이다.

충동성은 분노, 흥분, 좌절과 같은 다양한 감정을 느끼는 상황에서 자신의 감정을 조절하지 못하고 평정심을 잃는 성향을 말한다. 자기조절(self-control)이론에 따르면 충동성이 높은 경우 자신의 행동이 가져올 부정적인 결과를 고려하는 능력이 낮기 때문에 감정을 조절하지 못하고 상대를 괴롭혀 문제를 일으킬 가능성이 높다. 실제로 여러 선행연구들은 학교폭력에 관여하는 학생들이 그렇지 않은 학생에 비하여 충동적이며 자기조절력이 떨어지는 것을 확인하였다(오인수, 2009; Haynie et al., 2001; Olweus, 1995).

공감은 상대방의 입장에서 상대방이 생각하고 느끼는 것과 동일하게 경험하는 것을 의미한다. 공격적 행동과 공감의 관계에 관한 메타분석 연구에 따르면 일관되게 공격성이 높은 학생들이 낮은 공감을 나타내었다(Jolliffe & Farrington, 2006). 몇몇 학자들은 공감을 다시 인지적 공감과 정의적 공감으로 나누어 공격적 행동과의 관련성을 연구하였다. 인지적 공감(cognitive empathy)은 상대방의 입장에서 생각하는(perspective-taking) 역지사지(易地思之) 능력을 의미하며 정의적 공감은 상대방이 느끼는 감정을 동일하게 정서적으로 느끼는(emotional arousal) 능력을 의미한다. 여러 선행연구들은 학교폭력의 가해행동이 인지적 공감보다는 정의적 공감과 관련성이 높다는 것을 확인하였다(Endresen & Olweus, 2002; Jolliffe & Farrington, 2006; Stavrinides et al., 2010; Warden & Mackinnon, 2003).

이상에서 살펴본 공격성, 충동성, 공감 이외에도 다양한 심리적 변인이 폭력행동과 관련이 있는 것으로 보고되고 있는데 김혜원(2013)은 학교폭력에 관여하는 청소년들은 정서경험이나 정서표현능력에서 차이를 보이며 입시위주나 통제위주의 교육환경에서 기인한 스트레스와 좌절이 학교폭력의 원인임을 지적하였다. 또한 학교폭력에 관여하는 학생들은 우울, 불안, 외로움과 같은 정신건강 측면에서도 더욱 취약함을 지적하였다.

최근에는 이러한 심리적 요인이 생리적 특성과 관련이 있음이 확인되고 있다. 이러한 관점에서는 호르몬과 신경전달물질 역시 학교폭력의 원인으로 설명된다(김영화, 2012). 남성호르몬인 테스토스테론의 경우 충동적으로 폭행과 비행을 보이거나 공격적인 태도를 취하는 남자의 경우 이 호르몬의 수치가 높다. 뇌 신경세포 사이에서 메시지를 전달하는 화학물질인 신경전달물질 중에서 세로토닌과 도파민은 폭력 또는 충동적인 행동을 제어하는 뇌 호르몬이다. 실제로 세로토닌은 임상에서 폭력성을 조절하는 약물로 처방되기도 하며 도파민 역시 그 수치가 낮으면 폭력 행동을 할 가능성이 높아진다.

2 가정적 요인

가정은 학생의 성장 및 발달에 결정적인 영향을 미치기 때문에 폭력 행동에도 다양한 형태로 영향을 미친다. Olweus(1993)는 학교폭력에 관여하는 학생들이 어떻게 가정에서 폭력성을 습득하게 되는지를 정리하였다. 그는 폭력적인 학생은 부모로부터 유전적으로 폭력적인 기질을 갖고 태어날 가능성이 높다고 보았다. 또한 어린 시절 부모로부터 부정적이고 폭력적인 정서표현을 경험하며 학습할 가능성이 높다고 보았다. 자녀가 규칙을 어기거나 지시를 따르지 않을 때 부모가 고함을 치거나 공격적인 행동을 하면 자녀가 이를 학습하게 된다. 또한 자녀가 폭력적 행동을 보일 때 부모가 이에 대해 적절히 개입하지 않음을 지적하고 있다.

김혜원(2013)은 가정적 요인 중에서 부모의 양육태도, 부모-자녀의 관계 및 가정 내 폭력 및 학대 경험이 자녀의 폭력행동에 영향을 미친다고 정리하였다. 양육태도 중에서는 적대적, 거부적, 방임적인 양육태도와 일관성 없는 양육태도가 자녀의 폭력적 행동과 관련이 있으며 폭력에 관여하는 학생들은 부모와의 관계가 적대적인 점을 지적하였다. 반면 부모-자녀 사이의 활발한 의사소통과 자녀에 대한 부모의 적절한 감독은 자녀의 폭력행동을 억제한다고 보았다. 기존 연구들에 의하면 폭력적인 성인의 70% 이상은 어린 시절 부모 사이의 폭력을 경험한 것으로 알려져 있다(Baldry, 2003). 이처럼 가정 내에서 경험하는 폭력이나 학대 경험이 자녀의 폭력행동에 영향을 미치는 것으로 알려져 있다. 여러 국내 연구에서도 가정폭력에 노출된 학생들의 경우 학교폭력에 더 관여하는 것으로 확인되었다(노충래, 이신옥, 2003; 오창순, 송미숙, 2004).

3 학교 요인

학생의 폭력행동에 영향을 미치는 학교요인은 크게 학교의 물리적 환경과 폭력에 대한 학교의 태도로 나누어 볼 수 있다. 물리적 환경 중에서는 교사의 지도와 관심이 미치지 않는 후미진 장소가 학교에 얼마나 많이 있는지가 중요하다. 왜냐하면 이러한 후미진 장소에서 신체적, 물리적 폭력이 많이 발생하기 때문이다. 그래서 학교 건물을 설계할 때 가시성을 최대한 확보하거나 시각지역의 환경을 개선하고 CCTV를 후미진 곳에 설치하여 폭력을 줄이고 있다. 최근에는 범죄예방환경설계(Crime Prevention Through Environmental Design: CEPTED)를 학교에도 적용하여 학교환경을 개선하기도 한다. 학교 및 학급의 규모도 학교폭력과 관련이 있는 것으로 알려져 있다. 보통 소규모 학교보다 대규모 학교에서 학교폭력 문제가 더욱 흔하고 심각한 것으로 알려져 있는데 이는 대규모 학교의 경우 소속감과 참여도의 정도가 낮고 교사와 학생 사이의 지도 감독 정도가 낮기 때문인 것으로 해석된다(Shafii & Shafii, 2006). 그러나 일부 연구에서는 학교 및 학급의 규모와 폭력행동 사이의 상관이 없다는 연구들도 있어 여전히 논쟁거리이다(박영신, 김의철, 2001; Olweus, 1993).

폭력에 대한 학교의 태도 역시 폭력행동에 영향을 미친다. 가해학생의 공격행동에 대해 학교에서 이를 묵인하게 되면 폭력행동은 증가하게 된다. 이러한 학교의 태도는 학교의 풍토를 형성하게 된다. 학교풍토는 오랜 시간에 걸쳐 형성된 규범에 기초한 구성원들의 문제 해결방식이다. 이러한 풍토에 따라 학교폭력 문제가 발생했을 때 대응하는 방식이 결정되기 때문에 학교가 폭력을 미온적으로 대처하게 되면 학생들의 폭력행동에 대한 억제력은 낮아지게 마련이다. Macklem(2003)은 우세한 힘을 가진 학생들이 괴롭히는 행동을 해도 허용하는 분위기, 폭력을 무시하거나 강화하는 분위기, 폭력행동을 정상적이고 기대되는 행동으로 인정하는 분위기가 학교폭력 행동에 영향을 미친다고 보았다.

4 사회적 요인

학교폭력에 영향을 미치는 거시적 요인 중에는 대중매체의 폭력성 및 지역사회의 유해환경 등이 있다. TV, 영화, 게임, 인터넷에는 다양한 형태의 상업화된 폭력이 등장한다. 이러한 폭력 매체에 노출된 학생들은 간접적으로 폭력을 학습하게 된다. 사회학습이론(social learning theory)에 의하면 다양한 매체를 통해 학생들은 이러한 폭력 장면을 접하게 되고 잠재적으로 혹은 모방을 통해 폭력행동을 하게 된다. 실제로 이규미 등(2003)의 연구에서는 가해학생들이 영화의 폭력적인 장면을 모방하여 폭행한 사실을 제시하고 있다. 이와 같이 폭력적 장면에 노출되는 것을 넘어 폭력적 행동이 정당화 되거나 미화되는 경우가 많기 때문에 이에 노출된 학생들은 폭력에 대한 허용도가 높아질 가능성이 있다. 지역사회의 유해환경 역시 학교폭력에 영향을 미치는 것으로 알려져 있다. 도기봉(2009)은 학교 근처의 유해환경이 학생의 학교폭력에 유의미한 영향을 미친다는 것을 확인하였다. 주로 지역사회의 유해환경은 비행과의 관련성이 높은 것으로 알려져 있는데 이춘화(1999)의 연구에서도 폭력과 관련된 비행 경험이 있는 학생들은 유해업소에 더 많이 출입한 것으로 확인되었다.

Ⅲ 학교폭력 참여자 이해

학교폭력의 참여자(participant)는 아래의 [그림 11-3]과 같이 가해자와 피해자 및 주변인으로 구성되며 주변인은 다시 동조자, 강화자, 방관자, 방어자로 구분된다. 학교폭력은 참여자 구성원의 집단역동에 의해 발생되고 유지되는 성향이 강하기 때문에 이들의 특징을 이해하여 개입하는 것이 필요하다. 학교폭력은 주로 가해자와 피해자의 양자구도로 이해하는 경향이 있지만 실제로 학교폭력이 유지되고 심화되는 것은 이를 목격한 주변인에 의해 좌우된다.

그림 11-3 학교폭력 참여자 구성

1 학교폭력 가해학생의 특징

가해학생은 학교폭력의 원인에서 살펴본 바와 같이 학교폭력 가해의 위험 수준이 높은 학생들이다. 이들은 공격성향이 높고, 충동적이며, 타인에 대한 공감의 수준이 낮은 것으로 알려져 있다. 이들은 또한 환경적인 면에서도 취약성을 보이는데 부모와의 애착관계가 안정적이지 못하고, 부모의 양육태도가 안정적이지 못할 뿐만 아니라, 부모와의 의사소통의 수준 역시 낮은 것으로 확인되고 있다. 또한 부모로부터 받는 심리적 지지 역시 낮으며 부모와 갈등을 많이 겪는 것으로 알려져 있다. 이러한 관계적 문제는 교사와의 갈등관계로 심화될 수 있으며, 이로 인해 교사로부터 심리적 지지를 덜 받는 경향을 보인다.

가해학생을 효과적으로 돕기 위해서는 이러한 위험요인을 미리 확인하여 폭력행동으로 나타나기 이전에 폭력행동의 징후가 보이는 경우 선제적으로 개입하는 것이 필요하다. 다음은 학교폭력 가해의 위험성이 있는 학생의 특징을 정리한 것이다.

🌾 학교폭력 가해 위험성이 높은 학생의 특징

- 친구들이 자신에 대해 말하는 것을 두려워한다.
- 교사가 질문할 때 다른 학생의 이름을 대면서 그 학생이 대답하게 한다.
- 교사의 권위에 도전하는 행동을 종종 나타낸다.
- 자신의 문제 행동에 대해서 이유와 핑계가 많다.
- 성미가 급하고, 충동적이다.
- 화를 잘 내고, 공격적이다.
- 친구에게 받았다고 하면서 비싼 물건을 가지고 다닌다.
- 자기 자신에 대해 과도하게 자존심이 강하다.
- 작은 칼 등 흉기를 소지하고 다닌다.
- 등·하교 시 책가방을 들어주는 친구나 후배가 있다.

출처: (재)푸른나무 청예단 제공.

---

2 학교폭력 피해학생의 특징

피해학생은 상대방의 공격적 행동에 대해 적절하게 대응하지 못한다. 자기주장성이 약하여 수동적 혹은 회피적으로 대응하는 경향을 보인다. 괴롭힘이 주로 힘의 불균형에 의해 발생하기 때문에 피해학생은 신체적인 면에서 몸집이 작을 수 있고, 사회적인 면에서 인기가 적을 수 있으며, 인지적인 면에 있어서도 지적 장애가 있는 경우 피해자가 될 가능성이 높다. 이규미 등(2014)은 피해학생이 사회성이나 대인관계 기술이 부족할 뿐만 아니라 다양한 형태의 장애가 있는 경우 단지 '다르다' 혹은 '이상하다'라는 이유로 피해학생이 될 위험성을 지적하였다.

피해학생들을 효과적으로 돕기 위해서는 위험요인을 미리 확인한 후 위험요인의 징후가 보이는 경우 폭력을 당하기 이전에 선제적으로 개입하는 것이 필요하다. 다음은 학교폭력 피해의 위험성이 있는 학생의 특징을 정리한 것이다.

🌿 학교폭력 피해 위험성이 높은 학생의 특징

• 특정 학생을 빼고 이를 둘러싼 학생들이 알 수 없는 웃음을 짓는다.
• 교과서가 없거나 필기도구가 없고 자주 준비물을 챙겨오지 않아 야단을 맞는다.
• 교복이 젖어 있거나 찢겨 있어 물어보면 별일 아니라고 대답한다.
• 자주 등을 만지고 가려운 듯 몸을 자주 비튼다.
• 평상시와 달리 수업에 집중하지 못하고 불안해 보인다.
• 교과서와 노트, 가방에 낙서가 많다.
• 자주 점심을 먹지 않고, 혼자 먹을 때가 많으며 빨리 먹는다.
• 친구들과 어울리기보다 교무실이나 교과전담실로 와서 선생님과 어울리려 한다.
• 친구들과 자주 스파링 연습, 격투기 등을 한다.
• 교실보다는 교실 밖에서 시간을 보내려 한다.
• 종종 무슨 생각에 골몰해 있는지 정신이 팔려 있는 듯이 보인다.

출처: (재)푸른나무 청예단 제공.

---

3 학교폭력 주변인의 특징

학교폭력을 목격하는 주변인으로서 학생은 다음의 [표 11-3]과 같이 네 가지 유형으로 구분되는데 방관자가 다수를 차지한다. 동조자와 강화자는 가해자편을 드는 학생이고 방어자는 피해자편을 드는 학생이다. 방관자는 중립적 행동을 하는 것처럼 보이지만 가해학생들은 방관자의 중립적 행동이 자신의 행동을 암묵적으로 동의하는 것으로 곡해하는 경향이 있다. 피해학생 역시 자신을 보호해 줄 것이라고 믿었던 친구가 방관적 태도를 취할 때 심한 배신감에 상처를 받는 경향이 있다.

표 11-3   주변인의 유형에 따른 행동반응

주변인의 유형	행동반응의 예시
동조자(assistant)	· 다양한 방법으로 괴롭히는 가해학생을 돕는다. · 다른 학생이 괴롭히고 있으면 함께 괴롭힌다.
강화자(reinforcer)	· 괴롭힘을 보며 "본 때를 보여줘"와 같은 말로 부추긴다. · 괴롭힘을 잘 보려고 주변으로 가서 괴롭힘 보는 것을 즐긴다.
방관자(outsider)	· 괴롭힘 상황에서 어느 편에도 들지 못하고 못 본 척 한다. · 자신도 괴롭힘 당하는 두려움 때문에 괴롭힘 상황에서 나온다.
방어자(defender)	· 괴롭힘을 멈추기 위해 다양한 방법으로 노력한다. · 괴롭힘 피해학생을 위로하거나 선생님께 말하도록 격려한다.

동조자와 강화자의 행동을 변화시키는 것은 쉽지 않은 반면 방관자의 행동을 변화시키는 것은 상대적으로 쉽다. 피해학생을 도와주지 않고 방관하는 이유는 매우 다양한데 이를 정리하면 다음과 같다.

🌿 주변인이 방관하는 이유

- 나는 학교폭력에 연루되기 싫었다.
- 나도 학교폭력을 당할까봐 두려웠다.
- 그 상황에서 어떻게 행동해야 할지 몰랐다.
- 목격한 학교폭력이 그렇게 심각하지 않다고 생각했다.
- 학교폭력을 당하는 것은 나와는 상관없는 일이라고 생각한다.

- 학교폭력을 당하는 아이는 그럴 만한 이유가 있다.
- 학교폭력 문제를 다른 사람에게 알려 문제를 더 크게 하고 싶지 않았다.
- 폭력을 당하는 아이를 돕는다 해도 별반 달라지지 않을 것이라고 생각했다.
- 내가 누군가에게 폭력을 말한다 해도 아무도 돕지 않았을 것이다.

이처럼 방관하는 이유는 매우 다양하기 때문에 이러한 특성에 맞춰 개입하는 것이 효과적이다. 예를 들어, 폭력 상황에서 어떻게 행동해야 할지 모르는 학생들은 구체적인 행동 대응 방법을 직접적으로 가르쳐 주는 것이 필요하다. 학교폭력이 나와는 상관없는 일이라고 생각하는 학생은 공감 수준을 높이는 개입이 효과적일 것이다. 오히려 자신이 학교폭력을 당할까봐 두려워하는 학생을 위해서는 안전한 신고체계를 만들어 주어 불안을 감소시킬 수 있다. 이러한 주변인이 학교폭력 문제 해결의 열쇠를 지니고 있는 것으로 알려져 있는데 방관자를 방어자로 변화시키는 다양한 개입이 필요하다고 볼 수 있다.

Ⅳ 학교폭력에 대한 개입 전략

학교폭력에 대한 개입은 크게 예방적 개입과 대응적 개입으로 구분할 수 있다. 모든 학생들을 대상으로 학교폭력 예방교육을 실시하거나 위험요인을 미리 파악하여 선제적으로 개입하는 예방적 개입은 아무리 강조해도 지나침이 없다. 그러나 예방적 개입을 강화해도 모든 학교폭력을 예방하는 것은 현실적으로 불가능하다. 일단 학교폭력이 발생하면 신속하게 대응함으로써 학교폭력으로 인한 피해를 최소화시키는 것이 필요하다.

1 학교폭력 예방 활동

폭력이 발생한 후 대응하는 경우에 비해 이를 미연에 예방하는 접근이 보다 효율적이며 효과적이다. 이와 같은 예방 프로그램을 효과적으로 실행하기 위해서는 학생들이 처한 위험의 정도에 따라 차별적인 예방 프로그램을 실시하는 것이 필요

하다. Gordon(1987)은 예방의 유형을 위험의 정도에 따라 세 가지 수준, 즉 보편적
(universal) 개입, 선택적(selective) 개입, 지시적(indicated) 개입으로 구분하였는데, 이
처럼 학교폭력에 노출된 정도와 증상에 따라 다음의 [표 11-4]와 같이 세 가지 수준
의 예방 프로그램을 실시하는 것이 가능하다.

표 11-4 학교폭력 예방 프로그램의 세 가지 수준

프로그램의 수준	예방의 내용
보편적 프로그램	모든 학생을 대상으로 학교폭력에 관해 교육하는 것으로 학교폭력의 가해 혹은 피해 경험이 없는 학생을 포함한 모든 학생에게 보편적으로 실시함.
선택적 프로그램	학교폭력의 가해 혹은 피해 위험이 있는 학생들을 대상으로 개입하는 것을 말함. 예를 들어, 소심하거나 사회기술이 부족한 학생에게 피해를 예방하기 위한 프로그램을 실시하는 경우, 또는 공격적이고 충동적이며 반항적인 성향을 보이는 학생에게 가해를 예방하기 위한 프로그램을 실시하는 경우가 해당됨.
지시적 프로그램	학교폭력의 가해 혹은 피해와 관련된 초기 문제행동을 보이는 고위험 학생을 대상으로 개입하는 것을 말함. 예를 들어, 가해 혹은 피해행동을 보여 보다 심각한 폭력 상황으로 악화되지 않도록 예방하기 위해 프로그램을 실시하는 경우가 해당됨.

보편적 프로그램의 대표적인 예는 모든 학생들을 대상으로 학기 초에 실시하는
학교폭력 예방교육이다. 현행「학교폭력 예방 및 대책에 관한 법률」에 의하면 학교
는 학기별로 1회 이상 학생들을 대상으로 학교폭력 예방교육(학교폭력의 개념, 실태 및
대처방안 등을 포함해야 함)을 의무적으로 실시해야 한다. 많은 학교들은 강당에 모여
진행되는 집합식 교육 혹은 영상자료로 대체되는 방송교육을 많이 실시하고 있으나
이러한 예방교육의 효과성은 높지 않다. 학생들의 발달 수준에 맞춰 소규모 형태의
교육이 바람직하며 일방적 전달식 교육보다는 활동과 상호작용이 수반되는 방식이
보다 효과적이다. 다음의 [표 11-5]와 같이 현재 다양한 기관에서 개발한 예방 프로
그램들이 보급되고 있다.

표 11-5 학교폭력 예방 및 개입 프로그램 예시

프로그램명(개발기관)	프로그램의 개요
어울림 프로그램 (교육부·한국교육개발원)	학교폭력 인식 및 대처, 감정조절, 갈등해결, 공감, 자기존중감 및 의사소통 영역별 모듈형 프로그램을 통해 학교구성원의 공감능력과 소통능력을 향상시켜 학교폭력을 효과적으로 예방하고 행복한 학교를 만들기 위한 프로그램
내가 바로 지킴이 (청소년폭력예방재단)	초등학생 프로그램은 학교폭력의 개념 정리, 예방법과 대처방법 제시, 예방을 위한 협동심과 책임감 배양이 주요 내용이며, 중·고등학교용 프로그램은 학교폭력 상황 간접 경험과 대안행동 모색, 학교폭력 예방법과 대처방안 모색, 학교폭력의 위험성, 법적 처벌 등에 대한 예방 교육 프로그램
작은 힘으로 시작해 봐 (삼성생명공익재단)	초등학생들의 발달과정에 맞는 새로운 프로그램으로 구성하기 위해서 초등학생들의 눈높이에 맞는 어휘를 사용하고, 이해하기 쉬운 그림 자료들을 보강하였고, 모방범죄의 위험성을 줄이기 위해 초등학생들이 직접적인 폭력장면에 노출되지 않도록 실제 사례를 동물캐릭터로 재구성한 프로그램
행복나무 프로그램 (법무부)	학교폭력의 주변인을 건강한 또래 중재자로 이끌기 위해 개발한 프로그램으로 학교폭력에 대한 스스로의 다짐 및 학급 규칙을 함께 만들어가는 프로그램
도담도담 프로그램 (이화여대 학교폭력예방연구소)	학교폭력의 위험성이 높은 학생들을 대상으로 폭력과 관련이 있는 것으로 알려진 자아존중감, 공감, 자기주장행동, 친사회적 행동, 정서조절능력, 분노, 공격성, 불안/우울의 8가지 변인에 대해 학교폭력 대처역량을 신장시켜주는 선택적, 지시적 프로그램

2 학교폭력 대응 절차

일단 학교폭력이 발생하면 신속하고 정확하게 대응하여 폭력으로 인한 피해의 영향을 최소화시켜야 한다. 학교폭력에 대한 대응 절차는 크게 사전예방, 초기대응, 사안조사, 조치결정으로 나누어지며 결정된 조치를 수용하느냐 하지 않느냐에 따라 조치수용과 조치불복에 대한 절차가 각각 존재한다. 각 절차에 대해 살펴보면, 먼저 학교는 학교폭력이 발생하기 전 사전예방 차원에서 학기별 1회 이상 학생과 교직원, 보호자를 대상으로 학교폭력 예방교육을 실시하고, 다양한 예방활동과 실태조사를 통해 학교폭력을 사전에 차단하도록 노력해야 한다. 그럼에도 불구하고 학교폭력이 발생했을 경우에는 먼저 관련 학생에 대한 안전조치를 취하고 보호자에게 연락한 후 학교폭력 전담기구를 통한 학교폭력에 대한 사안조사가 이뤄지도록 해야 하며, 피해·가해 학생에 대한 적절한 상담 및 보호조치도 동시에 이루어져야 한다. 학교폭력 전담기구를 통한 사안조사가 이루어지면 자치위원회는 발생한 폭력 사안에 대하여 어떠한 조치를 취할 것인지 결정한 후 결정된 조치를 이행하게 된다. 하지만 자치위원회의 결정에 불복할 경우에는 재심을 청구할 수 있고, 행정심판 그리고 행정소송의 절차들을 통해 부당한 처분에 대한 권리 구제를 받을 수 있다. 이러한 학교폭력 대응 절차에 대한 내용을 요약하면 [그림 11-4]와 같다.

그림 11-4 학교폭력 대응 절차

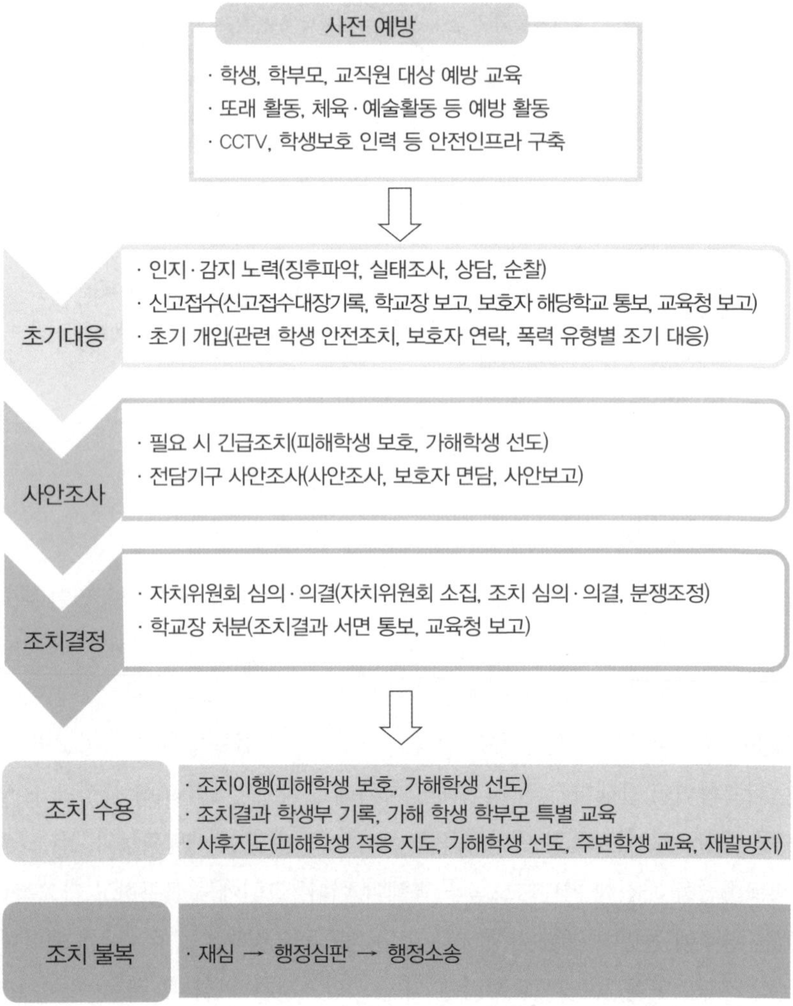

사전 예방
· 학생, 학부모, 교직원 대상 예방 교육
· 또래 활동, 체육·예술활동 등 예방 활동
· CCTV, 학생보호 인력 등 안전인프라 구축

초기대응
· 인지·감지 노력(징후파악, 실태조사, 상담, 순찰)
· 신고접수(신고접수대장기록, 학교장 보고, 보호자 해당학교 통보, 교육청 보고)
· 초기 개입(관련 학생 안전조치, 보호자 연락, 폭력 유형별 조기 대응)

사안조사
· 필요 시 긴급조치(피해학생 보호, 가해학생 선도)
· 전담기구 사안조사(사안조사, 보호자 면담, 사안보고)

조치결정
· 자치위원회 심의·의결(자치위원회 소집, 조치 심의·의결, 분쟁조정)
· 학교장 처분(조치결과 서면 통보, 교육청 보고)

조치 수용
· 조치이행(피해학생 보호, 가해학생 선도)
· 조치결과 학생부 기록, 가해 학생 학부모 특별 교육
· 사후지도(피해학생 적응 지도, 가해학생 선도, 주변학생 교육, 재발방지)

조치 불복
· 재심 → 행정심판 → 행정소송

이상에서 살펴본 바와 같이 학교폭력은 매우 다양한 수준에서 발생하기 때문에 오인수(2010)는 개인수준, 학급수준 및 학교수준에서 개입하는 다층수준의 개입의 필요성을 주장하였다. 다음의 [표 11-6]과 같이 개인, 학급 및 학교수준에서 다양한 개입을 지속적으로 실시할 때 학교폭력이 효과적으로 감소할 수 있다.

표 11-6 학교폭력에 대한 효과적인 교육적 개입: 다층수준의 개입

개인수준	· 개인 심리검사를 통해 피해학생 혹은 가해학생의 정도 확인 · 피해학생의 보호와 가해학생의 선도를 위한 개인상담 및 생활지도 · 심각한 수준의 경우 가해학생 혹은 피해학생을 외부의 전문가에 의뢰 · 피해학생 혹은 가해학생의 학부모와 상담 · 주변학생(bystanders)의 효과적 대응방식에 관한 교육 및 생활지도
학급수준	· 학급시간을 활용하여(예: 창의적 재량활동) 따돌림 예방 및 중재를 위한 상담교육 프로그램 실시 · 학급원들의 참여를 통한 따돌림 관련 학급규칙의 제정 및 일관적인 시행 · 교과교육내용에 따돌림 관련 요소를 포함시켜 교수(학제 간 교육과정 구성) · 학급도우미 혹은 또래도우미를 통한 따돌림 행동 모니터링 실시 · 학생들 간의 협력을 요구하는 교수법(예: 협동학습) 자문을 통해 학생들 간의 협력적 분위기 조성 촉진 · 따돌림 피해집단 혹은 가해집단의 위험요소가 있는 잠재적 위험집단에 대한 차별적 중재 및 지속적 모니터링
학교수준	· 전교직원을 대상으로 따돌림에 대한 교육실시 · 학교차원의 따돌림 행동에 대한 규칙제정 · 따돌림 문제를 전담하는 기구(예: 학교폭력 예방 및 대책 위원회) 구성 · 학교의 모든 영역에 대한 장학 강화(예: CCTV 설치) · 익명성이 보장된 따돌림 사례보고 체제 확립 · 따돌림 예방과 관련된 학교행사 실시

학교폭력이 2012년을 기점으로 줄어들고 있지만 폭력이 저연령화, 심각화, 다양화되고 있음에 주목할 필요가 있다. 무관용 원칙을 엄격하게 적용함에 따라 가해학생들은 비가시적인 형태의 폭력으로 폭력의 형태를 변화시키고 있기 때문에 이러한 변화에 대응하여 교육적 개입을 실시하는 것이 필요할 것이다.

가정폭력은 가정 내에서 발생하는 모든 종류의 폭력으로 '가족구성원 중의 한 사람이 다른 가족 구성원에게 의도적으로 물리적인 힘을 사용하거나 정서적으로 고통을 주는 행위'로서 신체적, 언어적, 정서적, 성적인 폭력 등을 포함한다. 많은 청소년들이 가정폭력에 노출되었을 가능성이 있으며, 이러한 가정폭력 피해경험은 잠재되었다가 자기표현이 가능해지는 청소년기에 노출되는데, 학교적응장애, 학교폭력, 비행, 가출, 외상 후 스트레스 장애, 경계선 성격장애 등을 표출하면서 정체성 확립, 대인관계형성 등에 부정적인 영향을 미치며, 나아가 자신을 파괴하는 자살 생각과 자살시도 등으로 이어지게 한다. 본 장에서는 청소년 가정폭력이란 무엇인지 특징과 원인을 파악하고 치료적 개입과 지도방법을 알아보고자 한다.

요약

인간의 공격성을 본능으로 간주한 정신분석적 접근에 기초하면 학교폭력 현상은 매우 근절되기 어려운 문제이다. 폭력을 근절시키기 위하여 다양한 정책 및 교육적 개입을 실시하면 폭력은 새로운 형태로 진화하며 여전히 사라지지 않는 특성을 지닌다. 이러한 학교폭력 문제를 보다 효과적으로 근절시키기 위해서는 학생 개인에 대한 개입뿐만 아니라 학생이 포함된 가정, 학교 및 나아가 사회의 폭력성을 줄이기 위한 노력이 반드시 병행되어야 한다. 또한 학교폭력 문제를 가해자와 피해자의 양자구도로만 파악하면 개입의 효과성에 한계를 지닐 수밖에 없다. 문제가 발생한 후 접근하기보다는 선제적으로 예방하는 접근을 취해야 하고 이러한 접근에서 주변인은 학교폭력 근절에 핵심적 역할을 한다. 따라서 주변인의 역량을 강화시키는 방법을 통해 예방적 개입을 강화하는 전략이 필요할 것이다. 학교폭력이 근절되는 것은 교육의 1차적 목표는 될 수 있지만 최종 목표는 될 수 없다. 문제가 없는 상황을 만드는 것이 교육의 목표가 아니라 학생들이 지니고 있는 성장가능성과 잠재력이 충분히 발휘되는 상황을 만드는 것이 교육의 목표이기 때문이다.

따라서 폭력없는 교실을 넘어 안전하고 평화로운 학급 분위기 형성을 통해 학생들의 성장이 촉진될 수 있도록 최선을 다하는 것이 필요할 것이다.

CHAPTER

12 자살 · 자해와 상담

Contents

I. 청소년 자살

  1. 청소년 자살의 특징

  2. 청소년 자살의 원인

  3. 청소년 자살의 치료적 개입

  4. 교사나 학부모의 지도 방법

II. 청소년 자해

  1. 청소년 자해의 특징

  2. 청소년 자해의 원인

  3. 청소년 자해의 치료적 개입

  4. 교사나 학부모의 지도방법

최근 우리 사회환경은 하루가 다르게 변하고 있고 청소년은 이러한 사회환경의 변화에 민감하게 영향을 받는 대상으로, 청소년 문제는 과거와는 다른 양상으로 드러난다. 과거의 청소년 문제는 경제적인 어려움에서 발생되거나 개인에게 국한된 문제였다면, 현대의 청소년 문제는 가정·사회·개인의 특성 등이 복합적으로 상호작용하여 발생하고 있다. 이처럼 청소년 문제는 복합적인 여러 현상에 복잡하게 얽혀 점차 위기상황에 놓이게 되고, 위기청소년의 수는 날로 증가하고 있으며 청소년 문제는 사회 전체의 문제로 확대되고 있다.

이 중에서도 특히 청소년 자살은 우리나라의 심각한 사회문제로 대두되면서 다방면으로 예방과 개입을 위한 노력이 계속되어 왔으나, 여전히 청소년 사망원인의 1위로 나타나고 있다. 게다가 청소년들 사이에서 자해행동이 온라인 커뮤니티를 통해서 유행처럼 확산되고 있다. 이러한 유행처럼 확산된 자살, 자해 행동 등은 청소년들에게 신체적·심리적 위험 요소로 작용하고 있고, 청소년들의 삶에 큰 영향을 미칠 수 있으며, 사회적으로도 큰 부작용을 미칠 수 있기 때문에 많은 관심을 기울여야 할 문제이다. 이에 청소년 위기실태 중 자살, 자해의 개념과 특성, 각각의 위험요인과 보호요인을 구체적으로 살펴보고 이에 대한 교사나 학부모의 지도 방법 등을 알아보고자 한다.

I 청소년 자살

최근 통계청과 여성가족부의 '2020청소년 통계'에 의하면 9년간 청소년 사망원인으로 고의적 자해·자살이 1위로, 그 건수가 지속적인 증가 추세임을 알 수 있다. 향후 한국의 장래를 이끌어 가야 할 청소년의 자살 증가는 개인적으로 뿐만 아니라 국가적인 차원에서도 손실일 것이다. 요즘은 인터넷이나 SNS를 통해 직·간접적인 자살의 노출이 많아지면서 자살청소년 주변의 자살생존 청소년의 자살 위험까지 높일 수 있다는 점에서 청소년 자살은 더욱 중요하게 다루어야 할 주요 위기문제 중 하나가 되었다. 여기에서는 청소년 자살이란 무엇인지 특징과 원인을 파악하고 이에 대한 치료적 개입과 지도방법을 알아보고자 한다.

1 청소년 자살의 특징

청소년기는 신체적·정신적 발달이 급격히 이루어지는 동시에 성인기를 준비하는 시기인 만큼 사회의 기대를 처음으로 접하는 시기이므로, 이 시기의 청소년은 내외적 스트레스가 많아지고 정서적으로 불안하다고 볼 수 있다. 아동기에서 성인기로 변화하는 과정인 청소년기의 자살은 다른 연령대와는 다른 자살의 특징을 가지고 있다. 청소년 자살의 임상적 특징은 다음과 같다. 첫째, 청소년 자살은 충동적으로 일어난다. 다시 말하면 청소년들이 보이는 자살시도는 현실도피적이고 감정조절이 미숙한 상태에서 문제를 급하게 해결하기 위한 충동적 방식이며, 또한 언제라도 행동화될 수 있어 위험도가 높고 예측이 어렵다. 둘째, 청소년 자살은 스트레스에 따른 급성 스트레스 반응으로 나타나기도 한다. 예를 들면 사회적응적인 청소년일지라도 갑작스런 성적 하락 등과 같은 심리사회적 환경 스트레스에 직면했을 때 겪는 좌절, 분노, 짜증, 불안 등의 심리적 고통과 위기감 수준에 따라 자살을 선택하기도 한다.

셋째, 청소년의 자살은 자신의 심리적 고통을 호소하며 도움을 청하는 극단적 표현이다. 청소년의 자살시도는 삶에 대한 완전한 포기라기보다는 가정, 사회에 대한 감춰진 호소, 즉 도움요청, 관심끌기, 준 자살행동, 죄책감유도 등의 부적응적인 대처방법 중의 하나라는 것이다. 넷째, 청소년들은 죽음에 대한 환상을 가진 경우가 많다. 청소년들은 현실세계에서 강한 압력을 받을 때 판타지 소설류나 인터넷 게임 등의 영향으로 죽음을 일종의 도피수단으로 보고, 자살을 선택함으로써 문제를 해결하려는 의존성을 보인다. 다섯째, 청소년기 자살은 또래와의 동반자살 시도가 많다. 청소년들은 다른 연령층에 비해 자신의 내적 요인보다 외적 요인의 영향을 많이 받기 때문에 성인들보다 모방자살이나 동반자살을 시도하는 경우가 더 많다.

2 청소년 자살의 원인

자살은 법적·의학적·사회적 목적에 따라 달리 정의되지만, 일반적으로 스스로를 죽이는 행위로 자살생각, 자살계획, 자살시도의 세 가지 차원을 포함한 스스로 죽음을 의도하는 선택적 행동을 하게 된다. 그러므로 자살청소년들은 자살시도나 행동을 하기 전에 반드시 인지적, 정서적, 행동적인 징후를 먼저 보인다. 이러한 징후를 미리 알고 세심하게 관찰함으로써 청소년의 자살 방지를 도울 수 있을 것이다. 따라서 청소년 자살에 대한 위험요인과 보호요인이 무엇인지 살펴보는 것이 매우 중요하다.

청소년기에는 발달단계에 따라 자살사고에 영향을 미치는 여러 가지 요인들이 있다. 주로 초·중기 청소년 자살의 위험요인으로는 우울, 자아존중감, 스트레스, 불안, 생활만족도, 주관적 정신건강, 가족요인, 학교폭력 등으로 나타나며, 보호요인으로는 사회적 지지, 자아존중감, 가족과 또래지지로 나타난다. 반면 후기 청소년기에서의 위험요인은 스트레스, 취업 및 진로문제, 이성친구 문제, 성폭력 문제, 가정불화 등이었으며, 보호요인은 사회적 지지, 학교에 대한 애착, 가족응집력, 자아존중감, 자아탄력성, 사회적 지지 문제중심 대처방식 등으로 나타났다. 한편, 시기와는 관계없이 공통적 위험요인으로 생활스트레스, 우울, 대인관계, 가족관계 등이 나타나며, 보호요인으로는 자아존중감, 가족응집력, 사회적 지지, 스트레스 대처방식 등이 있다.

이와 같이 청소년 자살은 한 가지 원인 때문에 일어나는 것이 아니라 위험요인과 보호요인 간의 복잡한 상호작용 결과로 나타나게 된다. 따라서 청소년 자살을 예방하기 위해서 초·중·후기 청소년 자살의 위험요인과 보호요인을 총체적으로 고려하여 청소년 발달단계에 따라 적절한 개입과 치료가 제공되어야 할 것이다.

③ 청소년 자살의 치료적 개입

청소년이 자살행동을 보일 때 이를 인지하고 개입한다는 것은 청소년에 대한 관심과 이와 관련성, 민감성을 가지고 체계적으로 접근한다는 것을 뜻한다.

1) 자살의 징후 알아차리기

자살을 시도하려는 학생의 대부분은 자신의 자살 의도를 외부에 알리게 된다. 자살하려 하는 학생 또한 삶에 대한 의지가 있기 때문이다. 죽는 그 순간까지 삶과 죽음의 기로에서 계속 고민하게 되며, 이때에 어떻게 개입하느냐에 따라서 결과는 충분히 달라질 수 있다. 자살 징후들을 자살을 시도하려는 학생이 보내는 도움요청의 신호로 생각하고, 자살 징후가 발견되면, 즉각적으로 자살 위기를 평정하고 위험도에 따라 신속하게 개입하여야만 한다.

다음은 직접적인 행동 단서, 직접적인 언어표현, 간접적 행동이나 상징적 단서의 예들이다.

직접적 행동 단서	직접적인 언어표현
• 갑작스러운 행동변화 • 흥미와 에너지의 저하 • 사람들과 만남을 끊고 혼자 지내려 함 • 감정기복이 심해짐 • 식욕과 수면 습관의 변화 • 외모와 위생 상태에 대한 관심의 결여 • 성적이 떨어지거나 조퇴, 무단결석이 많아짐	• 나 정말 죽고 싶어 • 내가 죽어버리면 좋을텐데… • 나는 아무짝에도 쓸모가 없어 • 사라져줄게… • 멀리 떠나고 싶다 • 깨어나지 말았으면… • 날아가 버리고 싶다 • 내가 죽어도 아무도 슬퍼하지 않겠지?

간접적 행동이나 상징적 단서

- 수면, 진통제, 감기약 등을 모아서 감춰둠
- 줄, 칼 등을 준비하고 감춤
- 자신의 물건을 정리하거나 의미있는 소장품을 남에게 주거나 버림
- 오랫동안 만나지 못했던 친구나 선생님을 찾아감
- 자살방법에 대해 문의하거나 검색함
- 일기장, 낙서, 블로그, SNS 등으로 자살, 죽음에 대해 표현

2) 자살위험 정도 평가하기

학생의 자살위험을 정확히 평가하고 확인하여, 위험 정도에 따라서 개입방법을 결정해야 한다. 면담 시 유의사항을 살펴보면, 면담 시의 모든 자료는 기록해놓고, 자살 위험이 인지하는 즉시 보호자에게 사실을 알려야 한다. 또한 자살위험 정도를 평가한 후, 현재의 자살위험 정도가 높지 않더라도 지속적인 관심과 평가가 필요하다. 위험 정도를 평가 방법으로는 대표적으로 설문지를 통한 평가와 면담을 이용하는 방법이 있다. 우선, 설문지 평가는 학생의 자살 생각, 우울 증상의 여부와 강도, 빈도 등을 확인하기 위하여 설문지 평가를 실시한다. 이때 설문지라는 것은 자살생각이나 우울증 정도를 파악할 수 있는 것으로 학교에서 사용하는 평가 도구가 있다면, 이를 사용할 수 있다. 자주 사용하는 것으로 자살생각 척도(SIQ; Suicidal Ideation Questionnaire, Reynolds, 1988), 우울증 척도(BDI; Beck Depression Inventory, Beck, 1961)를 들 수 있다. 설문지 평가 시 점수가 의미하는 바는 다음과 같다.

> ❦ 자살 생각과 우울 척도의 절단점수
>
> – 자살생각(SIQ): 62~76점, 또래에 비해 자살생각을 많이 하는 편
> 77~90점, 또래에 비해 자살생각을 상당히 많이 하는 편
> 91점 이상, 또래에 비해 자살생각을 매우 많이 하는 편
> – 우울(BDI) : 0~9점, 정상
> 10~15점, 가벼운 우울 상태
> 16~23점, 중간 정도 우울 상태
> 24~63점, 심한 우울 상태
> ※ 유사 척도 이용 시, 해당 척도의 절단점 점수를 참고

316   PART 2 학생 발달과제와 적용

면담을 통한 평가를 살펴보면, 먼저 분명하고, 차분한 태도로 이야기해야 한다. 이때 상담자가 청소년의 마음을 털어놓을 수 있는 상대라는 것을 보여주어야 한다. 그리고 면담 시 주저하거나 불안정한 태도는 금물이다. 청소년이 상담자를 신뢰할 수 있는 분명한 태도를 유지해야 한다. 둘째, 자살에 대해서 가능한 직접적으로 묻는다. 이때 물을 수 있는 내용은 최근 자살생각 여부와 내용, 자살의 동기, 자살에 대한 구체적인 계획이 있는지, 이전에 자살(자해)을 시도한 적이 있는지 등으로 자살에 대한 직접적인 질문을 하여야 한다. 셋째, 경청한다. 청소년이 죽으려고 하는 이유를 우선 들어주고 그 상황이나 감정 상태를 공감해야 한다. 다음은 자살행동 관련으로 대면 면담을 하는 예시이다.

🌱 사례: 자살행동의 면담

– 자살생각 확인하기

상담자: 요즘 무슨 일 있니?

청소년: 아니요.

상담자: 네가 요즘 지각도 자주 하고, 죽고 싶다는 낙서도 해서, 선생님이 많이 걱정돼.
　　　　요즘 많이 우울하니? (Tip : 객관적인 관찰 사항을 먼저 예로 든 후, 질문할 것)

청소년: 조금요.

상담자: 그래, 죽고 싶다는 생각도 해본 적 있어? (자살 생각 유무에 대한 질문)

청소년: 그냥 요즘에는 자주 그런 생각이 들어요.(빈도나 강도에 대한 질문)

– 자살 동기 확인하기

상담자: 어떤 일 때문에 그런 생각이 들었어?

청소년: 모르겠어요. 성적도 너무 많이 떨어지고, 부모님하고도 자꾸 안 좋은 거 같아요.

– 자살 계획에 대해서 확인하기

상담자: 죽는 방법에 대해서는 구체적으로 생각해본 적 있니?

청소년: 아직 거기까지는 생각해본 적이 없어요. or 네. 어디서 뛰어내릴까 이런 생각
　　　　도 들고...

– 이전 자살 시도에 대해서 확인하기

상담자: 이전에도 죽고 싶다는 생각을 하거나 죽으려고 한 적이 있니?

청소년: 아니요. 이전에는 그런 적이 없었는데, 요즘 들어 그런 거 같아요.

3) 자살 위기 개입하기

자살생각과 우울증 설문지 평가, 면담을 통해서 알게 된 자살시도 및 자살 계획 여부, 그리고 심한 스트레스 사건 및 주위 친구나 가족의 자살로 인한 사망 여부 등의 종합적인 자살위기 정도를 파악하여 어떻게 개입할 것인지 결정할 수 있다. 다음을 통해서 알아보도록 하자.

자살행동 관련된 체크리스트를 점검한 후 체크 항목에서 4개 이상에 해당될 때는 극도의 위기상황으로 청소년을 절대 혼자 두어선 안 되고, 보호자에게 즉시 연락하고 전문가에게 의뢰할 필요가 있다. 체크 항목에서 1~2번 중 1개와 3~6번 중 1개 이상이 해당이 된다면, 심층사정평가 및 전문가에게 의뢰할 필요가 있다. 그리고 항목에는 해당하지 않지만, 자살생각 및 우울척도가 경도 이상이면, 주기적 평가와 상담이 고려된다.

🌿 **체크리스트**

1. 자살생각 척도가 중간 이상이다. ——————————————( )
2. 우울증 척도가 중간 이상이다. ——————————————( )
3. 이전에 자살을 시도한 적이 있다. ——————————————( )
4. 자살에 대한 구체적인 계획을 갖고 있다. ————————————( )
5. 최근 심한 스트레스 사건이 있었다. ———————————————( )
6. 가족이나 친한 친구가 자살로 사망한 적이 있다. ————————( )

스트레스와 취약성 모델에 의하면, 자살위기는 언제든 다시 높아질 수 있으므로 위기상황이 끝나더라도, 지속적인 평가와 고위험관리가 계속되어야 한다. 또한, 학기 초의 적응문제와 결부되어 학생이 가지고 있는 문제가 심해질 수 있기 때문에, 다음 학년 선생님과 학생에 대한 정보를 공유하는 것이 필요하다.

④ 교사나 학부모의 지도방법

자살하는 대부분의 학생들은 죽음에 대해 양가적인 감정을 가진 경우가 많다. 실제 많은 자살시도자들은 자살위기를 무사히 넘긴 것에 대해 감사해하는 것을 보았을 때, 자살충동을 지연시키는 것은 매우 중요하다. 따라서 자살 징후를 보이는 학생을 발견하거나 학생이 자살충동의 고통을 직접적으로 호소할 때, 교사는 제일 먼저 자살에 대해 말할 수 있도록 한다. 자살할 마음이 있는 것인지에 대해 질문하고 경청하며 힘든 마음에 대해서 공감한다. 그 다음 가족이나 친지 등 가까운 관계의 책임이 있는 사람에게 자살위기를 알리고, 자살위기에서 벗어나도록 현실적으로 도와줄 수 있는 사람에게 도움을 요청한다. 세번째는 혼자 있지 못하게 한다. 불편하더라도 옆에서 도움을 줄 수 있는 사람이 필요하다는 것을 설명하고 누군가와 함께 있도록 한다. 만일 누군가가 옆에 있을 수 없는 상황이면 도움을 줄 수 있는 사람이나 관련 기관에 도움을 요청한다. 네번째는 자살에 사용될 수 있는 물건을 치우고, 자살 가능성이 있는 장소에 있지 않게 한다. 충동적으로 행동할 수 있는 장소에 있지 않도록 하고, 자살에 사용될 수 있는 위험한 물건들(끈, 면도기 등)을 보이지 않게 치운다. 만일 자살도구를 준비해 놓은 게 있다면 스스로 버릴 수 있도록 해야 한다. 마지막으로는 정신건강전문가를 만나도록 한다. 상담심리전문가, 정신과 전문의, 자살예방전문가 등과 같은 정신건강전문가의 도움을 받을 수 있도록 관련기관을 안내하고, 자살 관련 기관의 개인상담, 이메일상담, 온라인(채팅)상담, 게시판 상담, 전화상담을 이용할 수 있음을 전달한다.

한편 지도학생이나 수강학생, 기숙사학생 가운데 이메일이나 전화로 자살위기를 호소할 경우, 면대면 상황이 아니기에 더욱 더 당황하고 놀랄 수 있다. 메일을 받았을 경우, 먼저 빠른 시간 안에 접촉을 시도해 현재의 위치를 파악하고 최대한 직접적인 만남을 유도한다. 두 번째로는 구체적 대처를 도와야 한다. 막연하게 진정하라고 하는 것이 아니라 지금 현재 겪고 있는 문제가 무엇인지 파악하고 구체적으로 대처할 수 있도록 해야 한다. 세 번째로는 안정감을 회복하도록 대화를 시도해야 한다. 자살하려는 사람이 계속 이야기할 수 있게 대화를 나누면서 혼자가 아님을 알려주는 것이 필요하다. 마지막으로 전문가에게 의뢰한다. CHARM케어센터에 도움을 요청하고 협력하여 이후의 절차를 밟을 수 있도록 돕는다.

학부모와의 상담에서는 감정적으로 응하지 않고 객관적 사실을 안내해야 하며 권고사항을 설명하는 것이 중요하다. 학부모와는 협력적 관계를 수립하는 것이 우선이므로 비밀보장이나 부모의 상담에 대한 기대를 다루어 주고 부모의 무관심 및 방관적 태도를 다루어 주며 자살이나 자해에 대한 부모의 대처방법을 다루어 준다. 특히, 청소년의 학업스트레스가 자살생각에 미치는 영향과 부모의 관심과 부모와의 유대감이 자살생각을 감소시키는 요인이 된다는 연구 결과를 통해 자살생각에 부모와의 관계가 중요한 요인임을 알 수 있다. 그러므로 청소년의 자살을 예방하기 위해서는 자살원인에 직접적으로 개입하는 접근방식뿐 아니라, 부모와의 관계를 강화하는 식의 개입도 필요하다는 것을 시사한다.

Ⅱ 청소년 자해

최근 청소년 사이에서 자해 인증샷을 SNS에 올리는 일명 '자해 놀이' 현상이 일어나는 등 청소년 자해가 급격히 증가하였다. 청소년 자해 현상과 관련하여 전문가들은 과거에는 심각한 성격장애, 우울증 등 다른 정신적인 증상이 있는 청소년이 주로 자해를 했다면, 최근에는 큰 정신적인 이상 증상 없음에도 자해하는 청소년이 임상장면에서 많이 발견되고 그 수가 급증하고 있다고 밝히고 있어 그 대책이 시급함을 알 수 있다. 여기에서는 청소년 자해의 특징과 원인을 파악하고 치료적 개입과 지도 방법을 알아보고자 한다.

1 청소년 자해의 특징

자해는 고의로 자신의 신체를 훼손하는 행동을 의미하며, 자해 행동은 신체 조직의 손상과 긴장 완화를 목적으로 스스로 자신의 신체에 의도적이고 반복적인 위해를 가하는 행위이다(Klonsky, 2007). 비록 자해행동을 했다고 해서 자동적으로 자살의도를 가졌다고 보기는 어렵지만, 자해행동을 반복하는 과정을 통해 자살에 대한 두려운 마음이 사라지면서 자살위험성이 증가할 수 있으며, 과거 자해경험은 향후 자살시도를 강력하게 예측한 것으로 나타났다.

자해는 대개 사춘기 초기에 발생하며 12~16세 사이의 초, 중기 청소년기에 많이 이루어진다. 특히 자해 행동이 처음 시작되는 시점은 비교적 이른 나이인 13세 전후로, 이후 청소년기에 제한되어 발생하거나 성인기까지 지속되기도 한다. 즉, 자해는 초기 청소년기에 발생하여 청소년 후기나 청년기 초기에 걸쳐 감소하는 경향이 있다. 본서에서 자해는 자살시도와 구분하여 죽을 의도 없이 자신의 신체를 훼손시키는 행위로 비자살적 자해를 의미하며 자해로 통일하여 사용하고자 한다.

자해방법은 다양하며 일반적으로 비자살적 자해방법 중 가장 흔한 방법은 몸에 칼로 흔적을 남기는 것, 즉 커팅이다. 몸을 커팅하거나 몸에 스크래치 하는 것이 자해의 대표적인 방법이다. 그 다음으로 때리는 것, 고통을 느끼기 위해 몸에 무엇인가를 새기는 것, 머리를 흔드는 것, 상처를 치료하지 않는 것, 피부를 태우는 것 등의 자해방법이 있으며, 이 외에도 피를 뽑는 것, 무엇인가를 몸에 삽입하는 것 등 다양한 방법들이 있다.

자해의 심각성은 자해의 방법 및 자해방법의 다양성과 관련이 깊다. 자해 방법은 예를 들면, 가위로 긋는 것보다 날카로운 칼로 긋는 경우 등 자칫하면 응급으로 연결될수록 심각하다고 할 수 있다. 또한, 다양한 방법으로 자해를 할수록 자해 빈도가 높아진다. 따라서 상담자는 자해의 심각성을 판단할 때 얼마나 치명적인 방법을 사용하는가, 얼마나 다양한 방법으로 자해를 하는지, 그리고 이것이 병원 치료를 요하는 것인지를 신중하게 살펴보는 것이 중요하다. 또한 자해의 심각성과 관련하며 최초 자해가 이루어진 나이를 살펴보는 것이 필요하다. 자해의 최초 나이가 어릴수록 자살위험이 높고 자해가 지속될 가능성이 높다. 이는 자해가 주로 청소년기에 나타나는 문제로서 청소년기 자해에 대한 개입이 집중적으로 다루어야 할 문제라는 것을 시사한다.

2 청소년 자해의 원인

청소년 자해는 은밀하게 일어나고 잘 드러나지 않는 특성으로 자살과도 다르면서도 깊은 연관성을 지니고 있어 자살을 예측하는 중요한 요인이다. 자해를 하는 원인은 다양하며, 이를 심리적, 생물학적, 사회·환경적인 요인으로 구분하여 살펴볼 수 있다.

심리적 요인을 살펴보면 자해를 경험하는 청소년 중 많은 수가 부정적 자기개념,

낮은 자기효능감과 자아존중감을 보고한다. 청소년 자해의 경우 스트레스 상황으로 인해 부정적 정서가 발생하였을 때 그 정서에 대한 인식이 어렵고 이와 더불어 스트레스에 대처하고 정서를 조절할 적절한 전략이 부재하여 자해를 선택하는 경우가 많다. 그들은 스트레스 상황이나 갈등 상황에서 그 원인을 자신의 능력 부족, 성격과 같은 변화가 힘든 특질 차원으로 인식하고 자신을 처벌하기 위해서, 또는 자신에 대한 분노를 표출하기 위한 방법으로 자해를 선택할 가능성이 높다. 청소년들은 스스로에 대한 무가치감, 세상과 주변사람들로부터의 소외감 속에서 자해를 통해 느끼는 고통으로 자신의 존재를 확인하고자 하는 것이다.

생물학적 요인으로 고통감내 시스템에 대한 가설이 존재한다. 엔도르핀(endorphin)은 신체적 부상, 손상에 반응하여 방출되는 내분비 호르몬으로 자연 진통제 역할을 하고, 즐겁고 기분이 좋아지는 느낌을 발생시킨다. 자해행동에서 발생하는 엔도르핀은 자해행동 시 나타나는 기분의 향상과 관련이 있다는 보고가 있다. 자해행동을 하는 동안 통증이 최소화되거나 전혀 느껴지지 않는다는 것이다. 이와 같이 자해청소년은 자해행동을 통해 엔도르핀을 증가시켜 심리적 고통을 대신해 생리적, 정서적 항상성을 유지하고자 한다.

사회·환경적 요인으로 청소년 자해는 애착과 관련된 불안의 차원과 관련이 깊다. 어린 시절 부모 등 보호자로부터의 양육에 있어 비난 등의 언어적 폭력을 경험하거나, 과보호로 인해 충동조절능력이 발달하지 못했을 때 자해의 위험성이 증가할 수 있다. 이처럼 초기의 애착 불안은 이후 부적절한 의사소통 방법과 부정적인 감정 표현으로 드러나 이후 또래 관계를 형성하고 유지하는 것에 부정적인 영향을 가져올 수 있고 정서적인 측면에서도 우울, 불안, 위축, 공격성 등에 영향을 주어 비자살적 자해행동에 영향을 줄 가능성이 높다. 또한 주양육자와의 관계에서 경험한 신체적, 성적, 정서적 학대 및 방임으로 인한 복합외상 경험이 청소년 자해행동에 영향을 줄 수 있다. 아동기의 외상경험은 정서, 행동, 인지적 측면에 부정적인 영향을 주며 특히 신체적, 성적, 정서적 학대를 경험한 아동은 상황에서 무기력함을 경험하고 상황에 대해 내적 귀인을 하게 될 가능성이 높다(조미숙, 1999). 또한 문제상황에서 폭력을 행사하는 것으로 문제를 해결하려는 주양육자의 행동을 학습함으로써 공격적인 행동으로 문제해결을 하려고 할 가능성이 높다. 그리고 적절한 문제해결능력이나 기술을 학습하지 못하였기 때문에 문제해결능력이 부족하고 다른 사람들에 대한 공감이나 관계에서의 기술 또한 부족할 가능성이 높다. 이와 같이 어려움, 문제해결능력의 부재, 자신에 대한 부정적인 감정은 청소년기 자해로 이어질 가능성이 높다.

자해행동은 전염효과가 높기 때문에 미디어, 인터넷, SNS 등의 환경적 요인이 청소년 자해에 영향을 줄 수 있다. 한 번도 자해에 대해 생각하거나 경험해 본 적이 없던 청소년들이 이를 접함으로써 자해에 대한 생각이 '점화'될 수 있다. 미디어나 다양한 웹상의 콘텐츠들을 통해 자해행동에 대해 학습하고 시도하는 것 외에도 인터넷과 SNS는 청소년 자해를 더욱 강화시키는 것에도 기여한다. 더불어 '자해'로 연결된 집단에서 소속감을 경험하고 집단원들의 지지와 관심을 획득함으로써 자해행동이 더욱 강화되기도 한다. 이렇게 자해행동에 대한 정당성을 습득한 청소년들은 자해에 대한 생각이 자해행동으로까지 이어질 가능성이 높아진다.

3 청소년 자해의 치료적 개입

청소년들이 자해하는 심리적인 기제를 안다면 자해를 하는 청소년을 이해하고 개입할 수 있다. 여러 학자들에 의하면, 청소년들의 자해 시도와 반복은 정서조절의 어려움, 유전적·환경적인 요인, 불쾌한 감정이나 상황으로부터의 회피 등 여러 가지 요인들에 의해 일어나게 된다고 말한다. 따라서 자해의 치료와 회복을 위해서는 자해하는 원인을 정확히 아는 것이 중요하다. 다음에서는 이론을 떠나서 청소년에게 접근할 수 있는 자해행동의 효과적인 개입 과정에 대해 살펴보고자 한다.

1) 라포 형성 및 안전 확보하기

청소년 내담자와의 라포형성은 무엇보다 중요하다. 특히 자해행동을 들키고 싶지 않은 마음과 이해받고 싶은 마음이 공존하는 자해행동 내담자의 경우 초기에 라포를 형성하는 것이 쉽지 않다. 이들은 감정표현이 어렵다는 점과 이전에 다른 누군가에게 '네가 이상하다' 또는 '네가 별나다'라는 등의 평가나 거절당한 경험이 많기 때문에 다른 사람들과의 관계에서 안전감이나 신뢰감을 느끼기 쉽지 않다. 즉, 자해행동을 보이는 청소년과의 상담은 다른 청소년 내담자들에 비해 라포를 형성하는데 더 오랜 시간 소요될 수 있다. 따라서 이들과 빠른 라포 형성을 위해서 청소년 자해에 대해 상담자 스스로 갖고 있는 선입견이 존재하지는 않는지 확인하고 자해행동에 대한 지식을 숙지해야 한다. 그리고 자해행동 청소년들에게 죄책감을 갖지 않게 해야 하며, 대안 없이 '그냥 멈춰'라고 말하지 않아야 한다. 그리고 라포 형성에 중요한 것은 정서적으로 취약한 자해행동 청소년 내담자들에게 그들이 느끼는 감정에 대해 더 많은 인정(타당화) 경험이 필요하다.

또한 상담 초기에 해야 할 중요한 작업 중의 하나가 청소년 내담자의 안전 확보라고 할 수 있다. 내담자가 지속적이고 높은 빈도로 자해를 하는 경우, 치명적인 자해를 막기 위해 내담자의 주변인들을 중심으로 지지체계를 구축하고 내담자를 둘러싼 환경에서의 안전성을 확보해야 한다. 즉 필요한 경우 내담자와 자해 관련 서약서를 작성하여 내담자가 긴급하게 도움이 필요한 경우 연락할 수 있는 기관이나 주변 사람들의 연락처를 확보하고 구체적으로 도움이 필요할 때 도움을 구할 수 있는 방법을 알려주는 과정이 필요하다. 또한 부모상담이 함께 이루어지고 부모의 지지와 협력이 가능한 경우에는 내담자와 함께 합의하여 부모를 통한 안전체계를 구축할 수 있다.

2) 자해행동 위험도 및 동기 파악하기

자해행동 청소년과 상담 시 자해행동의 위험 수준을 평가하는 것은 중요하다. 왜냐하면, 자해행동의 위험 수준에 따라 개입이 달라질 수 있기 때문이다. 상담자가 직접 질문을 하는 방법을 통해서 자해행동 청소년의 위험수준을 평가할 수 있다. 자해의 위험도를 평가하기 위해서 우선, 최근 자해 시도와 빈도를 살펴보아야 한다. 그에 대한 내용은 다음과 같다.

❦ 자해행동 위험도 평가

가장 최근 자해를 한 적은 언제입니까?

앞으로 자해를 할 가능성은 얼마나 됩니까?

처음 자해를 했던 때는 언제입니까?

처음 자해를 하게 되었던 동기를 가장 잘 설명하는 문장은 어떤 것입니까?

자해를 했던 총 횟수는 몇 번입니까?

다음으로 자해행동의 심각성을 측정해야 한다. 자해행동이 얼마나 심각한 수준인지, 자해 행동으로 병원치료를 받은 경험이 있는지를 통해 혹시 모를 자살로 이어질 수 있는지를 평가하는 것이 필요하다. 그 내용을 예로 들면 다음과 같다.

✿ 자해행동 심각성 평가

자기 생각보다 더 심각하게 자해를 한 적이 있습니까? 있다면 몇 번입니까?
병원치료를 받아야 할 만큼 심각하게 자해를 한 적이 있습니까?
자해로 인해 생겼던 신체적 상처에 대해 의학적인 치료(심리치료가 아닌 것)를 받은 적이 있습니까?
자해에 대해 심리치료나 상담을 받은 적이 있습니까?

이러한 질문들에 '예'라고 대답하는 수가 많아질수록 청소년 내담자의 자해행동의 위험도가 높아진다고 말할 수 있다. 끝으로 자해행동의 동기나 의도를 아는 것이 청소년 내담자를 이해하고 상담 및 치료 개입을 세우는 데 중요하다. 자해기능 평가지(The Functional Assessment of Self-Mutilation : FASM)를 통해 자해를 하는 목적(개인 내적동기와 사회적 동기)을 파악하거나 자해의도 평가지(Ottawa Self-injury Inventory : OSI)를 통해 4개의 하위영역(내적 정서조절, 사회적 영향 추구, 외적 정서조절, 감각 추구 성향) 중에 자해행동을 하는 동기나 의도를 파악할 수 있다. 이처럼 자해행동의 위험도와 의도를 파악함으로써 자해행동 청소년을 이해할 수 있을 뿐만 아니라 이후 상담 개입의 방향이나 목표를 설정하는 데 도움이 된다.

초기에 내담자의 자해위험 수준을 평가한 이후에도 상담이 지속되면서 계속적으로 내담자의 자해 위험성을 평가해야 한다. 이때 평가는 자해행동을 하지 말라는 메시지가 담긴 평가가 아니라, 자해행동 여부, 자해행동의 빈도, 자해행동 시 사용한 도구, 자해행동을 한 상황에 관한 내용 등을 살펴서 자해행동의 지속성이나 변화 정도를 확인하는 것을 말한다. 또한 상담자는 내담자가 자신의 자해동기를 정확하게 인식하지 못하는 경우가 많다. 따라서 상담자는 내담자가 자신의 자해동기에 대해 인식할 수 있도록 돕고, 내담자가 스스로 자신의 분노와 같은 부정적인 정서에 대처하기 위해 자해를 했다는 사실을 인식할 수 있도록 해야 한다.

3) 자해행동 개입하기

내담자의 자해행동을 변화시키기 위한 다양한 개입법이 존재한다. 여기서는 비합리적 신념 및 행동의 변화, 스트레스 상황 시 다른 대처방안, 긍정성 및 잠재력 강화에 대해 살펴보고자 한다. 우선, 비합리적 신념 및 행동의 변화에 대해 살펴보면, 일반적으로 내담자들이 가지고 있는 자해행동과 관련된 신념들이 어떻게 형성되었고 현재까지 유지되고 있는지 탐색하는 과정에서 내담자의 신념에 대해 처음부터 이의를 제기하는 것은 도움이 되지 않는다. 대신 상담자는 내담자가 가지고 있는 자해행동과 관련된 신념에 대해 우선적으로 공감해 주면서 그들의 삶에 어떠한 역할을 하고 영향을 미치고 있는지에 대해 인식시켜 주는 것이 필요하다. 이처럼 상담과정에서 내담자가 자해를 하게 되는 스트레스 상황이나 사건에서 내담자가 자동적으로 떠올리게 되는 생각인 자동적 사고를 파악하고 스스로 인식할 수 있는 작업을 반복하게 된다. 대체로 자동적 사고는 개인의 과거 부정적인 경험들이 축적된 결과에서 나타나는 비합리적 신념인 경우가 많다. 따라서 상담자는 상담을 통해 내담자가 접하게 되는 일상생활 속에서 반복적으로 발생하는 부정적인 자동적 사고를 인식할 수 있도록 돕고 더 나아가 상황을 객관적으로 인식할 수 있도록 돕는다. 두 번째는 스트레스 상황 시 자해행동이 아닌 다른 대처방안을 사용하는 것이다. 자해가 오랜 기간에 걸쳐 만성적이고 습관적으로 이루어져 왔기 때문에 자해행동을 완전히 그만두게 하는 데는 시간이 필요하다. 따라서 자해행동을 완전히 포기하기까지 다른 대처방안을 사용하도록 한다. 이는 주관적인 고통을 주지만 신체 조직에 거의 또는 전혀 손상을 주지 않는 행동(손에 얼음 쥐고 있기, 손목에 고무줄 튕기기)으로 이행하는 것이며, 또 다른 방법은 자해를 하고 싶을 때 실제로 고통이나 피해를 주지는 않는 제스처(수용성 붉은 마커로 신체 부위에 표시)를 사용하는 것이다. 또한 자해를 했던 장소에서 내담자가 좋아하는 다른 행동을 하는 것도 좋은 방법이다. 이러한 다른 대처방안을 탐색할 때는 내담자가 스트레스 상황에서 적응적인 대처를 하는 데 도움이 되었던 기존의 방법을 살펴보는 것도 좋고, 내담자가 그런 방법을 모른다고 대답할 경우에는 적합한 다양한 방법을 제시한 후 내담자가 해볼 수 있는 것들 중에 우선순위를 정해서 구체적인 실행 방법을 함께 살펴보는 것도 도움이 된다. 세 번째로 긍정성 및 잠재력 강화를 살펴보면, 상담과정에서 부정적인 경험에만 초점을 맞추는 것이 아니라 내담자가 가지고 있는 강점과 삶의 목표에 대해 초점을 맞추는 것도 중요하다. 특히, 청소년들은 인정과 격려를 받는 것이 행동의 변화에 필수적인 요소인 만큼 내담자가 보이는 변화와 강점에 대해 상담자가 피드백해주고 내담자가 그것을 인식할 수 있도록 도와야 한다. 이러한 결과, 이후 또 다른 스트레스 상황이나 갈등 상황에 노출됐을 때 내담자가 자신의 강점이나 긍정성을 발휘하여 이를 극복하는 경험을 함으로써 서서히 자해행동을 줄여나갈 수 있게 된다. 뿐만 아니라 내담자가 현재 고통에만 빠져있는 것이 아니라 자신의 삶의 목표에 대해 생각해 보고 구체적인 삶의 계획을 같이 세워보는 것도 자해행동을 줄이는 데 도움이 된다. 자신에게 의미있고 가치있는 것을 찾고 구체적인 목표를 세우는 것은 설령 그대로 가지 않을 지라도 그 자체만으로 그들에게 긍정적인 경험으로 인식될 수 있다. 자신이 하고 싶은 것, 원하는 삶의 모습을 그려보고, 현재 삶에서 무엇을 변화시킬 수 있는지 찾아보고 실천해보는 경험은 그들에게 멀게만 느껴졌던 희망을 안겨줄 수 있다.

🌿 자해행동 치료에 도움이 되는 이론

1. 인지행동치료(Cognitve Behavioral Therapy: CBT)

부적응적 인지를 적응적으로 대체하는 인지적 재구성과 다양한 스트레스 상황에 대처하는 기술을 습득하고 문제를 해결하는 치료방법이다. 자해 청소년 상담개입에 있어서 인지행동치료의 목표는 적응적 대처방안 기술을 강화시키고 협력하여 문제를 해결함으로써 자해행동을 감소시키는 것이라고 할 수 있다. 인지행동치료에서 전형적인 개입방법은 인지행동분석을 수행하거나 또는 선행사건을 탐색하거나 내담자의 상황에 대한 행동과 결과를 탐색하는 것이다. 이를 통해 상담자는 내담자가 자해에 이르게 된 이유와 상황에 대해 심도있게 작업할 수 있다. 다음 단계는 논박을 통해 인지를 재구조화함으로서 자동적 사고를 대안적 사고에 이르게 하는 것이다. 이 과정에서는 내담자의 자해에 영향을 미치는 구체적인 생활사건이나 스트레스를 탐색하여 그 상황에서 내담자가 믿고 있는 자동적 사고나 비합리적 신념을 발견하고 다루어 주게 된다. 이때 자해의 동기와 목적을 살핌으로써 내담자의 자해행동을 감소시킬 수 있다.

2. 변증법적 행동치료(Dialectical Behavior Therapy: DBT)

자해와 같이 회피적이고 해로운 대처전략을 대신해서 의사소통 패턴과 대인관계 기술을 강화시킴으로써 개인의 정서조절을 돕는 것이 목표이다. 자해와 삶을 위협하는 행동 감소, 비동맹과 같이 치료를 방해하는 행동 감소, 삶의 질을 향상시키는 것과 반대되는 행동 감소, 그리고 정서조절 전략 학습, 마음챙기기, 대인관계 기술과 같은 행동기술을 증가시키는 것들이 포함된다. 마음챙김 훈련은 DBT에서 핵심적인 기술로, 마음챙김을 통해 과거에 감정이나 자해 충동을 유발한 자극으로부터 주의를 딴 데로 돌릴 수 있으며, 자해와 관련된 과거의 사건에 대해 사실이라고 여겼던 잘못된 믿음을 제거할 수도 있다. 마음챙김이 자신의 감정을 받아들이는 법을 배우는 것이라면, 고통감내는 자해하려는 충동으로부터 주의를 분산시키고 시간을 지연시키는 것을 배우는 것이다. 그러므로 치료목표는 내담자가 경험하고 있는 감정이나 고통을 즉시 사라지게 하거나 해결하는 것이 아니라 조절할 수 있도록 하는 것이다.

4 교사와 학부모의 지도방법

학교장면에서 자해학생을 발견하면 교사들은 당황스러울 수밖에 없다. 이때 학생과 대화를 통해 혼자 해결해보려는 시도를 종종하게 된다. 이것은 굉장히 위험한 접근이다. 현재는 자해를 하고 있지만, 언제든지 감정이 격해지거나 감당할 수 있는 스트레스 수준을 넘으면 심각한 자해를 하거나 자살로 이어질 수 있기 때문이다. 따라서 학교 관리자 및 관계자들과 함께 협력하여 대처하는 것이 필요하다. 아래의 표는 학생이 자해 및 자살행동을 했을 때 대처할 수 있는 일반적인 방법을 제시하였다. 이런 과정을 통해 학생들의 자해 및 자살행동에 대처한다면 책임을 나눌 수 있어서 불안을 낮출 수 있고, 해당 학생을 문제 학생으로 보기 보다는 그 존재로 바라볼 수 있게 된다.

🌱 학교 장면에서의 자해 · 자살행동 발생 시 대처

- 학급 안전 상태 평가: 급우의 자해행동으로 영향을 받은 학생이 없는지 점검, 전체 학생들을 대상으로 심리교육 실시 여부 결정
- 위기관리 팀 구성: 교감, 담임, 생활부장, 정신보건전문가 등
- 상담교사와 협력: 학생의 현재 상태, 자해 동기, 주의해야 할 사항, 담임으로 도와줄

수 있는 내용 등을 협의
- 부모상담을 통한 "협력적 관계" 구축: 어떤 부분을 비밀로 할지 논의하고 부모를 치료에 참여시키는 계획 수립
- 자기 개방 유도 및 감정 타당화: 자해 이유, 방법, 자해전 · 후 느낌을 보고하게 하고 감정 타당화

대부분의 부모는 자녀의 자해행동에 대해 어떻게 반응하고, 도와주어야 하는지 알지 못한다. 자해 청소년 부모가 가정에서 자녀의 자해에 대해 처음 따라야 할 지침은 자해라는 행동이 아닌 자해행동을 하게 된 감정에 초점을 맞춰 이야기하는 것이다. 특히 자녀의 자해행동을 멈추는 데 초점을 두고 밀어붙이는 방식은 비효과적인 결과를 초래한다.

부모가 자녀의 자해행동을 비난하거나 야단치기보다 자해를 하게 된 마음을 이해해 주는 대화가 필요하다. 자녀의 불안이나 격한 감정을 공감해 주고 자해행동을 이해하려고 노력하는 태도가 우선이다.

반면 자해를 하는 자녀에게 도움이 되지 않는 부모의 반응은 다음과 같다.

🌱 자해하는 자녀에 대한 부모의 잘못된 반응

- 행동을 통제하기 위해 자해도구를 빼앗겠다고 위협하기
- 혐오감이나 부정적인 감정 등을 표현하기
- 자해행동을 하는 자녀를 비난하거나 또는 모르는 척 무시하기
- 역할 바꾸기(자녀가 부모역할하기)
- 자녀에게 안전장치를 제공하지 않기
- (만약 상처가 심각하지 않다면) 상처를 보라고 하기
- 자해행동 또는 자해행동에 대한 가족의 반응에 대해 배우자나 다른 가족구성원을 비난하기

다음으로 대화를 통해 자녀가 자해를 멈추고 싶은 의지를 표명하면 부모는 자녀와 합의하여 자해도구를 없애는 것을 함께 실천해 볼 수 있다. 자해에 사용될 수 있는 도구들을 하나씩 나열해 보고, 어디에 있는지 찾아본다. 그리고 도구를 함께 없애면서 자녀의 자해를 멈추려는 의지를 확인하고 격려한다.

장기적으로 자해가 재발되지 않기 위해서 자녀와 의사소통이 원활하게 이루어져야 한다. 자녀와 의사소통을 잘하려면, 첫째 부모보다 자녀의 이야기를 잘 경청해야 한다. 둘째 자녀의 이야기를 경청한 후 부모의 생각이나 감정에 대해 이야기한다. 이 때 자녀를 평가하거나 꾸짖지 않도록 주의한다. 구체적으로 자녀의 상황보다는 자녀가 느꼈던 기분, 감정에 초점을 두어 이야기하도록 한다.

자녀의 자해행동에 대해 적절한 의사소통 방식으로 대화하는 것도 중요하지만, 부모가 실제로 자녀의 안전을 확보하는 방법을 생각해 보고 실천하는 것도 자해 문제 대응에 도움이 된다. 먼저 '시간대'를 설정할 때 '아침, 오전, 오후, 밤'으로 나누거나 자녀의 일정을 최대한 잘 반영하여 시간대를 설정하여 분류한다. 그리고 자녀가 그 시간대에 주로 어떤 활동들을 하는지 기록하도록 한다. 이렇게 상세하게 자녀의 일상을 기록하고 평소 부모나 보호자가 탐색한 자녀가 주로 자해를 하거나, 정서적으로 불안정한 시간대를 확인한다. 그 시간대에 자녀와 함께하며, 자녀를 보호할 수 있는 사람이 누구인지 기록하도록 한다. 자녀가 정서적으로 불안정한 모습을 많이 보였던 시간대 또는 주로 자해를 했던 시간대에는 자녀를 혼자 두지 않도록 한다. 단순히 자녀와 그 시간대에 함께 있는 것 외에도 부모가 자녀에게 도움을 줄 수 있는 방법들을 생각하고 기록할 수 있도록 돕는다. 이와 같은 과정을 통해 자녀의 자해행동과 대처방안을 구체적으로 생각해 봄으로써 가정에서 부모가 해야 할 행동지침을 명확하게 인지할 수 있게 된다.

청소년의 위기 상황 중 자살, 자해는 개인, 가정, 사회에 문제가 되었고, 이에 각각의 개념과 개입방법에 대하여 알아보았다. 위기청소년들은 다른 또래에 비해 정서적으로 취약하여 성장과정에서 나타난 문제행동들은 환경의 영향을 자연적으로 받게 된다. 청소년들이 다양한 위기를 경험하면서 가출, 탈출 혹은 퇴출이든 가정을 떠나는 경험을 하게 되고 거의 대부분의 경우 학교도 떠나게 되기 때문에 바람직한 보호와 교육을 받을 기회를 갖지 못하게 된다. 청소년기의 다양한 위험요소들은 그 시기에 꼭 경험해야 하는 여러 중요한 교육 기회들을 박탈할 뿐 아니라 무방비 상태로 많은 위험한 환경에 노출됨을 의미하며 더욱 심각하게는 2차 비행과 범죄로 연결되는 결과를 초래하기도 한다. 그 결과 개인적인 불행은 물론이고 여러 가지 사회적 문제를 야기하게 되어 사회적으로도 커다란 손실을 끼치게 된다. 이러한 문제를 해결하기 위하여 사회의 각계 각처에서 지역사회 안전망 구축을 위해 노력하지만 여전히 위기청소년을 위한 예방적 접근과 초기대응은 부족한 실정이다. 그러므로 자해와 자살등 위기청소년의 문제를 그들만의 몫으로 돌려서는 안 되며, 위험한 환경요소와 지지자원을 잘 파악하여 위기청소년에 대한 관심을 가지고 이들을 보호하고 건강한 성인으로 성장하도록 돕기 위한 사회적 노력들이 절실하게 필요하다.

13 청소년 정신건강과 상담

Contents

청소년기는 신체적, 심리적, 정서적 변화와 성장을 겪으며 아동기에서 성인기로 옮겨가는 시기이다. 이 시기의 청소년은 자아정체감에 대한 혼란은 물론 개인적인 문제를 다루는 데 있어서 자신의 능력에 대한 불신을 경험하기도 한다. 그러나 이러한 혼란과 불신은 정체성을 기르는 밑거름이 되며 건강한 성인으로 성숙하기 위한 자연스러운 과정으로 여겨진다. 그럼에도 불구하고 청소년기의 정신건강에 대한 이해가 없거나 왜곡된 견해로 청소년을 바라보게 되면, 청소년의 심리적, 정신적 건강을 위험하게 만들 수 있다. 더욱이 청소년기에 겪는 적응적 어려움에 대한 적절한 개입 없이 방치할 경우 심각한 정신병리로 진행될 가능성이 높아진다. 따라서 청소년의 정상적 발달을 돕기 위해서는 청소년기에 경험할 수 있는 심리적, 정신적 위기와 적응의 어려움에 대한 이해가 필수적이다.

이에 본 장에서는 청소년기에 나타나는 인지·정서·행동적 문제를 발달적 측면에서 알아보고, 청소년의 심리적 부적응에 대한 이해와 더불어 정신건강을 위한 교육적 측면과 상담적 지침에 대해 살펴보고자 한다.

1 청소년 정신병리 이해를 위한 접근

청소년의 정상적인 발달과 정서 및 행동장애 사이에는 어떤 관련성이 있는지를 밝히기 위한 이론과 연구결과들은 수없이 많다. 이러한 발달과 정신병리에 대한 이론적 모형과 관점을 이해하는 것은 청소년의 병리적이고 역기능적인 행동들을 이해하고 완화시키는 데 도움을 줄 수 있을 것이다. 물론 청소년의 정신병리가 갖는 특성을 단일한 이론으로 설명하거나, 상세하게 기술하기는 어렵다. 그러나 상담자가 청소년의 문제행동이 갖는 여러 가지 특성에 대해서 충분히 숙지하고 연구할 수 있도록 다양한 이론적 관점에 대해 아는 것이 필요하다. 여기서는 이들 이론적 관점이 갖는 간략한 특성을 살펴볼 수 있도록 한다.

먼저 생물학적 이론은 신체적 체질이나 정신건강, 신경생물학적 건강의 근원이 뇌이기 때문에 뇌와 신경전달물질, 유전적 경향 등의 결합이 인간 행동을 결정한다고 말한다. 심리학적 이론에서는 개인의 기질, 성격, 애착관계, 감정적 영향력과 같은 심리학적 요인이 인간의 마음을 결정하는 가장 중요한 요소이다. 다양한 심리학적 이론과 관점은 초기의 프로이트식 관점에서 파생된 것이 많아서 자아방어기제, 심리성적 발달단계, 고착, 억압 등의 정신역동과 관련된 요소들을 중요하게 생각한다. 행동주의 이론은 모든 사람은 자신의 환경에 대해 학습을 통해 적응력을 형성한다고 한다. 또한 외부의 영향을 받은 부적응적 학습의 결과나 적절하지 않은 반응, 극단적이고 부적절한 강화 등이 정신병리의 원인이 된다고 본다. 인지주의 이론에서는 외부 세계와 인지 사이의 상호작용이 중요한 개념이다. 비합리적이거나 부정적인 자기진술 같은 것들이 정신병리의 요인이 될 수 있다고 하며, 대리학습, 관찰에 의한 경험, 부모-자녀 사이의 상호작용 경험 등이 인간에게 중요한 영향을 미친다. 왜곡되거나 결핍된 인지 구조와 사고 과정, 경험을 비관적인 관점에서 해석하고 학습하는 것 또한 정신병리의 요인이 된다. 학교이론에서는 학교 경험이 청소년들의 발달을 가져오는 면의 중요성을 강조한다. 교사-학생 관계, 또래관계, 학교 내에서의 지위 등이 정신병리에 미묘한 영향을 미칠 수 있으며, 청소년의 부적응적 행동을 발달시킬 수도 있다고 본다. 가족체계이론에서는 가족 체계, 가족 역동, 부정적인 가족 순환, 부모의 역기능에 대한 지각 효과, 부모의 자아효능감, 가족 체계 내의 혹은 세대 간의 기능 구조, 가족 구성원의 이익을 반영하지 않는 구조적, 기능적 요소 등이 정신병리의 요인이 될 수 있다고 한다. 다문화 모형에서는 인종, 민족, 성별, 성정체감, 종교적 선호, 사회경제적 지위, 신체적·정신적 장애 등과 관련된 문화적 요소가 개인의 마음에 강력한 영향을 미친다. 개인이 속한 문화집단이 무엇을 장애로 규정하며, 장애를 어떤 시각으로 바라보고, 어떻게 다루는지 역시 중요한 요인이 될 수 있다.

정신병리를 이해하기 위한 접근 방법은 이처럼 다양하다. 최근에는 이런 다양한 접근 방법을 통합함으로써 정신병리를 보다 잘 이해하고자 한다. 통합적 이론은 각각의 정신병리를 보는 관점을 포괄하여 청소년의 정신병리 발달 과정을 잘 설명할 수 있도록 하고, 다양한 이론 사이의 연관성을 상담자가 명확하게 지각할 수 있도록 하는 데 목적이 있다. 또한 정신건강과 장애의 복잡성을 다루는 데 적합하며, 이론이나 관점의 광범위성을 통해 특정한 중재 및 개입에 효과적이다. 상담자는 청소년의 정서 및 행동의 문제들을 어느 한 가지 모형만을 고집하여 단순히 진단할 것이 아니라, 여러 가지 통합적인 접근 방법을 통해 다양한 각도에서 문제들을 살피고 이를 위해 도움을 줄 수 있는 방법들을 강구해야 한다.

② 발달과정에 따른 청소년 정신병리의 이해

청소년기는 연령, 신체적·생리적 성숙도, 심리적 성숙도 등 여러 가지 기준으로 나눌 수 있으며 일반적으로 연령을 기준으로 12세에서 24세 전후로 본다. 청소년기는 연령에 따라 신체적, 인지, 정서, 심리, 사회적 성장이 큰 폭으로 이루어지며, 발달 특성이 시기에 따라 연속선상에서 변화된다. 또한 청소년기 정신병리도 연령에 따라 발생하는 양상이 달라진다. 따라서, 청소년기를 하나의 단계로 보지 않고, 초기, 중기, 후기의 세 하위 단계로 나누어 볼 수 있다.

먼저, 청소년 초기단계는 아동기 정서행동문제의 연속인 경우들이 많다. 정신지체, 자폐증, 언어 및 학습장애 같은 발달장애의 경우, 대부분 생애 초기에 시작하여 전 생애를 걸쳐서 계속된다. 따라서 이와 같은 문제는 단지 청소년기에만 국한되어지지 않고, 성인기와 노년기까지 문제가 될 수 있다. 특히 청소년기에는 그 발달 단계에 따라 새로운 문제들이 발생할 수 있다. 예를 들어 아동기의 ADHD, 분리 불안,

우울증 등은 대개 청소년기에 호전되는 경우가 많지만, 여러 가지 요인으로 인해 해결되지 못한 상태로 청소년기를 맞이하게 되면 청소년기의 발달 과업 수행과 맞물려 매우 복잡한 양상을 띠게 되고, 그 해결이 어려워질 수 있다. 또한 아동기의 수면장애, 식사 관련 및 배설 기능의 문제, 틱 장애 또한 문제가 해결되지 않은 채 청소년기로 넘어오게 되면 마찬가지이다. 따라서 청소년 초기단계에는 청소년 특유의 문제를 다루는 것이 아니고 영유아기부터 아동기까지의 문제도 충분히 이해할 수 있어야 한다.

청소년 중기단계는 청소년기 발달과 관련된 정신병리를 정체감 문제, 정서 문제, 행동 문제, 신체상 및 신체 기능에서의 문제로 볼 수 있다. 첫째, 정체감에 관한 주제는 청소년기 발달과정에서 가장 중요하다. 장기적인 인생 목표, 가치, 또래 관계, 성적 방향성과 행동, 생활스타일에 관한 주제에서의 문제점들이 매우 흔하다. 대부분의 청소년은 이 시기를 잘 넘기지만, 제대로 문제해결이 되지 않는다면 여러 가지 정신병리로 인해 행동 또는 성격상의 문제가 성인기까지 지속될 가능성이 높다. 둘째, 정서와 관련한 주제이다. 인생이나 생활에 대한 불만으로 인해 청소년들은 일시적으로 우울해질 수 있다. 이러한 우울한 기분은 보통 오래 지속되거나, 심각한 문제를 일으키지 않지만, 일부의 청소년에게서는 뚜렷하게 병으로 인식될 만한 우울증이 발견되기도 한다. 청소년의 우울증은 흔히 불안, 약물사용, 행동장애, 섭식장애를 수반하기도 한다. 이런 문제가 동반되면 자살의 가능성이 높아지기 때문에 치료를 서둘러야 한다. 청소년기 발병하기 쉬운 불안 관련 장애는 공황장애, 사회공포증, 강박증이 있다. 셋째, 행동관련 주제이다. 청소년기 행동 문제는 초기단계에서 지속할 수도 있고, 이 시기에 처음 발생할 수도 있다. 청소년기는 보다 자유롭고, 독립적이며, 신체적 발달이 이루어져 있기 때문에 청소년기 행동 문제가 성인기까지 계속된다면 아동기에 발생한 것보다 훨씬 공격적이고 파괴적인 양상을 보일 수 있다. 넷째, 신체 기능 문제이다. 청소년기는 급격한 신체 변화가 수반되기 때문에 이와 관련된 문제가 많이 발생한다. 특히 신체에 대한 관심과 집착과 관련한 문제, 정상적인 식사량보다 너무 많은 혹은 너무 적은 식사 행동과 관련한 문제, 수면 문제로 인한 학업 부적응 문제 등이 청소년기를 거쳐 초기 청년기까지 이어질 수 있다.

청소년 후기단계는 성인기 정신병리가 시작하는 시기이기도 하다. 따라서 이들에 관한 이해도 필수적이다. 각종 성인기 정신병리가 광범위하게 포함될 수 있지만, 그 중 조현병, 기분장애, 인격장애, 신경증 질환, 그리고 기질성 정신 질환 등이 있다. 이러한 성인기 정신병리는 대개 중년기 혹은 청년기에 문제가 시작하기 때문에 청소년기에는 커다란 문제로 간주되지 않지만 이미 고등학교 학생에서도 비교적 적지 않은 숫자가 이미 발병했거나 발병이 의심되기 때문에 결코 간과해서는 안 된다.

Ⅱ 청소년 정신병리

여기서는 청소년 정신병리와 관련하여 발달과정상 일시적으로 나타나는 문제가 아니라 성인기까지 지속될 수 있는 청소년기 심리장애의 문제들에 대해 알아보고자 한다. 각 발달단계 특히 청소년기에 요구되는 발달과제를 성취하는데 어떠한 어려움을 초래할 수 있는지를 살펴봄으로써, 이와 같은 문제를 가진 청소년들에 대한 이해를 넓히고, 이후 발생할 수 있는 문제를 예방하기 위한 적절한 교육 및 상담지침을 제공하고자 한다.

1 학습장애

서현이는 초등학교 6학년 여학생이다. 서현이는 학습에 있어서 어려움을 보여왔다. 한글을 읽는 것을 배울 때부터 어려움을 많이 겪었으며 현재는 3학년 정도의 수준까지 읽기 자료를 읽기는 하지만, 여전히 읽은 내용을 이해하는 데는 문제를 보이고 있다. 글자를 쓰는 것은 읽기보다는 수월하나, 필체를 알아보기가 매우 어렵고, 점점 커지거나, 작아지며 들쑥날쑥하게 쓴다. 서현이는 학습에 열의가 없는 것은 아니나, 노력에 비해 성과가 거의 없어 점점 더 학습에 있어 흥미를 잃고 있으며, 모둠별 학습에 있어서는 친구들이 같이 활동하기를 꺼려하여 또래관계에서도 어려움을 겪고 있다. 그래서 담임교사는 학습 뿐 아니라 서현이의 또래관계를 위해서도 노력하고 있다.

1) 특징과 증상

학습장애(learning disabilities: LD)는 학습과 일상생활 기능에서 반드시 필요한 읽기, 쓰기, 산수를 이해하거나 사용하는 데 나타나는 특정한 발달적 문제들을 말한다. 학습장애아들은 정상적인 또는 정상 이상의 지능 지수를 보여주고 정서문제나 사회 환경적인 문제가 없음에도 학업성취도가 떨어진다. 그 이유는 학습과 관련된 뇌기능의 특정영역이 결함을 보이거나, 발육지연 또는 장애를 가지고 있기 때문이다. 대개 특수 학습장애라고 불리기도 하며, 하위유형으로 읽기장애, 쓰기장애, 산술장애가 있다.

읽기장애는 난독증(dyslexia)이라고도 한다. 단어를 인식하고 해독하거나 유창하게 읽지 못하며, 읽은 내용을 잘 이해하지 못한다. 음이나 단어를 전혀 틀리게 말하거나 잘못 발음하거나, 문장을 읽을 때 한두 음절을 빠뜨리거나 없는 음절을 추가해서 읽는다. 또는 그림과 단어를 서로 연결하지 못하거나 또래들이 알만한 단어를 잘 모른다. 이로 인해 읽기를 의도적으로 피하거나 싫어할 수 있다.

쓰기장애는 필기불능증(dysgraphia)이라고도 하며, 쓰기, 어휘, 철자 및 작문을 조직화하는 데 어려움이 있다. 글을 쓸 때 점점 작아지거나 커지고, 줄을 제대로 맞추지 못하거나, 받아쓰기를 할 때 반복해 가르쳐줘도 소리 나는 대로 적는다. 또는 글자나 숫자를 거울에 비친 모양으로 쓰는 경우도 있다.

산술장애는 계산 불능증(dyscalculia)이라고도 한다. 기본적인 산술적 연산(덧셈, 뺄셈, 곱셈, 나눗셈)의 실행과 수리 문제해결에 어려움이 있어서 쉬운 기호를 서로 혼동하거나, 받아 올림이나 내림이 있는 문제를 풀지 못한다.

학습장애아들은 행동유형과 학습장애 정도가 매우 다양하나, 대체로 학습에 있어 주의집중력이 부족하고, 토론학습에 잘 참여하지 못하며, 숙제를 잘 해내지 못한다. 그리고 대부분 공부습관이 좋지 못하고, 숙제를 거의 안 하며, 시험을 치르는 기술도 없다. 즉, 학업 성취 측면에서 가장 많은 도움을 필요로 한다. 또한 스스로 정보를 조직하는 것을 어려워하며, 학업활동에 대한 배경 지식을 쌓는 데 제한이 있다.

2) 원인
학습장애의 원인으로는 생물학적, 환경적, 사회적 요인들이 있다.

생물학적 요인으로 유전적인 영향으로 학습장애를 가질 수 있다. 읽기장애로 진단 받은 사람의 부모나 친척 중에 읽기 장애나 쓰기 장애를 지닌 사람들이 있는 경우가 보고되고 있다. 또한 뇌손상과 관련된다는 주장도 있다. 출생 전후의 뇌손상이 인지처리 과정의 결함으로 인해 학습장애를 유발한다는 것이다. 학습장애 아동들 중에는 뇌성마비, 간질, 신경계의 감염, 그리고 뇌손상을 받은 경우가 많으며, 뇌파검사에서 높은 빈도의 비정상 뇌파가 보고되고 있다.

학습장애는 가정을 비롯한 교육 환경적 요인에 의해 영향을 받을 수도 있다. 이러한 요인은 학습장애의 직접적인 영향이라고 보기는 어렵지만 긍정적 가정환경은 학습을 증진시키며, 부정적 가정환경은 학습의 어려움과 관련이 있다. 특히 학습장애는 부모의 교육수준, 특히 어머니의 교육수준과 매우 높은 상관이 있는 것으로 보고되고 있다. 이뿐 아니라 부모나 교사가 나이, 지능과 흥미를 고려하지 않은 부적절한 교육방법을 사용하는 것도 학습장애의 원인이 될 수 있다.

또한 학습장애는 특정 사회에 문화권에서 더 많이 나타날 수 있다. 산업화된 사회에서는 학업적 성공을 중요시하며, 개인의 가치를 성공이라는 관점에서 평가한다. 성공을 중요시함으로써 발생하는 부정적인 측면은 '평가기준'에서 실패한 사람들은 어린 시절부터 종종 간과되어지는 것이다. 다시 말해, 학업적 성공을 중시하는 사회에서는 아동의 읽기, 쓰기, 산술능력에 대한 가정과 사회의 기대가 높은데 이는 학습장애의 발병과 지속의 원인이 되기도 한다.

3) 교육 및 상담

학습장애는 조기에 발견하여 치료하는 것이 치료효과나 적응면에서 유익하다. 즉, 학습장애로 인해 학습능력에 있어서 또래와의 격차가 벌어지기 전에 교정해 주는 것이 필요하다. 이를 위해서는 많은 시간과 노력이 필요하기 때문에 부모와 교사의 끈기있는 노력이 필요하다.

먼저 학습을 위한 기술을 가르치는 것이 필요하다. 읽기, 쓰기, 산술 과제를 해결하는 데 필요한 구체적인 학습기술을 체계적으로 교육해야 한다. 그러나 모든 학습장애아들에게 적용되는 가장 좋은 교수방법이 존재하는 것이 아니기 때문에 개별화 원리에 따라 적절한 진단과 교육과정을 준비해야 한다. 학생의 학업성취도를 향상시키는 것에 활용할 수 있도록 학습 강점 혹은 성격의 강점과 약점을 인지할 수 있도록 도움을 주어야 할 것이다. 학습장애 청소년에게는 스스로 공부할 수 있도록 가르치는 것이 필요하다. 구체적으로 어떤 곳이 공부하기 좋은 장소인지 깨닫고 공부를 방해하는 요소들을 최대한 제거할 수 있도록 한다. 또한 스스로 자신의 생활을 관리하고 효과적으로 공부할 수 있도록 도움을 주어야 한다. 자신의 생활 계획표를 작성하고, 학교에서 내준 숙제는 반드시 적어오고, 과제의 목록을 만들어 수행해 보는 것 등이다. 이처럼 정리하고 계획하기, 시간 관리하기, 주의력과 듣기 능력 향상시키기 등을 통하여 자신의 학습활동을 기록하고 진전사항을 평가하며 자신의 행동을 스스로 강화하고 조절할 수 있도록 돕는다.

학습장애 청소년에게 부모와 교사가 조력을 하고자 노력하고 있음을 알리는 것도 필요하다. 부모나 교사가 함께 지도하게 되면 생활습관과 학습활동이 달라지게 되어 학습능률이 높아질 수 있다. 학습장애를 가진 청소년들은 자신의 문제에 대해 두려워하는 경우가 있다. 이러한 불안으로 인해 학습해야 할 것에 대해 충분한 주의를 기울이지 못하며, 수동성과 무기력감을 나타내기도 한다. 부모와 교사는 학습장애아가 이러한 감정을 극복하고 심리적 안정과 자신감을 향상시킬 수 있도록 지지해 주는 노력이 필요하다. 학생이 책임감 있게 행동하지 못했거나 성공하지 못한 것에 집중하는 대신, 책임감 있게 행동하거나 좋은 성과를 얻은 것에 대해 칭찬해 줄 기회를 찾고, 긍정적 강화를 해주는 것이 도움이 된다.

2 ADHD

성찬이는 현재 12세로 초등학교 5학년 남자아이이다. 성찬이는 유치원 때부터 엄마가 함께 외출을 하기를 꺼려할 정도로 에너지가 넘치고 매우 활발한 성향을 지니고 있었다. 학교에서도 자주 제자리에 앉아서 수업을 듣는 것이 어려울 정도로 산만한 모습을 자주 보이고 있다. 이 때문에 반에서 다른 친구의 수업을 방해하여 지적을 자주 받는 편이며, 성적에 영향을 많이 받아 다소 저조한 편이다. 또한 최근에는 감정 기복이 함께 심해져서 자신의 행동을 제재 받을 때면 소리 지르면서 공격적인 행동을 보이거나, 때로 눈물을 흘리는 등의 행동들을 보이기도 한다.

1) 특징과 증상

주의력결핍 과잉행동 장애(Attention-Deficit/Hyperacitivity Disorder: ADHD)는 부주의, 과잉행동, 충동성을 주요 증상으로 하는 아동·청소년기 장애이다. 매우 산만하고 부주의한 행동을 나타낼 뿐만 아니라 자신의 행동을 적절히 통제하지 못하고 충동적인 과잉행동을 나타내기 때문에 가정이나 학교에서의 생활에 커다란 어려움을 겪게 된다.

부주의는 학업 및 사회적 상황에서 나타난다. 세부적인 면에 주의를 기울이지 못하고, 학업이나 다른 과제에도 주의를 기울이지 못하고 실수가 잦다. 신중한 생각없이 부주의하고 무질서하게 일을 수행한다. 흔히 놀이나 학습에서 지속적으로 주의를 집중하지 못하고 과제를 끝마치지 못한다. 또한 마음이 다른 곳에 있는 것처럼 보이거나, 다른 사람이 어떤 말을 하는지 듣지 않는 것처럼 보이기도 한다.

과잉행동은 가만히 앉아 있어야 할 경우에 그렇지 못하고, 자리에서 만지작거리거나 움직이는 경우가 많다. 또한 조용히 여가 활동에 참여하거나 놀지 못하고, 끊임없이 활동하거나 마치 무엇인가에 쫓기는 것처럼 보여지기도 한다. 지나치게 수다스럽게 말하는 행동으로 나타나기도 한다. 특히 청소년과 성인들의 과잉행동 증상은 안절부절 못하고 조용히 앉아서 하는 활동에 참여하지 못한다.

충동성은 성급하고, 반응의 연기가 어렵고, 질문이 채 끝나기 전에 성급하게 대답하거나 자신의 차례를 기다리지 못한다. 또한 사회, 학업, 직업 등의 장면에서 문제를 초래할 정도로 다른 사람의 활동을 방해하거나 간섭하는 등의 모습으로 나타난다. 전형적인 행동으로는 자신의 의견을 말하면서 차례를 기다리지 못하고, 지시를 경청하지 못하고, 적절치 못한 시기에 대화를 시작한다. 또한 지나치게 다른 사람의 활동을 방해하고, 간섭하고, 만져서는 안 될 물건을 만지고, 버릇없이 익살을 떤다. 충동성은 사고와 결과에 대한 예상 없는 위험스런 활동을 하게 만든다.

ADHD 아동의 절반 정도는 청소년기가 되기 전에 과잉행동이 많이 줄어든다. 그러나 초등학교 시절에 주의력 결핍과 과잉행동에 수반되는 많은 문제 때문에 부모나 교사로부터 꾸중과 처벌을 받기 쉽다. 따라서 부정적 자아개념을 형성하고 정서적으로 불안정하며 공격적이고 반항적인 행동을 나타내는 경향이 있어, ADHD를 지닌 아동의 40~50%가 청소년기에 품행장애를 나타내게 된다. 대표적인 문제행동은 부모나 교사의 말을 듣지 않는 것, 수학, 읽기, 쓰기 등에 낮은 수행을 보이며, 학습장애가 심해 학업을 잘 따라가지 못하게 되는 경우도 있다. 학교에 적응하지 못해 중간에 학업을 그만두는 경우도 생긴다. 심리 정서적으로 자신감이 없어지고, 미래에 대한 희망이 없어 자포자기하는 경향이 생기거나 우울증에 빠지거나 분노감정이 누적되기도 한다.

2) 원인

ADHD로 진단되는 원인은 매우 다양하다. 일반적으로 이 장애는 미세한 뇌손상이나 유전 등의 생물학적 요인과 부모의 성격이나 양육방식과 같은 심리사회적 요인이 복합적으로 작용하여 유발되는 것으로 여겨지고 있다.

생물학적 요인으로는 출생 과정이나 출생 후의 고열, 감열, 외상 등으로 인한 미세한 뇌손상의 문제로 보는 경향이 높으며, 쌍둥이 연구를 통해 유전적 요인도 있음이 보고되고 있다. 또한 전두엽의 억제 기능이 저하되어 과잉행동이 발생된다는 가설이나, 신경전달물질에 의한 기능장애에 기인한다는 주장도 있다.

또한 부모의 성격, 양육방식과 같은 심리사회적 문제가 복합적으로 적용하여 유발되기도 한다. 부모의 물질장애 중 알코올 중독, 성격장애 등이 관련될 경우 더 높은 발병률을 나타내기도 한다. 또한 심리사회적 문제에서 부모가 높은 스트레스 수준을 가지고 있는 성격, 결혼생활의 문제, 갈등적인 부모-자녀 관계를 경험한 경우 더 높은 비율이 나타난다.

3) 교육 및 상담

ADHD 청소년들은 앞서 특징과 증상에서 살펴본 바와 같이 아동기에서 청소년기로 발달함에 따라 자연스럽게 과잉행동이 다소 줄어들기는 하나, 또래 청소년에 비해서 여전히 과잉행동, 주의력 결핍 등으로 인해 많은 어려움을 겪게 된다. 특히 학교라는 조직체계 안에서 생활하고 학생으로서 학업을 수행해야 하는 것이 제일 큰 과제이다. 이를 위해 ADHD 청소년이 규칙적이고 일관성 있게 수업 과제나 숙제를 완료하는 것을 돕도록 부모에게 알림장이나 일정 계획표를 사용하여 부모와 교사가 일관성 있게 과제를 완료할 수 있도록 돕는 것이 필요하다. 또한 수업 과제의 완성 횟수를 높이기 위해서 청소년과 부모 혹은 교사가 일과 스케줄을 함께 계획할 수 있도록 도움을 주는 것이 필요하다. 또한 ADHD 청소년들은 자극에 대하여 아주 민감하게 반응하기 때문에 가정이나 학습 환경을 차분하게 만들고, 조용한 공간을 제공하는 것이 필요하다. 학습상황에 있어서 가능하면 적은 수의 학생이 포함된 분위기가 바람직하고 1:1 상황에서는 집중을 잘 할 수도 있다. 좌석의 배치도 앞좌석으로 하여 산만한 행동에 대하여 즉각적으로 주의를 줄 수 있도록 하는 것이 바람직하다. 초기단계에서는 학습시간을 짧게 자주 하고 서서히 학습시간을 길게 잡는 것이 도움을 줄 수 있다. 교과과정이나 학습의 내용에 대해서는 구조화를 철저히 하는 것이 효과적이다.

또한 이들 청소년들에게는 자기통제 전략을 가르치는 것이 무엇보다도 중요하다. 즉각적인 욕구 충족 필요를 지연하고 충동을 제어하는 것을 돕기 위해 명상 및 자기 통제 전략으로 예를 들면 이완 기법, '멈추기(stop), 듣기(listen), 생각하기(think), 행동하기(action)'를 지속적으로 반복하여 연습하는 것도 도움이 될 수 있다. 또한 행위표출 행동을 하거나 자신의 행동 결과를 고려하지 않고 반응하려는 충동을 지연시키기 위해 적극적 경청 기법을 사용하도록 한다. 장기 이득을 우선 고려해 즉각적인 욕구 충족을 미루는 것의 이점을 알게 하고 장기 목표를 달성하기 위해 행동 계획을 세우게 하는 것도 도움이 될 수 있다.

ADHD 청소년은 아동기 때부터 지속된 자신의 과잉행동으로 인해 끊임없이 주변인들에게 부정적인 피드백을 받았을 가능성이 높다. 이 때문에 부정적 자아개념을 형성하고 정서적으로 불안정하며 공격적이고 반항적인 행동을 나타내며, 타인의 감정에 대해서 민감하지 못해 또래 관계에서도 문제를 일으키는 경향이 높다. 따라서, 심리 상담적 접근으로 청소년의 손상된 자존심의 상처를 회복시키는 데 초점을 맞추며, 이들 청소년이 가지고 있는 강점 혹은 흥미를 찾을 수 있도록 도움을 준다. 또한 타인의 생각이나 감정, 욕구에 대한 공감과 민감성을 증가시키기 위해 이타적인 행동, 배려하는 행동에 대한 과제를 수행하게 하거나, 지역 봉사 기관이나 기금 모금 활동 등에 자원봉사자로 참여해 타인에 대한 공감과 관심을 표현하는 방법을 훈련시키는 것도 필요하다.

③ 품행장애

중 3인 승철이는 평소 배려하는 모습이나 후회하고 반성하는 모습이 전혀 없이 자기중심적인 행동을 하였으며 중 2때부터 사소한 일에 감정조절을 하지 못하거나 심하게 화를 내며 폭력적인 언행을 하였다. 중 3이 되면서 부친에게 말을 듣지 않는다고 혼나는 일이 잦아졌으며, 쫓겨나서 친척집에서 자기도 했다. 모친이 위암에 걸려 수술을 하였으나 병원에 문병을 가지도 않았으며, 오히려 자신이 원하는 음식을 사 오지 않았다는 이유로 모친의 머리를 수차례 때리고 모친에게 사과를 받으려는 모습을 보였다.

1) 특징과 증상

품행장애(conduct disorder: CD)는 폭력, 방화, 도둑질, 거짓말, 가출 등과 같이 난폭하거나 무책임한 행동을 통해 타인을 고통스럽게 하는 행위를 반복적으로 나타내는 것을 말한다. 품행장애 청소년은 지속적으로 다른 사람의 권리를 침범하며 자신의 나이에서 지켜야 할 사회적 규범을 어기는 행동이 특징적으로 나타난다. 이러한 행동으로 사회적, 학습적, 또는 직업적 영역에서 기능의 손상을 초래한다. 인지적인 기능이 떨어지는 경우도 많고 충동적이거나 지루함을 참지 못하고 계속해서 자극을 찾으려는 특징이 있다.

품행장애는 여러 가지 공격적 행동의 형태로 나타난다. 공격적인 반사회적 행동으로 자신보다 약한 사람을 괴롭히거나 폭력을 남발하거나 잔인한 행동을 나타낸다. 어른에게 반항적이고 적대적이며 복종하지 않는 경향이 있다. 또한 학교에 자주 결석하고, 성적이 저조하고, 흡연이나 음주, 약물 남용과 같은 문제행동 뿐만 아니라 거짓말과 잦은 가출, 파괴행동 등을 나타낸다. 뿐만 아니라 이러한 잘못된 행동에 대해서 죄책감을 느끼거나 후회하지 않으며, 오히려 다른 사람의 탓으로 돌리기도 한다. 이들의 이러한 행동에 대한 처벌은 문제 행동을 감소시키기보다 반항심과 분노를 증가시켜 문제행동을 더 악화시키는 경향이 있다. 이 때문에 품행장애를 나타내는 청소년은 대부분 가정이나 학교에서 비행을 일삼는 문제아로 여겨진다.

품행장애는 성인기가 되면 다소 호전되지만, 일부는 성인기의 반사회적 성격장애 또는 약물남용으로 이행하며, 장기 추적연구에서 기분장애, 불안장애, 신체형장애의 위험성이 높다는 보고도 있다.

2) 원인

품행장애의 유병률은 18세 이하 남아에서 6~16%, 여아에서는 2~9%에서 나타난다고 추정되며, 남아에게 더 흔히 발병된다(권석만, 2003). 품행장애는 다양한 요인들이 복합적으로 작용하여 발생되는 것으로 추정되고 있다.

생물학적 요인으로 유전적 특징은 까다로운 기질이나 충동성, 부주의, 과잉행동, 신경심리학적 결함이 나타나는데 영향을 미친다. 그러나 품행장애가 유전된다기보다는 유전적 특성들이 품행장애와 같은 행동 양상이 나타나도록 영향을 미칠 수 있다. 까다롭거나 화를 잘 내는 기질을 가진 아동들이 흔히 반사회성 행동이나 장애를 일으킬 소질이 높다는 보고도 있다.

가장 주목을 받고 있는 원인적 요인은 부모의 양육태도와 가정환경이다. 아동의 사회화에 있어서 가장 중요한 환경인 가정이 오히려 반사회적 성격을 학습하고 전수하는 장이 되는 것이다. 부모의 강압적이고 폭력적인 양육태도 또는 무관심하고 방임적인 양육태도는 모두 품행장애를 촉발할 수 있다. 사회경제적 수준이 낮은 가정에서 더 흔히 발병되며, 결손, 빈곤, 대가족, 가혹한 훈육, 신체학대, 부모의 불화, 가정폭력, 부모의 정신장애, 알콜중독 등은 품행장애와 밀접한 관련을 맺고 있다고 보고되고 있다.

학교는 가정과 함께 품행장애를 지닌 청소년의 반사회적 행동 양상이 가장 많이 관찰될 수 있는 장소이다. 학교를 통해 공격적인 또래와 어울리는 것은 공격적이고 반사회적인 행동을 시작하게 하는 요인이 될 수 있다. 또한 비슷하게 공격적이고 반사회적 행동을 보이는 친구를 사귈 수도 있다.

3) 교육 및 상담

품행장애 청소년에 있어서 중요한 것은 반사회적 행동을 줄이고, 자신이 갖고 있는 분노를 재개념화 하여 스스로 통제하고 조절할 수 있도록 하는 것이다. 이를 위해 자신의 반사회적 행동이 자신과 타인에게 어떤 부정적인 영향을 끼치는지 내담자에게 단호하고 일관성있게 제시하는 것이 필요하다. 또한 자신이 잘못된 행동을 타인의 탓으로 돌리는 것을 멈추고 행동에 따라서 더 큰 책임을 질 것을 일관성있게 제기하는 것이 좋다. 스스로가 자신의 서투른 결정과 무책임한 행동이 자신과 타인에게 어떻게 부정적인 영향을 끼쳤는지 깨닫게 하는 것도 필요하며 자신의 언어로 잘못을 시인하고 이해 관계자에게 사과하도록 하는 것도 필요하다.

품행장애 청소년이 갖고 있는 분노에 대한 감정도 살펴볼 필요가 있다. 분노의 감정을 재개념화하는 것이 쉽지는 않지만 자신의 분노가 예측되는 상황, 즉 자신이 요구하는 기대치가 충족되지 않았을 경우, 그것이 흥분이나 분노의 감정을 일으키고, 그로 인해 잘못된 행동을 일으키게 되는지에 대해 살펴보는 것이다. 분노가 예측되는 상황을 알고, 이를 재개념화 하여 분노를 통제하는 훈련을 해보는 것이 필요하다. 또한 이러한 분노조절에서 오는 긍정적인 결과들, 자신과 타인으로부터의 존중, 타인과의 협력, 신체건강 개선 등을 인식하는 것이 필요하다.

4 불안장애

혜란이(12살, 여)는 항상 걱정이 너무 많다. 혼자 있는 것을 매우 두려워하여 학교를 다녀와서 혼자 집에 있게 되면 아무리 날씨가 더워도 현관문과 창문을 꼭꼭 다 닫고 몇 번이나 확인을 하고, TV를 큰소리로 틀어 놓아야 마음이 편하다고 한다. 또한 일을 하고 있는 엄마에게 수시로 전화를 하여 자신의 걱정을 이야기 하며, 빨리 귀가 할 것을 재촉한다. 혜란이의 걱정거리는 다양하다. 집에 도둑이 드는 것, 교통사고가 나는 것, 엘리베이터에 갇히는 것, 시험을 망치는 것 등등 엄마는 일어나지도 않은 일을 걱정한다고 말씀하시지만, 혜란이의 머릿속에는 온통 걱정과 불안으로 가득하다. 이 때문에 무엇을 하든지 겁이 나고, 지나치게 긴장하여 피로감을 쉽게 느낀다.

1) 특징과 증상

불안장애(Anxiety Disorders)는 정상적인 불안(nomal anxiety)을 넘어서 병리적 불안(pathological anxiety)으로 인해 과도한 심리적 고통을 느끼거나 현실적인 적응에 심각한 어려움을 겪는 경우를 말한다.

불안은 누구나 일상생활에서 흔히 경험하는 불쾌한 감정이다. 많은 사람들 앞에서 발표를 하거나 위험한 동물이나 곤충을 보게 되면 두려움을 느끼고 긴장한다. 불안을 느끼면 우리는 부정적 결과가 발생하지 않도록 긴장하며 조심스럽게 행동하고 위험한 상황에서 벗어나게 되면 안도감을 느끼고 긴장을 풀며 편안한 기분으로 되돌아간다. 이처럼 불안은 불쾌하게 느껴지지만 삶에서 꼭 필요한 감정이며 자연스럽고 적응적인 심리적 반응이다. 이러한 불안은 일상적이고 정상적인 불안이라고 할 수 있다. 그러나 병적인 불안은 현실적인 위험이 없는 상황이나 대상에 대해서 불안을 느끼고 현실적인 위험의 정도에 비해 과도하게 심한 불안을 느낀다. 또한 불안을 느끼게 한 위험적 요인이 사라졌음에도 불구하고 불안이 과도하게 지속된다.

여러 유형의 불안장애는 대부분 대상이나 상황에 대한 걱정, 회피적/불안감소 행동 같은 유사한 과정이 포함되어 있다. 그러나 불안의 내용이나 초점의 측면에서는 차이가 있다.

분리불안장애는 애착이 형성되어 있는 대상으로부터 분리된 것에 대해 극심한 스트레스를 느끼거나 분리되어야 하는 상황을 피하는 것이다. 가령 분리불안장애를 겪는 청소년은 엄마와의 관계나 중요 대상과 분리되는 것에 과도한 불안을 느껴 학교생활 중에 지나친 불안감을 나타내고 학교생활이나 대인관계에 부적응적인 행동을 나타낸다. 특정공포증은 특정한 대상(예: 뱀, 개, 거미)이나 상황(예: 높은 곳, 폭풍)에 대한 공포가 나타난다. 공황장애는 갑작스럽고 반복적인 극심한 불안 발작(attacks)을 보인다. 광장공포증은 즉각적으로 분리나 낯선 사람 외의 특정 대상이나 상황에 대해 두려움을 느끼거나 회피한다. 사회불안 장애는 다른 사람으로부터 평가받는 사회적 상황에 대한 과도한 불안과 공포를 말한다. 또한 선택적 함묵증은 특수한 사회적 상황에서 지속적으로 말을 하지 않는 행동이다. 마지막으로 범불안장애는 여러 가지 대상이나 상황 혹은 활동 등 미래에 발생할지 모르는 다양한 위험에 대한 과도한 불안 또는 걱정을 나타낸다.

2) 원인

불안장애는 다양한 위험요인들이 복잡하게 상호 관련되어 나타나는 것으로 보인다. 그러나 청소년의 불안장애 원인과 위험요인의 인과관계는 명확하지 않다. 현재의 정보들은 대부분 성인에 대한 연구결과들이다.

먼저 정신분석적 입장에서는 무의식적 갈등이 불안을 유발한다고 주장한다. 불안의 원인이 무의식적 갈등에 있기 때문에 자신은 불안의 이유를 자각하기 어렵다.

생물학적 요인으로는 뇌생리학적 기제의 원인이 있다고 보고하고 있다. 불안은 뇌의 후두엽과 관련되어 있다고 보고 약물로 불안을 감소시키는 연구가 집중되어 있다.

인지행동적 입장에서는 독특한 사고경향에 있다고 본다. 이것은 위험에 관한 인지도식(schema)이 발달되어 있기 때문이다. 인지도식은 과거경험의 축적에 의해 형성된 기억체계로 특정한 환경적 자극에 선택적으로 주의를 할당하며 자극의 의미를 특정한 방향으로 해석하여 더 위협적인 단서에 주의집중을 더 잘하는 인지적 편향성을 나타낸다.

심리사회적 경향은 불안장애의 발달에 영향을 미치는 요인들 중 하나이다. 불안에 대한 전반적인 취약성을 가진 아동과 청소년은 불안장애의 위험을 증가시키는 다양한 경험에 노출될 수 있다. 여러 가지 청소년의 경험과 외상 후 스트레스, 혹은 이에 대한 부모의 반응은 발달 성과에 영향을 미치는 요인이 될 수 있다. 부모의 과도한 규제, 과잉보호, 부모의 독재적 의사결정이나 불안한 부모의 불안 행동의 모델링, 불안정한 애착 형성 등도 불안장애의 위험요인이다.

3) 교육 및 상담

불안장애 청소년에 있어서 불안한 상황이나 생각이 들 때 이를 조절할 수 있는 긴장 이완 기법을 알고 이를 일상생활에 적용할 수 있도록 도움을 주는 것이 필요하다. 이를 위해서는 자신이 어떤 상황에서 걱정과 불안증상, 회피 등이 나타나는지를 알 필요가 있겠다. 자신이 걱정하고 있는 영역과 불안감 유발 상황의 위계를 작성하는 것이 필요하다. 이러한 불안감 유발 상황을 상상 연습하거나, 왜곡된 인지 도식을 알고, 긍정적이고 현실적인 인지로 대체하는 방법을 훈련하는 것도 도움이 된다.

또한 '걱정사고 기록지'를 통해 자신이 언제 어떤 내용의 걱정을 얼마나 오랫동안 하는지 관찰하여 기록하는 방법을 사용한다. 흔히 경험하는 주된 걱정의 내용을 치료시간에 떠올리게 하여 이러한 걱정이 과연 현실적이며 효율적인지에 대해 구체적으로 논의한다. 이 과정에서 청소년이 걱정의 비현실성과 비효율성을 인식하게 하는 동시에 걱정에 대한 긍정적 신념 역시 수정할 수 있게 한다.

불안을 유발하는 걱정의 사고나 심상에 반복적으로 노출시켜 걱정에 대한 인내력을 증가시킴으로써 걱정의 확산을 방지하는 방법, 고통을 유발하는 사고나 감정을 회피하려 하기보다는 이를 수용하도록 하는 방법 등을 활용할 수도 있다.

이러한 과정을 통하여 불안장애 청소년은 걱정을 조절하고 통제하는 능력을 향상시킨다. 이 치료방법들과 함께 가족 프로그램에서는 부모에게 자녀의 불안을 함께 다루는 법, 의사소통 및 문제해결 기술 등을 훈련시키는 것이 좋다.

5 우울장애

15세인 수정이는 요즘 학교를 빠지는 일이 부쩍 늘었다. 왠일인지 밥맛도 없고 자꾸 기운이 빠지고 아무것도 하고 싶지 않아 아프다는 핑계로 학교를 빠지는 것이다. 수정이는 다소 조용하기는 하지만 성실하고 공부도 잘 하고 학교생활이 나쁘지 않았는데, 단짝이었던 효주가 전학을 가게 되면서 모든 것이 엉망이 되어버렸다. 쉬는 시간에 같이 이야기 나눌 친구도 없고, 혼자라는 생각이 자주 들면서 점점 자신감도 떨어졌다. 자연히 수업에 집중하지도 못하게 되면서 성적도 떨어지고 고생하는 부모님 생각에 나름대로 열심히 공부를 해보려 하였으나 성적에는 진전이 없다. 여러 가지 고민들로 잠에 들기가 어려워지면서 아침에는 더 피곤해지는 패턴이 반복되고 있다.

1) 특징과 증상

우울장애(Depressive Disorders)는 슬픔, 공허감, 짜증스러운 기분과 수반되는 신체적, 인지적 증상으로 인해 개인의 기능을 현저하게 저하시키는 부적응 증상을 의미한다. 우울장애는 삶을 매우 고통스럽게 만드는 정신장애인 동시에 '심리적 독감'이라고 부를 정도로 매우 흔한 장애이기도 하다. 또한 우울장애는 개인의 능력과 의욕을 저하시켜 현실적 적응을 어렵게 만드는 주요한 요인으로 알려져 있다. 우울장애는 흔히 자살에 이르게 한다는 점에서 치명적인 심리적 장애이기도 하다. 그로 인해 전문가들은 우울장애가 앞으로 점점 더 심각한 문제가 될 것으로 예상하고 있다. 젊은 세대가 그 전 세대보다 더 높은 우울장애 빈도를 나타내고 우울장애에 걸리는 연령도 점점 더 낮아지고 있다(Burke & Regier, 1996). 우울장애는 우울 증상의 심한 정도나 지속 기간 등에 따라 다양하게 구분된다.

주요 우울장애는 우울한 기분을 주된 증상으로 하는 기분장애이지만 다양한 심리적 문제가 동반된다. 우선, 우울장애 상태에서는 우울하고 슬픈 감정을 비롯하여 좌절감, 죄책감, 고독감, 무가치함, 허무감, 절망감 등과 같은 고통스러운 정서상태가 지속된다. 우울하고 슬픈 감정이 강해지면 자주 눈물을 흘리며 울기도 한다. 심한 우울장애 상태에서는 무표정하고 무감각한 정서 상태를 나타낼 수도 있다. 이러한 우울한 기분과 더불어 일상 활동에 대한 흥미와 즐거움이 저하되어 매사가 재미없고 무의미하게 느껴진다. 또한 어떤 일을 하고자 하는 의욕이 현저하게 저하되어 생활이 침체되고 위축된다.

반면, 청소년기 우울장애는 침체되는 생활 태도 외에 분노감이나 불안정하고 짜증스러운 감정을 나타내기도 한다. 화를 내고 짜증을 내는 감정표현으로 인해 좀 더 깊은 우울한 감정이 드러나지 않는 경우도 있으므로 주의깊게 살펴볼 필요가 있다.

우울장애는 이처럼 개인을 매우 고통스러운 부적응 상태로 몰아넣는 무서운 장애이지만 전문적인 치료를 받으면 회복이 잘되는 장애기도 하다. 그러나 우울장애를 지닌 많은 사람이 이러한 사실을 잘 알지 못하기 때문에 적절한 치료를 받지 않은 채 고통스러운 삶을 살아가는 경향이 있다.

2) 원인

우울장애에 대한 원인들은 생물학적 요인, 사회·심리적 요인, 가족과 또래의 요인 등으로 볼 수 있다. 생물학적 요인은 우울에 유전적이고 기질적인 특성이 영향을 미친다고 보고 있다. 또한 신경계 기능과 생화학이 우울증의 병인으로 작용한다고 본다. 우울장애는 어떤 연령대에서도 시작 될 수 있지만 평균발병연령은 20대 중반이다. 우울장애는 12세 미만의 아동에서는 2%이하로 매우 낮은 유병률을 나타내지만, 청소년기에 접어들면서 급증하는 것으로 알려져 있다(Lewinsohn et al., 1993). 또한 아동기에는 남아가 여아보다 높은 유병률을 보이지만, 청소년기부터는 여자가 남자보다 2배 정도 높은 유병률을 나타낸다. 국내의 연구(김영익, 홍강의, 1986)에서는 우울장애는 정신과를 찾는 청소년 외래 환자 중에서 불안장애와 정신분열증과 함께 가장 빈도가 높은 장애의 하나로 보고되고 있다. 이러한 역학조사 결과 청소년기에 우울장애가 급증하여 특히 여자청소년의 유병률이 높다는 것을 보여준다.

우울장애는 매우 흔한 심리장애인 동시에 매우 치명적인 장애이기도 하다. 우울장애가 심해지면 자살에 대한 생각이 증가하고 실제로 자살을 시도하는 경우가 있다. 이와 같이 우울장애는 생명을 잃게 하는 치명적인 심리적 장애라는 점에서 주목되어야 한다. 특히 충동성이 강한 청소년은 우울장애 상태에서 자살을 하는 경향이 높다. 자살은 우리나라 청소년 사망률에서 높은 비율을 차지하고 있으며 많은 청소년이 자살충동을 느낀다고 보고되고 있다.

3) 교육 및 상담

우울장애를 가진 청소년들은 스스로 왜곡되고 부정적인 자기 인식을 갖고 있을 가능성이 높다. 그러므로 이들 청소년이 긍정적이고 현실에 기반한 사고를 통하여 자신감 향상을 경험하고 적응행동을 할 수 있도록 도움을 주는 것이 필요하다. 이를 위해 구체적인 대처 전략(예: 운동을 더 많이 하기, 내면에 덜 초점 맞추기, 사회활동 많이 하기, 적극성 높이기, 타인에게 요구하는 훈련하기, 분노 표현 해보기 등)을 세워 보는 것도 도움이 된다. 또한 성공적이고 긍정적인 대처 전략을 개발하면 강화를 해주는 것도 중요하다. 우울한 기분을 감소시키고, 삶의 질을 높이기 위해 또래 관계 속에서 사교적 활동을 할 수 있는 기회를 제공할 필요가 있다. 이는 우울한 청소년들이 다른 사람과 연합하고 지지받고 있다는 것을 느끼도록 안전하고 지지적인 환경을 제공하여 청소년들의 자존감을 향상시키고 우울 증상을 줄일 수 있도록 하기 때문이다. 또한 규칙적인 운동을 통해 신체적인 건강 뿐 아니라 정신적인 건강에 도움을 준다.

이들 우울장애 청소년은 슬픈 감정을 유발하는 과거의 상실 경험이 있고 이를 해결하지 못했을 가능성이 있다. 이를 잘 인식하고 적절하게 애도를 표하고 지나갈 수 있게끔 도움을 주는 것도 필요하다. 또한 자신을 둘러싼 타인으로부터 버림받거나 사랑을 잃어버릴지도 모른다는 두려움에 대해 인정하고, 이러한 감정을 언어로 표현하도록 지지와 격려를 해 준다.

또한 우울장애 청소년들은 자신의 충족되지 못한 감정적 욕구가 우울증과 행위표출행동에 어떤 악영향을 끼치는지 인지하고 있지 못할 가능성이 높다. 표면적으로는 화가 나고 짜증 난 행동과 내적 감정으로 상처 또는 슬픔의 감정 사이의 관계를 알게 하고, 행동과 감정을 적절히 표현하는 훈련을 한다. 즉, 자신의 화가 나고 짜증스런 행동, 행위표출 행동과 상처 또는 슬픔의 감정 사이의 연결고리를 알게 하는 것이 필요하다.

6 틱장애

정연이는 중1 남학생으로 가정에서뿐만 아니라 학교에서도 모범생에 속한다. 최근 정연이는 코가 막혀서 불편하다며 자꾸 '킁킁'거리는 소리를 내기 시작했다. 처음에 부모님은 비염이라고 생각하고 이비인후과를 통해 약을 처방받아 먹였지만, 차도가 없어 중단하였다. 처음에는 소리를 내는 횟수가 많지 않았으나, 평소에도 엄하여 무서워하던 아버지가 왜 자꾸 이상한 소리를 내냐고 혼을 내기 시작한 이후부터 오히려 횟수가 눈에 띄게 늘어났고, 눈을 깜빡이는 증상이 같이 시작되었다. 이러한 정연이의 콧소리와 눈깜빡임은 반 친구들도 알게 되었고, 놀림의 대상이 되었다. 정연이는 아무리 안 하려고 해도, 자신도 모르게 자꾸 그렇게 된다며 매우 힘들어하고 있다.

1) 특징과 증상

틱(tic)은 본인의 의지와는 관계없이, 갑자기, 빠르게 반복적으로, 불규칙하게 근육이 움직이거나 소리를 지르는 것을 말한다.

운동 틱은 눈, 머리, 어깨, 입, 손 부위를 갑자기 움직이는 특이한 동작이 반복되는 경우로서 단순 운동 틱과 복합 운동 틱으로 구분된다. 단순 운동 틱은 하나의 근육집단이 수축되어 나타나는 것으로 눈 깜빡거리기, 얼굴 찡그리기, 머리 휘젓기, 입 벌리기, 어깨 움츠리기 등으로 나타난다. 반면 복합 운동 틱은 여러 근육집단의 수축과 관계되는 것으로 특이한 얼굴 표정 짓기, 손짓하는 행동, 뛰어오르기, 발 구르기를 비롯하여 상당히 복잡한 행동들로 구성되는 경우도 있다. 음성 틱은 갑자기 소리를 내는 행동으로서 헛기침하기, 킁킁거리기, 엉뚱한 단어나 구절을 반복하기, 외설스런 단어를 반복하기 등이 있다.

이러한 틱장애는 그 양상에 따라 크게 세 가지 하위유형으로 뚜렛장애, 만성적 운동/음성 틱장애, 일과성 틱장애로 구분이 된다. 증상에 따라 뚜렛장애는 운동틱과 음성틱이 함께 1년 이상 지속될 경우, 만성적 운동/음성 틱장애는 1년 이상 지속되는 경우, 일과성 틱장애는 4주 이상 1년 미만일 경우로 구분할 수 있다. 틱은 일반적으로 조절할 수 없는 것으로 경험되기도 하지만, 경우에 따라서 일시적으로 억제될 수도 있다.

2) 원인

틱장애에 대한 원인들은 살펴보면 생물학적 요인, 사회·심리학적 요인 등으로 볼 수 있다.

먼저, 생물학적 요인으로 뚜렛장애와 만성 틱장애가 동일한 가족 내에서 흔히 발생한다는 점은 이 장애의 유전성을 강하게 시사한다고 볼 수 있다. 또한 신경화학적, 신경해부학적 요인으로 도파민 신경전달경로의 이상이나, 피질-선조체-시상하부-피질회로의 이상이 존재하는 것으로 나타난다. 또한 뇌의 편측화의 미묘한 변화로 말미암아 운동기능이 억제되고 정보처리기능의 장애가 원인이 된다고 나타난다.

사회·심리학적 요인으로는 발산하고자 하는 아동·청소년기의 요구를 저지하고 방해하는 독재적이고 꼼꼼한 교육과 가정환경이 원인이 될 수도 있다. 부모나 교사가 아동·청소년의 욕구에 관심을 기울이지 않고 엄격한 요구와 강압적인 태도로 일관할 때에 심리적으로 불안이 야기되어 틱이 나타날 수 있다.

3) 교육 및 상담

흔히 틱을 막기 위해서 취하는 모든 지적이나 잔소리, 또는 외부로 드러나는 고치려는 시도는 틱 행동을 오히려 부채질하고 심화시킨다. 즉, 이것이 오히려 이들을 더 흥분시키고, 이러한 심리적 흥분은 틱 행동을 조장시키는 것이다. 틱은 스트레스를 받으면 더욱 심해지고 자는 동안에는 급격히 저하되는 모습을 보이고, 어떤 일에 몰두해 있을 때도 감소할 수 있다. 이 때문에 틱장애 청소년의 정신적인 긴장을 풀어주는 것이 중요하다. 심리상담을 통해 틱장애 증상에 대한 오해와 편견, 주위에서의 압력 때문에 생길 수 있는 정서적 어려움을 해소시켜 주는 것이 필요하다. 즉, 주변 환경에서 주어지는 긴장이나 불안감, 혹은 틱장애로 인한 불안이나 우울장애, 자신감 결여 등에 대해 지지적 상담이 제공되어야 한다.

현재까지는 임상적으로 문제가 되는 중등도 이상의 틱 장애 치료에 약물치료가 가장 효과적이라고 알려져 있다. 또한 행동수정 접근으로 일부러 틱증상을 반복하기, 이완훈련, 인식훈련, 자기관찰, 조건부 강화 등은 효과적인 경우가 있다.

요약

본 장에서는 청소년의 정상적인 발달을 돕기 위해서 이 시기에 경험할 수 있는 심리적, 정신적 위기와 적응의 어려움에 대한 이해를 돕고자 하였다. 청소년기의 발달 및 정신건강에 대한 이해가 없거나 왜곡된 견해로 이들을 대하고 지도했을 때에는 청소년의 심리적, 정신적 건강을 위험하게 만들 수 있다. 특히 청소년기에 겪는 적응적 어려움에 대한 적절한 개입 없이 방치할 경우 성인기에 이르러 심각한 정신병리로 진행될 가능성이 높아진다. 이에 상담자는 청소년의 발달 및 문제행동과 정신건강에 대해 청소년 개인의 특성과 사회 맥락적 상황을 고려하여 이해하고 연구하는 것이 필요하다. 또한 이를 통해 청소년들에 대한 이해를 넓히고 문제예방과 상담 및 교육, 치료를 위한 노력에 힘써야 할 것이다.

14 상담 의뢰

Contents

초등학교 4학년이 지나면서 학생들은 청소년기에 들어서게 된다. 청소년들의 특징은 신체·심리·정서가 급격히 발달하는 과정에 있다. 청소년기에 생겨나는 발달적 문제들은 학업, 진로, 또래, 성격, 생활, 정신건강, 가정 등 다양한 영역에서 존재하며, 이 외에도 학업중단, 가출, 자살, 성문제, 폭력, 그리고 정신·건강적 문제를 가지고 있는 경우에는 상담뿐만 아니라 숙식, 보호, 직업훈련, 의료적 약물치료, 법률적 지원 등 다양한 전문적인 기관의 서비스 제공과 지원이 필요할 수 있다. 청소년기 학생들은 이러한 발달적 문제들의 어려움에 직면하게 되었을 때, 다각적인 측면의 상담과 지원이 필요하게 된다. 따라서 본 장에서는 청소년기에 있는 학생들을 위해 학생상담에서 의뢰되거나 협력적으로 제공될 수 있는 상담적 자원과 전문적 기관들에 의뢰하는 과정과 절차, 의뢰의 과정에서 부모 상담 및 협력, 상담자들이 의뢰할 수 있는 청소년 관련 의뢰기관들에 대한 구축 활동 및 정보에 대한 것을 살펴볼 것이다.

1 상담 의뢰의 중요성

청소년기 학생들은 발달적·환경적 특징에 의해 한 가지 문제보다 다양한 문제를 복합적으로 지니고 있는 경우가 많다. 예를 들어, 학업중단, 가출, 자살, 성문제, 폭력, 그리고 정신건강적 문제를 가지고 있는 경우에는 상담뿐만 아니라 숙식, 보호, 직업훈련, 의료적 약물치료, 법률적 지원 등 다양한 전문적인 기관에서 제공하는 서비스와 지원이 필요할 수 있다. 이런 경우, 상담자는 학생 내담자를 의뢰할 수 있는 전문기관과 네트워크를 구성할 필요가 있으며, 의뢰가 필요한 학생 내담자 또는 부모에게 의뢰할 기관을 연결할 수 있어야 한다. 지역사회에서 전문적인 연계자원을 확보하는 것은 전문적인 상호정보교환이 가능하고 전문프로그램 및 다양한 자원을 내담자에게 제공할 수 있어 내담자의 문제를 효과적으로 해결하고 치료를 증진시킬 수 있게 된다. 따라서 청소년기 학생 상담에서는 개인뿐 아니라 청소년을 둘러싼 환경적인 자원을 연계하고, 부모, 교사 등의 다양한 요구를 충족시킬 수 있는 적절한 기관을 연결하는 서비스가 제공될 수 있는 기반을 마련해 놓는 것이 중요하다.

2 전문기관에 의뢰와 상담자의 역할

학생 내담자에게 필요한 상담이 상담자가 다룰 수 있는 내용과 환경을 벗어나는 경우 상담자는 전문상담 기관에 의뢰해서 내담자를 돕게 된다. 상담자 윤리강령에도 만약 상담자가 내담자에게 전문적인 조력을 할 수 없겠다고 결정했다면, 상담관계에 들어가지 않거나 상담관계를 즉시 종결해야 한다. 상담자는 의뢰할 기관에 대해 잘 알아야 하고, 적절한 대안을 제시해야 한다. 만약 내담자가 제안된 의뢰를 거부한다면, 상담자는 관계를 지속할 의무를 지지 않는다(ACA, 1995, Section A. 12, paragraph b)라고 되어 있듯이 적절한 시기에 필요한 전문적 기관의 도움을 받게 하는 일은 내담자를 위해서 중요하다.

학교상담자가 의뢰 과정에서 주의를 기울여야 할 문제는 학생 내담자의 문제가 너무 복잡하여 내담자를 너무 일찍 다른 기관으로 의뢰하는 것이나, 신속하게 전문기관으로 의뢰하여야 하는 학생 내담자를 붙들고 있는 경우이다. 학생 내담자를 너무 빨리 의뢰기관에 연계하는 경우, 상담자는 자신이 내담자를 다룰 수 있다는 효능감이 부족하다고 여기는 것은 아닌지, 위험한 내담자의 경우 위험성을 감수해야 하는 부담감을 가지고 있는 것은 아닌지, 상담자 자신의 능력에 대한 부적절한 평가에 의한 것이 아닌지 점검해 보아야 한다. 반대로 너무 오랫동안 상담자의 전문성을 넘어서는 내담자의 문제를 다루려고 붙잡아 두는 경우에도 어떤 이유에서 내담자를 의뢰하지 않고 있는지 자기점검을 해 볼 필요가 있다. 어느 경우라도 내담자의 복지를 위해 초점을 두며, 내담자의 문제에 대한 평가와 상담자 자신의 전문성에 대한 세심한 평가가 필요하다.

Ⅱ 상담의뢰의 과정 및 절차

1 의뢰 과정의 단계

상담에서의 의뢰는 의뢰 기관에 대한 구체적인 정보수집과 이해, 그리고 체계적인 과정으로 이루어져야 한다. 상담의 의뢰 과정과 체계를 마련해 놓는 것은 상담자가 의뢰 시 무엇을 어떻게 해야 하는지에 대해서 효율적으로 처리할 수 있도록 돕는다. 의뢰에 적용되는 모델로 상담과 자문에 대한 Eagan(1998)의 3단계 모델이 있다(Amatea & Fabrick, 1984; Baker, 1973; Bobele & Conran, 1998; C.J.Dowing, 1985; Weinrach, 1984). 3단계는 확인 및 명료화, 문제 이해에 기초한 목표 설정, 그리고 행동 전략 실행이다.

1) 1단계: 문제 확인 및 명료화

자신과 다른 의뢰 기관의 능력을 현실적으로 평가하기 위해서 상담자는 자신과 자신이 보유하고 있는 전문 의뢰 기관들에 대해서 구체적으로 알아야 한다. 자신의 내담자에 대해 충분히 이해하고, 내담자의 문제를 전문적으로 평가할 수 있는 지식을 가지고 있는 상담자는 다른 기관으로의 의뢰 여부를 결정하게 된다. 이때 상담자는 전문적인 의뢰 기관에 대해 신뢰성 있는 정보를 가지고 결정을 내려야 한다. 대부분의 의뢰는 상담으로 시작하는 경우가 많으며, 상담을 통해서 내담자에게 자신의 문제의 심각성이나 어려움을 인식시키고, 전문적 기관에 의뢰 및 도움을 받아보는 것에 대해 함께 이야기하며 결정할 수 있게 된다.

2) 2단계: 문제의 이해에 기초한 목표 설정

의뢰는 반드시 상담 첫 회기에 이루어져야 하는 것은 아니다. 의뢰가 꼭 필요한 내담자일지라도 의뢰 받을 준비를 시키는 작업이 중요하기 때문이다. 따라서 상담 또는 자문 관계를 통해 내담자가 자신의 문제를 이해하고, 무엇을 원하는지 깨달을 수 있도록 상담의 초기 목표를 세우는 회기까지 상담자가 직접 상담을 진행하면서 내담자에게 의뢰가 필요한 이유를 받아들일 수 있도록 한다. 실제로 내담자에게 같은 이야기를 여러 기관을 돌아다니면서 반복적으로 하게 하는 것은 힘든 일이며 내담자를 지치게 한다. 또한 많은 내담자와 부모들은 자신들이 상담을 시작한 최초의 기관이 아닌 다른 곳에서 상담 받는 것을 불편해하고 꺼려한다. 다른 전문기관에서 상담을 받는 것이 자신들에게 어떠한 도움이 되는지 알지 못하여 다른 전문기관으로 의뢰되는 것에 대해 필요하다고 생각하지 않을 수도 있다. 더불어 자신이나 지인의 추천으로 어렵게 찾은 상담실이 아닌 다른 기관으로 의뢰되는 것에 대해 불안해 할 수 있다. 따라서 반드시 전문기관에 의뢰가 필요한 내담자라 하더라도 첫 상담을 통해 전문기관으로 의뢰해야만 하는 것은 아니다. 초기 상담을 진행하면서 충분히 내담자의 문제와 상황을 경청하고 공감하며 이해하기 위해 노력하는 작업이 필요하다. 상담자가 내담자의 문제와 상황을 명료화하기 위한 최소한의 초기상담 회기를 가지고, 내담자에게 전문기관으로 의뢰가 필요함을 이해하도록 최선을 다해 설명하여야 한다.

3) 3단계: 행동전략 실행

의뢰를 어디로 어떻게 하느냐가 기본적인 의뢰 목표가 되고 성공적인 의뢰를 어떻게 조정하느냐가 기본적인 실행 전략 목표가 된다. 따라서 의뢰 및 조정을 하는 과정에서 의뢰 기관과 의뢰 방법을 고려하는 것은 중요하다.

❶ 의뢰 기관

내담자가 의뢰 기관을 결정하는 것은 다양한 의뢰 기관에 대한 정보와 지식을 요구한다. 따라서 상담자는 청소년 발달문제와 관련하여 청소년 내담자가 가지고 있는 복합적인 요구를 충족시키기 위한 서비스가 무엇인지 목록을 작성할 수 있어야 한다. 또한 의뢰 과정에서 나타날 수 있는 기관 간의 절차와 체계가 원활하게 연결될 수 있도록 조정을 할 수 있어야 한다. 사실상 이러한 실제적 정보의 수집은 의뢰 기관을 알아내고 평가하기 위한 조사 기술, 시간과 노력을 들여야 가능한 일이다. 예를 들면 인터넷 검색, 전문가 조직과의 친밀한 관계, 동료들과의 협의, 지역사회 전문기관 발굴 및 방문, 광고 등을 찾아보고 영역에 맞게 정리하며 체계화 할 필요가 있다. 상담자가 전문 의뢰 기관들에 대한 정보를 수집할 때에는 전문 기관의 존재여부를 명확히 확인, 전문적 서비스 제공에 대한 구체적이고 실제적인 지식, 전문적 서비스를 이용하는 방법에 대한 이해 등이 자세히 포함되어야 한다. 적합한 의뢰기관 정보들이 취합된 이후에는 목록을 저장하고, 저장이나 검색 시스템을 마련해 놓으면 유용하다. 매년 새로운 정보는 추가되고, 오래된 정보나 변경된 정보는 업데이트 되도록 관리가 필요하다.

의뢰 기관을 선정하는 과정에서 상담자는 상호 의뢰 기관으로 활동하게 될 수 있으며, 때에 따라서는 상호 협정을 실천하기 위한 공식적·준공식적인 협약(MOU)과 같은 관계를 맺어 신뢰롭게 기관 간의 정보 교류 및 협력을 할 수 있다.

대부분의 의뢰는 의뢰를 함으로써 종결되는 경우가 많으나, 의뢰 후 평가 등의 추수관리를 진행하는 것이 바람직하다. 내담자에게 직접 의뢰 서비스에 대한 적절성과 관련하여 정보를 얻을 수 있다. 이러한 조사는 의뢰 서비스에 대한 내담자의 만족도를 측정한다. 의뢰 제안에 대한 내담자의 만족도, 의뢰 서비스에 대한 설명의 정확성, 의뢰 서비스에 대한 내담자 만족도 등 의뢰 서비스에 대한 보다 종합적인 평가는 또한 의뢰의 목표에 입각한 결과 자료 획득의 절차, 의뢰 서비스의 비용-효과성을 결정할 수 있다. 상담자는 의뢰가 성공을 거둘 수 있도록 초기 의뢰 작업과 의뢰 후 추수관리를 확실히 해야 하고 추수관리를 통해서는 의뢰 및 조정 노력이 얼마나 성공적인가를 평가해야 한다.

❷ 의뢰 방법

🌿 위(Wee)클래스에서 외부기관에 의뢰하는 방법

1. 학생 및 학부모에게 의뢰사유, 외부기관 정보, 의뢰절차 등에 대해 안내
2. 학생 및 학부모 동의
3. 필요한 서류 준비

4. 외부기관에 의뢰 요청 공문 발송

5. 지속적인 모니터링

6. 외부기관에서 발송한 결과보고서 공문 접수

7. 학교 내 지속관리 또는 종결

의뢰 과정에서 가장 중요한 것은 실제로 내담자에게 의뢰에 대해서 설명하고 적절한 의뢰가 이루어지도록 성사시키는 것이다. 하지만 내담자에게 의뢰를 설명하고 내담자가 의뢰될 것에 동의하는 과정에서 의뢰를 거부하거나 의뢰에 대한 불편감을 호소하는 등 상담자는 어려움에 직면하게 될 수 있다.

따라서 먼저 의뢰를 계획할 때, 상담자는 내담자가 전문기관에 의뢰되지만 상담자와 상담도 병행되어 진행될지 여부를 고려해야 한다. 이런 경우는 의뢰가 부분적으로 이루어지게 된다. 부분 의뢰는 의뢰 기관으로부터 부가적인 서비스를 받으면서 상담관계를 유지하는 것이다. 예를 들면, 신체검사와 임신검사 준비를 위해 의뢰를 한 후 검사 결과를 통보받게 되면 상담자는 내담자와 가능한 대안을 의논하기 위해 다시 만난다. 반면, 전적으로 전문 의뢰 기관에서 내담자가 모든 서비스를 받도록 하는 것은 완전 의뢰되는 것을 말한다. 새로운 전문 기관에 완전 의뢰됨으로써 내담자는 새로운 상담자나 치료자를 만나게 되고, 의뢰를 한 상담자는 그 사례를 최종적으로 종결하게 된다.

사실상 전문기관 의뢰에서 상담자가 겪는 가장 큰 어려움은 내담자가 의뢰된다는 것에 대해서 거부감을 느끼고 의뢰에 되는 것에 대해서 거부하게 되는 경우이다. 따라서 의뢰가 필요한 경우 상담자는 내담자와 진솔한 대화기법을 사용하여 내담자의 마음에 민감하게 반응하며 공감해주어야 한다. 그리고 만일 의뢰에 대해서 거부당할 경우 어떻게 내담자의 문제를 다루어야 할지 결정하여야 한다.

🌿 전문기관 의뢰 시 내담자에게 동기와 확신주기

- 의뢰 기관들에 대해서 명확히 알고 내담자에게 의뢰 기관의 중요하고 정확한 정보 (비용, 시간, 위치, 서비스 내용 등)를 제공하는 것. 내담자는 의뢰되는 것에 대해 덜 불안해

하고, 자신 스스로가 상담 또는 서비스를 제공받는 것에 대한 동기를 촉진시킬 수 있다.

- 의뢰 과정에서 능동적으로 내담자에 도움을 제공하는 것.

약속을 정하고 약속 장소까지 내담자와 함께 동행하여 의뢰 기관과 직접 만나고 첫 의뢰 과정을 함께 진행하여 내담자가 안정적으로 의뢰될 수 있도록 도울 수 있다.

- 의뢰할 때 고려할 사항

상담자는 내담자를 완전 의뢰하지 않고 상담관계를 유지하면서, 학교, 상담실 및 지역사회의 전문 기관과 부분 의뢰하여 연계할 수 있으며 다음과 같은 유의할 사항이 있다.

A. 학교 내 상담자라면, 학교 내 교사 및 행정가의 연계 서비스 제공에 대한 올바른 인식함양을 위한 교육이 이루어질 필요가 있다. 학교 내 상담사는 대부분의 교사 및 교직원들이 학교-지역사회 연계에 대한 이해가 부족하다는 점을 고려하여 교직원이나 학부모들에게 의뢰 및 의뢰기관에 대한 정보를 제공하고 적절히 교육을 제공할 필요가 있다.

B. 연계 혹은 내담자에게 필요한 프로그램을 실시하기 위해서 학교담당자 간 협의와 상담자와의 조정이 필요하다.

C. 전문적 기관에 의뢰 시에는 내담자가 방문하는 데 어려움이 없도록 가정 혹은 학교와의 거리를 고려해야 한다.

D. 의뢰가 부분적으로 진행될 경우, 기획 초기부터 역할과 책임을 명확히 하여 연계 기관 간의 역할 혼란과 갈등이 생기지 않도록 한다.

E. 의뢰 과정에서 기관간의 업무 처리 방식에 차이가 있음을 고려하여 의뢰시 절차와 내담자에 대한 정보제공 서류 등을 체계화하며, 의뢰 기관 담당자 변경을 고려하여 의뢰 체제를 유지해 나가야 한다.

2 청소년 내담자 의뢰를 위한 상담

전문기관에 의뢰를 내담자가 수용하고 성공적으로 상담이 진행되어 내담자에게 도움이 되게 하기 위하여 상담자가 그 과정을 성실하게 수행할 필요가 있다.

- 의뢰를 하기 전 내담자의 호소문제와 내담자의 자원(강점과 단점)을 평가한다.

의뢰를 받아 들일 수 있는 심리정서적인 준비가 되어 있는지를 탐색하고 의뢰 기관에 대한 설명을 상담초기 중 언제 진행할 수 있을지에 대해 결정한다.

- 내담자들이 의뢰를 받을 때 자신이 내쳐지거나 버려지는 느낌을 갖지 않도록 도와야 한다. 세심하게 내담자의 마음을 이해하고 의뢰과정을 함께 한다. 객관적이고 사실적인 의뢰기관에 대한 안내가 필요하며, 왜 의뢰가 필요하고, 그 과정에 상담자 어떻게 함께 할 수 있는지에 대해서 구체적으로 설명한다. 의뢰 기관, 의뢰 방향, 상담비 및 상담절차에 대한 구체적인 정보를 제공한다. 특히 의뢰 제안이 내담자의 상담목표와 아주 적합하며, 의뢰받은 상담자가 이런 목표를 더 잘 성취할 수 있다는 이유를 설명한다(C.J. Downing, 1985). 초기 상담의 충분한 시간 동안 내담자와 함께 의뢰에 대한 내용을 이야기하며 상의할 필요가 있다.

- 청소년 내담자의 경우 의뢰 과정에 부모상담을 포함하여야 한다. 부모상담에서의 전문 기관으로 의뢰에 대해 부모들은 저항하며 상담이나 치료를 거부하려고 할 수 있다. 자신의 자녀에게 큰 문제가 있는 것처럼 보여지거나 부모 자신들이 문제부모로 인식되는 것에 대한 부담감을 느낄 수도 있다. 따라서 상담자는 상담과 의뢰를 거부하는 부모들을 상담자로서 진정성 있게 만나고, 부모의 마음과 입장을 존중하며 이야기를 듣고, 자녀를 이해하기 위한 경청과 공감 반영 등의 상담 기술을 이용하여 초기 상담과 자문을 진행할 필요가 있다.

- 상담자와의 상담이 진행되고 의뢰를 결정한 후 의뢰 기관에서 첫 상담을 어떻게 진행하게 되는지에 대한 조정까지 상담자는 세심한 관심을 기울여야 한다. 의뢰받은 기관과의 첫 상담을 어떻게 진행하는지에 대해 어떤 전문가들은 내담자가 의뢰받은 기관과 먼저 연락을 취하고 상담자와의 접촉을 먼저 시도해야 한다고 생각하는 반면(Amatea & Fabrick, 1984), 다른 전문가들은 의뢰받은 상담가가 접촉을 먼저 시작해야 한다고 제안한다. 또 일부는 상담을 받게 될 내담자와 부모가 먼저 연락을 취하여 진행될 수 있도록 도와주어야 한다고 제안한다(Baker, 1973; C.J Downing, 1985). 사례에 따라서 의뢰 후 어떤 과정에 따르는 것이 적절한지를 결정할 필요가 있다. 사례마다 상담에 대한 접근이 다를 수 있기 때문에 상담가가 의뢰의 과정과 방법에 대해 내담자의 여러 가지 측면을 고려하여 적용할 수 있도록 해야 할 것이다. 내담자에게 설명하여 먼저 의뢰한 곳

에 접촉이 가능한 경우가 있는가 하면, 내담자에게 맡기기보다는 의뢰기관이나 기존의 상담자가 의뢰 후 첫 상담에 대한 일정을 적극적으로 도와주어야 하는 경우도 있다.

- 의뢰 시 정보제공 및 공유와 의뢰 마무리 및 추수관리에서의 평가 과정을 마련한다. 내담자의 의뢰과정이 초기 상담 몇 회기를 거쳐서 진행되었다면, 의뢰된 내담자에 대한 필요한 정보와 자료를 의뢰 받는 전문가에게 제공하는 것에 대해 의뢰 소견서 등과 같이 기관의 절차와 양식을 마련해 놓을 필요가 있다. 내담자가 의뢰기관을 거칠 때마다 내담자가 반복적으로 경험해야 하는 불편함을 최소화해 줄 수 있는 것이 필요하다.

3 청소년 내담자 의뢰를 위한 부모상담

청소년 상담에서 내담자는 미성년자이기 때문에 의뢰 과정은 부모의 이해와 협력이 요구되며, 이로 인해 의뢰의 과정이 다소 복잡하더라도 그 과정을 차분히 밟아가는 것이 필요하다. 때때로, 내담자의 부모나 보호자가 관여하게 될 때, 부모가 의뢰 제안을 무시하거나 거부할 수도 있다. 많은 내담자와 부모들은 학교 시스템 밖에서 특별한 도움을 받는 것이 반드시 필요하다고는 생각하지 않기 때문에 상담자는 이들이 의뢰 제안을 생각해 보고, 받아들이도록 공감, 직면, 정보제공 등을 통해 도와야 한다. 다른 경우로, 미성년자인 내담자 스스로가 의뢰 과정을 매우 어렵게 할 수 있다. 그들은 그들의 부모나 보호자가 그 의뢰 제안의 원인이 된 문제에 대해 아는 것을 원하지 않거나, 그들이 의뢰 제안을 무시하거나 거부할 수 있다. 성인에 비해 아동과 청소년들은 의뢰 과정을 잘 이해하지 못하고 두려워할 수도 있다.

상담자는 종종 아이들을 통해 부모나 보호자와 함께 일을 해야 하는 부가적인 어려움에 직면한다. 이러한 이원화된 의사 결정 상황 때문에 상담자들은 많은 다른 조력 전문가들보다 의뢰하는데 더욱 더 정통해야 한다. 그들은 또한 의뢰 제안의뢰 제안을 거부한 내담자와 상담을 지속해야 하는지 중단해야 하는지를 결정해야 하며, 이러한 상황에서 상담 서비스를 중단해야 할 수도 있다. 그러나 의뢰 제안에 반응하지 않는 것이 부모의 태도에 의해 야기될 수 있고 이런 경우 내담자는 중간에 끼어 난처하게 된다. 이때 상담자는 자신이 제공하는 서비스가 아무런 서비스를 제공하지 않는 것보다 더 나은지를 결정해야 하는 윤리적 갈등 상황에 놓이기도 한다.

Ⅲ 의뢰 기관 및 프로그램의 이해

학교, 상담센터와 지역사회와의 협력은 그 중요성이 증가하고 있다. 학생들은 포괄적이고 종합적인 서비스가 요구되는 문제에 직면하고 있는데, 이들 중 많은 서비스는 상담실이나 학교 등 한 곳에서만 제공 받을 수 있는 것들이 아닌 경우가 많다. 따라서 학교나 상담실이나 지역사회는 자신들이 제공할 수 있는 상담이나 프로그램 각 기관의 역할을 확인하고 서로 협력할 수 있는 기반을 마련하는 것이 필요하다. 학교 상담실 지역사회의 전문 기관들 간에 네트워크를 마련하여 서로 협력하는 것은 청소년 내담자를 심리 정서적으로 효율적으로 지원하는 데 도움을 줄 수 있다.

⬛ Wee클래스 / 센터 / 스쿨

Wee프로젝트는 종합적인 다중 안전만 체계 구축을 통해 위기 상황에 노출된 학생에게 '심리평가–상담–치유' 서비스를 제공한다. 위기학생뿐만 아니라 모든 학생들이 겪을 수 있는 다양한 고민, 문제들을 다루어 행복하고 건강한 학교생활을 영위할 수 있도록 지원하고 있다. Wee는 학교에 위(Wee) 클래스 7631개, 교육지원청에 위(Wee) 센터 204개소, 교육청에 위(Wee) 스쿨 15개교가 있다. 또한 가정의 문제로 인해 학업을 유지하기 어려운 학생들을 위한 가정형 위(Wee)센터 19개소, 고위기학생의 보다 심층적인 지원을 위한 병원형 위(Wee)센터 10개소가 운영되고 있다(2020년 10월 기준). Wee프로젝트 사업과 관련한 센터의 위치와 안내는 Wee프로젝트 홈페이지(https://www.wee.go.kr/)에서 검색하고 확인할 수 있다.

1) Wee클래스

Wee클래스는 고민을 이야기 할 수 있는 감성소통 공간으로, 상담을 통해 학생들의 고민을 함께 해결하며 학교생활 적응과 심리적 안정을 돕고 있다. 학교에서 운영하는 Wee클래스는 문제있는 학생들만 이용한다는 기존 상담실에 대한 부정적 인식을 해소하고 누구나 편안하게 자신의 이야기를 꺼내놓을 수 있는 곳으로, 학생들

표 14-1	Wee프로젝트 기관 주요 기능	

기관	주요 기능	설치
Wee클래스	• 대상: 학교부적응 학생(학교폭력, 학업중단 위기, 따돌림, 대인관계, 미디어중독, 비행 등) 및 일반 학생 • 기능: 잠재적 위기학생에 대한 학교생활 적응 조력	단위학교
Wee센터	• 대상: 단위학교에서 선도 및 치유가 어려워 학교에서 의뢰한 위기학생 및 상담 희망 학생 • 기능: 위기학생에 대한 전문적인 진단 · 상담 · 치유 One-Stop 서비스 지원	시 · 도 교육청 및 교육지원청
Wee스쿨	• 대상: 위기상황으로 중장기적인 치유 · 교육이 필요한 학생 • 기능: 고위기 학생의 중 · 장기 위탁교육 실시	시 · 도 교육청
기타 관련 기관	• 가정형 Wee센터: 가정적 위기상황에 놓인 학생의 지원 강화를 위한 단기 기숙형 위탁기관 • 병원형 Wee센터: 고위기 학생의 심리 지원을 위한 심층적 심리검사 · 상담 · 치료 지원 • 학교폭력 피해학생 전담지원기관: 학교폭력 피해학생에 대한 실질적 보호 강화 및 피해학생의 수요와 필요에 따른 다양한 치유지원 프로그램 운영 • 학교폭력 가해학생 특별교육기관: 학교폭력 가해학생 선도를 위한 특별교육 지원 • 117 학교폭력 신고센터: 24시간 신고전화를 받고 있으며, 상담에서 사후 관리까지 학교폭력 One-Stop 서비스를 구현하여 학교폭력과 관련된 상담 · 수사 · 지원 등의 통합 서비스 제공	시 · 도 교육청 및 교육지원청

출처: 한국교육개발원 위(Wee)프로젝트연구특임센터(2020). 위(Wee)클래스 가이드북.

이 즐겁게 학교생활을 할 수 있도록 휴식 시간, 점심시간, 방과 후 등 언제나 열려있는 단위학교 내 상담실이다. 학교 내에서 심리 · 정서적으로 어려움을 겪거나 문제가 발생한 경우, 학생이 직접 Wee클래스에 방문하여 상담을 신청할 수 있고, 담임선생님이나 학부모가 적절한 상담지원을 받을 수 있도록 학생을 의뢰할 수 있다. 단위학교 안에 있는 Wee클래스에서는 학생의 인지 정서 행동발달적 문제들과 관련된 개인 및 집단상담, 심리검사, 자문 및 교육, 연수, 연계활동 등이 심리상담 및 교육이 주로 실시되며, 자기표현 · 감수성 훈련프로그램, 진로탐색 · 소질계발 프로그램, 학습전략과 방법을 지원하는 학습 클리닉 등의 다양한 개별 및 집단상담 등의 예방 및 개입프로그램을 실시하여 학생의 학업진로, 정서, 사회 발달을 돕는다.

❶ 대면 상담

– 개인상담

개인 상담은 접수 상담으로 시작된다. 주요 호소문제, 가정·학교 환경 등을 파악하기 위한 상담신청서를 작성하고, 효과적인 상담 활동 운영 및 원활한 상담 서비스를 제공하기 위해 상담 사전동의서 및 개인정보 수집·이용동의서를 작성하게 된다. 초기상담에서는 주요 호소문제, 상담신청 경위, 문제 발생 배경 및 지속기간, 가족

표 14-2 위(Wee) 클래스 업무영역

영역	직무	세부업무
상담	개인상담	• 학교 적응력 향상을 위한 상담 • 심리 정서적 안정을 위한 상담
	집단상담	• 자존감 향상 및 사회성 증진 • 학생 욕구에 따른 집단상담 주제
	심리검사	• 성격 및 대인관계 영역 • 학업 및 자기 관리 영역 • 심리 및 정서 관련 영역
	상담지원	• 학교폭력 피·가해학생 상담지원 • 학생정서·행동 특성검사 후속 상담지원 • 학업중단숙려제 상담지원
	자문	• 보호자, 교사 등을 대상으로 자문
교육	교육 및 연수	• 학생 교육(예: 특별교육) • 상담관련 보호자 및 교사 연수
	상담행사	• 학생 성장과 학교문화 개선을 위한 상담행사 기획 및 운영
연계	연계협력	• 학생, 보호자, 교직원 협력 • 교육지원청 위(Wee) 센터, 가정형 위(Wee) 센터, 병원형 위(Wee) 센터 연계 및 활용
행정	상담환경 조성	• 위(Wee) 클래스 시설관리 • 위(Weed)클래스 비품 구입 및 관리 • 상담·심리검사 자료 구입 및 관리
	연간 계획수립	• 학생, 보호자, 교직원 상담 관련 요구조사 • 위(Wee) 클래스 운영, 연간계획 수립
	홍보	• 연중 위(Wee) 클래스 운영 홍보 • 각종 프로그램 소개
	사례관리 및 평가	• 상담 기록 및 관리 • 상담활동 결과보고 및 평가 • 위(Wee) 클래스 운영 및 관리에 필요한 행정

※ 위(Wee) 클래스 업무는 학교 여건에 따라 달라질 수 있음.

출처: 위(Wee)프로젝트연구특임센터(2020). 위(Wee)클래스 가이드북. 교육부: 한국교육개발원.

그림 14-1　위(Wee) 클래스 상담의 일반적인 진행절차

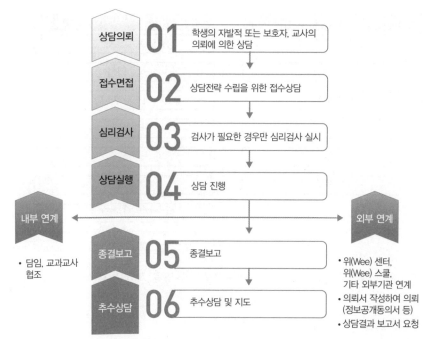

출처: 위(Wee)프로젝트연구특임센터(2020). 위(Wee)클래스 가이드북. 교육부: 한국교육개발원.

사항, 사회·문화적 자원, 행동관찰 등 학생의 기본적인 정보의 수집이 이루어진다. 개인 상담은 접수 상담 후 주 1회로 보통 4~10회기 상담이 진행된다. 주 상담 내용으로는 성격, 관계, 정서, 학업 등이 있다. 상담의 종결은 상담 종결 준비과정을 거친 후 상담선생님과 학생이 합의 후 종결하게 된다. 상담 초기에 학생과 함께 설정한 상담 목표 달성 여부를 점검하고 상담에서 변화한 내용과 앞으로 해나가야 할 내용을 확인한다. 이후 추수상담이 이루어질 수 있는데 이때는 학생이 상담 경험을 일상생활에 적용, 일반화할 수 있도록 돕는다. 상담 종료 후 보통 1개월 이내 추수상담이 진행되고, 재학기간 동안 학교생활 적응을 돕기 위한 지속적인 추수상담이 진행된다.

내담자 유형에 따른 진행절차

자발적 상담 절차	비자발적 상담 절차
상담 신청	상담의뢰(보호자, 교사)
접수면접	접수면접
사례개념화	의뢰자 면담
개입	사례개념화
종결	개입
추수상담	종결
	의뢰자 면담
	추수상담

출처: 위(Wee)프로젝트연구특임센터(2020). 위(Wee)클래스 가이드북. 교육부: 한국교육개발원.

– 집단 상담

집단 상담은 자신이 고민하고 있는 문제가 누구나 겪을 수 있는 문제라는 인식을 촉진하고, 사회성을 연습할 기회를 제공한다. 집단상담은 집단 구성원들이 각자의 잠재력을 계발할 수 있는 장이 될 수 있으며, 학생들에게 그들이 원하는 성인이 되기 위한 적응력, 독립심 향상을 도모한다. 학생들은 이 과정을 통하여 자기중심주의

표 14-3 주제별 집단 상담

주제	내용	추천 학생
학습	• 학습 동기 점검 및 정립 • 학생 특성을 고려한 효율적 학습 방법 안내	• 학습 동기가 부족한 학생 • 학습전략을 배우고 싶은 학생
정서	• 본인이 경험하는 감정에 대한 평가 • 감정 조절 방법에 대한 계획 및 연습	• 우울하고 무기력한 모습을 보이는 학생 • 분노 조절에 어려움을 겪는 학생
대인관계	• 나와 타인 이해 • 대인관계 기술 습득	• 친구/가족 관계에서 어려움을 겪는 학생 • 대인관계 기술을 배우고 싶은 학생
학교폭력	• 공감, 의사소통, 갈등 해결, 자기존중감, 감정조절 등	• 학교폭력 피해 학생 • 학교폭력 가해 학생

출처: 한국교육개발원 위(Wee)프로젝트연구지원센터(2021). 우리 학교 선생님을 위한 한눈에 알아보는 위 (Wee) 클래스.

에 직면하여 스스로를 성찰하는 기회를 제공하고 집단 구성원들의 지지와 이해를 받으며 정서적 친밀감을 경험한다. 집단상담의 장점은 인간적 성장을 위한 환경 제공, 실생활의 축소판 기능, 상담에 대한 긍정적 인식확대, 경제적·효율적·실용적 측면이 있다. 그러나 비밀보장의 한계, 개인에 대한 관심 미약, 집단 압력의 가능성 등의 단점을 갖는다. 집단상담의 주제는 학습, 정서, 대인관계, 학교폭력 등이다.

– 학교 대면 집단상담에서의 매체 활용

학교 대면상담에서 매체를 활용하여 집단상담이 이루어진다. 매체는 미술, 연극, 사진, 놀이 등이 있다. 각 매체의 특징은 특징에 따라 적합한 학생들이 추천되도록 한다. 자기 표현이 부족한 학생, 스트레스 해소가 필요한 학생은 자기표현의 기회와 긴장 완화 및 스트레스 해소를 할 수 있는 미술이 추천된다. 연극은 정서적 어려움을 호소하는 학생에게 도움이 되는데, 이는 친밀감 및 공동체 의식을 형성하는 데 효과적이기 때문이다. 수행 결과 및 타인의 평가에 민감한 학생은 사진이 수행 결과에 대한 부담이 낮아 추천된다. 사진은 집단 활동으로 다양한 주제를 설정할 수 있고, 사진 작품을 제작하는 활동으로 연결지을 수 있다. 학생 참여가 적극적이고 활발한 놀이는 자신의 심리적 어려움이나 감정을 말로 표현하기 어려운 학생에게 추천된다.

표 14-4 매체별 집단상담

주제	내용	추천 학생
미술	• 자기표현의 기회 • 긴장 완화 및 스트레스 해소 • 다양한 집단원 수용 경험	• 자기표현이 부족한 학생 • 스트레스 해소가 필요한 학생
연극	• 20명 이상 집단 적용 • 친밀감 및 공동체 의식 형성 • 다양한 주제 범위	• 정서적 어려움을 호소하는 학생
사진	• 집단활동 주제 다양성 • 사진작품 제작 활동 • 수행 결과에 대한 부담이 낮음	• 수행 결과 및 타인의 평가에 민감한 학생
놀이	• 학생 참여가 적극적이고 활발함 • 학급 단위 프로그램 유용	• 자신의 심리적 어려움이나 감정을 말로 표현하기 어려운 학생

출처; 한국교육개발원 위(Wee)프로젝트연구지원센터(2021). 우리 학교 선생님을 위한 한눈에 알아보는 위 (Wee) 클래스.

❷ 비대면 상담

원격수업 기간 중 상담 신청 학생, 위기 사안 발생(자살 및 자해 시도 등) 시 즉각적인 대응이 필요한 학생, 등교 거부 또는 가출 학생, 대면상담을 선호하지 않는 학생 등을 대상으로 한다. 개인상담은 전화상담, 채팅상담, 학교 홈페이지 사이버 상담, OO클래스룸 온라인 상담, 랜선 위클래스 활용 화상상담 등을 통해 가능하다. 집단상담은 화상상담으로 소그룹 기능을 활용하기도 한다. 집단 상담 프로그램은 온라인 대화기법, 의사소통 기술 훈련 프로그램 등을 진행한다. 심리검사는 각종 표준화 심리검사를 온라인 심리검사 사이트를 이용하여 할 수 있다. 비대면 교육 및 행사는 학생·학부모 상담주간, 온라인 등교 맞이 행사 등이 있으며, OO클래스룸, e학습터, 학교 홈페이지, 온라인 채널 교육 및 행사, 가정통신문 및 문자 안내 등으로 이루어진다.

✿ 위(Wee) 닥터

전국 초·중·고등학교 및 시도교육청 소속 전문상담(교)사에게 '원격 화상 자문 서비스'를 통해 학생 상담 및 지도에 대한 정신건강의학과 교수의 자문을 사례별로 기본 5회기를 제공한다. 이는 진료의 목적으로 하는 것이 아니라, 상담자 대상의 자문 상담 제공이 목적이다. 학부모·학생의 경우, 자문의와 사전 협의를 통해 2회기 이후부터 자문에 참여할 수 있다. 단 학생이 직접 참여하는 경우에는 사례에 따라 제한이 될 수 있다. 자문 결과에 따라 상다미쌤 치료비 지원, 정신과 병원 연계, 유관기관 상담 등을 지원받을 수 있다.

자문 신청 가능 사례로는 청소년 우울·불안, 학교폭력, 부적응, 과의존(스마트폰, 게임), 위기(자살), 성 관련, ADHD, 무기력, 학업 스트레스 등이 있다. 이 외에도 청소년의 다양한 정신적·정서적 문제 증상(문제 증상에 대한 이해, 정신과적 견해, 약물·정신과치료 문의 등), 학급 내 학생 지도 방향, 부모–자녀 간 관계에 대한 솔루션, 청소년 공통 사례 유형에 대한 슈퍼비전 등이 필요한 경우 자문을 신청할 수 있다.

Wee클래스에서는 학생을 상담할 때 필요하다면 학부모 상담도 진행할 수 있다. 또한 학부모가 자녀와의 관계에서 어려움을 겪는 경우에도 상담이 진행될 수 있다. 교사도 학생과 관련된 상담을 진행할 수 있지만, 상담주제가 교사 본인에 관한 내용

인 경우에는 외부 상담 기관을 연결해 줄 수 있다. 이는 상담자와 내담자 관계 외의 다른 역할 관계가 중복되어 있는 다중관계를 피하기 위해서인데, 상담효과에 미칠 수 있기 때문에 이를 피해야 한다.

❸ Wee 클래스 특별 프로그램

– 학교 내 대안교실

학교 내 대안교실은 학업중단 예방을 위하여 학교생활 부적응 학생의 다양한 교육적 요구를 충족시킬 수 있도록 일반학급과 구분하여 대안교육 프로그램을 운영하는 별도의 학급이다. 학교 내 대안교실의 목적은 학생들의 꿈과 끼를 살리는 다양한 교육 기회를 제공하고, 학교 부적응 학생에게 유의미한 학교생활을 지원하는 데 있다. 뿐만 아니라 다양한 교육은 원하는 학생들에게 대안적 교육 기회를 제공하고, 학생들의 교육소외를 해결할 수 있는 학교의 교육 역량 제고에 그 목적이 있다. 학교 내 대안교실 필요성은 각양각색의 특성을 가진 학생들의 욕구 충족을 위한 교육의 다양성 추구에 있다. 교실 수업에 적응하기 어려워하는 학생들을 위한 맞춤형 프로그램의 지원이 필요하다. 이는 과도기의 삶을 살아가는 학생들에게 다양하고 폭넓은 경험을 제공하여 올바른 안목을 키울 수 있도록 돕는 창구의 역할을 한다. 학교 내 대안교실은 낮은 자존감이나 정서적 어려움 등으로 학교생활 부적응을 호소하는 학생들에게 안정된 공간 제공과 교육적 지원 체계가 되어 준다.

학교 내 대안교실은 학생, 학부모 동의를 얻어 학교생활 부적응 학생 및 위기학생을 우선으로 선정한다. 학교 관리자와 업무 담당자를 포함하여 3~5인 이상의 교직원으로 '학교 내 대안교실 운영팀'을 구성한다. 추천 대상 학생의 다양성을 감안하여 무학년제 운영이 가능하며, 치유, 공동체 체험, 학습·자기계발, 진로·직업개발

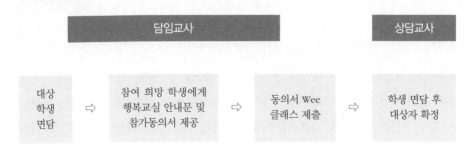

그림 14-3 학교 내 대안교실 대상자 선정과정

등의 내용으로 프로그램을 구성한다. 학교의 유휴 공간을 활용하여 별도의 학교 내 대안교실 공간을 마련하고, 교육과정 일부를 대체하는 별도의 대안학급(교실)을 편성하여 일반교실과 병행하여 운영한다. 학교 내 대안교실의 출결 상황은 원적 학급의 교과 시간으로 인정하며, 소속 학급에서 평가를 실시하여 성적에 반영하게 된다. 부득이하게 소속 학급에서 평가를 실시하지 못하는 경우 학교 내 학업성적관리위원의 결정에 따라 성적을 처리하게 된다.

표 14-5 학교 내 대안교실 프로그램 예시(반일제)

요일	교시	프로그램 내용	장소	강사	담당
월	2 · 3 · 4	집단상담, 요리교실, 음악치료, 미술활동, 정서 · 신체 활동, 문화체험, 야외 체험 프로그램 등	Wee클래스 교육복지실 교외체험활동지	외부 강사	상담교사 행복교실 업무지원교사
화	5 · 6 · 7				
목	2 · 3 · 4				
비고		프로그램 운영 과정에서 세부 내용 변동 가능성 있음			

표 14-6 오전 또는 오후에 학교 내 대안교실 프로그램을 매일 운영

	월	화	수	목	금
5교시	요리활동 (행복한 빵굽기)	힐링활동 (캘리그라피)	요리활동 (쿠키향기)	니들펠트 (인내력 키우기)	우드버닝 (성취감 향상)
6교시					
7교시					
8교시					

출처: 경기도교육청. (2021). 학교 내 대안교실 운영 매뉴얼.

- 위기관리위원회

학생이 정신건강·가정·학교부적응 문제 등으로 학교 차원의 대처가 필요한 경우 학교 위기관리위원회를 통해 지원한다. 학생에게 자살, 자해, 자살 시도 등의 상황이 발생했을 때 학교 위기관리위원회를 통해 신속하게 대처하게 된다. 만약 학교 차원에서 해결이 어려운 사안의 경우 소속 교육지원청 학생위기지언단과의 협업을 통해 통합적 문제해결을 지원한다. 학생의 자살 사안 등 심각한 위기상황이 발생하는 경우, 시·도교육청과 지역교육청의 위기관리 전문가(담당자)가 학교 위기관리위

원회에 참석하여 사안대처를 지원한다. 학교 위기관리위원회는 매년 3월 이내에 학교장을 위원장으로 하고 학부모 및 지역사회 전문가와 학교 내 업무관련 교직원을 포함하여 5인 이상 10인 이하의 위원으로 구성한다.

위기관리 위원회는 목적은 위기 발생하는 문제행동 원인의 복잡성에 대처하기 위해 다른 진단과 맞춤형 지원 요구에 있다. 학교 내 위기 학생 지원 체계가 통합적으로 지원하도록 하며, 위기학생에 대해 학교 내 협의 및 교육청과의 협력을 통한 체계적 지원을 하고자 한다. 학생의 상황과 욕구에 따른 개인 사례관리의 필요가 있으며, 학생 개별 특성이 반영된 학생중심의 지원체계를 마련한다. 위기학생 지원을 위한 위기관리위원회의 목적은 위기학생을 조기에 발견하여 학교폭력 예방, 학업중단 예방, 생명존중을 고취시키고자 한다. 위기상황에 대처하기 위해 학교와 가정이 연계되어 상담 및 기타 지원을 한다. 또한 교육청과 지역사회 유관기관과 협력한다.

그림 14-4 위기관리 위원회 지원절차

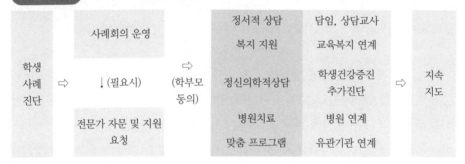

그림 14-5 학교 내 조치 단계

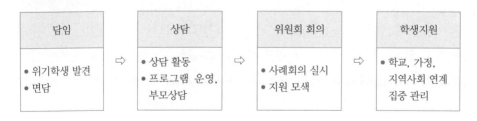

– 학업중단 숙려제

학업중단 숙려제는 학업중단 위기 징후를 보이는 학생을 조기발견하고 학업 중단을 사전에 예방하기 위한 제도이다. 학업중단 위기학생에게 상담 등의 적극적인 개입으로 학교 적응력을 증진시키고, 학업중단으로 발생할 수 있는 다양한 문제에 대한 숙려 기회 제공을 함으로써 학업중단을 예방한다. 학업중단 예방 위원회는 교감, 전문상담(교)사 등의 교원 5~10인으로 구성된다.

〈 숙려제 참여 대상 〉
A. 학생관찰, 상담 등으로 발견된 위기징후로 관련 교사들의 협업(담임교사, 상담교사 등)을 통해 학업중단 위기에 있다고 판단되는 학생
B. 구두로 학업중단 의사를 표시하거나 유예원을 제출한 학생
C. 미인정결석 연속 7일 이상, 누적 20일 이상인 학생
D. 검정고시 응시를 위하여 학업중단 의사를 밝힌 학생

〈 숙려제 참여제외 대상 〉
A. 연락두절, 행방불명 등으로 숙려제 운영이 불가능한 학생
B. 질병, 병원치료, 사고, 해외출국(미인정 유학) 등으로 부득이한 사유로 학업을 중단하는 학생
C. 학교폭력 등으로 출석이 정지되어 미인정결석으로 처리된 학생

출처: 경기도교육청(2021). 2021학년도 학업중단 숙려제 운영 매뉴얼. 학생생활인권과.

학업중단 숙려제의 운영 방법은 먼저 참여 대상 학생과 보호자에게 반드시 학업중단 숙려제를 안내하는 것으로 시작된다. 학생이 숙려제 참여를 희망할 경우, 신청서를 작성하고 내부 계획에 의해 운영된다. 학업중단 숙려제는 학생 상담과 매일 프로그램으로 구성되며, 학업중단 위기 원인 파악과 원인별 맞춤 프로그램을 제공하기 위해 상담이 우선 실시된다. 상담은 주 단위로 운영되며, 총 7주의 숙려 기간 중 최대 2주까지 운영이 가능하다. 1주(7일간) 2회 상담에 참여한 경우에는 숙려 상담에 해당하는 수업일수 기간 동안 출석인정 결석으로 처리된다. 학업중단 숙려제의 상담은 Wee클래스, Wee센터, 학교 밖 청소년 지원센터(청소년상담복지센터), 외부 상담 기간에 가능하다. 학업중단 숙려제의 매일프로그램은 주(7일간) 단위로 운영된다. 1일 1회 이상 매일프로그램에 참여한 경우, 참여한 당일만 출석인정 결석으로 처리된다. 매일프로그램은 학교 또는 학업중단 예방 프로그램 운영 기관, 학교장 인정기관(외부) 등에서 운영하며, 개인상담, 집단상담, 심성수련 프로그램, 자존감 향상 프로그램, 학교 적응 프로그램, 인성 프로그램, 통합예술치료 프로그램, 멘토링(꿈키움 멘

토단 활용 등), 사제 동행 프로그램, 진로체험, 예체능 활동 등의 프로그램이 운영된다. 학업중단 숙려제 프로그램 종료 후 학업에 복귀하는 경우 추수 지도 및 자퇴 철회서를 제출하게 되며, 학업을 중단하는 경우 학적처리를 하게 된다. 학업이 중단되면 학교 밖 청소년 지원센터에 연계한다.

그림 14-6 학업중단 숙려제 운영 단계별 흐름도

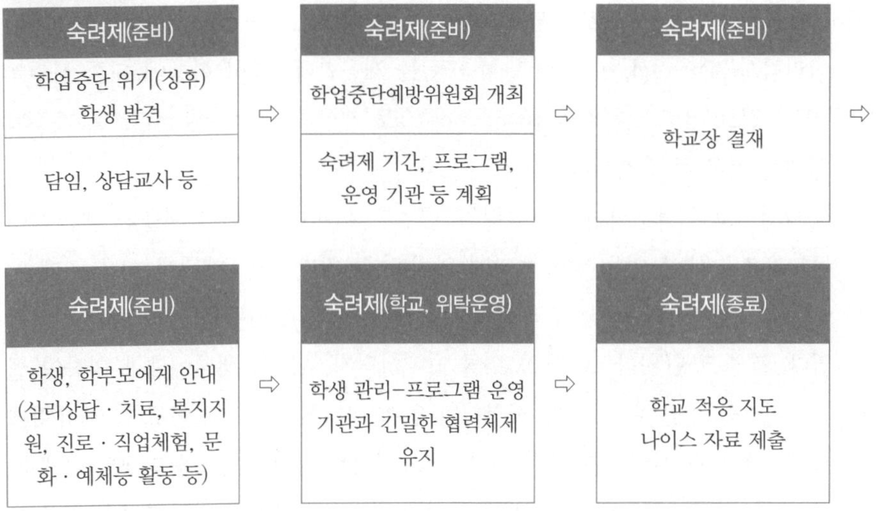

숙려제(준비)	숙려제(준비)	숙려제(준비)
학업중단 위기(징후) 학생 발견	학업중단예방위원회 개최	학교장 결재
담임, 상담교사 등	숙려제 기간, 프로그램, 운영 기관 등 계획	

숙려제(준비)	숙려제(학교, 위탁운영)	숙려제(종료)
학생, 학부모에게 안내 (심리상담·치료, 복지지원, 진로·직업체험, 문화·예체능 활동 등)	학생 관리-프로그램 운영 기관과 긴밀한 협력체제 유지	학교 적응 지도 나이스 자료 제출

표 14-7 학업중단 위기 분야별 숙려제 프로그램 운영 기관(예시)

학업중단 위기 원인	숙려제 프로그램	운영 기관
심리·정신	숙려 상담	Wee클래스, Wee센터, 청소년상담복지센터, 학교 밖 청소년 지원센터 등
가정·경제	복지 지원	학교(교육복지우선사업), 청소년상담복지센터 등
학업·진로	기초학력 증진	학교, 학습종합클리닉센터(교육지원청) 등
	진로 상담	학교, Wee센터, 청소년상담복지센터, 학교 밖 청소년 지원센터 등
	진로 체험	학교, 대학교, 기업, 개인사업장, 진로체험지원센터 등
학교 부적응	대안 교육	학교 내 대안교실, 대안교육 위탁교육기관 등
	관계 회복	Wee클래스, Wee센터 등
기타	문화·예체능 활동	학교, 문화·체육시설, 지역 공공기관 등
	캠프, 여행	학교 등

출처: 경기도교육청(2021). 2021학년도 학업중단 숙려제 운영 매뉴얼. 학생생활인권과.

2) Wee센터

❶ 교육지원청 Wee센터

Wee센터는 다양한 전문가들이 연계하는 멀티상담센터로, 임상심리사, 사회복지사, 전문상담사 등의 전문 인력들로 구성되어 있다. 지역교육청 및 시·도 교육청에 있는 Wee센터는 학교 안에서 해결되지 않는 근본적인 어려움을 지역사회의 인적, 물적, 인프라를 활용하여 진단-상담-치료를 진행한다. 지역사회 전문기관과 함께 연계하여 전문화된 상담 프로그램(학교적응, 가정문제해결, 정신건강, 약물오남용, 성관련 등)과 심리검사(지능, 적성, 성격, 진로, 학습 등)를 제공한다. 특히 학생에 대한 심리적 진단, 치료, 진로 서비스를 원스톱(One-stop)으로 제공하고 맞춤형 서비스를 제공받을 수 있다는 것은 큰 강점이다.

Wee클래스보다 전문적이고 다각적인 상담과 지원이 필요한 학생들의 경우 학생 내담자를 교육청 내에 있는 Wee센터에 의뢰할 수 있다. Wee센터를 이용할 때는, 학생 또는 부모님과 Wee센터에 직접 방문하거나 전화, 인터넷을 통해 상담 신청을 하게 된다. 그리고 단위학교에서 Wee클래스 상담자, 담임선생님에게 문의하여 센터에서 서비스를 받을 수 있도록 요청하면 언제 어디서든 전문적이고 학생 유형에 적합한 맞춤형 상담 서비스를 받게 된다. Wee센터는 상담서비스와 학생의 잠재력, 학교 및 사회적응력, 글로벌 리더십 등을 향상시키는 다양하고 전문화된 맞춤형 프로그램을 제공받을 수 있다. 임상심리사에 의한 심리검사 및 사례 진단, 전문상담사에 의한 가정문제, 학교폭력, ADHD 등의 위기 유형별 상담, 사회복지사에 의한 지역사회와 연계한 장학금 지원과 같은 복지 혜택, 학습지도사에 의한 학습컨설팅을 실시하여 학생들의 특기와 적성, 상황에 맞는 전문화된 서비스를 제공받을 수 있다.

❷ 병원형 Wee센터

병원형 Wee센터는 전문의 상담, 약물치료, 위기개입, 심리평가, 개인상담 및 집단상담이 이루어진다. 정서·심리적 어려움으로 치료 중인 중·고등학생으로 학교생활에 어려움을 겪는 학생을 대상으로 하며, 안전 문제로 자·타해 위험이 있거나 두드러진 행동 문제가 있는 학생은 위탁대상에서 제외한다. 정신건강적으로 입원 치료가 필요한 학생들에게 입원을 통해 학업이 중단되지 않도록 교과와 치료프로그램을 통해 학업 유지할 수 있도록 한다.

위기 학생들의 다차원적인 발생 원인에 근거하여 다차원적 개입 및 지원을 제공한다. 개인적·가정적·교육적 위기로 인해 심리·정서적으로 어려움에 처해 있는 학생들을 대상으로 전문적인 상담 및 치료와 대안교육을 지원하여 건강히 학교로 돌아갈 수 있도록 한다. 운영 형태는 위탁형 대안교육 프로그램, 치유형(중·고 통합) 위탁기관, 치료와 회복, 성장 중심의 상담 및 치료 프로그램 등이 있다.

표 14-8 병원형 Wee 센터 위탁 및 이용절차

과정		내용
위탁문의	≫	학생, 보호자, 담임교사, Wee클래스, Wee센터 등
▽		
대상자 의뢰	≫	대상자 의뢰서 접수 (재적 학교→병원형 Wee센터)
▽		
초기상담 및 평가	≫	접수면접, 심리평가, 정신건강의학과 전문의 면담 등
▽		
사례회의	≫	사례회의를 통해 입소 가능 여부 결정
▽		
결과알림	≫	의뢰결과 알림 (입소 가능 여부 및 연계지원 안내)
▽		
위탁신청	≫	대안교육 위탁 관련 서류 제출 (재적 학교→병원형 Wee센터)
▽		
수탁결정	≫	수탁통지서 발송 (병원형 Wee센터→재적 학교)
▽		
위탁교육	≫	상담, 치료, 교육 프로그램 참여
▽		
위탁종료	≫	재적 학교 복교 (위탁종료 통지)

❸ 가정형 Wee센터

가정, 학교에서의 위기상황으로 돌봄과 대안 교육이 필요한 학생을 대상으로 한다. 안정적인 주거환경을 제공하고 돌봄을 제공한다. 위탁형 대안교육을 실시하고,

상담 및 치유 프로그램이 함께 운영된다. 가정폭력, 가정해체, 방임 등 가정에서 어려움을 겪고 있는 학생, 학교 폭력 가해·피해, 등교 거부 등 학교에서 어려움을 겪고 있는 학생, 각종 비행문화로부터 보호가 필요한 학생을 대상으로 한다. 가정형 Wee센터에 위탁되는 경우 소속 학교의 출석이 인정된다.

3) Wee스쿨

Wee스쿨은 기숙하면서 교육, 치유, 적응을 도와주는 장기위탁교육기관이다. Wee스쿨은 전문가와 함께 잃어버린 꿈과 재능을 키워나가는 소수 정예의 기숙형 장기위탁교육기관으로 원적학교 학적을 유지하는 감성과 실용 교육 중심의 학교교육과 진로·직업교육을 제공한다.

Wee스쿨을 이용할 때에는 해당 Wee스쿨에 직접 문의 및 방문하거나 Wee센터나 클래스의 의뢰를 통해 서비스를 제공받을 수 있다. 특히 초중등 교육과정에서 장기결석자, 학업중단 위기 학생, 학업 중단자 등 고위기군에 속한 학생 및 청소년을 대상으로 장기위탁교육 및 치유서비스를 제공하는 시설로 시도교육청, 지방자치단체, 교육과학기술부가 대응투자방식으로 예산을 지원한다. Wee스쿨은 학년·학급이 구분되지 않은 통합교육과정으로 운영되며 학생들의 자아존중감과 학업성취 및 학습과정을 우선으로 하여 교원, 전문상담교사, 전문상담사, 임상심리사, 사회복지사 등의 전문가 팀이 상주하면서 학생들과 학교생활을 같이 한다. Wee스쿨에서는 심성교육, 심리치료, 학교적응력 및 사회적응력 향상프로그램을 통한 학교복귀지원서비스를 제공한다.

2 청소년 정신건강 관련 기관

1) 청소년상담복지센터

지역사회청소년통합지원체계는 청소년을 효과적으로 돕기 위해 지역사회 내에서 활용 가능한 자원을 연계한 청소년지원 네트워크를 의미한다. 청소년 사회안전망 운영사업은 지역사회 내 청소년에게 도움을 줄 수 있는 다양한 자원, 즉 경찰청, 교육청, 학교, 쉼터 및 복지시설 등과 연계하여 학업중단, 가출, 인터넷 중독 청소년을 위한 상담, 보호, 자립 등 맞춤형 서비스를 제공한다. 한국청소년상담복지개발원이 총괄하고 있는 전국 200여 개에 달하는 청소년상담복지센터는 청소년 사회안전망인 지역 사회통합지원체계(CYS-Net)의 허브(HUB)기관으로 청소년 문제를 진단·평가하고 필요한 서비스를 제공한다. 이는 전국 청소년상담복지센터를 중심으로 한 지역 사회 안전망에서는 청소년동반자(Youth Companion)를 중심으로 가출 등의 위기상황에 처해 있는 청소년들을 찾아가는 상담서비스를 제공하고, 집중적 사례관리와 특별지원(경제적 지원 포함)을 통해 위기청소년들의 학교 및 사회적응능력을 향상시켜 위기상황에 있는 청소년들이 학업중단을 예방하거나, 학교 및 사회적응을 지원한다. 이곳에서 실시하는 지원내용으로는 상담 및 건강지원, 사회적 보호, 교육 및 학원지원, 진로 및 취업지원, 의료 및 건강지원, 여가 및 문화 활동지원, 법률자문 및 권리구제를 포함한다. 즉, 가출 청소년이 상담지원센터에 도움을 요청하면, 센터는 그 청소년과 청소년이 필요로 하는 도움을 제공하는 기관을 연결시켜줌으로써 청소년에게 서비스를 제공하는 것이다. 이러한 서비스는 각 지역의 청소년 상담지원센터에서 진행한다. 위기상담의 경우 찾아가는 상담을 지원받을 수 있고 품성계발프로그램과 또래상담프로그램, 명상프로그램, 미술치료, 놀이치료 등의 다양한 프로그램도 운영된다. 학교와의 연계망을 통해 방학 중, 졸업 후, 학기 중에 다양한 서비스를 받을 수 있다.

2) 정신건강증진센터

지역마다 설치되어 있는 정신건강증진센터는 생애주기별 취약계층 및 스트레스, 우울, 자살, 고위험군을 대상으로 심리검사, 상담, 교육, 치료 프로그램을 제공한다. 정신건강검진 및 선별검사를 통한 치료 경험이 없는 우울 및 자살 대상군을 발굴, 고위험군에 속하는 내담자들일 경우 스트레스 측정 및 심층상담, 개별 정신건강서비스 제공 및 정신의료기관 연계를 도와준다. 차이는 있겠지만 정신건강증진센터는 각 지역 보건소의 한 부분으로 운영되고 있다. 그러므로 정신건강증진센터에서는 진단에 대한 도움과 더불어 저소득층에 대한 진료비 지원 등의 서비스혜택을 누릴 수 있다. 또한 정신건강증진센터에서 실시하는 각종 사업과 프로그램에 참여할 수 있다.

3) 신경정신과 병원

학생상담을 하다보면 정신과적인 진단과 치료가 필요한 학생이 있을 수 있다. 이

때 전문 상담자의 도움을 받아 정확한 진단과 약물치료를 받을 수 있는 지역의 신경정신과 병원을 찾아 의뢰하는 것이 좋다. 학교 상담자나 전문 상담자들은 지역 내 신경정신과를 발굴하고 위기사례 및 약물치료 등 전문적 의뢰가 필요한 경우 바로 연계할 수 있도록 자원을 협력해 놓는 것이 좋다.

4) 청소년수련관 및 사회복지기관

지역사회에 있는 많은 청소년수련관은 청소년 활동중심의 프로그램을 이용하기에 편리하다. 일반적인 학습, 관계, 사회성 프로그램들과 가족체험이나 지역별 특성화된 프로그램, 국가수련활동인증제, 창의적 체험활동, 자원봉사 등이 있다. 지역별로 학교와 연계하여 실시하는 특별활동프로그램, 대학생 멘토, 봉사활동 프로그램들을 제공하기도 한다. 사회복지관은 다양한 프로그램을 운영하고 있다. 국민기초생활수급가정, 차상위 가정, 한부모 가정, 장애인 가정, 지역 내 유관기관에서 추천한 가정, 기타 상황으로 복지관 서비스 이용이 필요한 가정들에게, 의식주와 관련된 서비스 프로그램을 연결하거나 수혜받을 수 있도록 종합적인 복지 서비스를 제공한다. 특히 아동 청소년 대상으로는 방과후 공부방, 학습멘토링, 종합심리검사, 봉사체험, 미술 음악치료 프로그램 등 심리정서적 지원 프로그램 및 학업관련 프로그램을 제공하며, 청소년 활동 및 여가 프로그램들도 진행되고 있는 곳이 다수이다. 집단상담 프로그램뿐만 아니라 학급단위의 교육을 실시하기도 한다. 그러므로 학급 단위 교육을 실시하고자 할 때, 학교 징계의 일환인 사회봉사나 특별 교육을 담당하는 경우도 있으니 필요 시 요청하면 된다. 이렇게 청소년수련관 프로그램과 사회복지관 프로그램은 지역별로 차이가 있고, 다양하기 때문에 지역에 속한 학교 상담자나 상담가들이 프로그램 자원이나 서비스 자원을 목록화하고 적절한 내담자에게 연결해 주고 의뢰하는 것이 필요하다.

5) 학교 밖 청소년지원센터 꿈드림

꿈드림에서는 학교 밖 청소년의 개인적 특성과 상황을 고려한 상담지원, 교육지원, 직업체험 및 취업지원, 자립지원 등의 프로그램을 통해 학교 밖 청소년들이 꿈을 가지고 자신의 미래를 스스로 준비하여 공평한 기회를 얻을 수 있도록 지원한다. 만 9세~24세 '학교 밖 청소년'을 대상으로 하며, 초·중학교 3개월 이상 결석, 취학

의무를 유예한 청소년, 고등학교 제적·퇴학 처분을 받거나 자퇴한 청소년, 고등학교 미진학 청소년, 학업중단 숙려 대상 등 잠재적 학교 밖 청소년이 포함된다. 심리, 진로, 가족관계, 친구관계 등의 상담지원과 학업동기 강화 및 학업능력 증진 프로그램, 검정고시를 통한 학력취득, 대학 입시, 학업중단 숙려 상담 및 복교 등의 교육지원을 제공한다. 또한 직업체험 및 직업교육훈련을 지원하고 자립할 수 있도록 자기계발 프로그램, 청소년 근로권익 보호, 경제적으로 어려운 학교 밖 청소년 지원 등을 제공한다.

그림 14-7 학교 밖 청소년지원센터 꿈드림 서비스 흐름도

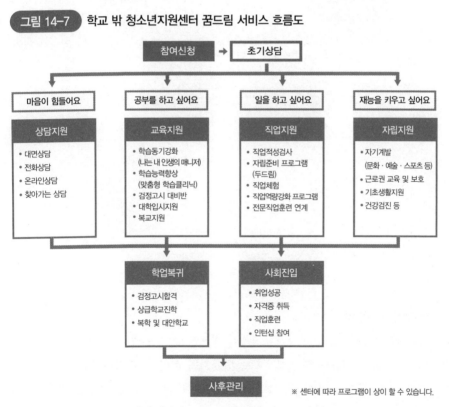

출처: 청소년지원센터 꿈드림 홈페이지. https://www.kdream.or.kr/

그림 14-8 학교 밖 청소년지원센터 꿈드림 서비스 지원체계

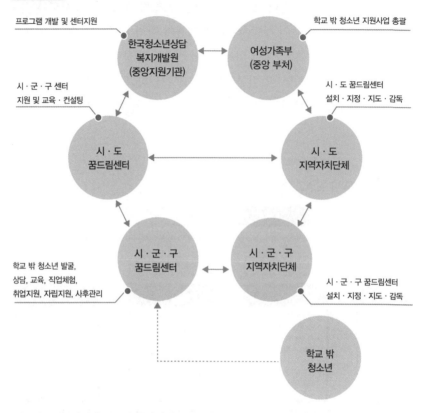

출처: 청소년지원센터 꿈드림 홈페이지. https://www.kdream.or.kr/

6) 해바라기센터

해바라기센터에서는 19세 미만 성폭력 피해를 입은 아동·청소년과 지적장애인에 대하여 의학적 진단과 평가 및 치료, 법률지원 서비스, 지지체계로서의 가족 기능 강화를 위한 상담 서비스 등을 통합적으로 제공하여 피해 후유증으로부터 회복을 지원한다. 온라인, SNS 및 전화상담으로 사례를 접수하고, 초기상담이 진행된 뒤 의료적·심리적 지원이 제공된다. 이후 사례회의를 통하여 통합적으로 적절한 지원이 제공되도록 한다. 의료적 지원으로 정신건강의학과 진료를 제공한다. 아동·청소년 및 보호자의 정신건강 위기 상태를 임상적으로 파악하고 정신건강의 위기 정도에 따라 약물치료, 입원, 추후 진료 등을 진행한다. 신체 외상이 있는 경우, 피해 아동·청

소년의 신체 외상 관련 면담 후 외상의 정도에 따라 센터 간호사가 동행하여 수탁병원에서 소아청소년부인과, 소아청소년과, 소아비뇨기과 등의 진료가 가능하다. 심리적 지원으로는 심리평가가 제공된다. 스트레스 사건 전후로 일상 적응에 변화나 사건으로 인해 발생한 정서·행동·생각상의 불편함이 있는지 파악하고 아동·청소년의 치유와 회복에 유용한 내외부적 자원, 재피해 위험성 및 유발 요인, 치료 방향성에 대해 탐색한다. 법률 지원은 법률 자문을 연계하여 제공한다. 「아동·청소년의 성 보호에 관한 법률」에 따라 국선변호인의 도움을 받을 수 있으며, 법률 상담을 통해 수사 절차 안내 및 소송 시 발생될 수 있는 상황에 대한 민·형사법적 절차 및 법률자문 상담을 제공한다. 뿐만 아니라 수사 및 재판이 진행될 때 아동·청소년이 조사 시 동석이 필요한 경우 정서적 지원을 위해 수사 및 재판에 동행한다. 재판 과정 및 증언 내용에 대해서 미리 준비할 수 있도록 하며 아동·청소년 및 보호자가 불안감을 가지지 않도록 지지하고 조력하고 피해 사건 관련하여 센터에서 지원한 내용의 서류 요청 시 자료를 제출한다.

요약

청소년들은 발달적 환경적 특징에 의해 한 가지 문제보다 다양한 문제를 복합적으로 지니고 있는 경우가 많다. 또한 상담자가 담당한 청소년이 자신의 전문적 영역을 벗어나는 경우 내담자의 복지를 위해 적절한 의뢰기관으로 연결하는 것이 필요하다. 그러므로 청소년이 가진 문제의 영역에서 다각적인 전문적 도움이 필요한 경우 의뢰를 고려할 수 있다. 본 장에서는 청소년 상담에서 의뢰가 필요한 경우에 대해서 이해하고, 의뢰의 과정과 절차에 대한 이해를 돕고자 하였다. 청소년 상담에서 전문적 의뢰가 필요한 경우 상담자들은 자신의 내담자에 대해 충분히 이해하고, 내담자의 문제를 전문적으로 평가할 수 있는 지식을 가지고 의뢰 여부를 결정하여야 한다. 의뢰가 꼭 필요한 내담자일지라도 의뢰에 대한 거부감이 있을 경우, 내담자가 의뢰 받을 준비를 시키는 작업이 중요하며, 상담 또는 자문 관계를 통해서 내담자가 자신의 문제를 이해하고, 무엇을 원하는지를 깨달을 수 있도록 상담을 직접 진행하면서 구체적인 의뢰 과정을 상담자가 함께 해야 한다. 의뢰에 대한 협의가 상담자와 내담자 간에 이루어지면, 의뢰 및 조정을 하는 과정에서 의뢰 기관과 의뢰 방법을 고려하게 되는데, 상담자는 내담자에게 객관적이고 사실적인 의뢰 기관에 대한 안내가 필요하며, 최종적인 의뢰 과정에 상담자가 어떻게 함께 할 수 있는지에 대해서 구체적으로 설명하고 조정한다. 이런 의뢰가 적합하게 이루어지기 위해서는 학교나 상담실, 지역사회는 자신들이 제공할 수 있는 상담이나 프로그램 각 기관의 역할을 확인하고 서로 협력할 수 있는 기반을 마련하는 것이 필요하다. 학교 상담실 지역사회의 전문 기관들 간에 탄탄한 네트워크를 마련하여 서로 협력하는 것은 청소년 내담자를 심리 정서적으로 효율적으로 지원하는 데 도움을 줄 수 있을 것이다.

찾아보기

본 **QR코드**를 스캔하시면, '생활지도와 상담'의
참고문헌을 참고하실 수 있습니다.

저자 약력

신효정
고려대학교 교육학박사(학교상담 전공)
고려대학교 교수학습개발원 연구교수 역임
현재 아주대학교 교육대학원/대학원 교육학과 부교수

송미경
서울여자대학교 문학박사(상담 및 임상심리 전공)
한국청소년상담원 상담교수 역임
현재 서울여자대학교 교육심리학과 교수

오인수
미국 펜실베니아주립대학교 철학박사(상담자교육 전공)
미국 사우스케롤라이나대학교 교육학과 교수 역임
현재 이화여자대학교 교육학과 교수

이은경
이화여자대학교 문학박사(상담심리 전공)
한국청소년상담원 상담교수 역임
현재 명지대학교 청소년지도학과 교수

이상민
미국 플로리다대학교 철학박사(학교상담 전공)
미국 아칸소대학교 상담학과 조교수 역임
현재 고려대학교 교육학과 교수

천성문
영남대학교 교육학박사(상담심리 전공)
Stanford University 연구 및 방문교수
현재 부경대학교 평생교육 상담학과 교수

제2판
생활지도와 상담

초판발행	2016년 8월 31일
제2판발행	2022년 3월 4일
제2판3쇄발행	2024년 1월 31일

지은이	신효정·송미경·오인수·이은경·이상민·천성문
펴낸이	노 현
편 집	배근하
기획/마케팅	이선경
표지디자인	이수빈
제 작	고철민·조영환
펴낸곳	㈜ 피와이메이트
	서울특별시 금천구 가산디지털2로 53 한라시그마밸리 210호(가산동)
	등록 2014. 2. 12. 제2018-000080호
전 화	02)733-6771
f a x	02)736-4818
e-mail	pys@pybook.co.kr
homepage	www.pybook.co.kr
ISBN	979-11-6519-243-3 93370

정 가   19,000원

박영스토리는 박영사와 함께하는 브랜드입니다.